EUROPEAN CASES
OF THE
REINCARNATION TYPE

前世を記憶する子どもたち2

ヨーロッパの事例から

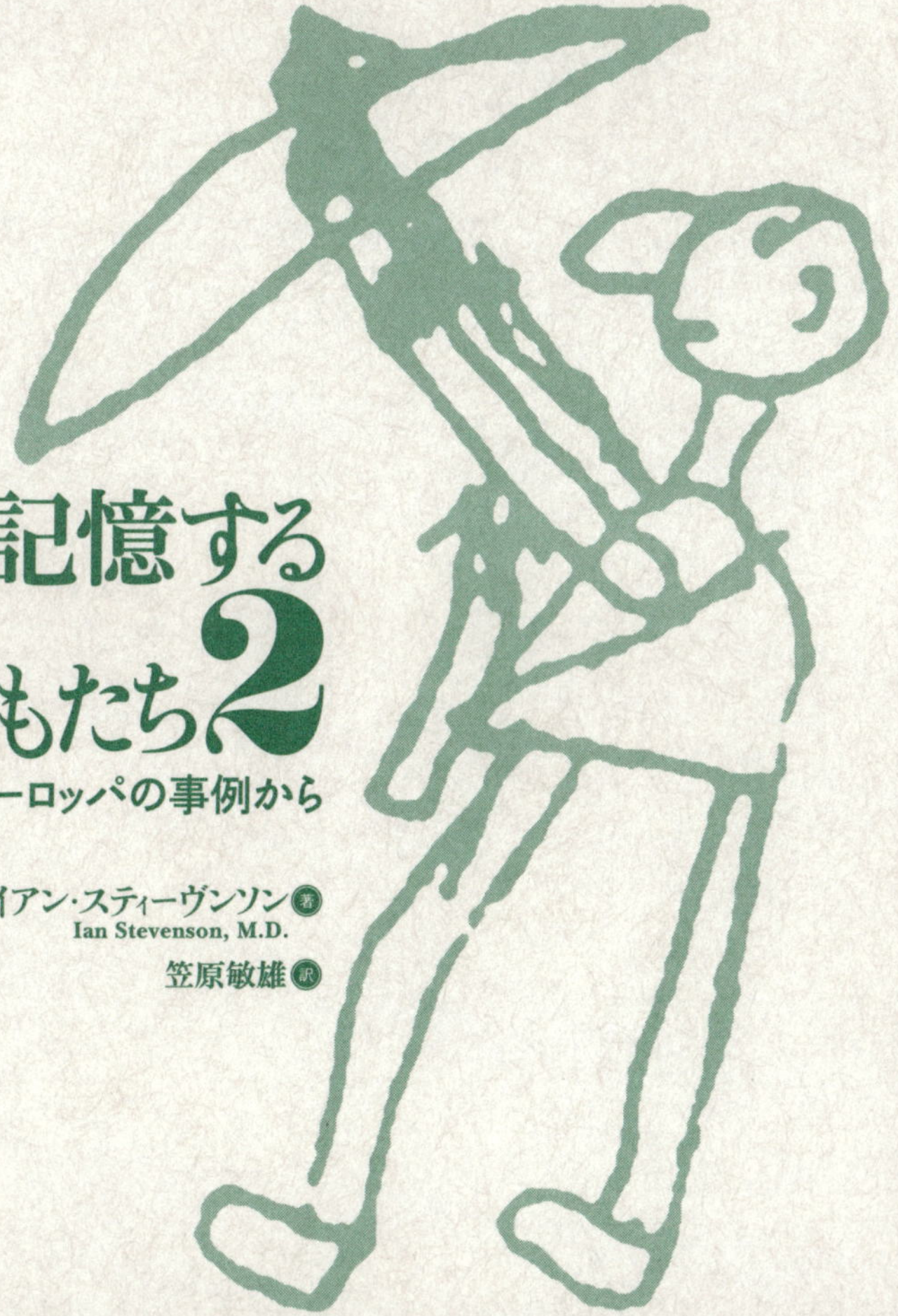

イアン・スティーヴンソン 著
Ian Stevenson, M.D.
笠原敏雄 訳

日本教文社

謝辞

まず最初に、進んで私と情報を分かち合い、本書に発表することをお許しくださった、各例の中心人物や情報提供者の方々に感謝したい。

次に、事例を紹介してくださった、故ツォーエ・アラチェヴィッチ氏、リタ・カストレン氏、フランシスコ・コエーリョ氏、エルレンドゥル・ハーラルドソン博士、故カール・ミュラー博士、故ウィニフレッド・ラッシュフォース博士にも感謝したいと思う。

ニコラス・マクリーン＝ライス博士は、三例に対して、最初の面接をしてくださった。アイスランドのエルレンドゥル・ハーラルドソン博士、フィンランドのリタ・カストレン氏、ポルトガルのベルナデーテ・マルチンス氏には、通訳としてご協力いただいた。

何人かの歴史学者の方々からは、エドワード・ライアルの事例の細部について、ご助言ならびにご意見をたまわった。ここに、パトリシア・クルート氏、ロバート・ダニング氏、ピーター・アール氏、ジョン・ファウルズ氏、デレク・ショロックス氏、W・M・ウィグフィールド氏の芳名を掲げ、感謝の意を表したい。

ジョン・イーストの事例では、アラン・ゴールド博士、故ガイ・ランバート氏、W・L・ヴェイル大佐にご協力いただいた。

同様に、トラウデ・フォン・フッテンの事例を研究するに際しては、ギュンター・シュタイン、ハインリッヒ・ヴェントの両博士のご協力を得た。

エディス・ターナー氏は、ゲデオン・ハイハーの事例について、貴重なご助言をお寄せくださった。また、同事例に対しては、エリーザベト・ハイハー著『秘法伝授 *Einweihung*』からの引用を許可してくださったエドゥアルト・ファンクハウザー出版にも感謝するものである。

アンゲリカ・ナイトハルト氏には、ご尊父のゲオルク・ナイトハルト氏がご自身の体験を綴った小冊子からの引用を許可してくださった。また、ご尊父の体験に登場する城砦の略図を本書に再掲する許可もいただいている。

I・C・テイラー大佐は、ジェニー・マクラウドの事例に関連して、カロデンの戦いにおける両陣営の兵士たちについて、詳細にご教示くださった。

ウィーンにあるオーストリア国立公文書館戦争記録課の職員諸氏には、ヘルムート・クラウスの事例に関する私の質問にご回答いただいた。

ドーン・ハント氏は、いくつかの図書館から、埋没した資料の存在をしばしば突き止め、借り出すという、並はずれた能力を発揮してくださった。また、氏には、ヨーロッパの事例の特徴を分析する際にもご協力いただいている。

多くの図書館の職員各位には、絶大な協力をたまわった。特に、英国国立図書館、ケンブリッジ大学図書館、ヴァージニア大学アルダーマン図書館、国立ミュンヘン図書館、エセックス州ハドレー市立図書館、ボローニャのボッツァーノ＝デボーニ図書館の職員各位には、深く感謝したい。また、ボッツァーノ＝デボーニ図書館は、私では利用できなかったため、シルヴィオ・ラヴァルディーニとオルフェオ・フィオッチの両氏に、書面を介してご協力いただいた。

国際心霊研究所所長マリオ・ヴァルヴォグリス氏には、『心霊研究雑誌 *Revue métapsychique*』所載の事例報告の翻訳権をご譲渡いただいた。

ご自身で撮影された、あるいはその著作権を所有されている写真を、本書に掲載する許可を与えてくださった、エルレンドゥル・ハーラルドソン、ダニエラ・マイスナー、ミラー・シンディケーション・インターナショナル、国立スコットランド博物館の各位に、この場を借りて感謝したい。

ジャン＝ピエール・シュネッツラー博士とマドレーヌ・ルース氏には、現代ヨーロッパ人の生まれ変わり信仰に関する資料をご教示いただいた。

最後になったが、ジェイムズ・マトロック氏とエミリー・ウィリアムズ・ケリー博士には、本書の草稿に丹念に目を通していただいたうえ、さまざまなご指摘をたまわった。パトリシア・エステス氏も、何度も改稿を重ねる中で、原稿を手際よく整理してくださった。ここに深く感謝するものである。

前世を記憶する子どもたち２◆目次

第3部 二〇世紀後半に調査された事例群 103

前世を記憶する子どもたち２——ヨーロッパの事例から

序言

本書の執筆には、三通りの目的があった。第一は、生まれ変わりを思わせる事例がヨーロッパでも発生する事実を示したかったことである。かなり古い――私自身が調査したものではない――事例の報告を提示することで、この種の事例は、二〇世紀前半にも発生していた事実も明らかにすることができる。これまで私が研究し、拙著に報告してきた事例のほとんどは、アジアや西アフリカで、さらには北アメリカ北西部に居住する部族民の間で発生したものであり、こうした地域に住む人々のほとんどは、生まれ変わりを信じている。それに対して、ヨーロッパ人で生まれ変わりを信じているのは、一部の人たちにすぎない。生まれ変わり型事例はヨーロッパでも発生する事実を示すことはできるが、右に掲げた地域と比べると、比較的稀であるように思われる。これらの地域では、私が調査を開始して以来、きわめて多くの事例が発見されているからである。ヨーロッパでは、こうした事例の発生率が本当にアジアよりも低いということなのか、それとも、アジアよりも報告される比率が低いということなのかはわからない。両方の可能性とも、当たっているかもしれないのである。

第二には、本書で報告した事例の一部は、これまで私がアジアで調査してきた事例と、その特徴が似ていると考えるためである。これらの特徴とは、主として次のようなものである。子どもが前世について初めて話すのが早期小児期であること、記憶とされるものが幼少期には消失すること、記憶に残っていると思しき前世で、非業の死を遂げている比率が高いこと、事例の中心人物が、死の様態を語ること。ヨーロッパの事例の中心人物も、自分の家族の中では異質だが、前世に関する発言とは一致する行動を、しばしば示すのである。

第三には、本書に収録した事例の少なくとも一部には、超常的過程がそこに関与していることを裏づける証拠があると考えるためである。つまり、事例の中心人物が示す一部の発言や変わった行動を、通常の情報伝達によって説明することはできない、ということである。こうした事例では、生まれ変わりが妥当な解釈になる。とはいえ、それが――私はいつもそう主張しているが――唯一の解釈というわけではない。

本書に収録された事例報告の一部の草稿に記された日付を見ると、私は本書を三〇年近くにわたって――間欠的に――書き続けてきたことがわかる。長い間、私は、新たな事例を探し出そうとする努力を含め、ヨーロッパの事例を軽視してきた。その一方で私は、中心人物が、前世に関連する母斑〔先天性のほくろやあざ〕や先天性欠損を持っている、多くはアジアで見つかる事例の調査に心血を注いできた。共同研究者とともに、私は、現在再び、ヨーロッパの事例を積極的に探し求めるようになった。本書の出版を通じて、その探求が容易になることを願うものである。

読者の方々へ

本書で使われる個人名は、実名と仮名を複合したものである。一部の事例では、本人の身元をよりわかりにくくするため、地名も変更している。

事例の特徴を述べる際、「記憶」などの名詞に本来付随する、「主張される」とか、「らしき」とか、「見られる」といった言葉を省略することが多かった。それは、事例の中心的問題——つまり、そうした特徴には、何らかの超常的過程が関与しているかどうかという問題——を回避しないようにしながら、読みやすくするための工夫に他ならない。「超常的」(paranormal)という言葉は、現在認められている知覚過程では説明できないという意味である。

一部の事例では、中心人物をそのファーストネームでのみ呼んでいる。それは、中心人物やその家族の方々と私の間に、友情が生まれたことを意味している。一部のご家族とは、こうした喜びを共有することができたが、ファーストネームを用いた事例のすべてで、それが可能だったわけではない。

ヨーロッパの事例と、それ以外の地域で発生した事例の特徴が似ていることを、できる限り示したかったため、ヨーロッパ以外で発生した事例に見られる、似通った特徴についても随時述べておいた。

ここで、共同研究者と私が採用したいくつかの用語について説明しておきたい。まず、「前世の人格」という言葉は、事例の中心人物の発言に登場する――実在の、あるいは推定された――故人を指して用いられる。一部の事例では、中心人物が前世に関係した事柄を話すようになる前に、情報提供者が、予言や夢や母斑に基づいて前世の人格を特定している。子どもの発言と、その事例の一群の特徴とが、特定の人物の生涯と性格特徴に一致すると確信した時、われわれはその事例を「既決例」と呼ぶ。それに対して、そうした人物が突き止められない事例は、「未決例」と呼ばれる。また、中心人物と前世の人格が同じ家族（時として拡大家族）に属する事例は、「同一家族例」という言葉で表現される。中心人物が前世の人格を、現在とは逆の性別であったと述べた場合には、「性転換例」という言葉があてられる。

なお、本書巻末の付録に、本書に登場する事例の報告が掲載された文献を列挙しておいた。

【邦訳凡例】本文中の［　］の括弧は原著者による補足を、〔　〕は訳者による補足を示している。本文中の註はすべて原著者によるもので、原則として左ページ左端に、余裕がない場合には次の左ページ左端に挿入した。本文中の（　）内に示された参考文献は、巻末にアルファベット順に並べられている。〔訳者〕

第1部　ヨーロッパ人の生まれ変わり信仰

本書では、生まれ変わりを思わせるヨーロッパの事例を報告する。本書に登場する事例には、有力な証拠を提示するものもあれば、それほどではないものもある。生まれ変わりをあらかじめ信じていれば、証拠に関する判断に影響が及ぶ。しかしながら、そうした信念は、生まれ変わりの証拠をもたらす最初の観察に、より大きな影響を及ぼすのである。そのため、生まれ変わり信仰について知ることは、こうした事例を判断するうえで重要な意味を持つ。そのような理由から、ヨーロッパ人の間に見られる生まれ変わり信仰を概観することから始めることにしたい。

古代ギリシャの哲学者の中には、生まれ変わりの実在を信じ、弟子たちに教えている者があった。そうした最初期の哲学者に、ピタゴラス（紀元前五八二年―五〇〇年頃）がいる（Diogenes Laertius, c.250/1925; Dodds, 1951; Iamblichus, c. 310/1965）。（ピタゴラスは、前世の記憶を持っていたと言われる［Burkert, 1972; Diogenes Laertius, c.250/1925］が、その問題にはここではふれない。）生まれ変わりの実在を主張した人物として、古代ギリシャで最も有名なプラトンは、『パイドン』、『パイドロス』、『メノン』

(Plato, 1936)、『国家』(Plato, 1935)〔以上、邦訳・岩波文庫〕など、いくつかの著作の中で、この概念について説明している。紀元一世紀のテュアナ出身のギリシャ人で、賢者にして哲学者であったアポロニオスは、生まれ変わりという概念を自らの教えの中心にすえていた(Philostratus, 1912)。その二世紀後、プロティノス(西暦二〇五年頃―二七〇年)および、それに続く新プラトン主義者たちは、生まれ変わりについて教えた(Inge, 1941; Wallis, 1972)。プロティノス自身は、生まれ変わりを徳性と関連づける考えかたを持っていた。それは、当時、インドで興《おこ》りつつあった考えかたに似ていないわけでもないので、おそらくインド思想に影響を受けたものだったのであろう。プロティノスは、次のように述べている。「善なる者たちに故なくして起こる、罰や貧困や病気のようなものは……過去世で犯した罪の結果として生じたものと言えよう」(Plotinus, 1909, p. 229)。

正規のキリスト教が発展する以前に、古代ローマ帝国の領土内で生まれ変わりを教えていたヨーロッパの哲学者の名前を、もっと列挙することもできるが、そうしたところで、その哲学者たちが一般の人々に与えた影響については、ほとんどわからないであろう。私見によれば、それはわずかだったようである。ユリウス・カエサルは、ガリアとブリタニア〔英国〕のドルイド僧たちが、生まれ変わりを信じている事実に注目し、自著『ガリア戦記』(Caesar, 1917)で述べている。古代ローマ世界以外の地域では、生まれ変わり信仰が多少なりとも容認されていた。自国がキリスト教化される前に、北部ヨーロッパ人(古代スカンディナヴィア人)たちが書き残した資料の中には、生まれ変わり信仰があったことをうかがわせるものがある(Davidson, 1964; Ker, 1904)。しかしながら、生まれ変わり信仰が、当時、どれほど広い範囲で見られたかはわからない。

[註1]

新約聖書は、イエスの生涯で起こった出来事を記録している。その記録のおかげで、イエスが生まれ変わりを教えていなかったことがわかる。[註2] とはいえ、この概念がイエスの周辺にいた人々に知られており、論ずべき対象と考えられていたことも、同時に明らかになるのである。だからといって、初期キリスト教徒の全員が、生まれ変わりを信じていたことになるわけではない。おそらく、大多数は信じていなかったであろう。生まれ変わりを奉ずる初期キリスト教徒の中には、グノーシス主義者を自称する、あるいはそうした呼称を持つ人々がいた。このような人たちは、公式の集団を形成してい

註1　生まれ変わり信仰は、ケルト人たちが公式にキリスト教徒になってからも、しばらく続いていた。二〇世紀初頭に、エヴァンズ＝ウェンツ（Evans-Wentz, 1911）は、スコットランド、ウェールズ、アイルランドに居住するケルト人たちの間に、生まれ変わり信仰が見られたことを記録している。

註2　一九世紀までの（場合によってはその後も）翻訳者たちのほとんどは、再生（metempsychosis）という言葉を使っている。しかし、復活（palingenesis）や霊魂転移（transmigration）という概念について述べた者も一部にある。W・R・インゲ（Inge, 1941）は、再生という言葉を拒絶し、代わりに霊魂移入（metensomatosis）という言葉を使った。それは、新しく生まれ変わった時、魂ではなく肉体が変わるからである。

生まれ変わり（reincarnation）という言葉は、現在、広く受け入れられているので、本書では一貫してこの言葉を使うことにする。仏教徒は、輪廻転生（rebirth）という言葉を好む。それは、ヒンドゥー教の概念に由来するアナッタ（無魂）という自らの考えかたと、他の多くの生まれ変わり信仰とを区別しやすくするためである。生まれ変わりという概念は、存続する魂が次々に肉体と結びつくという考えかたを内包している。再生という言葉は、近代以降では、人間が動物に再生する可能性に比重が置かれている。

たというよりは、霊的思想の潮流をなしていたのである。グノーシス主義者の著作には、地上で生まれ変わるという考えかたを是認するものもある（Mead, 1921）。キリスト教グノーシス主義者が、ギリシャ哲学者に、またおそらくはインド哲学者にもなじみ深い考えかたに依拠していたのは、ほぼ確実であろう（Eliade, 1982）。

イエスの没後二、三百年の間に登場したキリスト教神学者たちは、しばしば、ピタゴラスやプラトンの教えに没頭した。先述のように、こうした教えは、依然として新プラトン主義者から、教典のような扱いを受けていたのである（Scheffczyk, 1985）。初期キリスト教の弁証論学者テルトゥリアヌス（一六〇年頃—二二五年頃）は、新プラトン主義者たちと異常に激しく対立した（Tertullian, 1950; Scheffczyk, 1985）。テルトゥリアヌスは、老人が死に、その後に幼児として生まれ変わるという考えかたを嘲笑した。

> 誕生の時点で、すべての人間に幼児の魂が吹き込まれるが、老齢で死亡した人間が、どのようにして幼児として蘇るのであろうか。……少なくとも魂がこの世に再び生をうけるには、この世を去った時の年齢で蘇るのでなければならない。
> もし完全に同じ魂として戻って来たとすれば、たとえ別の肉体を得て、完全に別の運命のもとで生活を始めたとしても、以前と同じ性格や欲求や感情を持っていなければならない。まさしく同一の人物であることを教えてくれる諸特徴を欠いていたとすれば、同じ人物と断言するのが難しくなるからである。（Tertullian, 1950, p. 251）

迫害される小集団として出発したキリスト教徒は、自らの信仰を体系化する必要があった。その中で、何を信じ、何を信じないかを公式に表明することになったのである。発展段階にあった正統派キリスト教は、生まれ変わりについては、オリゲネス（一八五年頃―二五四年頃）の教えに白羽の矢を立てた。オリゲネスは、自著『諸原理について *De Principiis*』〔邦訳、創文社〕の中で、キリスト教の教理を整理統合した聖人的学者である。ほぼ同時代のプロティノスと同じく、オリゲネスも、不当な苦しみという問題に関心を抱いていた。この問題は、弁神論〔悪の存在が、神の聖性や正義に矛盾しないとする主張〕として扱われた。オリゲネスは、前の生涯での品行が、生まれた時に不公平が生ずる説明になるのではないか、と説いたのである（Origen, 1973）。

このオリゲネスの〝先在〟という概念は、最初は無害と考えられたが、それに対する抵抗が次第に強まってきた。一部の歴史学者は、五五三年に開催された第二コンスタンチノープル公会議で、オリゲネスの教えが非難されたとしているが、それは疑わしいように思われる。公会議は、オリゲネスの教えとは別の異端的主張に有罪の判決を下したのであって、オリゲネスは、かろうじて議事録にその名を留めているにすぎないのである（Murphy and Sherwood, 1973）。にもかかわらず、一部の学者は、この公会議を、キリスト教会が生まれ変わりという考えかたを決定的に退けた転換点と考えるようになった。したがって、ここでは、時の教皇ウィギリウスが、公会議への出席を拒絶した事実に注目することが、肝要であるように思われる。皇帝ユスティニアヌスが、自分に有利な出席者ばかりを集めたこの会議は、ユスティニアヌスにこびへつらう採決を下したのである（Browning, 1971）。また、コンスタンチノープル公会議の教令は、キリスト教徒の間に見られた生まれ変わり信仰を、ただちに消し去ったわけではない。この問題は、半世紀後の聖グレゴリウスI世（五四〇年頃―六〇四年頃）の時代まで、未決のまま持ち越されたのである（Bigg, 1913）。

オリゲネスが生まれ変わりの発生を信じ、その考えかたを教えたかどうかについては、専門の学者の間でも意見が分かれている（Butterworth, 1973; Daniélou, 1955; Krüger, 1996; MacGregor, 1978; Prat, 1907）。生まれ変わりは、先在が前提条件になるが、先在は、生まれ変わりを必要条件とするわけではない。にもかかわらず、正統的信仰に与《くみ》する神学者たちは、このふたつの概念を混同した。そして、どちらの考えかたであれそれを教えることは、ピタゴラスやプラトンの教えに逆戻りすることになるため、見解の相違として許容できる範囲を逸脱してしまうと考えたのである。

その後の数百年間は、ヨーロッパでは、生まれ変わりについて考えられることはほとんどなかったし、ましてやこの考えかたが口にされることもなかった。例外的にそれが表出した時には、糾弾ないし禁圧された。ビザンティン帝国のルネッサンス時代には、ミカエル・コンスタンティヌス・プセッロスの高弟が、「一〇八二年に、霊魂の転移を含むとされる、異教の教理を伝えた廉《かど》で破門された」［註3］（Wallis, 1972, p. 162）。聖トマス・アクィナス（一二二五年―一二七四年）は、プラトン哲学の考えかたがキリスト教の信仰と矛盾することに思い至り、生まれ変わりという考えかたをはっきりと否定した（George, 1996; Thomas Aquinas, c.1269/1984）。しかしながら、しばらくすると、生まれ変わりを含む異端の信仰が、ヨーロッパ、特にフランスとイタリアに広まった。一三世紀になると、フランス南西部のカタリ派（アルビ派）が、ローマ・カトリック教会から完全に離脱する寸前までになった。カトリック教会が、異端カタリ派の領土をようやく奪還したのは、時の教皇インノケンティウスⅢ世が、北フランスの兵士に征服を許可し、南西部の謀反地帯を鎮圧した時のことであった。北フランスの兵士たちは、カタリ派とその教えを、このうえなく残虐な形で抹殺したのである（Johnson, 1976; LeRoy Ladurie, 1975; Madaule, 1961; Runciman, 1969）。

現役宗教としてのカタリ派を根絶しても、時おり哲学者たちが正道を踏み外し、生まれ変わりという概念を奉ずるのを妨げることまではできなかった。一五世紀末、カトリック教会は、フィレンツェのプラトン哲学者ピコ・デラ・ミランドラ（一四六三年―一四九四年）の教えを非難した。その教えには、生まれ変わりという考えかたが含まれていたのである。その百年ほど後の一六〇〇年に、ジョルダーノ・ブルーノは、生まれ変わりその他を教えたとして、異端審問により火刑に処せられた（Singer, 1950）。

ブルーノが刑死した後の数世紀は、生まれ変わりという考えかたが、カトリックであれ正教会であれプロテスタントであれ、キリスト教会と名のつくものを脅かすことはなかった。とはいえ、その考えかたは、少なからぬヨーロッパ人の心に、消えることなく残っていた。多くの詩人や随筆家や哲学者は、生まれ変わりについて、それとなく語っていたのである。一例だけあげると、シェイクスピア

註3　異端として咎められた、プセッロスからジョルダーノ・ブルーノまでの個人や集団の教えには、生まれ変わりの他にも、容認されえない考えかたがいくつかあった。その中には、プラトンの教えばかりでなく、たとえば、マニ教や独自の思想に由来する概念の混合物のようなものもあった。

は、その作品である『十二夜』、『お気に召すまま』、『ヴェニスの商人』の中で、生まれ変わりを信じていたピタゴラスの考えかたにそれとなくふれているが、それは、一六世紀後半の観客たちに、その意味がわかると考えていたからであろう。〔註4〕

一八世紀末になると、アジアのさまざまな宗教の教典が翻訳され、ヨーロッパでも手に入るようになった。その結果、ヨーロッパ人は、アジアやその宗教を、それまでよりもはっきりと知るようになった。一九世紀に入ると、ドイツの哲学者ショーペンハウエルは、当時、世界中の大多数の人々が持っていた生まれ変わり信仰から、ヨーロッパのほうが、いわば孤立していることに気づく。一八五一年に、ショーペンハウエルは、次のように述べている。

アジア人からヨーロッパの定義を尋ねられたなら、私は次のように答えざるをえない。ヨーロッパとは、人間の誕生がその始まりであり、人間は何もないところから創られるという、常軌を逸した途方もない妄想に完全に支配されている世界の一角である（Schopenhauer, 1851, p. 395）。

一八七九年に刊行された、エドウィン・アーノルド卿の『亜細亜の光』〔邦訳、岩波文庫〕という詩集が大変な人気を博した。それは、仏教に対する関心が、ヨーロッパ人たちの間でそれまで以上に高まっていたからであるが、その詩集によってヨーロッパ人の仏教に対する関心は、さらに高まる結果となった。その詩が、仏教を詳細に説明していたからである。〔註5〕神智学やその継子である人智学についても、同じことが言える。両方とも、ヒンドゥー教や仏教の通俗的理解を高めることになったが、その中に、生まれ変わりという考えかたが含まれていたのである。しかし、神智学と人智学は、一八八一年にパーリ語原典協会を設立したT・W・ライズ・デイヴィッズやマックス・ミュラーのような翻訳学者の仕事にその基盤を置き、必ずしも賢明な形ではなかったが、それを精巧なものに練りあげた。これらの学者たちのおかげで、トマス・ヘンリー・ハクスレー（東洋学者ではなく生物学者）は、一八九三年のロマネス講演で、ヒンドゥー教と仏教について、生まれ変わりにもふれながら、博識を披瀝しつつ好意的に語ることができたのである（Huxley, 1905)。

バーガンダー（Bergunder, 1994）は、世界各地の民族がかつて持っていた生まれ変わり信仰に関する自著の中で、現代ヨーロッパに住む親たちの中にも、夭折した子どもが同じ家族の中に生まれ変わって来ると信じている者があると述べた。その実例として、バーガンダーは、一九一一年に報告されたビアンカ・バッティスタの事例（本書第2部〔四三―四五ページ〕に収録）と、スペイン出身のシュール

註4　ヘッドら（Head and Cranston, 1977）およびマクレガー（MacGregor, 1978）は、ヨーロッパ人の著述家が生まれ変わりという考えかたについて述べたり、生まれ変わり信仰を是認したりしている文章を、自著の中で数多く引用している。

註5　その詩集の序文で、アーノルドは次のように述べている。「一世代前には、アジアのこの偉大な信仰は、ヨーロッパではほとんど、あるいは全く知られていなかった。にもかかわらず、この信仰は二四〇〇年も続いてきたし、今日では、その信者の実数とその信仰が支配する領域の広さという点で、他のどの教義にも勝っているのである」（Arnold, 1879/1991, p. vii)。

レアリズムの画家サルヴァドール・ダリの事例をとりあげている。ダリの両親には、サルヴァドールという名の長子がいたが、一九〇三年八月一日に、満一歳九ヵ月で死亡していたのである。後に画家となった第二子は、そのわずか九ヵ月後の一九〇四年五月一一日に生まれ、亡兄と同じ名前がつけられたのであった（Secrest, 1986）。サルヴァドール・ダリは、亡兄の生涯を記憶しているとは一度も主張しなかったようである。しかしながら、両親、特に父親は、夭折した長男が生まれ変わって来たと信じていたのである。

一九世紀半ば、ローマ・カトリック教会は、イタリア王国という新たな統一国家を承認しなかった。フランスでは、一九世紀末に興った反教権運動のため、一九〇五年に政教分離が行なわれた。一部の人たちは、こうした展開を、唯物論に道を開いたとして嘆いたが、自分で考える自由が各人に与えられたおかげで、生まれ変わりのような他の信仰を持つことも可能になるのである。ショーペンハウエルがヨーロッパについての定義を行なった後、どういうわけかその名言は、かつてのように真理ではなくなってきた。かくして、現代ヨーロッパ人の生まれ変わり信仰が調査の対象とされるに至ったのである。

私が知る限り初めての調査研究は、一九四七年に行なわれたものである。面接調査の対象者は五〇〇〇人と少なく、しかも狭い区域（ロンドンのある自治区）に居住する人たちであった。その結果、生まれ変わり信仰を自発的に表明したのは、調査対象のわずか四パーセントほどにすぎなかった。しかしながら、何らかの形の死後存続を信じていると公言した者は、全体の一〇パーセントにのぼったのである（Mass-Observation, 1947）。

一九六〇年代に入ると、宗教的信仰に関する調査が、他の（ヨーロッパ）諸国で実施された。一九六八年には、西欧八ヵ国で調査が行なわれた。その頃には、回答者の一八パーセントが生まれ変わり信仰を持つまでになっていた。生まれ変わりを信じていると答えた回答者の比率は、オランダの一〇パーセントから（西）ドイツの二五パーセントまで、さまざまであった。フランスでは、回答者の二三パーセントが生まれ変わりを信じていたが、英国では、一八パーセントであった（Gallup Opinion Index, 1969）。

その後の調査では、生まれ変わりを信ずる（西）ヨーロッパ人の比率がさらに高まったことがわかっている。一九八六年に行なわれたヨーロッパ一〇ヵ国の調査では、生まれ変わりを信じていると回答した者の比率が、平均で二一パーセントにまで上がっているが、これは、主として、英国での肯定的回答が増加した結果のように思われる。（西）ドイツとフランスの比率は、変わらなかったからである（Harding, Phillips, and Fogarty, 1986）。一九九〇年代初めの調査では、生まれ変わり信仰を持つ人々の比率がさらに高くなっていることが明らかになった。この時には、ドイツで二六パーセント、フランスで二八パーセント、英国とオーストリアでは二九パーセントの回答者が、それぞれ生まれ変わりを信じていたのである[註6]（Inglehart, Basañez, and Moreno, 1998）。

フランスで実施された調査からは、カトリック教会への忠誠心が顕著に低下していることが明らか

註6　一九九〇年代初頭のデータからは、西ヨーロッパ諸国全体の数値は算出できない。

になった。一九六六年には、回答者の八〇パーセントがカトリック教徒を自認していたが、一九九〇年の調査では、その比率は五八パーセントにまで低下していた（Lambert, 1994）。同じ調査で、「無宗教」と答えた者は三八パーセントであったが、そのうちの三九パーセントが、生まれ変わりを信じていると回答した。しかしながら、生まれ変わり信仰を表明したフランス人全員が、無宗教と答えたわけではない。逆に、カトリック教徒を自認する者の三四パーセントもが、生まれ変わりを信じていた。にもかかわらず、少なくともフランスでは、生まれ変わり信仰が高まったと同時に、同国最大の宗教への傾倒が弱まったのみならず、あらゆる宗教に対して、ますます無関心になったらしいのである。

英国国教会を国是とする英国でも、フランスと同様の経過をたどっているように思われる。国教会であると他の会派であるとを問わず、多くの人たちは、キリスト教会に所属し続けながら、そこで教えられたことを全面的に受け入れているわけではない（Davie, 1990）。もちろん、多くの人たちは、生まれ変わりを信ずるようになったとはいえ、どこかのニューエイジ・グループに所属しているとは限らない（Waterhouse, 1999）。端的に言えば、このような人たちは、自分たちが属する宗教を私有化したのである（Walter and Waterhouse, 1999）。

生まれ変わりを信ずるヨーロッパ人たちは、組織化された分派としてまとまることはほとんどなかった。（例外は、フランスで生まれ変わりを教えていたアラン・カルデック〔一八〇四—一八六九年〕に追随した霊魂主義者たちである。）生まれ変わりを扱ったヨーロッパの通俗書の語彙《ごい》は、多くの場合、明らかにヒンドゥー教や仏教からの借り物である。たとえば、カルマや幽体やアカーシャ記録などの言葉を、そうした宗教から広く借用しているのである。ヨーロッパには、生まれ変わり信仰を文章でまとめた厳密な体系は存在しない（Bochinger, 1996）。

生まれ変わりを信ずるヨーロッパ人が増加した事実を、キリスト教の正統性を護持する立場にある人たちが気づかずにいたわけではない。これらの人々は、生まれ変わりという考えかたがキリスト教の中に取り込まれるのを認めることはない。にもかかわらず、一部の敬虔なカトリック教徒は、それを容認してほしいと願っている（Stanley, 1989）。フランスの有力な神学者たちは、生まれ変わり信仰を罵倒した（Stanley, 1989）。フランスのカトリック教会の公教要理には、「死後に生まれ変わりはない」と断定的に述べられている[註7]（Catéchisme de l'église catholique, 1992, p. 217）。

正規のカトリック教徒の多くが生まれ変わりを信じているという事実を知れば、イングランドのカトリック教会の指導者たちは、絶望感を抱くに違いない。一九七八年にイングランドとウェールズでカトリック教徒を対象に行なわれた調査では、回答者の二七パーセントが生まれ変わりを信じていることがわかった（Hornsby-Smith and Lee, 1979）。そのような事情から、イエズス会のジョゼフ・クレハン師は、生まれ変わり信仰を激しく糾弾する小冊子を出版せざるをえないと判断したのである

註7　公教要理は、カトリック教会であれば、世界のどこであれ、普遍的な効力を持つ。私は、生まれ変わりに対して否定的断定を下しているフランス語の原文を、一九九四年に刊行された英語版『カトリック教会の公教要理 *Catechism of the Catholic Church*』の原文と比較してみた。言い回しは正確に同じであった。その典拠となっているのは、聖パウロによる「ヘブライ人への手紙」の次の一節であった。「また、人間にはただ一度死ぬことと、その裁きを受けることが定まっているように」（「ヘブライ人への手紙」第九章二七節）。

(Crehan, 1978)。

ドイツでも、ヨーロッパ人の間に生まれ変わり信仰が高まってきたことに対して、カトリックの神学者たちが反対論を唱えている(Kasper, 1990; Schönborn, 1990)。

これまで紹介してきた調査結果から、調査が行なわれてきた数十年の間ですら、生まれ変わり信仰がかなり高まってきたことがわかる。しかし、かくも多くのヨーロッパ人が生まれ変わりを信ずるようになった理由が、そのことからわかるわけではない。私見によれば、多数のヨーロッパ人が生まれ変わりを信ずるようになったのは、生まれ変わりの実在を裏づける証拠が、広く知られるようになったためではない。本書の第2部で紹介することになるが、確かに、少数のヨーロッパの生まれ変わり型事例が、二〇世紀前半に公にされている。しかし、こうした報告に目を通した者は、この問題に特別な関心を寄せてでもいない限り、ほとんどいないであろう。さらに多くの事例を通じて、より豊富な証拠が報告されるのは、一九六〇年以降のことなのである。したがって、それまでの調査で明らかになった、それ以前の生まれ変わり信仰の高まりは、それによっては説明できないのである。

以上のようにはっきりした理由がわからないため、この一〇〇年ほどの間に、教会へ通う人たちが減少し、生まれ変わり信仰が高まった理由について、次に、私なりの推測を申しあげることにしたい。過去四百年の間に、科学的方法が成功したおかげで、正規のキリスト教の教えに対して、重要な反駁がふたつ行なわれた。それらの教えとは、コペルニクス、ケプラー、ガリレオ以前の宇宙論と、ラマルク、ダーウィン以前の生物学である。キリスト教会の会員が減少しているのは、教会を代表する人々の権威的発言が一般に信頼されなくなったことの反映である。

「ただ一巻の書を持つ者に用心せよ」というアラビアのことわざがある。これは、アラビアに起源を持つ耳慣れない警句ではあるが、一冊の書物のみを信仰の対象とする民族は、何もアラブ人には限らない。キリスト教徒の中にも、「一巻の書」のみに依存する場合の問題点を明らかにした者があるのである。現在、聖書にたくさんの真理が含まれていることに気づく人々は、増加の一途をたどっている。しかしながら、聖書のすべてが真理であるわけではない。二〇世紀に入ると、数名の哲学者が、生まれ変わりという考えかたを好意的に、場合によっては肯定的な形で検討するようになった（Almeder, 1992, 1997; Broad, 1962; Ducasse, 1961; Lund, 1985; McTaggart, 1906; Paterson, 1995）。それに対して、このような検討を行なった科学者は、これまでほとんどいないのである。

現代の科学者が書いたものを見ても、ほとんどの場合、先天性欠損をはじめとする出生時の不等性という、不公平に見える現象についての説明はない。それどころか、人間を、死とともに消滅する物質的存在以外の何ものでもないとして描いているのである。こうした解答では満足できない多くの人々――おそらくは、特に現代ヨーロッパの人々――は、自らの現存在を超越する生命に、何らかの意味を見出そうとし続けている。

生まれ変わりは、死後の生命が存在する希望を与えてくれる。さらには、私たちの苦難の原因を、私たちが最終的に理解できる可能性も与えてくれるのである。そうした希望があるからといって、死後の存続が事実ということになるわけではない。人間が本当に死後にも存在を続けるかどうかは、証拠を通じてしか証明できないのである。それでも、生まれ変わりという考えかたに引きつけられる人たちが増えているのは、そうした希望があるためなのであろう。

第2部　二〇世紀初頭三〇年間の未調査例

　この第2部では、八例の古い事例を紹介する。そのいずれもが、二〇世紀初頭の三〇年ほどの間に発生したものである。一部の事例では、その正確な発生年月は不明であるが、私の考える発生年代順に並べてある。

　以下に紹介する事例は、いずれも、外部の研究者によって調査されたものではない。つまり、事例の中心人物や情報提供者とは直接の関係を持たない第三者の手で調べられたわけではない、ということである。第三者的な研究者の場合、事例報告に、どのような貢献をするかを考えてみよう。

　まず第一に、研究者は、事例の詳細を正確に記録しなければならない。この作業は、一次目撃者の協力がなければできないことである。この第2部に収録した八例では、そのいずれにも、こうした目撃者が存在する。最初の報告は、一例を除けば、中心人物自身、その父親、それ以外の親族、使用人、中心人物の知人のいずれかの手で記録されている。その（これまで未発表の）例外的事例では、中心人物が、自らの体験を、その地方で一目置かれていた地主に語っている。

第二に、研究者は、自発的に物語られた事柄から抜け落ちた点について、情報提供者に質問する。その中では、日付の問題がとりわけ重要かもしれない。本章に掲げた事例では、日付がどこまで記されているかという点で、大きなばらつきが見られる。アレッサンドリーナ・サモナの事例〔四六―五四ページ〕で言えば、中心人物の父親は、事例が発展する中で起こったいくつかの出来事については正確な日付を、それ以外の出来事についてはほぼ正確な日付を伝えている。それに対して、自らの体験を自伝としてまとめたジュゼッペ・コスタ〔二六―四三ページ〕は、いずれの出来事についても、それに対応する日付をいっさい記していない。

第三に、研究者は、事例に関する情報提供者の信頼性について、判断を求められる。そうした判断を下すためには、研究者は、可能な場合には情報提供者を面接調査しなければならない。私は、これら八例では面接がほとんどできなかった。ゲオルク・ナイトハルトの事例〔六四―八七ページ〕は、他唯一の例外であり、私は本人に二回対面している。研究者が情報提供者に面接できない場合には、他の方法を使って、その信頼性を探るとよい。確認可能な部分に誤りがある場合、その報告は、同様の欠陥がない報告と比べると、信頼性が低下する。報告者が、自分の解釈を読者に押しつけようとしているのがわかる場合も、やはり信頼性は乏しい。しかし、この第2部に収めたほとんどの事例がそうであるが、細かい点が数多く含まれる報告の場合には、情報提供者の面接調査ができていなくても、それを読む者にその事例の信頼性が判断できるのである。

以下に提示されるいくつかの古い事例は、比較的最近の事例と、どのような形であれ定量的比較はできない。とはいえ、古い事例群では、比較的最近の事例には見られない特徴がひとつあることを指摘することができる。たとえば、故人の霊姿を見るという体験は古い事例群のうち三例に見られたが、比較的新しい事例群には全く見られなかった。また、古い事例群では、三例で中心人物が故人と超常的交信をしていたが、新しい事例群では、それは一例しかなかった。古い事例群と比較的新しい事例群は、それ以外の点では似通っている。

一部の事例記録者は、中心人物や関係者の本名を記さず、頭文字でしか書き残していない。そうした報告を読みやすくするため、以下の引用では、仮名ではあるがフルネームを使っている。

三例の報告には、過去の事件が登場する。それらの事件については、当時の記録や、歴史学者によるその記録の引用を参照することができる。当該の箇所には、それらの典拠を明示しておいた。

証拠の有力度は時間の経過とともに薄れると考える方々や、[註1]昔の観察者は現代の私たちほど慎重ではなかったと考える方々は、古い事例では説得力に欠けると思うことであろう。私は、そのような考えかたに与する者ではない。以下の事例をなぜ信頼できると見なければならないのか、と問われるのであれば、逆に、なぜ信頼できると見てはならないのか、と反問したいと思う。

註1 （文字として記録されるまでに）長年月が経過した、こうした体験の記憶の正確さに疑問を持つ方には、私が共同研究者と共著で発表した、この問題を扱った研究および考察（Cook, Greyson, and Stevenson, 1998; Stevenson and Keil, 2000）を読まれることをお勧めしたい。

事例報告

ジュゼッペ・コスタ

本例は、中心人物自身が、『あの世からこの世へ *Di là dalla vita*』という表題の自著（Costa, 1923）に報告したものである。著者のジュゼッペ・コスタは、かつて自分がこの世に生をうけていたことを確信するきっかけとなった、一連の個人的経験を、五〇ページほど——全体の四分の一ほど——を使って紹介している。なお、残りの部分は、心霊研究の通俗的概説にあてられている。

この報告には、出来事の日付が記されていない。コスタの著書は一九二三年に出版されている。その数年後、当時、イタリアの指導的な心霊研究者であったエルネスト・ボッツァーノは、コスタに対面し、本例に関心を持った。一九四〇年にボッツァーノは、コスタを面接した報告と、前世の記憶とされるものが記されたコスタの著書の要約とを収録した著書（Bozzano, 1940）を出版した。その章は、後に『光と影 *Luce e Ombra*』誌に転載された（Bozzano, 1994）。ボッツァーノは、コスタと対面した日付を記していない。ボッツァーノによれば、コスタの著書は「何年も前」に出版されたものだという。そのことからすると、ふたりが対面したのは一九三五年頃であろう。コスタは、その著書の中に、自らの生年も明記していない。ボッツァーノは、対面した時のコスタは五〇代のように見えたと述べている。この根拠の薄弱な発言をもとに推定すれば、コスタは一八八〇年頃に生まれたことになろう。そうすると、その著書を出版した一九二三年には、四〇代であったことになる。その中で、コスタは、自らの体験の頂点と言うべき一連の出来事が起こったのは、執筆時より「かなり以前」だとしている。その一連の体験の中で重要な（以下に紹介する）出来事は、大学の卒業試験の直前に起こっているという。それは、おそらく一九〇四年頃のことであろう。コスタは、土木技師の勉強をした後、その方面の仕事に就いていた。後に事実であることが確認された一連の経験をしたのは、まず三〇歳前と考えてよい。それは、一九一〇年頃のことであろう。

以下、ボッツァーノの記述（Bozzano, 1940/1994）をもとに本例の報告をするが、コスタの著書も参照している。コスタの著書は、些末な点で、ボッツァーノの記述といくつか異なっている。本例の存在を私に知らせてくれたカール・ミュラー博士は、英語の簡単な要約を提供してくれた。それは、P・ブラッツィーニの著書（Brazzini, 1952）をもとにまとめたものであった。ところが、ブラッツィーニは、ボッツァーノの報告から要約していたのである。

コスタの経験は、私の推定では、幼少期から三〇代初めまで続いた。そこには、いくつかの明瞭な段階が見られる。

第一段階は、幼少期に始まったが、コスタははっきりした年齢を記していない。自宅の居間の壁には、東洋の風景を描いた絵が掛かっていた。水辺に塔や金色の丸屋根の建物が立つ都市の風景であった。（その後コスタは、この絵がコンスタンティノープルとボスポラス海峡を描いたものであることを知った。）この絵は、コスタに、前後関係がはっきりしない一群のイメージを呼び起こした。おびただしい数の武装兵、帆走する船舶、はためく旗幟《きしょく》、戦火を交える音、山並み、水平線の見える海、花々が一面に咲き乱れる丘、といった映像である。幼いコスタは、それらのイメージを、それらしき順番に並べようとした時、自分の手には負えないことに気づかされた。しかしながら、その鮮烈さに強い印象を受けたため、幼かったとはいえ、自らの心に去来するイメージは、かつて自分が目の当たりにした場面だと考えた。

コスタは、生地については述べていないが、幼少期および少年時代は、マントヴァに近いゴンザーガという小さな町で過ごしている。ここは、ポー川の流れる谷間にあり、平坦な土地で、海からは一〇〇キロほど離れている。コスタは、幼少期のこうしたイメージがどこから来るとしても、今の生活環境に由来するものではないと断言した。

一〇歳の時に、父親に連れられて初めてヴェニスを訪れた時、次の段階が訪れた。ヴェニスに入るとすぐに、懐かしさが迫ってきた。あたかもそれは、自分がずっと昔に、そこに住んでいたかのような感じであった。その晩、コスタは、生々しい夢を見た。その夢の中で、かつて見た、それぞれ無関係に思えたイメージが、時系列に従って、次のように並んだ。

船に乗り、いくつかの河や運河を抜けて、長い旅の末、われわれはヴェニスに着いた。われわれが乗っていたのは、バークと呼ばれる横帆船で、中世の軍装をした兵士でいっぱいだった。私は、三〇歳くらいに見え、何らかの指揮権を持っていた。ヴェニスに滞在した後、われわれは、ふたつの旗がはためくガレー船に乗り込んだ。その旗は、青地に金の星が散りばめられた中に、聖母マリアのお姿が描かれた旗と、赤地に白抜きの十字架がついたサヴォイア王家の旗だった。[註2]［もう一方よりも］色彩豊かに彩られ、装飾が施されていた、大きいほうのガレー船には、[註3]全員がおおいに敬意を表する人物がいた。その人物は、私に向かって、非常に親しそうに話しかけた。それから海に出た。海は、無限に、水平線の向こうにまで広がっているように見えた。その後、われわれは、くっきりと晴れ渡った群青の空のもと、光り輝く大地に降り立った。それから、再び乗り込み、別の場所に着いた。そこで隊が再編された。兵士で満杯の天幕がたくさんあった。上方には、数多くの武器が装備された、古い塔が立ち並ぶ都市があった。それから、わが軍の突撃が始まった。激烈な戦闘の末、われわれはその都市に突入した。最後に、輝かしきわが軍が隊列をなして、すばらしい湾岸を臨む、金色の丸屋根がたくさんある市内へと行進した。そこは、

註2　一八九〇年代の（おそらくは）学童が、中世のサヴォイア王家の旗を見分けられることに疑問を感ずる方もおられよう。それ以前にはピエモンテとサルディニアの支配者だったイタリアが、一八六〇年代にサヴォイア家のもとに統一されたことを思い起こせば、このことは、それほど信じがたいことではなくなるように思う。それと比べると、黄金の星に囲まれた聖母マリア像が描かれた青い旗のほうが、むしろ一般には知られていない事実であろう。

註3　コスタは、*maggiore*（より大きい）というイタリア語を使っている。このことから、ガレー船は二艘しかなかったらしいことがわかる。

壮大華麗な都市コンスタンティノープルだった。後でわかったのだが、それが、ゴンザーガの［自宅にある］絵に描かれていた都市だったのだ。［Bozzano, 1940, pp. 317-18］

コスタは、その夢を、幼少期に見たイメージの再現だと強調していたが、その夢によって、それらが本来の順番に並べ替えられた結果、幼少期に見たイメージとその夢に登場する場面を、かつて送った生涯で、実際に見ていたという確信が強まった。［註4］

若年の頃から、コスタは、武器や剣術、身体の鍛錬、乗馬に強い関心を持っていた。そうした事柄に熱中するあまり、高校の古典の正課——ラテン語とギリシャ語——がおろそかになった。やがて志願兵となったコスタは、イタリア北西部のピエモンテ州で、近衛騎兵隊の少尉となった。その後、ヴェルチェッリに配属された。そこは、ミラノとトリノの中ほどに位置する都市である。そこでコスタは、嬉々として軍隊生活を送った。何もかもが、自分にとって、完全に自然なことのように思われた。あたかも、前職に復帰したかのようであった。

コスタは、ヴェルチェッリでも、珍しい体験をしている。ある日、聖アンドレア教会の前を通ったところ、神々しい音楽が聞こえてきたため、どうしても中に入りたくなった。ところが、いざ入ってみると、過去から持ち越された、後悔のような不快な感情に襲われたのである。コスタは、どうしてそのような気持になるのかわからなかったが、かつて、この教会で催された何らかの儀式に参列した時に何らかの出来事が起こり、それが心の重荷として残っているのではないかと考えた。

この出来事の後、コスタは、自分の家族に対して、責任を果たさなければならない事態に巻き込まれる。ところがコスタは、前世の記憶らしきもののため、そうした責任を重要だと思わなくなっていた。筋金入りの物質主義者であったコスタは、以下に述べる体験を通じて、自らの信念を完全に覆されることがなかったら、それまでの不思議な体験をすべて忘れ去っていたかもしれない。

この体験があった頃、コスタは、資格を取得するため最終試験の準備をしていた。[註5]長時間にわたり、根を詰めて勉強したため、疲れ切った状態になり、目が開けていられなくなって、ベッドに倒れ込んだ。そのまま眠ってしまい、寝返りを打った時、石油ランプが倒れて燃え始めた。その時、ランプから悪臭を放つ煙が出て、急速に寝室に充満した。目を覚ましたコスタは、自分の肉体の上から、下を見下ろしているのに気がついた。そして、自分の生命が危機に瀕しているのを知った。窮地に陥ったコスタは、隣の寝室で眠っている母親に、何らかの方法で助けを求めた。コスタは、壁を通して母親の寝室が見えるのに気づいた。すると、母親はびくっとして目覚め、窓を開け、それからコスタの部屋に駆け込んで来た。そして、部屋の窓を開け放って煙を追い出した。後で振り返った時、コスタ

註4　ゲオルク・ナイトハルトの事例（六四―八七ページ）でも、幼時にはイメージ群の順番が混乱していたが、それが青年期に首尾一貫した形でまとまっている。本書第3部で紹介するルプレヒト・シュルツ（四四二―四六八ページ）は、幼時に、私が〝行動的記憶〟〔認識的記憶に対する、癖や技能などの、いわば体の記憶〕と呼ぶものを持っていた。しかし、中年になるまで、前世のイメージは出て来なかった。

註5　これは、技師の資格のことであろう。コスタは、そうとは明言していないが、除隊し、技師としての教育を受けていたと推測される。さもなければ、騎兵隊の勤務を非常勤で続けていたのかもしれない。この軍務は、合衆国の州兵の場合とよく似ている。

は、母親の機転のおかげで救われたと思った。壁を通して母親の寝室を見ることは物理的に不可能なので、コスタは母親に、自分の部屋の窓を開けてから助けに来たのかどうかを尋ねた。コスタが特に強い印象を受けたのは、母親がそれを肯定したことであった。コスタは、この経験によって解放感を味わい、心と体が分離しうることを疑うことは二度となかった。[註6]

コスタの不思議な体験の最後は、その最たるものでもあったが、イタリア北西部のアオスタ峡谷[註7]にふたりの友人と旅行し、そこに点在するいくつかの古城を訪ねた時に起こった。コスタは、そのうちの三カ所——ウッセル、フェニス、ウェレス——を訪れた時の自らの反応を記録に残している。ウッセルでは、悲壮感と圧迫感があった。後ほど説明するが、その後、コスタは、この不快感を、前世で起こった出来事に由来するものと考えた。その前世については、後にある程度の裏づけが得られている。フェニスでは、変わった体験はなかった。

それに対して、ウェレスでは、強烈な感情が心の底から湧き上がった。コスタは、愛情と後悔の念とが少々混じり合った強い感情に満たされたと述べている。(この段階では、またイメージが湧き起こったとは書かれていない。)コスタは、崩れかかった城に大きく心が揺さぶられたため、日没の頃にもう一度そこを訪ねることにした。そして、再び城を訪れた時、激しい嵐に襲われたため、城で一夜を明かさなければならなくなった。人が住める状態には見えなかったが、古い寝台が見つかり、そこで横になることができた。嵐が吹き荒れていたにもかかわらず、コスタは安らかな気持になり、まもなく眠りに落ちた。しばらくして目覚めると、コスタによれば燐光のような光に気がついた。その光は、次第に大きさを増して人間の形になり、最後には女性の姿になった。その幻は、ついて来るよう手招きしたので、コスタはそれに従った。最初は、この幻に少々脅えていたが、そのうち、次第に関心が脅えに打ち勝ってきた。その幻に近づいた時、コスタは、このうえなく深い愛情を感じた。その時、幻が、次のように語るのを聞いた。

「イブレト様！　神に召されてもう一度結ばれます前に、ひと目だけでもお会いしとうございました。……アルベンガの塔の近くに、あなた様の過去世が書かれておりますので、どうぞご覧下さいまし。……それでは、その時がまいりますまで、あなた様をお待ち申しておりますことを、くれぐれもお忘れなさらぬよう」

コスタは、ウェレス城を訪れた時、イブレト・ディ・チャラントと呼ばれる人物が、一三八〇年にこの城を建造したことを承知していた。イブレト・ディ・チャラントは、サヴォイア伯爵たるアマデウスVI世が信頼を寄せる相談役であったことも、おそらくコスタは知っていたであろう。しかしながらコスタは、「アルベンガ[註8]の塔の近く」について、確かめられることは何でも調べることにした。す

註6　コスタの報告には、臨死体験の三特徴が含まれている。それらの特徴が同時に観察された時には、人間の人格の死後存続が示唆されるのではないかと、私は共同研究者とともに述べてきた。その三特徴とは、意識が著しく清明であること、肉体から離れた空間の一点から自分の肉体を見ること、超常的知覚があることである（Cook, Greyson, and Stevenson, 1998）。

註7　アオスタは、トリノの北北西八〇キロほどのところにある町である。ここは、（中世には）戦略的に重要であった長い渓谷にあり、イタリアとフランスの現在の国境線に近い。

ぐにわかったのは、アルベンガには塔がいくつかある（あるいは、当時あった）ことであった。自分が探し求めているのは、どの塔なのであろうか。尋ねまわった結果、そのうちのひとつは、ディ・チャラント家の子孫であるデル・カッレット・ディ・バレストリーナ侯爵の所有になっていることが判明した。そこで、この侯爵を訪ねて、中世の歴史を調べていると自己紹介し、イブレット・ディ・チャラントの記録を、閲覧可能な限り調べさせてほしいと頼み込んだ。侯爵は、ディ・チャラント家に関する先祖伝来の大量の記録を、喜んでコスタに閲覧させた。その中からコスタは、ボニファティウスⅡ世が書き残した、イブレット・ディ・チャラントの伝記を見つけた。ボニファティウスⅡ世は、かつて、コスタが訪ねた城のひとつであるフェニス城の城主であった。この手稿は、フランス語で書かれており、これまで公開されたことはなかった[註9]。

ボニファティウスが書いたイブレット・ディ・チャラントの伝記のコスタによる要約

イブレット・ディ・チャラントは、一三三〇年に、ジョヴァンニ・ディ・チャラントの嫡子として生まれた。結局、フェレスとモンジョヴェを含め、六カ所の広大な所有地を相続している。イブレットは、若い頃から、サヴォイア伯爵であるアマデウスⅥ世（一三三四年—一三八三年）の宮廷に仕えた。アマデウスⅥ世は、馬上試合の際に緑色の衣服を身につけたことから、「緑の伯爵」として知られていた。イブレット・ディ・チャラントは、アマデウスⅥ世の相談役兼参謀になった。

アマデウスⅥ世の宮廷で、イブレットは、伯爵の妹君であるサヴォイアのブランチェと恋に落ちた。イブレットはブランチェとの結婚を望んでいたが、アマデウスは、身分の問題があったため妹を、ミラノを支配していたガレアッツォ・ヴィスコンティのもとに嫁がせた。イブレットは、不本意ながら、父親が選んだジャコメッタ・ディ・シャティヨンという女性と結婚した。

一三六六年、イブレットは、トルコ軍を殲滅するため、少々時代錯誤の十字軍遠征に加わり、アマデウスⅥ世に随伴して、コンスタンティノープルの近くまで行った。この遠征は、ヴェニスから出帆し、軍隊再編のためモレア（ペロポンネソス半島）のどこかの港に上陸し、ガリポリ半島（没落しつつあったビザンチン帝国から、トルコ軍が一三五四年に奪い取った領土）に向かった。ガリポリ半島を争奪した後、イタリア軍は、コンスタンティノープルに向かった。その時、アマデウスは、皇帝のヨハネスにはトルコ軍を撃退する力がないどころか、なすすべもないことに気がついた。勝利する見込みがないことを悟って落胆したアマデウスは、イタリアに帰国し、一三八三年に死去するまで、政務の重役を担い続けた。

その後、イブレット・ディ・チャラントは、アマデウスⅥ世の嫡子であるアマデウスⅦ世の相談役となった。アマデウスⅦ世は、赤を好んだことから、「赤の伯爵」として知られた。アマデウスⅦ世は、

註8　アルベンガは、ジェノヴァから南西に七〇キロほど離れたリグリア海岸にある。

註9　コスタは、イブレット・ディ・チャラントの伝記をボニファティウスが書いたのは、一四五〇年頃と推定した。これは、中世フランス語の時代である。コスタは、この言葉を、「曲がりくねって、歪んでいて……ほとんど訳がわからない」と表現している。私としては、コスタがこの文章を読めたことが驚きなので、それはもっと後になってから書かれたものなのではないか、と疑っている。

二九歳の時、少々不可解な死にかたをしている。落馬して負った左脚の傷が、最後まで治らなかったのである。死因は破傷風だったのかもしれない。ボニファティウスⅡ世が語ったところによれば、アマデウスⅦ世は、イブレト・ディ・チャラントに抱きかかえられながら死亡したという。一三九一年にアマデウスⅦ世が夭折した後、イブレト・ディ・チャラントは、アマデウスⅦ世の嫡子である、当時わずか八歳にすぎなかったアマデウスⅧ世の摂政をしばらく続けた。一四世紀も末に近づくと、陰謀や戦争に嫌気がさしたため、フェレス城の職責を退き、一四〇九年に死亡した。

一三七七年に、アマデウスⅥ世は、ビエッラ（トリノの北東に位置する都市）を、ヴェルチェッリの司教の支配から解放し、司教を拘束した。司教は、モンジョヴェにあるイブレト・ディ・チャラントの城に一年近く幽閉された。この罪のため、イブレトは、教皇グレゴリウスXI世により教会から破門された。一三七八年にグレゴリウスXI世が死去すると、ローマでの（教皇継承をめぐって分裂が起こっていた時期だったため）後継者のウルバヌスⅥ世は、聖アンドレア教会で、ヴェルチェッリの司教に対して公式に遺憾の意を表明するという条件で、イブレトの破門を解いた。イブレトは、その指示に従った。コスタは、この屈辱の記憶が意識下にあったことが、青年時代にヴェルチェッリの聖アンドレア教会に入った時に圧迫感に襲われた原因なのではないかと考えた。

コスタは、また、ウッセルで抱いた不快感の説明となる事件も探り当てている。それは（アルベンガで閲覧した文書に書かれていたのだが）、ウッセル城にいた、ディ・チャラント家のふたりが、峡谷に住む人々から略奪や強奪をしていたという事実である。サヴォイアの伯爵は、このふたりに罰金を科したが、ふたりが家名につけた瑕《きず》を消し去ることはできなかった。

他の出典による、イブレト・ディ・チャラントに関する情報

イブレト・ディ・チャラントの生涯について、ボニファティウスによる伝記以外の資料から知っておくことも、重要であるように思う。

アングロサクソン民族の歴史学者は、一四世紀サヴォイアの歴代伯爵に、あまり関心を寄せることはなかった。かなり詳細なヴェニス史によれば、サヴォイアの伯爵が一三六六年にトルコまで遠征したことについて、二行にわたって述べている（Norwich, 1982）。この著書には、ヴェニスが、この遠征にしぶしぶ二艘のガレー船を出したと書かれている。また、中世末のヴェニス史（Hodgson, 1910）に、次のような脚註があるのを見つけた。

> サヴォイアの伯爵（アマデウスⅥ世、愛称は「緑様」）は、一三六六年にヴェニスを出帆し、ガリポリ半島を奪い取った後、コンスタンティノープルに攻め入った。そこで、伯爵は、皇帝ヨハネスⅤ世が、ブルガリアの都市ウィディンでブルガリア王の捕虜となったことを知った。伯爵は、急襲して皇帝を奪還し、自らの首都に連れ戻した。……［p. 489］

二一世紀初頭にいる私に、光が届かない歴史の片隅と感じられるこの出来事は、一九世紀末のイタリアの学童には、知られていなかったかもしれない。私は、イブレト・ディ・チャラントに関する若干の情報を、サヴォイアのアマデウスⅥ世伯爵の伝記で見つけている（Cognasso, 1926）。この研究では、

一三六六年のアマデウスのトルコ遠征について、数ページを割いて説明している。ヴェニスを出帆したこと、モレアに上陸したこと、続いてガリポリを奪取したこと、コンスタンティノープルに侵攻したことが書かれているのである。この十字軍遠征に関する記述には、イブレト・ディ・チャラントが参加したという事実は見当たらない。著者のF・コニャッツォは、イブレト・ディ・チャラントについて、一三七四年に一連の出来事が起こるまで、ひと言もふれていないのである。

この年、イブレト・ディ・チャラントは、「ピエモンテ軍の総司令官」であった。コニャッツォによれば、イブレト・ディ・チャラントは、一三七八年にビエッラ（ヴェルチェッリの北東）で発生した反乱を鎮圧し、その司教をモンジョヴェの自分の（ディ・チャラントの）城に捕虜として幽閉した。しかし、コニャッツォは、教皇がイブレト・ディ・チャラントをその罪で破門したことについては記していない。イブレト・ディ・チャラントの名前は、後年のアマデウスⅥ世の、さらにはかなり短命に終わった嫡男アマデウスⅦ世の治世に関する記述に散見される程度である（Cognasso, 1926, 1931）。G・カルボネッリ（Carbonelli, 1912）は、イブレト・ディ・チャラントが、アマデウスⅦ世の没後、その嫡子であるアマデウスⅧ世の摂政として仕えたことを述べている。

その後に出版されたアマデウスⅥ世の二種類の伝記も、イブレト・ディ・チャラントのことに数回以上ふれている（Cox, 1967; Savoia, 1956）が、イブレト・ディ・チャラントが一三六六年のアマデウスⅥ世の十字軍遠征に参加したことは、そのいずれにも書かれていない。ディ・チャラント家の詳細な歴史について書かれた昔の研究書は、イブレト・ディ・チャラントがその十字軍遠征に参加したことに言及している（Vaccarone, 1893）。この研究書は、ヴェルチェッリの司教を自分のモンジョヴェ城に監禁した罪で、時の教皇が、イブレト・ディ・チャラントを破門したことにもふれている。しかし、後にイブレト・ディ・チャラントが、ヴェルチェッリの聖アンドレア教会で贖罪したことは書かれていない。

アマデウスⅦ世が、イブレト・ディ・チャラントに「抱きかかえられながら」死去したことを裏づける証拠は、私が参照した資料のいずれにも見つからなかった。しかしながら、イブレト・ディ・チャラントは、アマデウスの臨終には立ち会っていたのかもしれない。そして、不当にも、アマデウスを毒殺した容疑者のひとりとして扱われているのである。

コスタの（ボニファティウスの伝記にのみ基づく）証言は、次の三点で、他の資料から得られた情報と食い違いを見せている。まずコスタは、アマデウスⅥ世が、一三六六年のコンスタンティノープル遠征に一万人の兵士を動員したと述べているが、コニャッソは、遠征に同行できたのは、騎兵隊と歩兵隊を合わせて、せいぜい二千人程度だったろうと推定している。この食い違いは、ボニファティウスのまちがいによるものであろう。第二の不一致は、トルコでの戦闘に関するコスタの描写に見られるものである。コスタの書きかたでは、その戦いが、コンスタンティノープルで起こったように受け取れる。この遠征での唯一の戦いは、実際にはガリポリの手前で起こっていた。その後、トルコ軍はガリポリの町を放棄したため、サヴォイアから来た軍隊は、難なくコンスタンティノープルに入れたのである。

第三の矛盾点は、最も重要であるように思われる。先述のように、ボニファティウスの伝記を読んでいたコスタは、イブレト・ディ・チャラントが、アマデウスⅥ世の妹君であるブランチェと結婚したがっていたことを知っていた。ところがアマデウスは、妹を、ミラノのガレアッツォ・ヴィスコンティと結婚させる手はずを整えた。そして、ブランチェは、一三五〇年九月二八日にヴィスコンティと結婚した（Mesquita, 1940）。コスタは、ブランチェへの愛が実らなかったために惨めな思いを味わったことが、イブレット・ディ・チャラントがアマデウスの遠征に加わった一因なのではないか、と推測した。しかしながら、コンスタンティノープル遠征は、一三六六年の出来事なので、ブランチェへの愛が実らなかったことが、その一五年以上後に、その遠征に参加した要因になるとは（ありえないとは言えないまでも）思われない。

コスタが推定する、フェレスで出現した霊姿の身元

コスタは、嵐の晩に、フェレスの城で話しかけてきた霊姿の身元を明確に特定しているわけではない。イブレット・ディ・チャラントが恋に落ちた、サヴォイア家のブランチェだったのかもしれない、と推測する一方で、イブレットと結婚したジャコメッタ・ディ・シャティヨンだったのかもしれない、とも考えていたのである。

ジャコメッタは、イブレット・ディ・チャラントより前に死去していたはずである。それは、イブレトが、ジョヴァンナ・ディ・ヌスという後妻を娶《めと》っていた事実からわかる（Vaccarone, 1893）。しかし、コスタは、この女性のことにはふれていない。

コスタとイブレット・ディ・チャラントの身体的類似点

コスタは、イブレト・ディ・チャラントの肖像画を（おそらくアルベンガで）見つけ、自著に掲載している。ボッツァーノは、（肖像画に描かれた）イブレトとコスタの顔が、両者を取り違えてしまうほど似ていると感じたという。イブレトは大柄で、同時代の人々の中では巨人とも言えるほどであった。コスタ自身も大柄で、その軍服姿はボッツァーノに強い印象を与えたのである。

自らの体験が超常的なものであったとするコスタの確信

コスタは、自分がアルベンガで見つけた（イブレトの伝記を含む）文書によって、一〇歳の時に初めて訪れたヴェニスで見た夢の細部が事実と確認されたと考えた。特に印象的に感じられたのは、アルベンガで関係資料を調べるようにと、女性の霊姿が指示したことであった。これらの文書は、何世紀にもわたって、ディ・チャラント家に先祖から伝来してきたものであることを、コスタは知った。しかしながら、ピンボールゲームで盤上を落ちる玉のように、この文書は、他の子孫に渡ってしまった可能性もあったのである。ディ・チャラントという家名は、デル・カッレット・ディ・バレストリーナ侯爵の家名には入っていない。コスタは、この侯爵がディ・チャラントの子孫であることを知っている者は、侯爵の直系の家族以外にはほとんどいないのではないかと思ったという。

解説

コスタは、幼時に前世のイメージが初めて浮かび上がる刺激となった、自宅の居間に掛かっていたコンスタンティノープルの絵がいつ描かれたものかについては、ひと言も述べていない。しかしながら、その絵は、おそらく一九世紀のコンスタンティノープルを描いたものであろう。この絵は、一四世紀の市街の様子とはかなり違っていたはずである。とはいえ、すべてが違っていたわけでもあるまい。

皇帝ユスティニアヌスI世は、今なお現存するハギア・ソフィアの館を五三二年に建てている。(トルコ軍は、一四五三年にコンスタンティノープルを征服した後、この館をイスラム教寺院に改装した。現在は博物館になっている。)一四五三年に起こった、コンスタンティノープル包囲攻撃に関するS・ランシマンの報告書は、一四九九年にその時の模様を描いた絵を、その表紙に使っている(Runciman, 1965)。その絵には、金色の丸屋根はないが、城壁や数多くの塔が描かれている。こうした特徴やボスポラス海峡という大海原に面した同市の位置を考えると、ゴンザーガにあるコスタ家の壁に掛かっていた絵は、昔のコンスタンティノープルの記憶を呼び覚ましたのかもしれない。

コスタが、父親に連れられて初めてヴェニスを訪れたのは、一〇歳の時であった。その年齢の少年なら、サヴォイアの歴代の伯爵や侯爵について何か知っていたのは、ほぼまちがいないであろう。一八九〇年のイタリア王は、アマデウスVI世の末裔にあたるウンベルトI世であった。しかしながら、一三六六年にアマデウスが行なった無意味な遠征のことを、年端もゆかない少年が知っていた可能性はどうであろうか。もし知っていたとすれば、その遠征で、イブレト・ディ・チャラントと呼ばれる男性が重要な役割を演じていたことも、知っていたのかもしれない。

とはいえ、この種の回りくどい解釈は、コスタがアルベンガで見つけた、事実を確証する文書にたどり着くまでの経緯の説明には、無力であるように思われる。ボッツァーノは、コスタから話を聞いた後、明らかにこの点を熟考していた。他の説明が当てはまるかどうかを検討しながら、ボッツァーノは、コスタには、前世を記憶していると見てよい根拠があった、と考えるに至ったのである。

ビアンカ・バッティスタ

本例の報告は、最初、一九一一年にイタリアの雑誌『ウルトラ』に発表された（Battisita, 1911）。この報告は、中心人物の父親であるフロリンダ・バッティスタが書いた手紙の形になっている。父親は、当時、イタリア陸軍の大尉であった。G・ドランヌは、その手紙をフランス語に翻訳して自著に収録している（Delanne, 1924）。以下は、その邦訳である。

報　告

一九〇五年八月、妻は、妊娠八ヵ月の時、寝床に横になって完全に目覚めていた状態の時に、自らに強い影響を与えることになる霊姿を体験しました。その三年前に亡くなっていた、まだ幼かった私どもの娘が、子どもらしい喜びかたをしながら、突然、妻の前に現われ、「ママ、帰って来るからね」と、静かに申したそうです。妻の驚きが冷めやらぬうちに、その姿は見えなくなりました。

私が帰宅した時、まだその感動がかなり残っていた妻は、私にその話をしてくれました。初め私は、妻が幻覚を見たのだろうと思いました。とはいえ、天からある種の知らせを受けたと確信している妻に、冷水を浴びせかけるようなまねはしたくありませんでした。それで、これから生まれてくる赤ん坊に、亡くなった娘の名前をつけたいという妻の言葉に、迷わず賛成してしまいました。それは、ビアンカという名前です。その時には、何年か後に知った神智学のことはまだ知りませんでしたので、私に生まれ変わりの話をする人がいれば、誰であれかなりおかしいと思ったでしょう。私は、人間は一度死ねば、二度と戻ってくることはないと、固く信じておりました。

六カ月後の一九〇六年二月に、妻は、亡くなった娘と、どこもかしこもそっくりの赤ん坊を出産しました。死んだ娘と同じく、大きな黒い眼で、髪の毛は、ふさふさした巻き毛でした。そういう特徴を見ても、私の唯物論的な姿勢は揺らぎませんでした。しかし、こうした恵みを受けたことで喜んだ妻は、奇跡が起こった、同じ子どもがもう一度生まれてきた、と信じておりました。この子は、今、六歳ほどになっていますが、死んだ娘のように、情緒の点でも知能の点でも早熟です。このふたりは、生後七カ月の時に、「ママ」という単語がはっきり発音できました。それに対して、他の娘たちは、知的な問題があるわけではないのですが、生後一二カ月目になるまでは、この単語が言えませんでした。

これからお話しすることをおわかりいただくために、最初のビアンカの生前に、マリーというスイス人の女中を私どもが使っていたことを、お伝えしておかなければなりません。マリーは、フランス語しか話しませんでした。マリーは、生まれ育った山間部の田舎で覚えた、カンティレーナのような一種の子守歌を歌っておりました。その歌は、私どもの幼い娘に歌って聞かせると、まるで眠りの神が歌ってでもいるように、眠りを誘う効果がありました。その子が亡くなった後、マリーは国に戻り、私どもは、その子守歌のことを記憶から完全に閉め出しました。その歌を聞くと、どうしても亡くなった娘を思い出してしまうからです。九年が過ぎ、その歌の記憶が完全に消えた頃、驚くべき出来事が起こって、私どもに、その歌の記憶が蘇ったのです。一週間前、私は妻と一緒に、寝室の隣の書斎におりました。その時、私どもは、遠くからこだまするように、その子守歌をはっきり聞いたのです。その歌は、隣の寝室から聞こえてきました。最初は、ふたりとも、感情がかき立てられて混乱したのですが、その歌を私たちの娘が歌っているとは思いませんでした。ところが、寝室に行ってみると、二番目のビアンカが、ベッドに座って、完璧なフランス語のアクセントで、その子守歌を歌っていたのです。私どもが娘にその歌を教えたことがないのはまちがいありません。妻は——驚きを隠そうともしないで——何を歌っているのか娘に聞きました。ビアンカは、これはフランスの歌だよ、と答えました。ビアンカは、姉たちが教えたわずかな単語を除けば、フランス語の単語を知りませんでした。そこで、今度は私が、「この歌は誰に教わったんだい」とビアンカに聞きました。それに対して、ビアンカは、「誰にも教わってない。自分でわかったの」と答えたのです。それからビアンカは、生まれてからこの歌しか歌ったことがないかのように、その歌を歌い続けました。

以上、私が細心の注意を払ってご報告したさまざまな事実から、この拙文をお読みになった方は、いかようにも、お望み通りの解釈をしていただいてけっこうです。私自身について申しあげれば、死んだ子が帰ってきたのだ、という結論に至っております。

アレッサンドリーナ・サモナ

本例では、中心人物の父親が最初にその報告を行なっている（Samonà, 1911）。その父親は、死亡した自分の娘が、その妹として生まれ変わったと考えていた。この報告がもとになって、娘の死から中心人物の誕生までの時間的間隔が短い――八ヵ月ほど――ため、その報告を読んだ者の間で少々検討が行なわれた。父親のカルメロ・サモナは、中心人物が二歳の頃、本例について新たな情報を提示した（Samonà, 1913a）うえで、死から再生までの間隔が短いことに対する疑念にも答えている（Samonà, 1913b, 1914）。その後、カルメロ・サモナは、中心人物のその後の経過に関する報告を、シャルル・ランスランに送付した。ランスランは、この情報を、自著に掲載したのである（Lancelin, 1922）。ランスランの著書には、中心人物が語った、唯一のイメージ記憶に関する証言も収録されている。

報　告

本例に関係するふたりの娘は、いずれもアレッサンドリーナという名前であるが、区別を容易にするため、ここでは、アレッサンドリーナⅠおよびアレッサンドリーナⅡと呼ぶことにしたい。ふたりの両親は、イタリアのパレルモに住む医師カルメロ・サモナとその妻アデーレであった。サモナ夫妻には、他に息子が三人いた。

アレッサンドリーナIは、一九一〇年三月一五日、五歳の頃に髄膜炎で死亡した。三日後、悲しみに打ちひしがれた母親は、夭折した娘の夢を見た。そのアレッサンドリーナIは、母親に向かって、「泣かないで、ママ。あたし、ママと別れたわけじゃなくて、ただお休みしてるだけなの。見て、あたし、こんなふうにちっちゃくなってるんだよ」と言った。夢の中のアレッサンドリーナIは、そう言いながら、嬰児の小さな体を身振りで示して見せた。そして、「また、あたしのために苦しい目にあうことになるから」とつけ加えた。三日後、アデーレ・サモナは、また同じ夢を見た。[註10] 友人のひとりは、その夢はアレッサンドリーナIが生まれ変わってくる知らせなのではないか、と言った。この時、アデーレ・サモナは、生まれ変わりについては何も知らず、友人が貸してくれた、生まれ変わりについて書かれた本を読んでみたが、そのようなことがあるとはとても思われなかった。アデーレ・サモナは、一九〇九年に流産し、そのことで手術を受けたことがあった。その後、子宮から少量の出血が続いていた。そのため、また妊娠する可能性があるとは、思ってもみなかったのである。

ふたつの夢を見てしばらくした頃、カルメロ・サモナが、悲嘆に暮れた妻を慰めようとしていると、誰かが玄関のドアをノックしているような大きな音が、三回続けてふたりの耳に聞こえた。その音は、

註10　私は、この種の夢を、〝予告夢〟と呼んでいる。予告夢は、アジアの、特にミャンマー（ビルマ）やトルコの事例にしばしば見られる。また、アラスカのトリンギット民族の事例でもしばしば観察される（Stevenson, 1987/2001）。

両親と一緒にいた三人の息子たちにも聞こえた。息子たちは、その時間によく訪れる叔母のカテリーナ（カルメロ・サモナの妹）が来たと思い、ドアを開けて叔母の姿を探した。ところが、そこには誰もいなかったのである。

ノックの音が聞こえるという出来事がきっかけとなって、サモナ一家は、アマチュア交霊会を催すようになった。[註1-1]（カルメロ・サモナの報告には、どのような形の交霊会をしたのか、家族の誰が霊媒役を務めたのかは書かれていない。）一家は、アレッサンドリーナIと、ジャンニーナというカルメロ・サモナの亡姉から発せられたと思しき通信を受けた。ジャンニーナは、かなり昔に一五歳で死亡していたのである。アレッサンドリーナIとされる存在は、その通信の中で、一家が聞いたノックは、関心を向けてもらおうとして自分が起こしたのだと言った。続けてアレッサンドリーナIは、母親に、もう一度生まれて来ることをあらためて確約し、それはクリスマスの前だと告げた。一家と友人たち全員に、自分がもう一度生まれて来ることを知ってほしい、と言うのであった。アレッサンドリーナIが、このことを何度も繰り返したため、カルメロ・サモナは、交霊会にうんざりするようになった。カルメロ・サモナは、自分がこの世に戻って来ることを、誰もが知るべきだという熱望に、交信者アレッサンドリーナIが取り憑《つ》かれてしまっていると考えた。

四月一〇日、アデーレ・サモナは、自分が妊娠したことに気づいた。（カルメロ・サモナの報告には、アデーレが妊娠に気づくまでの経緯は述べられていない。）五月四日の交霊会で、交信者アレッサンドリーナIは、少々混乱した様子で、母親のまわりに誰かいると言った。サモナ一家に、その発言の意味がわかったのは、アデーレの子どもとして生まれたがっている存在がもうひとつあることを、別の交信者ジャンニーナが説明してくれた時であった。その後の交霊会で、交信者アレッサンドリーナＩは、妹と一緒に生まれることになっていると述べた。交信者ジャンニーナは、サモナ一家に対して、生まれ変わりのアレッサンドリーナは、アレッサンドリーナＩに非常によく似ているはずだと言った。しばらくすると、霊媒による交信は途絶えた。交信者アレッサンドリーナＩは、以前、妊娠三ヵ月後には交信できなくなると語っていた。それは、その時点を過ぎると、交信者アレッサンドリーナＩが「もっともっと〝物質〟に結びついて、眠ってしまう」からだという。

八月、産科医がアデーレを診察した結果、双生児を妊娠していることがわかった。その後の妊娠期間中は、やっかいな症状がなかったわけではないが、やがてそれも消え、一九一〇年一一月二二日、アデーレは女の双生児を出産した。すぐに、一方の女児が、アレッサンドリーナＩと驚くほど似ていることがわかり、同じ名前がつけられた。アレッサンドリーナⅡとなったのである。一緒に生まれた妹は、マリア・パーチェと名づけられた。カルメロ・サモナは、本例に関する最初の報告の末尾で、アレッサンドリーナⅡとアレッサンドリーナＩとの間に見られる身体的類似点、およびマリア・パーチェとの相違点を説明している。それは、左眼の充血、右耳の脂漏、顔面のわずかな非対称の三点であった。

註11　カルメロ・サモナは、以前、心霊研究の著書を出版したことがある。ランスラン（Lancelin, 1922）によれば、その著書は、優れた研究者たちに激賞されたという。

自らの証言の裏づけとして、サモナは、家族や友人たちの数通の私信を（報告書の付録として）掲げている。それらの私信が証言していたのは、双生児が生まれる前に、アデーレがその夢を見たことや、ノックの音が三回したこと、その後に交霊会が繰り返し催されたこと、その中で、クリスマスまでに双子の女児が生まれるという予言が行なわれたことであった。この種の補強証拠としては、サモナの妹カテリーナによるものが最も有力であった。カテリーナは、兄夫婦のもとを毎日のように訪れて、本例の進行状況を目の当たりにしていたはずだからである。

一九一三年の夏、アレッサンドリーナⅡとマリア・パーチェは、二歳半になっていた。その時点で、カルメロ・サモナは、ふたりのアレッサンドリーナの行動的類似点に焦点を当てた第二報を発表した（Samonà, 1913a）。ふたりのアレッサンドリーナとも、ふだんはおとなしく、母親の膝の上にいつも満足そうに座っていた。それに対してマリア・パーチェは、母親が好きなのはまちがいなかったが、少々落ち着きがなく、母親のところへ来ても、またすぐに離れておもちゃで遊ぶのであった。ふたりのアレッサンドリーナとも、おもちゃにはほとんど関心を示さず、他の子どもたちと遊ぶのを好んだ。ふたりのアレッサンドリーナとも、大きな音と理髪師に恐怖症を持っており、どのような形のチーズも嫌っていた。マリア・パーチェには、そのような傾向はなかった。ふたりのアレッサンドリーナとも、衣類やシーツやタオルなどの布類を畳んだり、皺を伸ばしたりすることを喜んだ。また、靴で遊ぶのが好きで、大きい靴を履いて遊ぶこともあった。マリア・パーチェは、このような遊びをすることはなかった。

ふたりのアレッサンドリーナとも、自分のことを第三者的に表現することが時おりあった。たとえば、「アレッサンドリーナはこわがってる」などという言いかたである。ふたりには、たとえば、叔母のカテリーナを「カテラーナ」と呼ぶなど、ふざけて名前の一部を変えて呼ぶ癖もあった。マリア・パーチェには、このような言葉遊びはなかった。

一九一三年には、ふたりのアレッサンドリーナの身体的類似点は、双生児が生まれた時点よりもはっきりしてきていた。カルメロ・サモナは、その第二報に、三歳八ヵ月時のアレッサンドリーナⅠの写真と、二歳時の双生児の写真を収録している（Samonà, 1913a）。それらの写真を見ると、ふたりのアレッサンドリーナとも、顔が左右非対称になっているのがわかる。ふたりとも、左眼が右目よりもかなり中線寄りにあり、左の唇交連《しんこうれん》〔口角部〕が右よりも短くなっているのである。マリア・パーチェには、こうした顔の非対称はなかった。[註12] カルメロ・サモナは、アレッサンドリーナⅡがわずかに色白な点を除けば、ふたりは〝完璧に〟似ていると考えた。ふたりのアレッサンドリーナとも、左利きであった。それに対して、マリア・パーチェと家族の他の者たちは、全員が右利きであった。

本例の報告は、ヨーロッパで、少なくとも心霊主義関係の文献を読んでいる人たちの間では、ある程度の注目を集めた。その中に、シャルル・ランスランがいた。ランスランは、本例についてカルメロ・サモナと私信を交わし、双生児の事例に関する一九二一年三月二〇日付の私信を、自著に掲載してい

註12　ふたりのアレッサンドリーナの顔面非対称には、私も強い印象を受けたため、サモナによるふたりのアレッサンドリーナの写真を、本例の短報に掲載している（Stevenson, 1997）。

る（Lancelin, 1922）。この私信には、双生児の差異がそのまま続いていることと、アレッサンドリーナⅠとアレッサンドリーナⅡの類似点も、引き続き観察されることが記されている。アレッサンドリーナⅡは、そのうち、「霊的なこと」に関心を示すようになり、時おり瞑想もしている。しかし、家事にはほとんど関心がなかった。それに対して、マリア・パーチェは、人形遊びが好きで、家事に関心を示したのである。

カルメロ・サモナは、前世で起こった出来事についてアレッサンドリーナⅡが述べた唯一の場面を、その私信の中で報告している。以下に、その私信から関連部分を引用する。

二年前［この双生児が八、九歳の頃］、私どもは、モンレアーレ［パレルモの南西一〇キロほどのところにある町］に遊びに行く話を、双子としておりました。ご承知のように、モンレアーレには、世界で最もりっぱなノルマン建築の教会がございます。妻はふたりに向かって、「モンレアーレに行ったら、見たこともない景色が見られるわよ」と言いました。それに対して、アレッサンドリーナ［Ⅱ］は、「でも、ママ。私、モンレアーレなら知ってるよ。見たことあるもの」と答えたのです。それで、妻は、あんたはモンレアーレに行ったことなんかないわよ、と言いました。アレッサンドリーナ［Ⅱ］は、「行ったことあるよ。私、行ったことある。大きな教会があって、屋根に両手を広げた大きな男の人がいたの、ママ、覚えてるでしょ」と答えました。（この時、娘は、自分の両手を広げる仕草をしました。）「それから、角が生えた女の人と、そこにどうやって行ったかとか、赤い服を着た小さい司祭さまが何人かいたこととか、ママ、覚えてないの？」

私どもが、モンレアーレのことを双子に話した記憶は全くありません。マリア・パーチェは、その町について何ひとつ知りませんでした。それでも、私どもは、家族の者が、正面にイエス様の像が載った、その大きな教会のことを話した可能性があるのではないかと考えました。ところが、「角が生えた女の人」と、「赤い服を着た司祭」という言葉の意味が、最初、私どもにはわかりませんでした。それから、突然に妻が、モンレアーレにアレッサンドリーナ［I］を連れて行ったことがあるのを思い出したのです。それは、娘が亡くなる二、三カ月前のことでした。その時は、額にいくつかこぶができたため、医師の診察を受けにパレルモに来ていた、別のところに住んでいる友人と一緒だったのです。また、私どもが教会に入る時に、何人かの正教の司祭とたまたま一緒になったのです。その時の司祭が、赤い飾りのついた青い礼服を着ていたのです。それから、こうしたことが、アレッサンドリーナ［I］に強い印象を与えたことも思い出しました。

私どものどちらかが、モンレアーレの教会のことをアレッサンドリーナ［I］に話したことがあったとしても、「角が生えた女の人」とか、「赤い服を着た司祭」の話をしたとは、とても思えません。そのことは、私どもには全く関心がないことだったからです。

解説

先述のように、同時代の人々は、本例について、アレッサンドリーナIが死亡してからアレッサンドリーナIIが生まれるまでの期間が短かい――八カ月――ことを問題にした。これらの批判者たちは、アデーレ・サモナが、一九一〇年四月一〇日に初めて妊娠に気づいたことに注目している。その一週間くらい前に妊娠していたと仮定すると、妊娠期間は七カ月程度になってしまう。しかしながら、この妊娠期間は、双生児のふたりがぶじに生まれたことと矛盾するわけではない。推定妊娠期間が短かすぎるとする批判者に対して、カルメロ・サモナは、双生児の妊娠期間は、短いのがふつうであることが書かれた産科学の教科書を数冊引用している（Samonà, 1914）。双生児について最近発表された論文も、この主張を裏づけている（Segal, 1999）。

本例の批判者たちは、アデーレ・サモナが、自ら妊娠中の胎児に働きかけたとする、「妊婦刻印」[註13]の結果として説明できるのではないか、とも主張している。胎児は、母親の強い悲しみを癒すために、アレッサンドリーナⅠの生まれ変わりを演じたのではないか、というのである。[註14]この説明は、少々高度なものと言える。しかしながら、アレッサンドリーナⅡが、アレッサンドリーナⅠのモンレアーレ訪問を詳細に知っていた事実を説明するのには、この仮説では不十分なように思われる。[註15]

ブランシュ・クールタン

本例は、一九一一年に、心霊主義者の定期刊行物であった『リエージュの使者 *Le Messager de Liège*』誌に初めて発表された。この論文の著者は、中心人物の父親であるP・クールタンから情報を得ている。クールタンは、ベルギー国有鉄道に整備士として勤めていたが、当時は既に退職していた。一家は、ポンタセルに住んでいた。そこは、ブリュッセルから南に四〇キロほどのところに位置する、シャルルロワ地方の村である。

G・ドランヌ（一九二四年）は、その報告を自著に再掲している。以下、同書から引用する。

報告

本例に関係する一家は、以下に報告する事例が発生した時点では、心霊主義について全く知らなかった。一家は、以下に述べる一連の出来事を通じて、その事実性を確信するに至ったのである。この家族は、全面的に信頼の置ける人々である。子どもたちの中に、七歳と五歳の娘がいた。妹は、ブランシュと呼ばれていた。ブランシュは、虚弱な体質であった。時おり、両親に向かって、〝霊〟が見えると言った。ブランシュは、本人が生まれる一五年ほど前に死去した、母方お

註13　妊婦刻印については、詳細な情報や説明に役立つ事例報告、大量の参考文献を別著に紹介しておいた（Stevenson, 1992, 1997〔邦訳『生まれ変わりの刻印』、春秋社〕）。

註14　後で生まれた子どもは、先に夭折した同胞の生まれ変わりだとする、一部のヨーロッパ人たちの間に見られる信仰については、第1部〔一五ページ〕でふれておいた。

註15　最近の生まれ変わり型事例の中には、前世の人格の死から、中心人物の誕生までの間隔が九ヵ月以下のものもある。その実例としては、ラヴィ・シャンカール・グプタ、スジト・ラクマル・ジャヤラトネ、セミル・ファリシの事例がある。

よび父方の祖父母について語った。ブランシュの両親は、その幻を病気の症状ではないかと考え、医師の診察を受けさせるため、本人をグイ・レ・ピエトンの町へ連れて行った。医師は、ブランシュを問診し、体を診察した後、薬を飲ませるよう両親に手渡した。診察料と薬代とで、七・五フランであった。

翌日……ブランシュは、両親に向かい、決然とした様子で、「あたし、先生が出したお薬は飲まない」と言った。「どうしてだい。七フラン五〇サンチームも捨てるというのかい。お薬はちゃんと飲まなきゃだめだよ」と言い聞かせる父親に対して、ブランシュは次のように答えた。「いやだ。飲まない。そのお薬を飲まなくても、治してくれると言ってる人が、そばにいるんだもん。それに、あたし、どうすればいいのかわかってる。薬剤師だったんだから」。両親は、「おまえが薬剤師だったって」と啞然としながら、ブランシュは正気を失ったのだろうかと自問した。「そうだよ。あたし、ブリュッセルで薬剤師してたんだ」と言い、その薬局の住所を両親に話した。「あたしの言うこと、信じられないなら、ふたりで行って見てきてよ。まだ薬局はそこにあるから。そこの入口は真っ白なんだ」

ブランシュの両親は、娘の発言にどう対応すべきかわからなかったため、しばらくは、この問題について話すのを避けていた。二年ほど後のある日、ブランシュの姉がブリュッセルに行くことになったので、両親は、ブランシュも連れて行くよう頼んだ。それに対して、ブランシュは、「いいよ。行って、あたしが前に話した場所に、お姉ちゃんを連れてくんだ」と答えた。「でも、おまえは、ブリュッセルのことなんて知らないんだろう」という両親に対して、ブランシュは、

「そんなこと、どうでもいいでしょ。向こうに行けば、ちゃんとお姉ちゃんに道を教えられるんだから」と言ったのである。

ふたりは、予定通りブリュッセルに行った。ブリュッセル駅に着いた時、姉はブランシュに向かって、「じゃあ、道を教えてよ」と頼んだ。それに対して、ブランシュは、「いいよ。来て、こっちだから」と言ったのである。ふたりがしばらく歩くと、ブランシュが、「この道よ。見て、あの家がある。薬局だってことわかるでしょ」と言った。驚いた姉が見ると、すべてがブランシュの言った通りであった。その道路、その家の番地、ドアの色——すべてがブランシュが前に話していたのとそっくり同じだったのである。不正確なところはどこにもなかった。

解説

一九世紀および二〇世紀には、ヨーロッパ大陸の心霊主義者たちは、一般に生まれ変わりを信じていた。(英国の心霊主義者はそうではなかった。)本例の報告者は、他の細部について文中で述べる必要を感じなかったし、他には何もいらなかったのであろう。

この報告を読んだある者は、わずか九歳と七歳の少女が、ふたりだけで汽車に乗ってブリュッセルまで行かせてもらえるはずはないと考えた。本例の報告者は、それについて何も書いていない。ブリュッセルまでは一時間近くかかったことであろう。私が思うには、両親が汽車の車掌に、必要な時にはふたりを助けてやってほしい、と頼んでいたのであろう。どうやらふたりは、助けを必要としなかったようである。

ロール・レイノー

本例の報告は、最初、一九一四年一月発行の『サイキック・マガジン』誌に発表された。著者は、ガストン・デュルヴィルというパリの医師であった。(私は、この最初の報告は見ていない。) その後、ランスラン (Lancelin, 1922) とドランヌ (Delanne, 1924) が、デュルヴィルの報告から要約したものを発表した。私が、デュルヴィルの報告からの長文の要約である二編の報告を比較したところ、要点は一致しているものの、それぞれの報告で別々の細部が省略されていることが判明した。そのため、次に、双方の報告から引用することにした。

報告

ロール・レイノーは、一八六八年に、北フランスのアミアン市に近いオーモン村に生まれた。母親は、後にデュルヴィルに、娘が、既に幼時に、カトリック教会の教えに反抗していたことを話した。ロールは、死後には別の肉体に宿ってこの世に帰って来ると言って、天国や地獄や煉獄という考えかたを拒絶した。両親は、ミサに出席するよう、本人に強要しなければならなかった。教会の司祭は、いつも本人のもとを訪れ、興味をそそられながら、その発言に耳を傾けたが、やがて困惑、立腹しながら立ち去った。ロールのほうは、伝統的な信仰に異を唱えるのをやめるほうが賢明であることに気がついた。

一七歳の時、ロール・レイノーは、治療師になる決意を固め、アミアンで治療師になるための勉強をした。それからパリに出て、エクトル・デュルヴィルの学校で、初めて〝生体磁気療法〟（催眠の前身）について学んだ。（エクトルは、ガストン・デュルヴィルの親戚か兄弟であろう。）その後、ロールは、引き続き治療師として仕事をするようになった。晩年の二年間（一九一一年―一三年）は、パリにあったガストン・デュルヴィルの診療所に勤めた。ロール・レイノーは、一九〇四年に結婚していた。デュルヴィルの報告では、子ども時代のロールが、前世の明確な記憶を語ったとされているわけではない。しかし、ロールの夫がデュルヴィルに語ったところによれば、ロールは、夫と知り合った頃から、その種の記憶について話していたという。デュルヴィルの診療所に勤めるようになるまでは、耳を傾けてくれる相手には誰にでも、気軽にその記憶を話して聞かせていたのである。デュルヴィルは、懐疑的ではあったが、その話に耳を傾けたのであった。

ロール・レイノーは、自らが主張する次の事柄が前世の記憶だと述べた。

1 陽光の満ちあふれる、どこか南の国、たぶんエジプトかイタリアに住んでいた。（本人は、イタリアのほうが可能性が高そうだと思っていた。）
2 ふつうの家よりも、はるかに大きな家に住んでいた。
3 その家には、大きな窓がたくさんあった。

4　窓の上部はアーチ状になっていた。
5　その家には、大きなテラスがあった。
6　その家は二階建てだった。
7　屋上にもテラスがあった。
8　その家は、古木が立ち並ぶ、大きな庭園の中に立っていた。
9　その家の表側は下り斜面に、裏側は上り斜面になっていた。
10　その女性は、重い「胸の病気」に罹《かか》っていて、かなり咳をしていた。
11　その大きな家の近くには、労働者が住む小さな家が固まって立っていた。
12　その女性は二五歳くらいだった。
13　この生涯は、一世紀ほど前にあった。

この生涯のイメージは、ロール・レイノーには、どこまでもはっきりしていたようである。特に、大きなテラスを行き来したり、公園の中を歩き回ったりするが、終始、気分がすぐれないという場面を、ロールは長々と語った。気分が沈んでいら立つ状態が、病気のためさらに強まり、迫り来る死を恐れている感じが、実感としてわかった。

ロール・レイノーは、前世に関係する固有名詞を——人物であれ、特定の場所であれ——全く記憶していなかった。しかしながら、ロールは、かつて暮らした家を、自分で見分けることができると確信していた。

一九一三年三月、ジェノヴァに住む、デュルヴィルの裕福な患者が、診察と治療を求めてきた。当時、デュルヴィルは多忙で、パリを離れることができなかった。そのためデュルヴィルは、自分の代わりにジェノヴァに行き、患者のためにできることをしてきてほしいと、ロール・レイノーに依頼した。ロール・レイノーは、その依頼に応えて、汽車でイタリアに向かった。トリノに着くとすぐに、車窓を過ぎる田園風景が懐かしく感じられ始めた。ジェノヴァに着いた時には、この感じがますます強くなった。ジェノヴァでは、同じホテルに滞在する客たちに、自分は前世でこのあたりに住んでいたと思うと話して聞かせた。ロールは、その話の中で、その家を見つけたいという希望を述べた。このホテルの経営者であったピエロ・チャルロッティは、ロールの話と符合するような家が、ジェノヴァの郊外にあると教えてくれたうえ、そこに案内してもよいと申し出た。ロールは案内を頼み、ふたりは自動車でその家に行った。ロール・レイノーは、この家は自分の記憶にある家ではなく、近所の家のように思うと言った。そこで、ふたりが車を走らせていると、ロールが「自宅」と認める、大きな邸宅に行き当たったのである。その邸宅は、ジェノヴァの名家であるスポンティーニ家の所有になるものであった。その造りは、ロール・レイノーが描いたイメージと正確に一致した。その主特徴は、上端がアーチ状になった、非常に高い窓がたくさん並んでいることであった。家のまわりは広いテラスになっており、屋上にも小さいテラスがあった。図1に示したのは、その家の写真である。この写真は、ランスラン（Lancelin, 1922）の著書に掲載されている。その写真を見ると、この建物が右に述べた特徴を備えていることがわかる。しかし、一点だけ一致しない部分がある。

敷地が斜面になっていることからすると、一階は地下室のようになっている可能性はあるが、写

図1　ロール・レイノーがかつての自宅と認めた、イタリア、ジェノヴァ近郊のジョヴァンナ・スポンティーニの邸宅（Lancelin, 1922より転載）

真から判断する限り、この邸宅は三階建てのようである。写真では、庭園も林もわからないし、建物の前後の傾斜もわからない。しかしながら、ランスランは、こうした傾斜が、ロール・レイノーの描くイメージと一致したと述べているのである。[註1-6]

ロール・レイノーとピエロ・チャルロッティのふたりは、ロールの前世の自宅を探し当てたことに満足しながら、ジェノヴァに戻った。ロール・レイノーは、ジェノヴァに戻ると、以前にはなかった別の記憶をどうやら取り戻したようである。ロールによれば、前世では、墓地ではなく、教会に埋葬されたという。

ピエロ・チャルロッティは、このことをガストン・デュルヴィルに話した。それを聞いたデュルヴィルは、スポンティーニ家が居住していた教区の記録を探し始めた。その依頼を受けた、ジェノヴァ在住のある人物が、以下の記録を見つけ、デュルヴィルに送ってくれた。

一八〇九年一〇月二三日、ベンジャミーノ・スポンティーニの未亡人ジョヴァンナ・スポンティーニは、慢性的な病気で、数年間、自宅にいた。体をひどく冷やした後に、健康状態が最近、かなり危ぶまれる状態になっていたが、今月の二一日に亡くなった。夫人は、教会のあらゆる祈りにより励まされていたが、今日、私どもおよび市長の書面による許可に基づき、密葬が執り行なわれ、遺体は、当ノートルダム・デュ・モン教会に安置された。

ロール・レイノーは、ジェノヴァからパリに戻って二、三カ月後に死亡した。一九一三年末のことであった。

ガストン・デュルヴィルは、ロール・レイノーの記憶とされるものに関する報告を、次のような言葉で締めくくっている。「では、これは、生まれ変わりの事例なのであろうか。私は、この問題につ

註16　ドランヌの報告は、この点でランスランのものと食い違いを見せている。ドランヌは、屋敷のうしろのみに傾斜があると述べ、それも、ロール・レイノーの発言とは逆に、下向きだったとしている。

いて何も知らないことを告白しなければならない。とはいえ、私は、生まれ変わり仮説が他の仮説よりも愚かしいとは思っていない」（Lanceline, 1922, p. 373; Delanne, 1924, p. 297）。

解説

ロール・レイノーの口から固有名詞がひとつも出なかったため、ロールの発言とジョヴァンナ・スポンティーニの生涯および、ジョヴァンナが暮らしたジェノヴァ近郊の邸宅について判明した、いくつかの細目が一致したとしても、偶然の一致という可能性を考えざるをえない。この邸宅に関するロール・レイノーの説明は、本人が特定した建物について、一点を除けば、すべて正確であった。とはいえ、それらは、互いに独立した要素ではないし、イタリアのルネッサンス様式の豪邸であれば、おそらく兼ね備わっている特徴なのである。しかしながら、慢性病を患っていた女主人の遺体が、墓地ではなく教会に安置されたという事実をそれらの細目に加えれば、偶然の一致という可能性は、大幅に減少するのである。

ゲオルク・ナイトハルト

一九二四年、当時二六歳であった本例の中心人物は、うつ状態に陥り、その間に、実感をともなう一連のイメージを見た。ゲオルク・ナイトハルトは、それを、一二世紀にバイエルンの森で送った前世に由来すると考えたのである。本人は、数年がかりで、まずその生涯を送った場所を突き止め、次いで、そのイメージに登場したいくつかの事柄が事実かどうかを確かめようとした。そして、ゲオルク・ナイトハルトは、それに成功したことを確信した。かつて自分が、バイエルン地方のレーゲン近郊にあるヴァイセンシュタイン城で暮らしていたと考えたのである。その体験やそれに関する自分なりの結論について、しばらくの間は誰にも話さなかったが、結局は、人にその話をするようになった。その後、生まれ変わりについて書いた小冊子を出版した。そして、自分の体験およびその事実性を確認しようとする努力について記した詳細な報告を、そこに収録したのである(Neidhart, 1957)。

そうこうするうち、本人は、心霊研究や心霊主義の文献を幅広く読むようになった。超常体験や霊的体験を検討する小さな集まりを組織し、霊媒を囲む交霊会に参加した。時おり、自分の体験についても講演した。

一九二七年、本人は、二番目の妻アンネリーゼと再婚し、一九三六年に、ただひとりの子どもであったアンゲリカが生まれた。

私は、本例の存在を一九六〇年代初頭に知り、一九六四年五月に、ミュンヘンの自宅で、ゲオルク・ナイトハルトと妻(アンネリーゼ)および娘(アンゲリカ)と初めて対面した。次いで、一九六五年一〇月にも会っている。ゲオルク・ナイトハルトは、翌一九六六年に死亡した。

その後、私は、ミュンヘンを訪れると、アンネリーゼとアンゲリカを時おり訪問していた。ミュンヘンでは、他の研究のかたわら、本例に関係する資料を調べるため、国立図書館を利用していた。

一九七一年四月、私は、アンネリーゼ・ナイトハルトとともに、レーゲンまで出かけた。城の調査には、レーゲンやヴァイセンシュタイン城やその周辺に詳しいアルフォンス・シューバートが、市長室の親切な計らいで、案内役として同行してくれた。後ほど説明するが、その城は、塔を除いて完全な廃墟と化しており、そこを訪れても、新しいことはわからなかった。

報告

前世の記憶を持つ体験に関する、ゲオルク・ナイトハルト自身による報告を、次に引用する。

私の生涯は、一八九八年五月に始まりました。私の生活の中で起こる出来事は、他の人たちの場合と基本的には同じでした。生まれ育った環境、主として両親の経済状態や、当時の一般的政治状況で決まったわけです。両親はカトリック教徒でしたから、その信仰の中で私は育てられました。中学校の時、私の宗教教育は、とりわけすばらしい、忘れがたき指導者のおかげで、より深められ、それまで以上に不朽のものになりました。また、よくできた母親が、愛情を持って私の魂の幸福に気を配ってくれる一方で、かなり厳格な父親は、私に約束厳守の意志や責任感を植えつけてくれました。総じて子ども時代には、自分の必要が満たされないことはほとんどありませんでした。

中学校を出てからは、父に仕事〔銅器製造〕を教わるようになりました。ところが、第一次世界大戦が始まったので、見習いの仕事をやめなければなりませんでした。〔ドイツ〕帝国海軍に召集された時は、まだ一九歳になっていませんでした。このように外部の状況が変わったため、私の霊的生活も、基本的重要性が一変しました。

海軍では、通信兵として訓練を受け、バルト海で漁船に乗せられたり、いろいろな〝自殺的偵察〟に出されたりしていました。さまざまな変化や危険に見舞われた海軍を、二年弱で満期除隊になり、一九一九年一月一日に復員しました。

生まれ故郷のミュンヘンに戻ると、状況が完全に変わってしまっていることがわかりました。政治気圧計の針は、〝暴風雨〟を指していました。革命が起こり、銃弾が空を切って飛び交っていたのです。子どもたちも含めて、ほとんどは無実の犠牲者の遺体が、道路のあちこちに横たわり、身の毛もよだつ惨状を呈していました。まもなくインフレが起こり、そのおかげで、計画がすべてだいなしになりました。その結果、技師になりたいという希望は捨てなければなりませんでした。それから、熟練工の試験を受け、〔最初の〕結婚をし、娘が生まれ、妻が死ぬという――そういうことがすべて、二年弱の間に起こったのです。そのような出来事があった後でも、私はまだ二四歳でした。[註17]

このようにして、運命が、これほど短期間のうちに、私をめちゃくちゃに打ちのめしたのでした。喜びと苦しみは――絶えず揺れ動く人間存在の永遠の両極ですが、その当時は、このふたつ

註17　ゲオルク・ナイトハルトは、年齢を少々勘違いしているようである。本人は、一九二三年五月には二五歳になっている。ここに書かれているドイツのおぞましきインフレは、一九二二年末から二三年一一月まで続いた。

が結びついているような感じでした。また、当然のことですが、当時の運命的とも言える年月は、私に影響をもたらさずにはいませんでした。人間を超越し、無限の力を持ちながらも公正な創造神という信仰は、根底から崩れ去りました。疑念が頭をもたげ、それまでの信仰をしのぐようになってきました。神の完全なる愛や慈悲にすがる道は、どうしても見出せませんでした。神に対する私の反抗は、祈りが、ひたすら従順な請願というよりも、神の根本的正義という問題をめぐる戦いとなるほど、強いものになっていました。

この霊的葛藤状態の中で、私は、自分が受けた運命の一撃を何とか忘れようと、ますます努めるようになりました。その頃はまだ、不公平な災難と考えていたからです。ところが、懸命なる努力にもかかわらず、神の正義や愛に対するすべての疑念が、繰り返し蘇ってきました。完全には抑え切れていなかったからでしょう。当時の私の聴罪司祭は、私の苦しみをおわかりになり、善意でしてくださった訓戒や激励は、全能の神に真剣に請願し、哀願すらする方向へと、私を連れ戻してくださいました。

このような戦いが心の中で続いている頃、私は、外的な生活条件を完全に変えてしまっていました。寝泊まりする場所もなかったため、ある友人が自宅を提供してくれました。私の生活は、商売人や職人の生活というよりは、世捨て人のようになってきました。私は、その頃できた友人たちと、キリスト教神秘主義その他の宗教的問題について話し合いました。また、私たちは、一所懸命に宗教歌を合唱しました。私たちは、顔を合わせれば、少なくとも一曲は宗教歌を歌っていたのです。自分たちのための図書室も開きました。しかし、その図書室は、聖書やキリスト教神秘主義に関する本、その他の宗教的著作、聖歌集が中心になっていました。

この頃、私は、自分がすっかり変身してしまうような、強い影響力を持つ体験をしました。私は、すべての苦しみを完全に忘れ、運命と反目するのをやめました。これまでの自分とは全く違う人間に——なぜそれほどまでに過酷な運命に見舞われるのかを、今や理解する人間に——作り変えられたのです。

その体験は、ある春の朝に始まりました。今後とも忘れることはないでしょうが、それは、くっきりと晴れ渡った、うららかな日でした。この日、私は、今までにない内的体験をしたのです。それからは、不思議な形で、何年にもわたって、また何十年にもわたって、特別の時に、同じような体験をしています。

今でも私は、記憶を蘇らせるという点では、並外れた能力を持っています。少々難しいのは名前だけです。その春の朝以来、思い出すことができるというか、この世に生をうけた境界線を越えて、何百年も前の時代に起こった出来事の視覚的イメージや聴覚的イメージを実感できることがわかっているのです。夢を見ているわけではないのは、まちがいありません。私は、いつも夢を見ることなく、深い安眠ができます。この最初の体験をする前の晩も、夢を全く見ませんでした。その当日も、いつもと同じ一日が始まりました。既に朝食をすませていて、私の考えは、あらゆる点で落ち着いていました。五感も思念も、はっきりしていました。変わったことが起こる兆候は、何ひとつありませんでした。ところが、その後に、変わったことが起こったのです。

全く不意に起こったこの状態の中で、数百年前の時代から、まさしく驚くべきイメージの混じり合ったものが、私の心に入り込んで来ました。この体験全体は、あまりに奇妙なことに加えて、あまりに強い力を持っていたため、それを書き留めておくことにしました。何度か徹夜もして、一〇日をかけ、［そのイメージを］順番に書き並べ、ようやく最後までできました。

その時までに書き終えたのは、さまざまな場面とイメージの中に浮かび上がった、過去世の大きな出来事と、それに関連する主要な登場人物、それに次いで重要な人たちでした。それぞれの日付、名前、場所を書き並べたため、一連の出来事が、ある程度もっともらしいものになりました。私は、自分が体験したそれぞれの場面がどういう場面なのかが、完全にわかる感じがしました。私は、全体の状況で中心的な存在として、生き、涙を流し、笑い、戦いました。しかし私に影響を与え、私を突き動かしているのは、なぜか外部の出来事ではありませんでした。そうではなく、私の内にある最も深い層から浮かび上がってくるものだったのです。今、この体験全体を振り返って考えますと、それ以外には理解しようがありません。

その後、私は、超心理学や神秘主義、宗教の科学的研究、それに類した哲学的問題について書かれた本や記事を、手当たり次第に読んだり調べたりしました。今でも、その方面の出版物を、目につく限り読んでいます。

このような本や記事を精読すると、私の体験が事実だとはっきり確認できる可能性が考えられるようになりましたが、そればかりではありません。この分野の知識を、今以上に高めることができるとも思うようになったのです。そう考えることは、私にとって救いになりました。こういう変わった体験は妄想によるものではない、という結論に自信を持って到達することは、このような方法で「その体験の事実性を確認しようという私の努力を通じて」しかできなかったからです。私は、不幸のおかげで、ものごとはいつも自分でやり遂げなければならないことを教えられました。そのため私は、自分の経験が事実であることを、自分自身で明らかにしようという決意を固めたのです。

先ほども述べましたが、こうした内的な幻は、自分が過去に実在した事実を示すものだということを、はっきり実感しました。また、その過去世について、神の正義という問題に対する回答が得られるように思われました。そして、この世に生をうけることは、何回かの生涯を通じた、一種の贖罪《しょくざい》の過程だという結論に到達しました。実際には、人間はもっと高度なところにも行けるのだと思います。私は、当時［内的な幻で見た時代に］生きていた人たちと、現在でも結びついているような気がします。その人たちは、今またこの世に生をうけていて、現在の私の生活と、どういうわけか運命的に結びついている気がするのです。でも、このように考えても、それだけでは、細かい点まで正確に理解できるようにはなりません。ですから、今は、科学の精神で、もっと細かい部分にまで入っていくつもりです。その体験があった頃に書き留めておいた記録から、私には妥当で確認可能に思われた［その体験の］部分の説明を、次にしたいと思います。

私の記録が実際そうなっているし、この年を調査の出発点にしていた事情もあるので、話を［西暦］一一五〇年から始めなければなりません。七七五年もの間[註18]があることを考えると、この年から始めることは、確かに小さな問題ではありません。［内的な幻に］関係のある出来事に登場する人たちの中には、歴史的に重要な人物はほとんどいない——いても非常に少ない——という事実を考慮する必要があります。同様に、その〔出来事が起こった〕地域全体が、当時は全くと言ってよいほど〔他の地方には〕知られていなかったのです。そのような事情から、調査は困難をきわめました。

私の記憶は、一一五〇年頃のその城の描写で始まります。その城砦《じょうさい》は、私が略図に描いた通りの形をしています〔註19〕。それは、山の上の、ぎざぎざした岩の上に立っていて、その岩の形から必然的に台形をしています。城の入口は、木の跳ね橋を渡ったところにあります。その山は、非常に深いお濠《ほり》に囲まれていますが、跳ね橋はその濠に架かっているのです。城の中庭には、鬼戸〔城門の落し格子戸〕のある通路から入ります。中に入ると、右側の狭い敷地に、頑丈な真四角の塔が、絶壁の上にそびえ立っています。狭間《さま》胸壁に囲まれたてっぺんが平らになっているので、まわりの領土がよく見渡せます。ほぼ垂直に切り立った、ごつごつした険しい岩壁の上の、横長のふたつの部分に、〔城の〕居館がそそり立っています。これらの館は大きく、〔断崖の〕上部はもちろん、内側までえぐって強固に建てられた、何階もある建物です。両脇が固められた外階段は、〔ふたつの館の〕一方の上部につながっています。外階段の反対側には、石の外壁で囲まれた木のつるべ井戸があります。その城の平面図と外見から、この城砦が大胆な形をしていて、珍しいとは言えないまでも、まちがいなく相当に変わった印象を与えることがわかります。

私の〝内的な幻〟は、それまで暮らしていたミュンヘンから私を北東の方角に連れ出して、ドナウ川を越え、原始林に覆われた、人気のない未開の山岳地帯へと誘いました。山々は、どこも深い森に覆われているように見えました。城からさほど離れていないところに、小川が蛇行しており、その川は、かなり遠回りをしたあげく、ドナウ川に注いでいます。ドナウ川の北側には、連なる高原が、その城砦を見下ろしていました。西側から近づくと、その城はなかなか見つかりません。

〝内的な幻〟では、その城の名前まではわかりませんでした。一一五〇年にもかなりの通行量があった本街道の近くにある、という感じがしただけだったのです。その他に、城の近くで交差する二本の街道もありました。でも、このふたつの街道は、重要なものではなく、単なる脇道と考えられました。

〝内的な幻〟の中で私は、四角形の高い塔の上に立って、まわりを見渡していました。目に入るのは、山と森ばかりです。その塔は、シダが一面にはびこる、ぎざぎざした岩の上に直立しています。山肌は、巨大なトウヒとモミでびっしりと覆われています。遠くには、おぼろげながら光っている川の向こうに、別の同じような塔が見えます。その他には、見えるものはありません。人家もなければ、人が住んでいるような様子も、他には一切ないのです。塔から中庭を見下ろすと、木橋の右に、岩の中に穿《うが》たれた秘密の通路の入口が見えます。

註18　ゲオルク・ナイトハルトがここで言っているのは、一一五〇年から、本人がその体験をしてそれを記録する一九二四年までの間のことであり、その報告が初めて完全な形で書き下ろされ、公刊された一九五七年までの間のことではない。

註19　ゲオルク・ナイトハルトは、体験中に見えたように感じた城の略図を、その小冊子に掲載している。

その体験では、次に、こういう出来事が起こりました。城の中庭で、何人もの男女に囲まれて、中世初期の衣装に甲冑をつけたふたりの男が、口論していました。その口論は、自由と正義に関するものでした。本当に侮辱的で乱暴な言葉の応酬が続きます。そして、このふたりは、相手を威嚇する態度がますます荒っぽくなったことから、実際にも長い間、争い続けてきた間柄であることがわかります。口論している一方の、明らかに攻撃している側の男は、キューネベルクという名前で、もう一方はフォン・ファルケンシュタインという名前です。私は、一一五〇年にキューネベルクに起こったことを、今、すべて自分の身で再体験している感じがします。キューネベルクに起こることや、キューネベルクを怒らせる出来事が、自分に起こっているのです。

キューネベルクは、自由と正義のために戦う人間です。その口論は危険な方向に向かい、キューネベルクが、フォン・ファルケンシュタインを、「よそ者」と呼び、「召使い」と呼びます。教権の従順な「手先」にすぎないと非難し、妻として選んだ女性に気に入られようとして、狡猾にふるまっていると責め立てるのです。見物人たちは、白熱した言い争いに割って入りますが、二羽の闘鶏の頭を冷やすことができません。ついに、ふたりは、剣を抜きます。それから、激しい決闘になり、フォン・ファルケンシュタインは剣で打ち倒されて、その場で息絶えます。官吏フォン・ファルケンシュタインが死んだことで、キューネベルクの後半生が決定づけられます。〝内的な幻〟の後半で実感としてわかったように、キューネベルクは、司教の配下の傲慢と専横に断固として反対していて、使える限りの手段を使って戦い続けます。

キューネベルクは、結婚によって、また、飲んだくれの義父に対して巧妙な策略を駆使することによって、自分の身分が本来持つ権力よりも、はるかに大きな権力を持つようになります。ところが、結婚を通じて今はキューネベルクと結びついた人々の長［つまり、キューネベルクの義父］は、キューネベルクのやりかたが荒っぽい点や、行き過ぎた点を非難するようになったのです。キューネベルクの憎悪には、限度というものがありませんでした。〝文民統制〟が効力を発揮しつつあったことや、修道院や町が続々と誕生したこと、不公平な税制に対する反対が起こったことで、キューネベルクの憎しみが、あらゆる限界を超えて高まりました。

そこで、キューネベルクは、周辺の村々を襲撃することで、そこに通じる何本かの道を、危険なものにしようとします。そうすることによって、敵［司教］を挑発し、自分を攻撃するように仕向けるのです。自分の城にいれば、攻め落とされる心配もないので、いかなる攻撃もそこで簡単に食い止められることがわかっているからです。要するに、キューネベルクは、忠臣たちともども、反逆者で山賊になるわけです。忠臣たちを自分に強くつなぎ止めるため、戦利品は自由に分配する約束をしました。妻や分別ある周囲の何人かは、キューネベルクの怒りがますます暴力的な形で表出するのを抑えようとします。しかし、その努力は徒労に終わります。キューネベルクは、自分のやりかたが唯一正しいと考えます。城の住人たちのふるまいは、次第に抑制のきかない獰猛《どうもう》なものになっていきます。キューネベルクの忠臣たちほど、そういう傾向がありました。とうとう、城内で反乱が起こります。妻も、反対陣営に加わります。アーネット［という名前の男性］に率いられた、妻の忠臣たちは、キューネベルクに断固として刃向かう立場をとります。キューネベルクは、この謀反を鎮圧します。その中で、妻の信頼が厚い女性の友人を味方に引き入れます。この女性は、キューネベルクに熱烈に引きつけられます。

その年は干魃《かんばつ》で、城内が水不足に陥ります。敵方は、城に攻め寄って包囲します。キューネベルクの妻［ヴルフヒルデ］は、不可解な死を遂げます。籠城《ろうじょう》軍の間に不平不満が湧き起こり、内輪もめが多発します。キューネベルクの妻の不可解な死により、キューネベルクの忠臣たちの間にあった亀裂は、さらに深まります。［派閥間の］分裂がどんどん大きくなり、しまいには互いの存亡をめぐって争うようになります。この非常事態で追いつめられたキューネベルクは、城内から決死の突撃を決意します。キューネベルクは、敵前に打って出て、激戦の末、討ち死にするのです。

〝内的な幻〟の中で、この獰猛な城主の運命に巻き込まれた人々の名前が意識にのぼりました。先ほど述べたように、ふたりの主役は、フォン・ファルケンシュタインとキューネベルクでした。キューネベルクの義父は、ヘヒティンク、娘はヴルフヒルデという名前でした。ヴルフヒルデの親友はエヴァで、アーネットは、結婚によってキューネベルクと手を結ぶようになった男たちの首領でした。

この一連の出来事にかかわった男たちは、ほとんどが権力の座についていました。やはり先ほど述べたように、城の周辺の森はまだ人跡未踏の地で、熊や狼が生息していました。加えて、記録に残してありますが、その場面に出てきたさまざまな物品や細目はもちろんですが、当時の習慣や礼儀作法も、私が申しあげている時代［一一五〇年］と一致していたので、確実な裏づけをとるための手がかりになりました。

自分の体験の記録をとっていた二、三週間のうちに、私は、バイエルンの森に出かけました。そのあたりに行ったのは、その時が初めてでした。私はそこに六週間いました。しかし、その程度ではまだ不十分でした。その後も、何度か出かけなければならなかったのです。八〇〇年前に起こった出来事を調べるのが容易ではないことは、すぐにわかりました。新たな困難が次々に出てくる感じでした。

バイエルンの森は、当時〔一九二四年〕まだあまり開けておらず、踏み跡もほとんどなかったので、訪れる人もほとんどありませんでした。道を歩いていると突然行き止まりになってしまって、そこから先がはっきりしなくなることもありました。そういう道が、足を踏み入れることのできない森とか沼地に向かって行き、そこで止まってしまうことさえあったのです。

ところで、もしこういう〝記憶〟が妄想ではなく、実際に体験した要素を含んでいるとしたら、自分の直観に従って行けば、前世を過ごした場所を突き止めることができるかもしれません。あちこちに問い合わせた結果、レーゲン[註20]の近くに、かなり崩れた城の廃墟があることがわかりました。そこで、その廃墟がどこにあるのかを人に聞かないようにして、レーゲン駅からひとりで行ってみることにしました。自分の考えでは、それは、私の記憶のようなものがどこまで正確なのか

註20　レーゲンは、バイエルン北東部の、チェコ共和国（かつてのボヘミア）の国境付近にある小さな町である。この町は、ミュンヘンの北東一四〇キロほどのところに位置している。

図２　ゲオルク・ナイトハルトが 1924 年に描いた城の略図。『人間は生まれ変わるのか *Werden Wir Wiedergeboren?*』から転載（アンゲリカ・ナイトハルトのご好意による）

を確かめる手段になっていました。

　レーゲン駅を出て、この冒険に出発した時、豪雨に見舞われました。街道に沿って歩かず、心の中の声に従って進みました。まもなく、細い道を登って行くと、その道は、ほとんど足を踏み入れることができないくらいの森を抜けて、険しい山に向かっていました。かなり疲れる道のりでした。巨木がまわり中にそびえていました。大きな岩を迂回したり、乗り越えたりしなければなりませんでした。人の背丈ほどもあるシダが、私の顔に当たりました。やっとのことで、開けた山頂に出ました。

　私は、かつて栄華を誇った城砦の廃墟の前に立っていました。その古城は、かなり亀裂の入った珪岩の上にそびえていました。周囲を傲然と睥睨《へいげい》しながら屹立《きつりつ》していたのです。その城砦には、塔だけがぶじに残っていました。とはいえ、修復のあとがかなりありました。周囲の景色を見ようと思い、少々ぐらぐらする木のはしごで、塔のてっぺんに登りました。この城には高い大きな建物［幻に出てきたもの。図2を参照のこと］がふたつありますが、それぞれの一部が塔とつながっているのが、かろうじてわかりました。非常に硬い独特の岩壁の形状から、その城砦全体を台形以外の形にするのは、本当に不可能だったのでしょう。忘れないうちに、だいたいの形を絵に描いておきました。そうすると、（先ほどふれた）秘密の通路は、正門の近くになければなりません。〔註21〕それはすぐに見つかり、かがんだ姿勢で、八〇メートルから一〇〇メートルほど奥まで入ることができました。それ以上先に進むことは、大規模な陥没のため不可能でした。（一九五七年に、そこにもう一度行った時には、前に開いていた部分も、ごみでいっぱいになっていました。）

レーゲンに住んでいる人たちに聞いたところによると、この秘密の通路は、城から急勾配の下りで地下を数キロ進み、河床〔註22〕の下を通って、木が生い茂った対岸の山の頂上に出るのだそうです。以前、そのあたりに住んでいた——亡くなって久しい——人々は、その秘密の地下道がど

註21　これは、ゲオルク・ナイトハルトがその報告の最初のほう〔七三ページ〕で言及している通路である。

註22　もしゲオルク・ナイトハルトが、これを、レーゲン河の地下を横切っているという意味で言っているとすれば、その距離は二キロメートル強あったことになるであろう。ただし、ヴァイセンシュタインには、他にも小さな川が何本か流れている。

こを通っているのか知っていたのだと思います。ところが、陥没が起こったため、その地下道の通り抜けが禁止されたのです。

塔のてっぺんから周囲を見渡している時、現在のレーゲンの街に特に引きつけられました。一番大きな教会の、巨大な四角形の珍しい塔に、特に興味がありました。この塔は、教会の他の建物と調和していない感じがしたからです。先ほども書きましたが、私がつけていた記録には、この城の塔と似た塔が、川の対岸に立っていることが書かれています。当然のことながら、私は、この非常に高い、珍しい教会の塔について、もっと知りたいと思いました。しかし、そのあたりの人たちは、その教会の塔の起源[註23]については何も知らなかったのです。聖職者も学校の先生方も、それについては何も知らないようでした。そして、パッサウ［最寄りの大きな町で大司教座］の大司教庁に問い合わせてみたらどうかと勧められました。

大司教庁では、ていねいに応対してくださり、私の話を聞いてくださいました。しかし、ここでも、一一五〇年前後の時代の、この問題に関係する歴史については、新しいことはわかりませんでした。この時代についてはっきりしたことを教えてくれるはずの資料その他は、すべて火事で焼失してしまったというのです。とはいえ、トラウシュニッツ城の公文書館に問い合わせてみたらどうかという助言をいただきました。［トラウシュニッツは、レーゲンの北北西六〇キロほどのところにある。］

トラウシュニッツ城公文書館の館長は、親切で協力的な方で、私の話を快く聞いてくださいました。私が話したのは、一一五〇年頃にヴァイセンシュタイン城に住んでいたと思われる人物のことでした。館長は、無言のまま穏やかに耳を傾けていました。私の話を一笑に付すことも否定することもしませんでした。実際に、興味深そうに聞いてくださっているようでした。館長は、ただ、当惑して驚いたような顔をしていました。私の話に答えて、館長が口にした言葉を忘れることはないでしょう。「そういうことが、全部わかることはありません。この地方の調査は、現在行なわれている最中だからです」それから、館長は、わずかに残された一族の古文書から、一一五〇年頃の時代の漠然とした印象をつかむことすら、いかに難しく面倒なことだったかを話してくれました。館長は、私がその時代の政治的状況を理解していたことに強い印象を受けたそうです。

ゲオルク・ナイトハルトとの面接調査で新たに判明したこと

自らの体験を私と検討している時、ゲオルク・ナイトハルトは、完璧な追体験のように、その記憶があらゆる感情をともなって蘇ったことを強調した。その出来事は、単に映画を観ているような形で体験したものではないというのである。

キューネベルクの生涯は、〝内的な幻〟の場面の中で、繰り返すことなく年代順に繰り広げられた

註23　後にある教会の一部となった、レーゲンのこの塔が建造されたのは、一二世紀にまで遡る。

という。

ゲオルク・ナイトハルトは、五歳から七歳までの幼児期に、後に前世の記憶と考えるようになるものを体験していた。その記憶は、かなり混乱して見えたため、何度かの前世の記憶が混じり合っているのではないかと本人は考えた。二五歳の時に、イメージ記憶[註24]が一〇日間続いた中で体験したのとは異なり、その頃は、さまざまな出来事が時系列に沿って現われることはなかった。この幼児期の記憶で際立っていたのは、古風な大きい四柱式寝台が登場する場面と、自分が首をはねられる場面であった。後者は、後にさらに詳細な記憶が蘇ったという、フランスで送った別の前世の一部であった。ナイトハルトは、自分が斬首された話をして、父親をひどく驚かせた。

先に引用した報告の中で、ナイトハルトは、自分の記憶に登場する出来事に関係する人々と、自分が知っている人々とのつながりをいくつか認めたとしている。しかしながら、一二世紀に送った生涯で起こった出来事と現世の因果的なつながりについて、はっきりした結論を導き出していたわけではない。特に、最初の妻の死を、一二世紀の生涯と関係づけて説明しているわけではない。この妻の死後に、抑うつ的で懐疑的な状態が起こり、その中で、前世の記憶が浮かび上がったのである。（ナイトハルトが、このような結びつきについて即断するのを慎む態度を示したことに、私は好感を覚えた。）しかしながら、ナイトハルトは、この体験を通じて死生観が変わってしまったので、この体験の後に自分が変身したと語ったのは、その記憶が現世に対して持つ意味を明確にした結果というよりはむしろ、この新しい死生観のためであるように思われる。

自分が前世を生きたという強い確信を持っていたにもかかわらず、ナイトハルトは、生涯を通じて、敬虔なカトリック教徒であった。

ゲオルク・ナイトハルトの体験の真偽を検証する

ヴァイセンシュタイン城のあるバイエルン東部の歴史について、いくつかの資料にあたってみたが、ゲオルク・ナイトハルトの体験が事実かどうか確認できる部分は、ほとんどないことがわかった。

現在のバイエルンの森に関する中世の記録は、わずかしか残されていない。ナイトハルトが書いているように、一二世紀のこの地方には、人があまり住んでおらず、まだほとんどが深い森に覆われていた。当時は、その大部分が、パッサウの司教の管轄区域であった。一二世紀初頭には、男子修道院がリンヒナッハに創建された。レーゲンという地名が記録に初めて登場するのは一一四九年である(Oswald, 1952)。

(レーゲンから二キロほどのところにある)ヴァイセンシュタイン城が一二世紀に築かれたのはほぼ確実であるが、誰が築いたのかはわかっていない。ヴァイセンシュタインを通る、バイエルン地方とボヘミア地方を結ぶ昔の交易路は、かなり利用されていたようである。また、そのために、城砦を築いて、旅人を保護する必要が生じたのであろう。それゆえ、ヴァイセンシュタイン城の主は、ひとたび無法者

註24　ジュゼッペ・コスタの事例でも、幼少期に、おそらくは前世のイメージがばらばらの形で出て来たが、その後、筋の通った順番に並べられたという。

になれば、この交易路を利用する人たちから、あり余るほどの略奪品を手にすることができたであろう。おそらく一二世紀かそれ以前に、レーゲン河の北側に、要塞となる大きな塔が建てられた（Oswald, 1952）。この河は、現在、レーゲン市内を流れている。この塔は、レーゲンに建てられた最初の教会とは無関係であるが、一五世紀末に、新たに創設された地域教会に組み入れられた。

〝内的な幻〟を体験している時、ゲオルク・ナイトハルトの心の中には、いくつかの名前が浮かび上がったが、そのうち、当時の記録に残っているのはひとつしかない。F・フォン・ミュラーは、コンラート・フォン・ファルケンシュタインが、パッサウ司教管轄区域内の一群の村落を、非合法に支配していたとする文書を引用している（von Müller, 1924）。この司教管轄区は大きかったので、その文書にはそれ以上細かいことは書かれていない。その記録から、コンラート・フォン・ファルケンシュタインという人物は、ゲオルク・ナイトハルトの言う一二世紀ではなく、一三世紀に生存していたらしいことがわかる。当時の別の記録には、一二三〇年に、〝キーエンベルヒ〟という名前が出ている。その後は、おそらく少々変形され、一三世紀には〝キーエンベルガー〟という綴りで登場する（Monumenta Boica, 1765）。しかし私としては、これらの名前を、ゲオルク・ナイトハルトの言う〝キューネベルク〟が実在したことの——実際に実在したのかもしれないが——裏づけとは考えたくない。

本書の執筆が終わりに近づいた頃、私は、ヴァイセンシュタイン城の初期の歴史について、ゲオルク・ナイトハルトが調べていた一九二〇年代より後に行なわれた研究では、それまで以上のことがわかっているかもしれないと考えた。しかし、その考えはまちがいであることがわかった。二〇〇一年四月に、私は、トラウシュニッツ城にあるランツフート市立公文書館に、問い合わせの手紙を書いた。

この公文書館は、六〇年ほど前に、ゲオルク・ナイトハルトが裏づけとなる資料を探し求めたところである。私の問い合わせに対して、同館の主任文書官は、ヴァイセンシュタイン城はその地方の世襲統治者であったボーゲン伯爵が建立したと一般に考えられている、と返答してきた。しかし、それは単なる推測であった。ボーゲン伯爵の家系は、一二四二年に断絶してしまっており、それ以降、その城はバイエルン公爵家が直接管理していたのである。以上の推測からすると——これを事実とはとうてい呼べないが——一二世紀にこの城が、〝追いはぎ貴族〟の根城であった可能性はありそうにない。文書官からの返信からすれば、中世後期のほうが、そのようなことがあった可能性は高そうである。

一九二〇年代にもそれ以降にも、ヴァイセンシュタイン城の廃墟からは、新たな裏づけは得られていない。考古学的な調査をしない限り、今のわれわれには、その建物の配置がそもそもどうなっていたのかを、頭の中で再現することはできない。四角形の塔は例外である（図3を参照のこと）。にもかかわらず、一七二六年当時のその城の銅版画を見ると、この城が明らかに台形であったことがわかる (Hackl, 1950)。（図4を参照のこと。）

ヴァイセンシュタイン城と同時代に建造されたほとんどの城には、木造の跳ね橋や濠《ほり》、鬼戸、つるべ井戸など、ゲオルク・ナイトハルトが述べた多くの特徴があった。（G・オズワルド［Oswald, 1952］が引用しているところによれば、一六三三年にこの城を訪れた人物は、濠の上で揺れる危険な木橋を渡り、城内に入ったという。この橋は、初期の跳ね橋に代わって掛けられたものなのかもしれないが、その点については不明である。）おそらく事実と確認できる重要な点は、一二世紀には、レーゲン河の対岸に、ヴァイセンシュタイン城のものと似た、四角形の塔があったことである。

図 3　2001 年に撮影されたヴァイセンシュタイン城の廃墟（ダニエラ・マイスナー撮影）。

図 4　1726 年のヴァイセンシュタイン城。建物が台形になっている（レーゲン市のご好意により掲載）。

要するに、ゲオルク・ナイトハルトが（後に私自身も）あたった資料では、本人の体験に登場した細部の事実性は、ほとんど確認できなかったということである。しかしながら、それを否定する証拠が得られたわけでもない。中世に、バイエルンの森に立つ城砦で送った生涯を描写したナイトハルトの証言は、それなりに妥当性があるように見える。本当にヴァイセンシュタイン城でその生涯を送ったのだとすれば、ナイトハルトがきわめて鮮明に記憶していたと思しき出来事は、本人が考えていたよりも後の時代に起こったものなのかもしれない。

クリストフ・アルブレ

本例の報告（Delarrey, 1955）には、中心人物のフルネームも仮名も出てこない。そのため、私は、この人物に完全な名前をつけている。本例では、報告者の妻の知人が生まれ変わることが、霊媒術により予言されている。この妻は、交信者と同じ右耳の奇形を通じて、自分の知人であることがわかったのである。

本報告の英訳に際して私は、ドラレイが頭文字で表わした地名も、正しい名称に改めた。

本例は、一九二四年に発生したものである。最初は、一九四八年の心霊主義雑誌『心霊雑誌 *La revue spirite*』に掲載された。『心霊研究雑誌 *Revue métapsychique*』編集長の付記によれば、本報告の著者であるモーリス・ドラレイがその発表を遅らせたのは、本例が、死者と交信しようとするいかなる努力に対しても、完全に反対の立場をとる家族に発生したためだという。

報告

生まれ変わりという考えかたについて、まだ少々懐疑的だった頃、妻と私は、一種のウイジャ盤というかプランシェット〔霊的交信用の筆記具〕を使った実験を行なった。その結果、私たちが受け取る通信の客観的実在を、私は次第に確信するようになった。

ある日、そのプランシェットが、妻の手の中でゆっくりと動き、「フェリックス」という名前をかろうじて綴り出した。私たちの質問に対しては、この回では、それ以上の答えは得られなかった。ところが、その翌日、同じ名前が綴り出され、この時には「フレネル」という苗字も得られた。

私は、このような名前の持ち主が、知り合いにいる記憶はなかった。しかし、妻は、義父がしばらく使っていた召使いがこの名前だったのを思い出した。その男性は、義父のところに一〇年ほどいた。そこで、私は、交信者と思われる存在に、「あなたは、一時、ルナージュ村〔フランス〕のボワロー家で仕事をしていた方ですか」と質問した。これに対しては、はっきりした肯定の返事があった。

この時点で、昔の記憶を呼び戻していた妻は、フェリックス・フレネルの右耳に奇形があったのを思い出した。耳が前方にとび出していて、ちょっとコウモリの耳のような感じだったという。右耳は、この点で左耳と違っていた。

四回目に、この〝霊〟は、もっと簡単に通信できるようになり、私たちと会話のようなものが成立した。この人が亡くなってから二〇年以上後に、生身の人間と交信しようとしたことになるが、それは、本人にとってこの時が初めてなのではないか、と思った。……いずれにしても、回を重ねるごとに、フェリックスの返答は素早く、はっきりしたものになった。

六回目に、フェリックスが名前を名乗ってから、私たちとの間に次のようなやりとりがあった。

質問 今、何をしたいですか。

返答 あなた方のところに、すぐに戻って来ると言いたい。

質問 もう一度言ってください。私たちのところに、ですか。

返答 そうだ。ようやく。あなた方の家族の中に。

質問 でも、私どもは大家族で、あちこちにちらばっています。どのあたりに生まれるおつもりかくらいは、教えていただけませんか。

返答 よろしい。ペイロンになるだろう。（ここで、フェリックスは、その場所について正確に述べた。私が実名を掲げない理由は、後ほどおわかりになるであろう。）

質問 親戚の娘のイヴのところに生まれるということですか。

返答 そうだ。イヴには既にふたりの娘がいる。

質問 ふたりの名前と年齢はご存じですか。

返答 知っている。（ふたりの名前と実年齢を正しく言う。）

質問 それから、ご自分が生まれる日はわかりますか。

返答　わかっている。九月二四日の朝だ。

質問　わかりました。ですが、もしまさにこの日に生まれるとすれば、それがあらかじめ予言できるから、可能だということなのでしょうね。その時、そこで生まれる赤ちゃんがフェリックスさんだということが、どうすれば私たちにわかるのでしょう。

返答　ジャンヌなら、簡単に私を見分けるだろう――私の耳で。

ここで、私の妻の名前がジャンヌだということを申しあげておかなければならないが、フェリックス・フレネルが死亡した時点では、私たちはまだ結婚しておらず、お互いに存在すら知らなかったのだ。

この最後の回が終わった後、この人格から新たに通信を受けることはなかった。しかしながら、私は、フェリックスが告げた日付をまちがえないよう慎重に記録しておいた。その時は五月だったが、私たちは、その親戚の娘が妊娠していることを知らなかった。

一九二四年九月二四日午前八時、私は、この女性の夫から電話をもらった。男児が生まれたことを知らせてきたのだ。私は、それを四ヵ月も前に知っていたことを、話すつもりはなかった。そんなことを話せば、相手は、私が悪魔から教わったのではないかと思うだろう。カトリック教会の教えを真面目に信じている人間に挑戦状を突きつけるような気持は、私にはなかった。

その男の子が生まれて三カ月後に、妻と私は、フェリックスが新しい名前で生まれ変わった家の集まりに、たまたま招かれた。そこには、たくさんの人が来ていて、若い母親（私どもの親戚）

は、幸せそうな表情で、客たちに赤ん坊を見せていた。既に二女があったため、三番目も女の子ではないかと少し不安だったという。私たちにあいさつしながら、「どうぞ、かわいい赤ちゃんを見てください。でも、この子は、こういうふうに人がたくさんいるのに、まだ慣れてないんです。今日はあんまり機嫌がよくありません。この子にしては珍しいことなんですけど。初めての人を見るたびに、泣き出して、なかなか泣きやみません。私たちではあやして泣きやまさせることができないんです」と言った。

私たちは、その子のいる部屋に入った。妻がベビーベッドに近づくと、すぐに赤ん坊が笑い始めたが、その一方で、まだ涙が頬を伝っていた。それから、両手を妻に向かって伸ばした。妻は、その子を抱いた。その子は、うれしそうで、何かを口の中で――その子にできる限り――言おうとしているように見えた。それを見た若い母親は、「見てください。この子、おばさまを知っているように見えますよ」と言った。

あいさつを交わした後、私は、まだ若い母親に、「赤ちゃんの頭に巻いてある包帯は何ですか。何かけがでもしましたか」と聞いてみた。それに対して、この女性は、次のように答えた。「いいえ、何でもないんです。かわいそうに、この子は、私のおなかの中で、いた場所がよくなかったんです。右の耳が生まれつき、突き出してるんです。お医者さんのお話では、こういうふうに包帯をしておけば、耳の形が正常になるんだそうです。二、三カ月もすれば、異常は目につかなくなるというお話でしたから」

その他の情報

本例の時間的経過に関するドラレイの報告を、間断なく読んでいただくようにするため、妻のウイジャ盤の使いかたについて述べた部分を、あらかじめ外しておいた。その部分で、ドラレイは次のように述べていた。

　ここで述べておかなければならないが、妻は、ウイジャ盤を使う時、トランス状態にあるようには見えないものの、自分が綴り出している内容を全く意識していない。手がプランシェットと一緒に動いている間、その場にいる誰かと、いかなる話題についても会話することができた。

［Delarrey, 1955, p. 41］

解　説

生まれ変わることになっている、肉体のない人間と交信したとされる霊媒が、先天性の奇形を予言することは、それほどあることではない。私が今思い出せる実例としては、フリイェ・ブガイの事例（Stevenson, 1997）だけである。

ジェイムズ・フレイザー

本例は、鮮明な反復夢が中心になっている。私が本例の存在を知ったのは、スコットランド高地人氏族に関する著書（Moncreiffe and Hicks, 1967）に書かれた簡単な記述を通してである。そこで私は、同書の主著者である、同氏族のイーアン・モンクリーフ卿に手紙を書き、本例についてさらに詳しい情報を求めた。それに対して、モンクリーフは、チャールズ・イアン・フレイザー少佐と交わした手紙の写しを送ってくれた。その夢を見たジェイムズ・フレイザーは、一九二〇年代後半に、その夢をチャールズ・イアン・フレイザーに話していたのである。チャールズ・イアン・フレイザーは、近隣では有名な大地主であった。チャールズ・イアン・フレイザーは、一九六二年八月一四日に、イーアン・モンクリーフ宛ての手紙に書くまで、その夢を記録したことはなかった。イーアン・モンクリーフは、チャールズ・イアン・フレイザーがその夢について述べた四通の手紙の写しを私に送ってくれた。さらに、私と交わしたその後の私信の中で、本例の背景についても教えてくれた。チャールズ・イアン・フレイザーは、私が本例について知る前の一九六三年に死去している。

報告

ジェイムズ・フレイザーは、一八七〇年に、スコットランド北西部インヴァネスシャーの、おそらくビューリーで生まれている。初等学校は卒業しているが、それ以上の教育は受けていない。成人になってからは、車大工として働いていた。チャールズ・イアン・フレイザーは、ジェイムズ・フレイザーについて、「ようやく読み書きができる程度の人」と述べている。とはいえ、ジェイムズ・フレイザーは、自分が暮らしていた地方を含めて、スコットランドの歴史にある程度の関心を持っていた。特に、スコットランド高地に関する本を濫読し、ビューリー相互改善協会の集まりに出席した。そこでは、時おり、地元の歴史についての講演が行なわれた。チャールズ・イアン・フレイザーもそうした講演をしていたひとりである。その中で、チャールズ・イアン・フレイザーは、一六世紀に、ふたつのスコットランド氏族の間で起こった有名な戦いに言及した。この戦いは、一五四四年七月三日に、ロッキー湖の近くで起こり、(ゲール語で)〝ブラー＝ナ＝レーネ〟として知られている。これは、「湿地のあるところ」という意味である。ラナルド氏族(マクドナルドという氏族)およびその同盟軍は、ラヴァットのフレイザー一族と戦い、ラヴァット卿とその子息を、家来ともども殺害した。戦が終わった時、両軍とも生存者はほとんどいなかった。フレイザー一族は、わずか四人しか生き残らなかったと言われる(Fraser, 1905)。そのため、この氏族は断絶の恐れがあったが、一族のかなり多くの妻が妊娠しており、それぞれが男児を出産した[註25]。

その講演から一週間ほどした時、ジェイムズ・フレイザーはチャールズ・イアン・フレイザーを訪ね、自分が見た夢について個人的に話したいと言った。もし他人にその夢のことを話せば、「みんな自分のことを笑うだろう」と思っていたのである。

ジェイムズ・フレイザーは、その夢について少々興奮気味に語り、チャールズ・イアン・フレイザーが、もっと詳しく聞こうとして話をさえぎると、いらいらしたそぶりを見せたという。

夢の内容

ジェイムズ・フレイザーは、まず夢の中で気づいたことを、次のように話し始めた。[註26]

本人の父親も親族も味方も、そこにいるようでしたが、顔立ちや体つきがかなり違って見えました。でも、どこかしら本人には、その人たちが誰かがわかるところがありました。……その人たちの服装は、かなり変わっていて、［ビューリーの周辺と比べて］田舎者のような格好をしていたのです。しかし、本人は、マック・シミ[註27]の国［ラヴァットのフレイザー一族の国］にいることや、家族や近所の人たちが召集令状を受け取ったことを知っていました。……ほとんどの人たちは、〝毛織物の服〟を着ていて、一部は、その上に皮や羊皮を巻いていました。上位の人たちは、円

註25　これは、珍しいことではない。ふたつの世界大戦を含め、数回の戦争の最中や後には、女児よりも男児が多く生まれたという記録が残されているのである。その資料は、別著に引用しておいた（Stevenson, 1974a)。

註26　以下の引用文では、読みやすくするため、あるいは地理的特徴を説明するため、括弧（［　］）をつけていくつかの文章を挿入しておいた。

註27　〝マック・シミ〟は、「サイモンの息子」を意味するゲール語である。ラヴァットのフレイザー一族の首長は、一三一四年に起こったバノックバーンの戦いの後、イングランド人を追撃した著名な祖先サイモン・フレイザー卿の末裔である。

錐形の鉄兜をかぶり、両手で使う剣を帯び、〝鎖帷子《かたびら》〟を着て、〝毛むくじゃらの馬〟に乗っていました。ほとんどの男たちは、弓矢を、多くは戦斧《せんぷ》を持っていました。全員が、ある種の短剣を身につけていました。……

本人は、戦友たちと一緒に、「グレート・グレン〔ネス湖やロッキー湖のあるインバネスシャーの大きな谷〕を下って」アウグットゥス砦〔当時は、その名称ではなかった〕まで行きました。そして、ストラテリック〔ネス湖の南〕から来たマック・シミ一族の多くと合流しました。この人たちも、同じような服装をして、同じように武装していました。……ラナルド・マクドナルド氏族を相手に戦をすることになっていたのです。ごく短時間ですが、双方は、ロッキー湖畔で戦火を交えました。「矢の雨」「で戦が始まった」。……馬に乗っていた男たちは、全員が馬から降り、両手で剣を握って先鋒を務めていた歩兵たちを先導しました。そして、突然〔本人は〕助けを求める叫び声を聞きました。すぐそばの地面に、父が倒れており、マクドナルド氏族ではないものの、その日その陣営で戦っていた兵士に、体を押さえられてもがいていました。本人は、父のそばに戦斧が落ちているのを見つけて拾いあげ、相手の頭を打って殺したのです。

それから、ズボンをはいて鎖帷子をまとった大男が目に入りました。その男は、泥炭を空積みして作られたふたつの防壁の隅に這い込んでいた、フレイザー一族の負傷兵たちを守っていました。両手で剣を握って振り回していたのです。この男は、フォイアズの地主で、矢が当たって倒れるまで戦い続けました。

その夢の特徴

ジェイムズ・フレイザーは、その夢を見たことは「何回もあって、いつも同じでした」と述べている。そのイメージは、あたかも「過去から来るものをちらっと見ていた」ような感じで、少々まとまりが悪かった。

チャールズ・イアン・フレイザーは、その夢を見やすいような状況があることに気づいていたかどうかを、ジェイムズ・フレイザーに尋ねたことはなかった。また、その夢を最初に見たのが何歳の時かについても知らされなかった。

その場面が、夢の中で、ブラー＝ナ＝レーネの戦いであるとどうしてわかるのか、また、夢に出てきた男性がフォイアズの地主であることがどうしてわかるのかと、チャールズ・イアン・フレイザーに尋ねられたジェイムズ・フレイザーは、「とにかくわかったんです」と答えている。

ジェイムズ・フレイザーは、その夢について話している間、強い感情を表出させた。戦いが始まる場面では、「その矢の恐ろしさ」を実際に体験しているように見えた。

チャールズ・イアン・フレイザーによる、その夢の評価

ジェイムズ・フレイザーが戦士たちの着衣や武器を正確に描写したことは、チャールズ・イアン・フレイザーに特に強い印象を与えた。スコットランド高地で起こった戦いについて、現代では、ター

タン、縁なし帽、片手で使う籠柄《かごつか》のついた剣、丸い盾などの空想的な思い込みが横行しているが、そのような点が一切なかったのである。

チャールズ・イアン・フレイザーは、本人が自分を訪ねて来てその夢の話をする前にも、ジェイムズ・フレイザーの存在を知っていた。その後、特に酒に酔った時には少々「空想的」な傾向があると思われているものの、地元ではかなりの尊敬を集めていることがわかった。もしかすると、ジェイムズ・フレイザーは、自分の夢を人に話して聞かせていたため、「空想的」という評価を得ていたのかもしれない。[註28]ジェイムズ・フレイザーは、一九四二年七月九日に七二歳で死亡している。

チャールズ・イアン・フレイザーは、ブラー＝ナ＝レーネの戦いに関する出版物を、ジェイムズ・フレイザーが少なくとも何冊か読んでいたことを知っていた。しかしながら、読書などの通常の方法を通じて得た知識では、その夢を適切に説明することはできないと考えたのである。質問を受けた時点で、ジェイムズ・フレイザーがその夢を肉づけしてふくらませていないことに、チャールズ・イアン・フレイザーは気がついた。たとえば、夢の中で本人と父親は戦死したのかと尋ねられた時、ジェイムズ・フレイザーは、「わかりません」と答えているのである。イーアン・モンクリーフに宛てた私信（一九六二年四月一九日付）の中で、チャールズ・イアン・フレイザーは、「ジェイムズ・フレイザー氏がどのようなものを読んでいたにしてもいなかったにしても、氏が私に語ったことはすべて氏独自のものであり、本当のことだと確信しております」と結論的に述べている。チャールズ・イアン・フレイザーは、その夢が、生まれ変わりによって説明できる可能性を考慮に入れていたのである。

〝ブラー＝ナ＝レーネ〟の戦いに関する通常の情報源

ブラー＝ナ＝レーネの戦いは、スコットランドの通俗的歴史書では、目立つ扱いをされていない。しかしながら、スコットランド高地の歴史に深い関心を持つ人々には、関心を引かない出来事ではない。インヴァネス地方で簡単に入手できる数冊の書籍には、その戦いが詳述されている。それらには、戦いを繰り広げていた氏族の名称が出ており、その時に使われた鎖帷子や武器――弓矢と両手で扱う剣――の説明もある（Fraser, 1905; Keltie, 1875; Macdonald, 1934）。マッケンジーは、フォイアズのフレイザー諸氏族に関する章で、フォイアズの地主が、その戦いで負傷して死亡したことを述べている。

解説

チャールズ・イアン・フレイザーは、その夢の記録原本についても、イーアン・モンクリーフとの間でその後に交わした私信についても、ジェイムズ・フレイザーが見た反復夢の内容が、通常の情報源によって得られた可能性を厳密に検討している。確かに、ジェイムズ・フレイザーは、ブラー＝ナ＝レー

註28　第1部でもふれておいたが、エヴァンズ＝ウェンツは、一九一〇年代に、スコットランド高地で生まれ変わり信仰の痕跡を発見している（Evans-Wentz, 1911）。後ほど本書（第3部）で詳述する、私が調査した事例の中では、ジェニー・マクラウドの事例〔一一七―一二四、三四三―三五一ページ〕が、ビューリから二五キロ弱の距離にある、インヴァネスシャーの一地方で発生している。ジェイムズ・フレイザーは、このビューリに住んでいたのである。

ネの戦いを扱ったいくつかの公刊資料に接していた。しかしながら、チャールズ・イアン・フレイザーと同じく、私から見ても、夢の内容とその戦いに関する既知の事実とが一致するからといって、そのことが、反復夢の中でジェイムズ・フレイザーが実感した個人的側面の説明にはならないように思われる。ジェイムズ・フレイザーは、その夢の中で起こった出来事を、まざまざと体験していたように思われるのである。

モンクリーフは、本例の簡単な要約の中で、フレイザー諸氏族がかなり頻繁に近親結婚を繰り返していた結果、その情報が、ブラー＝ナ＝レーネで戦った者からジェイムズ・フレイザーへと遺伝的に伝えられた可能性があるのではないかとしている。その夢が、〝先祖伝来の記憶〟の結果として説明できるのではないか、というのである。〝先祖伝来の記憶〟——一八世紀の祖先から受け継がれた記憶——として説明できそうな悪夢を、幼少期から繰り返し見ていたアメリカ女性（メアリ・マグルーダー）の事例を、私は別稿で簡単に紹介したことがある。しかしながら、今日の遺伝学の知識からすると、前世の夢で発生するような詳細なイメージが、世代から世代へと物理的に伝播するという考えかたは受け入れられない。

古典的事例に関するまとめ

以上八例の古典的事例を紹介する序文の結語で、私は、各例の信頼性を強調しておいた。以上の報告によって、私がそう考える理由が十分おわかりいただけたことと思う。ここでは、説得力があると考えた事例群の特徴をいくつか概説しておきたい。

以上の事例群の関係者の中には、実際にそれを不当に利用しようとした者は、ましてや公表しようとした者はひとりもいない。事例の中心人物のひとりは、自らの体験について書いた著書を、もうひとりは小冊子を出版している。しかし、これらはほとんど売れていないことに加えて、まもなく絶版となってしまったようである。前世を記憶している（あるいは、その生まれ変わりが予言された）人々にまつわる巷間の神話とは逆に、その生涯が記憶されている人々の中には、重要な著名人はただのひとりもいない。ジュゼッペ・コスタは、当時あるいはそのしばらく後までは、ある程度の名声を勝ち得ていた、イブレット・ディ・チャラントという人物の生涯を記憶していたのであるが、この人物も、中世イタリアの歴史学者を除けば、不朽の名声を得ていたわけではないのである。

ひとつの例外を除けば、それぞれの証言する事例が、当人の哲学的、宗教的姿勢から作り出されているわけではない。ふたりの中心人物（ジュゼッペ・コスタとゲオルク・ナイトハルト）は、その体験の時点では唯物論者だったことを明言している。他の二例の情報提供者（ビアンカ・バッティスタとクリストフ・アルブレ）は、自らの報告する事例が進展するまでは、それに懐疑的だったことを強調していた。別の事例（ブランシュ・クールタン）に関係する家族は、（当時のヨーロッパ大陸にあって、生まれ変わりを信じていた）心霊主義の知識を事前に持っていたわけではない。さらに別の事例（ジェイムズ・フレイザー）では、中心人物の体験は本人を当惑させ、おそらく同輩たちに拒絶されたため、好意的に、あるいは少なくとも偏見なく耳を傾けてくれる相手を探し求めることになった。

残る二例（アレッサンドリーナ・サモナとロール・レイノー）では、関係者が、心霊主義や生まれ変わりについて、ある程度の知識を持っていた。しかしながら、アレッサンドリーナ・サモナの事例でも、アデーレ・サモナがもう一度妊娠することは、ましてや夭折した娘が自分たちの家族に生まれ変わってくるなどとは、全く期待されていなかったのである。ロール・レイノーの事例は、中心人物があらかじめ――本例では、どうやら幼少期から――生まれ変わりと、自分が持つ前世の記憶の実在を固く信じていた唯一の例である。

八例中七例で、中心人物の側には準備が整っていなかったわけであるが、そのことによって生まれ変わりが最善の解釈と決まったわけではない。とはいえ、それらの信憑性[註29]は補強される。信憑性という条件は、生まれ変わりを、それらの事例の有力な説明として考慮するための必要条件なのである。

註29　ここで言う信憑性とは、われわれが情報提供者（あるいはその事例の研究者）から受け取る事例の報告の正確さという意味である。その報告は、〝現実に起こった出来事〟と一致しなければならない。実際には、われわれは、その〝現実に起こった〟ことを知ることは稀にしかできないので、信憑性の判断は、不注意や矛盾、事実を隠蔽ないし潤色しようとする動機づけが見つからないかどうかにかかっている。
信憑性があっても、必ずしも〝超常性〟があると言えるわけではない。超常性（paranormality）とは、情報伝達や物理的運動に関する既知の知識では説明できない伝達手段を指して使われる言葉である。

第3部　二〇世紀後半に調査された事例群

一九六一年から八八年まで、私は、生まれ変わりを思わせる事例を調査するため、アジアに頻繁に出かけていた。時おりヨーロッパに足を止め、私の注意を引いたヨーロッパの事例を調査したこともあった。一九六三年から六四年にかけて、研究休暇《サバティカル》でチューリヒに滞在したおり、長距離の旅行をすることなくヨーロッパの事例を研究する機会を得た。ある程度の情報が得られたヨーロッパの事例は、合わせて二五〇例以上にのぼった。本書では、その中から選び出した三二例を紹介する。

なぜそれほど多くの事例をはねてしまったのか、という点に疑問を持つ方々のために、いくつかの理由を掲げておく。幼少期に始まった事例の場合、中心人物が幼少期に語ったり行なったりしたことについて証言してくれる年長の親族——通常は両親や兄弟姉妹——の少なくともひとりと面接できなければならない。この原則を適用すると、中心人物が、幼時に前世の記憶があったと語り、そう思っていても、その主張を裏づけてくれそうな年長の人物に会うことができなければならないため、その条件を満たしていない多くの事例を除かなければならなくなるのである。加えて、私が必要とする成人が、中心人物の発言の、少なくとも一部を記憶していなければならなかった。有望と思われたある事例では、中心人物の女性が自分の母親を私に紹介した。ところが、その母親は、自分の娘が幼少期に前世の話をしていたのを覚えていると書いてきたものの、細かい点については証言できなかった。そのため、私は、この事例の調査を断念したのである。私は、事例の中心人物に自分自身で対面することも必要条件にしており、五例を除いて、すべてこの原則に従っている。

また、前世時代に別の場所にいる夢を見たという事例も、数多く除外しなければならなかった。しかし、本書には、そうした夢の事例も七例含めている。それらは、裏づけとなる証拠がさまざまに解釈できるため、少なくとも夢の一部が前世に由来している可能性があると同時に、それと同程度かそれ以上に、その夢を誤って前世と結びつけた可能性もあることが明らかになっている。

細部が乏しいという理由でも、いくつかの事例を除外した。とはいえ、不十分なデータしかない事例でも、何らかの変わった特徴を持っている場合には、本書に収録している。また、最初は重要に思われたが、事例に関係する家族が協力的ではなかったり、転居して連絡がつかなくなったりしたため、十分な調査ができなかった若干の事例も、やはり除外せざるをえなかった。

われわれが事例の存在を知った段階で、中心人物が既に成人に達していた事例の場合、証言してくれるはずの年長者がいないことがあるが、そうした事例からわかるのは、その事例の存在がもっと早い時期に——すなわち、中心人物がまだ五、六歳以前に——突き止められるようになれば、これまで以上の事例を見つけ出し研究できるようになるのではないか、ということである。本書に収録した事例の存在を知るに至った、以下に述べる経緯をあらためて振り返った時、私は、このことをさらに確信するようになった。
三人の方々が、九事例（ほぼ三分の一）を紹介してくれた。その三名とは、チューリヒ（スイス）の故カール・ミュラー博士、レイキャヴィク（アイスランド）のエルレンドゥル・ハーラルドソン博士、ヘルシンキ（フィンランド）のリタ・カストレンである。私の研究をよく知っているヨーロッパの精神科医たちが二例を、やはり私の研究を承知しているそれ以外の人たちが五例を紹介してくれた。中心人物かその親が、手紙で私に知らせてくれた事例は七例ある。残る一〇例の場合には、新聞や雑誌の記事を読んで、その存在を知った。それから相手に手紙を書き、詳しい調査を始めたのである。その一〇例のうちの六例は、新聞社が前世の記憶とされるものの報告を読者から募集した結果として、いわば表面化したものである。新聞が、〝当選者〟――すなわち、その編集部が真剣に受け取る価値があると判断した事例――の報告を掲載したことも何度かある。

以上のことから、事例を公表する機会をうかがっている情報提供者が、（おそらく匿名という条件で）発表を前提とした投稿を呼びかけられれば、あるいは、この現象に関心を持ち信頼できる研究者の氏名や連絡先を知らされれば、われわれはヨーロッパの事例をこれまで以上に把握することができるのではないかと思う。それでも、アジアや西アフリカ、北アメリカ北西部の多くの地域と比べると、ヨーロッパでの発生率は低いと私は考えている。[註1]

面接調査という方法は、ヨーロッパの事例を研究するに際して、私が用いた重要な、事実上ほとんど唯一の手段であった。言葉の問題はほとんど発生しなかった。チューリヒ滞在中に、私は、自分のフランス語に磨きをかけ、ドイツ語を習い始めた。このふたつの言葉は、フランスやドイツやオーストリアで役立ったのである。フィンランドやアイスランド、ポルトガルでは、有能な通訳の手を借りることができた。

私の面接調査は、短期間で終わることは稀で、その前後に細かい点を問い合わせるため、私信のやりとりを繰り返すのがふつうである。早期小児期に始まった事例の半数以上で、中心人物のその後の経過を知ることができた。それが可能だったのは、その子どもが成長した段階で追跡面接調査をする準備をあらかじめ整えておいたためか、さもなければ、中心人物が成人に達して以降に初めて対面したためである。

ヨーロッパの事例を検討するに際して、催眠を通じて表面化した事例の存在にもここでふれておかなければなるまい。私は、自らの手で調べた応答型真性異言〔実在の言語を、学ぶことなく知っており、その言語の話者と多少なりとも会話ができる能力〕の二例(Stevenson, 1974b; 1984〔邦訳『前世の言葉を話す人々』、春秋社〕)が催眠中に起こったという事実を忘れることができない。このことから私は、催眠を使った研究を決して非難することができなくなった。とはいえ、催眠によって誘発された前世の記憶とされるものは、ごく一部を除けば意味がないと考えていることも、ここで述べておく必要がある。現世で起こった幼少期の出来事を、年齢遡行によって探る場合でも、被験者は、作話と正確な記憶とを混ぜ合わせてしまう(Orne, 1951)。前世まで遡るとされる方法でも、実在が突き止められない〝前世の人格〟が、必ずと言ってよいほど作りあげられてしまうのである。[註2] 催眠をかけられた当人が、自分が見聞きできた出版物その他の通常の資料から、前世の記憶とされるものの細目に関する情報を得ていたことが、これまでの検討から、時おり明らかになっている(Björkhem, 1961; Harris, 1986;

Kampman, 1973, 1975; Kampman and Hirvenoja, 1978; Venn, 1986; Wilson, 1981）。

にもかかわらず、特にそれが、かなり昔に生きた無名の人物の生涯であった場合には、記憶に残されているように見える前世が、実際にはなかったことを明らかにするのは難しい。T・リヴァス（Rivas, 1991）は、一例でそれを明らかにしているし、私も、そうした事例を本書に二例収録している。実在しないことの証明が難しいおかげで、前世の記憶に基づくとされる小説が、これまで、ある程度売れてきたのである（Grant, 1939; Hawkes, 1981）。

註1　この主張が正しいことの証明はできない。事例の発生率については、これまで一度しか組織的に調査されたことがないからである。この調査の結果、インド北部のある地域に居住する人たちの五〇〇人にひとり前後が、前世の記憶があると主張していることが判明した（Barker and Pasricha, 1979）。われわれは、レバノン、ナイジェリア、ブリティッシュ・コロンビア州（カナダ西部）では、インドと同じくらい容易に事例を見つけている。ヨーロッパでも、これらの国で見つかるのと同程度の比率で発生しているとすれば、これまで見つけた以上の事例を突き止めていたことであろう。

註2　催眠で前世まで遡行する方法に対する昨今の関心は、『ブライディー・マーフィーを探し求めて *The Search for Bridey Murphy*』〔邦訳『第二の記憶』、光文社〕が出版された時に始まったが、この種の催眠遡行の実験は、一九世紀半ばにヨーロッパで行なわれたのが最初である（Delanne, 1924）。こうした実験は二〇世紀初頭にA・ド・ロシャスの活動や刊行物（Rochas, 1911/1924）を通じて、ある程度の人気を博していた。

事例報告――子どもたち

グラディス・ディーコン

本例およびその調査の要約

グラディスは、イングランド中部のレスターシャー州マーケット・ハーバラで一九〇〇年一月二五日に生まれた。両親は、ベンジャミン・ディーコンと妻のエマであった。ベンジャミン・ディーコンは大工で、ふたりともカトリック教徒であった。グラディスには二歳下の妹と弟がいた。

グラディス・ディーコンは、幼時に、転倒をこわがり、それが恐怖症にまで発展した。一方、〝マーガレット〟という名前が特別に好きだった。後にグラディスは、両親が本人にマーガレットという名前をつけることを考えていたが、〔マーゴなどと〕短縮できる名前を母親が好まなかったため、その名前を断念したことを知った。グラディスには、一一歳になるまで、前世のイメージ記憶はなかった。

一一歳の時、グラディス・ディーコンは、旅行でドーセット州まで連れて行かれた。母親と一緒に汽車でヨーヴィルの近くを通った時、懐かしさが強烈にこみ上げてきた。そして、突然に、前世の記憶らしきものが湧き上がってきたのである。それは、丘を駆け下りた時、足に怪我をした少女の記憶であった。グラディスは、その時の自分の名前をマーガレットだと思った。

母親は、グラディスがそのような話をすると叱りつけた。グラディスは、二八歳の時（一九二八年）に再びドーセット州を訪れ、その記憶が事実であることを、思いもかけず確認することになるまで、その問題について考えることはほとんどなかった。その記憶は、マーガレット・ケンプソーンという子どもの生涯の出来事および死の状況と一致したのである。

その数年後、ロンドンの『サンデー・エクスプレス』紙が、前世の記憶と思しきものの実話を読者から募集した。グラディス・ディーコンは、自らの体験を文章にまとめ、同紙に送った。その文章は、他の体験談と並んで、一九三五年六月二日発行の同紙に掲載された。その体験記は、長い間注目されることはなかったが、二十数年後、ようやく私の目に止まった。本例の存在を初めて知ったのがいつかは覚えていないが、一九六〇年代の初めに、まだ存命中であればグラディス・ディーコンに会ってみたいと考えた。

『サンデー・エクスプレス』紙に掲載された文章の末尾に、グラディス・ディーコンの名前と住所らしきものが記されていた。そのラターワースとは、レスターシャー州南部の町である。その住所に行ってみると、その家は、グラディス・ディーコンの妹の所有になっていた。（グラディス・ディーコンは、『サンデー・エクスプレス』紙に投稿した時点では、この家に住んでいたため、この住所を記していたのである。）妹は、ストーク・オールバニーという町に行くよう教えてくれた。そこは、マーケット・

ハーバラの近くで、そこにグラディス・ディーコンが住んでいたのである。一九六三年八月九日、私はグラディスを訪ねた。グラディスは、自らの体験に関する私の面接調査に、心から協力的な態度を示した。面接の中で私は、その体験や本人の日常生活の中で起こった他の出来事について、新しい事実をいくつか知った。その後、グラディスは、書簡を通じていくつかの質問にも答えてくれた。

その後、一九七〇年代に入ってから私は、マーガレット・ケンプソーンの姓名が記載された記録文書を探し出そうとしたが、以下に述べるように、それには成功しなかった。

母親は、グラディス・ディーコンが一八歳の時に死亡している。グラディス・ディーコンが一九二八年に一緒に旅行した(存命していれば、本人の発言が事実であることを証言してくれたであろう)母親は、私が本例の調査を開始する数年前に亡くなっていたのである。それゆえ本例は、グラディス・ディーコンの発言に全面的に依拠している。

自らの体験に関するグラディス・ディーコンの一九三五年の発言とその検証

一九六三年に私は、グラディス・ディーコンと面接した時、『サンデー・エクスプレス』紙に掲載された体験記の写しを見せた(そして、本人はそれに目を通した)。グラディスは、正確に再録されていることを認めたので、以下にその全文を引用する。

一一歳の少女時代に、私は、ノーサンプトンシャー州の自宅から、クリスマスを過ごすために[ドーセット州]ウェイマスの親戚の家まで、弟と一緒に連れて行かれました。

ヨーヴィルを出た後、私たちが乗った列車は、しばらく停車しました。驚いたことに、そのあたりが、特に向こうの起伏に富んだ野原が、とても懐かしく感じられました。

私は弟に言いました。「ほんとに小さい女の子だった頃、私は、このあたりの家に住んでたんだよ。ふたりのおとなに手をつながれて、その丘を駆け下りたのを覚えてる。そしたら三人とも転んじゃって、私は足にひどい怪我をしたの」

そこに母が割って入り、そんな作り話をするんじゃないのと、私を叱りつけました。私はそのあたりに来たことはなかったし、そこで暮らしたこともなかったというのです。私は、本当にそこに住んでいたし、その丘を駆け下りた時、小さい青葉模様が散りばめられた、踝《くるぶし》までくる白いフロックを着ていたと言って譲りませんでした。私と両手をつないでいた人たちは、青と白のチェックのフロックを着ていました。

私は、「その時の私の名前はマーガレット」だと言いました。

これは、母にとってはとんでもないことでした。ウェイマスに着くまでの間に、その話をすることを禁じられてしまったのです。その後、私は、その丘を駆け下りたはずはないことがわかりましたが、その記憶は依然として、子どもの頃の本当の記憶のように鮮明でした。

一七年後に、その続きの出来事が起こりました。

私は、当時の雇い主と一緒に［一九二八年に］、ドーセット州を車で通りました。タイヤを交換してもらっている間、私たちは小さな家に行き、若い女の人にお茶をいれてもらいました。そこは、プール市からあまり離れていないところでした。

待っている間、ガラス板に描かれた古い肖像画が目に止まりました。びっくりしたことに、それは、その丘を駆け下りた当時の、五歳の自分でした。緑色の小枝の模様がついた白く長いドレスを着て、器量が悪く愛想のない顔をしていました。

私は、「どうして私がここにいるの」と大きな声で言いました。もちろん、私の雇い主もその女の人も笑い出しました。その女の人は、「ああ、その子はずいぶん昔に亡くなったんですけど、お客さまが小さかった頃は、ちょうどこの子のようだったんでしょうね」とその場をつくろいました。雇い主はその言葉に頷《うなず》きました。

私が関心を持っているのを見て、その女の人は、自分の母親を呼んで、その子の話を私に聞かせてくれました。

女の子は、マーガレット・ケンプソーンという名前で、農家のひとり娘でした。その話をしてくれた人の母親は、当時、その酪農場に雇われていたのだそうです。

マーガレットが五歳の頃、酪農場で働いていたその女の人と、もうひとりの人の三人で、丘を駆け下りました。おとなのひとりが、野ウサギの穴に足を取られたため、三人とも倒れ込んで、その子が下敷きになったのだというのです。

女の子は脚をひどく骨折しました。そして、回復しないまま、二カ月後に死んだのです。とはいえ、そのおばあさんは、「そういう小さい女の子なりに、一所懸命生きようとしたんだけど、『死にたくないよう』と大きな声で言ってから、すぐに亡くなったと、母から聞いてます」と、かなり気味悪そうに話してくれました。

おばあさんは、その酪農場がどこにあるのか知りませんでしたが、その市場町はヨーヴィルでした。私は、そのことがいつ頃のことなのか聞きました。それに対して、おばあさんは、その肖像画を裏返して見せてくれました。裏側には、紙切れが貼りつけてありました。

そこには、次のように書かれていました。「マーガレット・ケンプソーン。一八三〇年一月二五日生まれ。一八三五年一〇月一一日死亡」そのマーガレットが死んだ日に、私の父の母が、少し離れたノーサンプトンシャー州で生まれました。私自身の誕生日は一月二五日です。

一九六三年に得られたその他の情報

私と面接した時、グラディス・ディーコンは、転倒した記憶のあるヨーヴィルの丘のことを、幼少期の記憶と同じくらい鮮明に覚えていた。ガラス板に描かれたマーガレット・ケンプソーンの肖像画を見つけた時の小さな家の場面の記憶は、少々薄れていた。

グラディス・ディーコンの母親は、ドーセット州ウェイマスの出身であったが、一八歳の時にドーセット州を離れた後は、休暇を除いて、帰郷することはなかった。グラディス・ディーコンは、母親が丘で転倒した少女については何も知らないことを確信していた。もし母親が、自分の知っている出来事について娘が話すのに気づいたとすれば、別の子どもに起こった出来事を自分のことのように話したと言ったはずである。ところが、エマ・ディーコンは、すべてがグラディスの作話と考えたかのような言動をしたのである。

グラディス・ディーコンは、二歳の時にウェイマスまで行っていたことが判明した。その時に、グラディスがヨーヴィルとウェイマスの間を汽車で通過したのは、ほぼ確実である。もしそうなら、一一歳でヨーヴィルの近くを訪れた時、そのあたりを懐かしく感ずるということも、もしかするとあったかもしれない。

先述のように、グラディス・ディーコンの両親は、本人に、いったんマーガレットという名前をつけようとしたが、考え直してやめている。グラディス・ディーコンは、マーガレットという名前が好きであった。(とはいえ、自分の名前を変えてほしいと両親に頼んだことはなかったという。)グラディスは、子どもの頃、マーガレットという名前をつけようと思っていた、と両親が話していた記憶があるという。

グラディス・ディーコンは、一一歳の時にヨーヴィルを再訪するまでは、(一九六三年に思い出すことができた)前世の記憶を持っていたわけではない。その時点で、ヨーヴィル近郊の丘に懐かしさを覚え、その直後に、その丘を駆け下り、転倒して脚に重傷を負った記憶を蘇らせた。記憶が突然に湧き上がった体験の後に、それ以外の事柄が意識にのぼってくることはなかった。グラディスには、最初の体験を書いた、新聞に投書した文章に追加する点はなかったし、いかなる形であっても、それに手を加えることはなかったのである。

グラディスは、ガラス板に描かれたマーガレット・ケンプソーンの肖像画を、購入したいと申し出なかったことを後悔したが、所有者に対して気後れしたため、そうした申し出ができなかったのである。

グラディス・ディーコンは、カトリック教徒であったため、自分が信ずる宗教の正統派でありながら、生まれ変わりを「信じなければならないこと」について、明らかに躊躇があった。とはいえ、記憶らしきものが最初に表出した時の体験を忘れることはできないし、否定することもできないと述べているのである。

マーガレット・ケンプソーンの生涯と死を確認できなかったこと

イングランドでは、国家が個人の出生および死亡を記録するようになったのは、一八三七年のことである。マーガレット・ケンプソーンの出生と死亡は、その記録が開始される以前のことであった。このことから、また特にマーガレット・ケンプソーンが幼時に死亡したことを考慮すると、教区の洗礼と埋葬の記録が、ほとんど唯一の記録であることがわかる。

グラディス・ディーコンは、マーガレット・ケンプソーンが暮らしていた村の名前を知らなかった。ヨーヴィルからウェイマスまでの鉄道の途中にその村があることがわかったため、その可能性は少々狭められたが、グラディス・ディーコンは、汽車がヨーヴィルからどれくらい走ったあたりで停車して、前世を突然に思い出すという体験があったのかについては語っていない。

ヨーヴィルからウェイマスに向かって、一〇キロほど南下したところにあるイェットミンスターという村は、その条件を満たしているように思われた。そこで、私は、その村の教区牧師に、問い合わせの手紙を出した。牧師は、その手紙を、ドーセットの州都であるドーチェスターの公文書館に転送してくれた。（イェットミンスターの一八三〇年代の洗礼記録と埋葬記録は、ドーチェスターの州中央公文書館に保管されている。）公文書館の公文書係補が、イェットミンスターの洗礼記録と埋葬記録を徹底的に調べてくれたが、マーガレット・ケンプソーンの存在は突き止められなかった。係補は、遺言目録や婚姻記録などをはじめとするいくつかの記録文書にもあたってくれたが、ケンプソーンという名前が記された文書を見つけることはできなかった。

私は、この親切な公文書係補に、可能性のありそうな大量の行政区記録を逐一調べてほしいと依頼することはできなかった。ヨーヴィル市役所は、ヨーヴィルの周囲一〇マイル〔一六キロ〕以内に一〇〇ヵ所の教区教会があることを私に教えてくれた。マーガレット・ケンプソーンの記録が実在するとしても、すべての記録にあたるために、記録調査の専門家を雇うだけの余力はなかった。

グラディス・ディーコンの転倒恐怖症

グラディス・ディーコンは、私に、特に転倒をいつも恐れていたと話してくれた。本人は、幼時に、他の子どもたちのように坂を滑って遊ぶことはなかったし、転ぶのを避けるため、細心の注意を払っているように見えた。成人になってから転んだことはあったが、幼時には大きな転倒はなかったという。

私は、グラディス・ディーコンの妹と少し話したが、妹は、グラディスが転ぶのを恐がっていたことを覚えていなかった。

解　説

ヨーヴィルからウェイマスまでの鉄道旅行を含め、グラディスが、二歳の時、母親とともにドーセットを訪れていたことは、本人が一一歳の時にそのあたりに懐かしさを感じた説明になるかもしれない。しかしながら、二度目の旅行の時に意識にのぼった記憶のようなものの細部を、それによってすべて説明することはできないであろう。

本例にも、他の生まれ変わり型事例に見られるいくつかの特徴が観察される。両親が子どもにつけた名前が、その子どもが自分の前世だったと主張する人物の名前と同じだったことが後で判明した事例はいくつかある。グラディスの両親がマーガレットという名前にこだわったことや、グラディス自身もこの名前が好きだったことは、そうした事例と似ているのである。

前世と同じ場所に刺激を受けている最中に、記憶が突然に蘇ったという点は、アラスカのノーマン・デスパーズやインドのマリカ・アロウモウガムの事例とよく似ている。この二例でも、同じような経過をたどって記憶が蘇ったのである。後ほど説明するように、生まれ変わりは、既視感《デジャ・ヴュ》の一端を説明してくれるかもしれない。

ジェニー・マクラウド

本例の中心人物は、別種のものではあるが、本書のテーマに関係するふたつの体験をしている。ジェニー・マクラウドは、二歳の頃、一九四八年に死亡した曾祖母の生涯について、六項目からなる正確な発言をした。その数年後の七、八歳の頃、ジェニーは、一連の夢を繰り返し見るようになった。そして、それを、一七四六年に起こったカロデンの戦いと関連づけたのである。ここでは、幼少期のその体験を報告し、その反復夢については、この種の実例とともに、この第3部後半の「事例報告——反復する夢や鮮明な夢」〔三四三—四四一ページ〕で紹介することにする。

本例の要約とその調査

ジェニー・マクラウドは、一九四九年一一月七日にスコットランドのアバディーンで生まれた。両親は、ハミシュ・マクラウドと妻のマーガレットであった。ジェニーは、四人姉妹の三女であった。ジェニーが生まれた時、一家はキンギュシーに住んでおり、五歳の時（一九五四年）に、インヴァネスの北西二五キロほどのところにあるテレという小さな町に転居した。一家は、私が一九六七年に本例の調査を開始した時点でも、そこに住んでいた。

ジェニーは、一歳頃に、筋の通った話ができるようになった。二歳頃には、曾祖母のベッシー・ゴードンの生涯と一致する、六項目からなる発言をしていた。この曾祖母は、一九四八年二月に死去している。

本例は、マクラウド一家が所属する教会の牧師H・W・S・ミューア師の注目を引いた。一九六七年五月、ミューア師は、本例の簡単な要約を書き、それをエジンバラの精神科医である私の友人に送った。この友人が、その要約を私に転送してくれたのである。私は、ミューア師と私信を交わした後、一九六七年一〇月にテレに出かけ、同月一一日に、ジェニーの母親のマーガレットと面接した。そして、その翌日に、セント・アンドリューズ大学でジェニー自身と対面したのである。ジェニーの父親は、私がテレを訪れた時には出かけていて、私とは一度も会っていない。二歳のジェニーから直接にその話を聞かされた祖母は、一九六一年に死亡している。しかしながら、母親のマーガレット・マクラウドは、ジェニーが祖母に話した内容を聞いていた。

一九六七年にジェニーと対面した後にも、私は、ジェニーと時おり私信を交わし、イングランドを訪れた時にはいつかもう一度本人に会いたいと思っていた。残念ながら、それは、一九九二年九月まで実現しなかった。その月に私は、ジェニーと再び対面し、その後の生活について、時間をかけて聞いた。その時、ジェニーは四三歳になっていた。

一九九二年に私は、スカイ島のポートリーに行き、ランプ・アンド・ベイフィールド・ロードとして知られる地域を訪れた。そこに、ジェニーの祖母が暮らしていたのである。私は、ポートリー博物館の職員であり、地元の歴史研究者でもあるロジャー・ミケットに相談するよう勧められた。ミケットは、私がポートリーを訪れた時には出かけていていなかったが、手紙でのいくつかの問い合わせには答えてくれた。

幼時に行なった前世に関するジェニーの発言

ジェニーが、前世についていくつかの発言をしたのは、二歳の時であった。ある日の午後、ジェニーは、祖母の膝に座り、昼食を食べさせてもらっていた。母親も、その部屋にいた。その時ジェニーは、思いがけなくも、「私が食事をあげてた時のこと覚えてる、おばあちゃん」と言った。おそらく連想が働いたためであろうが、次にジェニーは、〝ポートリーのこぶ〟と呼ばれる丘について語った。そこにあった家のことも話した。その家には、小さな突堤があった。ジェニーは、その丘のそばの道路をまわらなくても自宅に入れる、近道の踏み石について語った。また、自分が飼っていたという「かわいい子犬たち」の話もした。(マクラウド家には、大型であれ小型であれ、犬は飼われていなかった。)

H・W・S・ミューア師は、本例の簡単な要約の中で、ジェニーが、他にも、ポートリーの場所や通りの名前など、いくつかの発言をしたことを証言している。しかし、マーガレット・マクラウドは――その五カ月後に私と話している時――ジェニーは、私が右に列挙した「以外のことは話していない」と述べた。マーガレット・マクラウドは、ジェニーは昼食を食べると眠くなり、ポートリーの話をするのをやめたと語ったのである。その後は、二度とその話をしなかったという。

前世に関するジェニーの発言の正確さと明確さ

ジェニーの母親は、私に、(ジェニーの)母方曾祖母であるベッシー・ゴードンの生涯のいくつかの点に関する、ジェニーの発言は正しい、と証言してくれた。ベッシー・ゴードンは、一八六五年にポートリーで生まれ、そこで全人生を過ごした。ベッシー・ゴードンの自宅は、海の近くにあったが、そこは、「こぶ《ランプ》」と呼ばれる丘の近くでもあった。その家は、突堤を持つ、その地区で唯一の家屋であった。その家に通じる踏み石について、ジェニーが知っていたことも正確であった。

ポートリーにいる間、私は、「こぶ」に行き、マーガレット・マクラウドが、問題の家の屋号とともにその名称を私に教えてくれた「こぶ」の近くの道を歩いた。その道は、湾に沿ってのびていた。もはやどの家の前にも突堤はなかった。ところが、ロジャー・ミケットは、一九九二年一〇月二八日付の私信で、いくつかの点が事実であることを認めたのである。マーガレット・マクラウドが突き止めた家は、実際にベッシー・ゴードンの家であり、その道沿いでは、家の前に栈橋ないし突堤を持つ唯一の家だったのである。(その突堤は、実際にはその家のものではなく、隣接する鮭集荷場《サーモン・ステーション》の設備であった。)その家の近くに、「(干潮時に)湾の対岸のシーフィールドへ向かうための階段というか踏み石」の突堤もあった。

ベッシー・ゴードンは、結婚して三男六女を産んだ。そのうちのひとりが、ジェニーの祖母であるメアリー・ゴードンであった。ジェニーは、この祖母に、ポートリーの話をして聞かせたのである。メアリー・ゴードンは、ウェストハイランドテリアを飼っていた。八〇歳まで動作も機敏で、注意力も散漫なところは全くなかったが、一九四八年に八三歳で死亡している。死因は〝老衰〟で、二日間寝込んだだけの大往生であった。

マーガレット・マクラウドは、祖母のことをよく覚えていた。そして、祖母の特徴は、快活で、抜群の美声の持ち主で、本や読書が大好きだったことだと思っていた。

ベッシー・ゴードンは、マーガレット・マクラウドを特に好きだったように見える。ある時、息子に、自分が特に大切にしていた指輪を与えた。ところが、後でそれを取り返し、孫のマーガレット・マクラウドに与えたというのである。

ジェニーが通常の方法でポートリーについて知る機会はなかったこと

ジェニーが前世について話すようになる二歳まで、母親はいつも本人と一緒にいた。そして、夜はジェニーと一緒に寝ていたのである。マーガレット・マクラウドは、ポートリーのことをよく知っていたが、ジェニーがポートリーの話をするようになるまでは、ジェニーに向かって、あるいはジェニーの前でポートリーについて話したことが一度もないのは、まちがいないという。

ジェニーとベッシー・ゴードンの体格が似ていること

マーガレット・マクラウドは、ジェニーの〝体つき〟が曾祖母に似ていると述べた。マーガレットは、このふたりが家族の中で変わった体格をしていると考えていた。その特徴がマーガレットに強い印象を与えたのはまちがいない。以前、H・W・S・ミューア師にその話をしているからである。ミューア師は、そのことを本例の要約に記している。

解説　一九六七年の段階で私は、この種の事例に見られる母斑や先天性欠損に注目することの重要性が、まだわかり始めたばかりであったため、事例の中心人物がその生涯を記憶している人物と体格的に似ているという点に、まだ思い至らなかった。そのため、私は、本例をはじめとして、本来的に重要なはずのデータが得られる好機を、何度となく逸してしまった。その結果、中心人物が母斑や先天性欠損を持つ事例を扱った私の研究では、体格に関する章が最も短くなっているのである

（Stevenson, 1997）。

ジェニーとベッシー・ゴードンの行動が似ていること

H・W・S・ミューア師は、本例の要約の中で、体格ばかりか「しぐさや話しかたや物ごとの取り組みかた」という点で、ジェニーが曾祖母に似ていると、マーガレット・マクラウドが考えていたことに注目している。

マーガレット・マクラウドは、たとえば、自家製スープやスコットランド高地の踊りが好きなことなど、ジェニーが曾祖母に似ているいくつかの特徴について、私に話してくれた。しかしながら、マーガレット・マクラウドは、他の娘たちも同じような好みを持っていることも指摘している。それでも、ジェニーには、他の姉妹たちと違って、曾祖母と似ているふたつの特徴がある。それは、ふたりとも読書が異常に好きなことと、美声を持っていることである。

その他の情報

マーガレット・マクラウドは、生まれ変わりを信じていた。のみならず、輪廻転生も信じていた。つまり、動物が人間に生まれ変わったり、その逆のことが起こったりするということである。マーガレット・マクラウドが私に話してくれたところによると、私がマクラウド家を訪問していた間、自分用のクッションの上でほとんど寝てばかりいた元気旺盛な茶トラのネコは、ある人間の生まれ変わりだという。しかし、誰の生まれ変わりかは知らなかった。そのネコは、マーガレット・マクラウドに特になついていた。

マーガレット・マクラウドが生まれ変わりを信ずるようになった理由はわからない。母語はゲール語であり、それが第一言語になっていた。第1部〔註1、九ページ〕でもふれたが、エヴァンズ＝ウェンツは、スコットランド高地人の間では生まれ変わり信仰が一九二〇年代まで続いていた証拠を突き止めている（Evans-Wentz, 1911）。一部の地域では、それがもっと後まで続いていたのかもしれない。マーガレット・マクラウドは、一九二二年の生まれである。これは、エヴァンズ＝ウェンツの著書が出版されてからまだ一〇年ほどしか経っていない時である。

ジェニーのその後の経過

一九九二年九月に私と会った時、ジェニーは、ある会社に勤めていた。母親は一九九一年に、父親はその数年前に死亡していた。マーガレットは、ジェニーの子ども時代の体験を本人と話し合うことはなかった。それは、自分の夫が、この問題に関心がなかったし、その後もついに関心を示すことがなかったためであろう。

ジェニーは、祖母の膝に座り、自分に食事を与えたのを覚えているか、と祖母に問い質《ただ》した場面を、まだ思い出すことができた。

ジェニーは、自分が生まれ変わりに強い関心を持っていることを明かし、前世を記憶しているという他の子どもたちの事例について、私に数多くの質問をした。また、自らの事例に関するミューア師の手紙を読みたがったので、私はそれをジェニーに見せた。

キャサリン・ウォリス

本例を本研究に含めるに際して、私には若干の躊躇《ちゅうちょ》があった。これまで、他の未確認事例を発表しているし、本書にも数例を収録しているので、躊躇したのは、中心人物の発言が事実であることを確認できなかったからではない。また、残念なこととはいえ、本例の中心人物に一度も会ったことがないからでもない。現に、本書に収めた中にも、中心人物と対面していない事例が四例ある。

私の疑念のひとつは、本例の中心人物が初めて前世の話をするようになった年齢が、ほとんどの中心人物が前世について話し始めるよりも高い（五歳頃）という点にある。しかしながら、それよりも大きいのは、本例の中心人物が、自ら空想と承知している〝物語〟を作りあげ、それを話して聞かせる能力を認められていたためである。父親は、中心人物がそうした物語を話すことを奨励していた。しかし、自分が作りあげた〝物語〟と、自分が持っていたとする本当の前世の記憶との違いが区別できると、中心人物が強く主張したため、私は、この異論を取り下げる気になった。加えて、この中心人物の前世の証言は、（思うに、おとなたちが問い質すことに刺激されて）いくつかの尾ひれがつけられるようにはなったが、本人の証言の中核部分は、その記憶らしきものを最初に口にしてから、もはやそれを思い出せない時点に至るまでの数年の間、驚くほど安定していたのである。

本例の要約とその調査

キャサリン・ウォリスは、一九七五年三月二七日に、イングランドのポーツマスで生まれた。両親は、クリストファー・ウォリスとその妻のクリスタルであった。本人は、この両親の間に生まれた唯一の子どもと思われる。両親は、本人が三歳の頃に離婚した。その後、キャサリンは、彫刻家で教師でもあった父親に引き取られ、一緒に暮らしている。

キャサリンは、二歳頃に筋の通った話をするようになった。私の知る限り、本人の幼児期には、両親の離婚を除けば、特に変わった出来事はない。両親の離婚後、本人は、父親とともにエジンバラに転居した。その後、イングランド南部に戻り、ウィルトシャー州にある父方祖母の農場で暮らしたが、そこで、前世について話すようになったのである。

キャサリンと父親は——ふたりだけで暮らしていたため——親密な関係を発展させた。ふたりは、互いに物語を作り、それを語り合うのを楽しむようになっていたのである。ある晩、キャサリンが床につく前に、ふたりは、入浴しながらそうした語り合いをしていた。その時、クリストファー・ウォリスはふと思いつき、「今のキャサリンちゃんになる前は、キャサリンちゃんは、誰だったと思う?」と本人に聞いた。その言葉が引き金となって、その時もその後も、本当の前世とキャサリンが思うものに関する発言が引き出されたのである。その時、キャサリンは五歳頃であったため、前世について最初に話したのは一九八〇年頃ということになる。

クリストファー・ウォリスには、キャサリンが語った物語を記録する習慣があった。また、前世とされるものの話の時には、録音もしている。クリストファーは、それらの記録を保管しており、次に述べるように、それを参考にして、私に最初の手紙を書いたのである。

一九八二年の初め、私は、ロンドンの英国放送協会（ＢＢＣ）で放映されたテレビ番組で、生まれ変わりを思わせる事例についてインタビューを受けた。ＢＢＣは、視聴者からの投書を私に転送してくれた。クリストファー・ウォリスは、キャサリンが前世について話した内容と、その話をした状況を書いた手紙を、私宛てに出すことにしたのである。その手紙には、一九八二年七月二一日の消印が押されていた。後ほど、その私信を引用する。

その後、私は、キャサリンの発言に関して浮かび上がった疑問点について、クリストファー・ウォリスと何度か手紙のやりとりをした。それからの一〇年間、私は、ウォリス父娘と対面したかったが、実現しなかった。とはいえ、私は、ふたりをＢＢＣに紹介している。ＢＢＣは、キャサリンのような子どもたちのインタビューを望んでいたのである。その結果、キャサリンは、一九八三年二月二一日に、ＢＢＣで放映する番組のため、ジューン・ノックス＝モーアのインタビューを受けた。二カ月後、イングランドにいた、当時の私の共同研究者であったニコラス・マクリーン＝ライス博士が、クリストファー・ウォリスとキャサリンを、ウィルトシャー州の自宅に訪ねている。ＢＢＣのインタビューとマクリーン＝ライスのインタビューは、それぞれテープに録音され、後に書き起こされた。私は、それらを本報告に利用している。キャサリンは、ノックス＝モーアがインタビューした時点では、まだ八歳になっておらず、マクリーン＝ライスのインタビュー時に、ようやく八歳になったところであった。クリストファーは、どちらのインタビューにも立ち会っている。以下の報告では、双方のインタビューでのクリストファーの発言を随時引用する。

手紙のやりとりを一〇年以上続けた後、私はようやくクリストファー・ウォリスと対面することができた。私たちは、一九九三年六月一一日に、ロンドンの国立美術館《ナショナル・ギャラリー》で面接した。二時間以上話したが、前世に関するキャサリンの発言がどこに由来するのかを教えてくれそうな新事実は、何も得られなかった。残念ながら、キャサリンとは対面できなかった。この時、キャサリンは、エール（アイルランド共和国）で母親と暮らしていたのである。

翌年、私は、キャサリンに催眠をかけてもよいかどうかについて、クリストファー・ウォリスと私信を交わした。クリストファーの返信では、キャサリンはそれに同意したというが、この研究計画に関心を示していたロンドン在住の心理学者は、結局、キャサリンともクリストファーとも連絡をとらなかった。

キャサリンの発言

五歳頃のキャサリンの発言　キャサリンの発言に関する次の報告は、クリストファー・ウォリスが、一九八二年七月二一日付で私に送ってきた私信から抜き出したものである。

私はその子［キャサリン］の父親で、この子が五歳半の頃に、二年ほどふたりだけで暮らしていたことがあります。その頃、私たちは、とても仲のよい関係を築きあげていました。多くの親たちのように、私も娘のために物語を作り、娘も私のために同じように物語を作りました。私たちはよく、お互いの心の中で考えていると思うことを想像し、その考えのしりとり遊びのような、一種の心理ゲームを楽しんでいました。ある日、ふたりで長いこと浴槽につかりながら、そういうゲームに夢中になっていました。部屋にいるイメージを描いて、その部屋で何が見えるかとか、反対側にはいつもドアがあって、そのドアの向こうには何があるか、というものです。私の想像する部屋は、どちらかと言えばふつうで、テーブルや椅子や、ナイフやフォークなどの物でいっぱいでしたが、娘のほうは、ぜいたくできれいな部屋を思い描き、宝石類や金《きん》や絨毯や明るい窓がいっぱいありました。その遊びは、時代を越え、道路を抜け、階段を下ってなおも続きました。

ようやく、私たちは浴槽から出て、体を拭きながら、娘に聞きました。「今のキャサリンちゃんになる前は、キャサリンちゃんは、誰だったと思う?」

すると娘は、取り憑《つ》かれたように、何のためらいもなく話し始めました。その話は、一五分から三〇分ほど続いたかもしれません。それから、私は、できる限り正確にその話を書き留めました。娘の話は、ほとばしるように出てきたので、細かい部分がたくさん抜けているのではないかと心配ですが、一番肝心な部分は何とか記録できたように思います。

次に、私のノートからそのまま引用します。

ふたりで体を拭いている時、「今のキャサリンちゃんになる前は、キャサリンちゃんは、誰だったと思う?」と娘に聞いた。

「ロージーでしょ」と娘は、まるで私が知っていて当然であるかのように答えた。以前、私に話したことがあるのを、私に思い出させようとしている感じで。

「ローズって誰だい？」と聞いた。

「ロージー・アベリスク Abelisk（Abelisque?）」

「お母さんの名前は何ていうの」

「メアリ・アン・アベリスクよ」と答え、娘は、迷わずその先を続ける。「あたしたちは、小さくて白い木のおうちに住んでたの。白いしま模様の横断歩道がすぐ近くにあって——その家は農家で、その道の片側にはニワトリがたくさんいて、朝は、お母さんが乳母車に私を乗せて、そのニワトリにいつも餌をあげてたの。ニワトリの鳴き声ってすごいんだよ。二歳の時、乳母車から出してもらえないので飽きて、でもそれから三歳の時、お母さんの手伝いで、卵をいつも集めていて、一度、一個落としたけど、干し草の上に落ちたので割れなかったの」

「その乳母車って、どんな形だった？」と聞いたが、それは、それがいつ頃のことだったのかを突き止める手がかりになるのではないかと思ったからだ。

「カゴみたいにできてる。何かを掛けるものが横についてるの」と娘は答えた。

「お母さんは、どんな感じの人なの」

「長い金髪だけど、いつも頭の上で結《ゆ》ってたよ」

「お父さんはいたかい」

「いなかった。遠くのイングランドに行ってた——と思う。——六歳の時、お父さんに会いにイングランドに行こうとしたことがあったけど、あたし英語が話せなかったの」

「何語を話してたの」

「フランス語だと思う。あたしたち、アメリカにいたんだけど、フランス語を話してた。とってもわくわくすることがあったから、その頃が、あたしには一番よかった。長い旅行をしなきゃいけなくて、そこに着いた時、汽車から飛び降りて、お父さんに飛びついたの。それから、あたしたちは戻って、その後は何もかもふつうだった。

あたしたちは、とっても貧乏だった。木こりがその家に住んでて、木を売ってお金をかせいでたの」

「そこの学校の名前が何だったか思い出せるかい」娘は、実際には、「エコー・ミッスル」という言葉を口に出してみながら、「エコ・ミッシ」というような名前を言った。私も、それを一、二回繰り返し言ってみた。結局、「エコール・ミッシーヴ」ということで納得した。ミッション・スクールということだろうか。そうすると、つじつまが合う。「エコール・ミッシーヴ」とは、フランス語でミッション・スクールという意味だろうか。娘はその名前を思い出したが、それ以上のことは思い出せなかった。

ここで、娘の死と死ぬまぎわのことについて、少し話し合った。――そして、書き留めた。

「しかし、どんなふうに死んだのか」

「ある日、卵を集めに行こうとして道路を渡る時、横断歩道があるので、見ないで渡ろうとした時に、コカコーラのローリー［トラック］があたしをはねて、あたしはころころ転がったの。それから、病院に行って、脚が両方とも折れて、首のあたりがひどくうずいてた」

「痛みがあった時のこと思い出せるかい」

「違うの。痛みじゃないの。覚えてるのは、うずきだけ」

「その病院にはどのくらいいたの」

「一〇週間。それから死んじゃったの」

「ありがとう、ロージーちゃん、お話ししてくれて」と言いながら、娘をベッドに入れてふとんをかけた。

「お話じゃない。ほんとのことなの」と娘は言った。

七歳半頃のキャサリンの発言　クリストファー・ウォリスから、一九八二年七月二一日付の私信を受け取った後、私は、一九八二年九月に出した返信の中で、いくつかの意見を述べ、前世と思われるものについて、新たにキャサリンが話した場合には、その旨知らせてほしいと依頼した。クリストファーは、しばらく間を置いた一九八三年二月八日付で、返信を寄せた。その中で、クリストファーは、前年九月、私の手紙を受け取った直後に、キャサリンから他のことを「できるだけそっと」聞き出そうとしたと書いている。次に、一九八三年二月八日付の返信から引用する。

先生からお手紙をいただいた時、娘に、ロージーの生涯についてもう一度話してくれるように、「できるだけそっと」誘導して、その町の名前を思い出せるかどうか試してみました。

娘は、建物や人間や、学校の外にある看板のことは言いましたが、そこに書かれた言葉については話しませんでした。娘は、また、「デパート」がある、近くの町の名前を言いました。でも、「デパート」は、イングランドの言葉ではありません。私たちは、大きな店舗でも、たいてい「店《ショップ》」と言います。

ひとつ（その後、娘が申したことで）おもしろいことがあります。娘の母親は、服地の切れ端をこつこつ集めていて、そのつぎはぎで娘の服をたくさん作ったのだそうです。――学校に行った時、つぎはぎの服を着ていたので、みんなが笑ったというのです。

娘が申すには、学校の先生方は非常に厳しく、ほとんどが男の先生で、黒い上着にチョッキと青いシャツを着ていて、校舎は白か石造りで、てっぺんに尖った塔があったそうです。

意識しすぎて作り話を始めるのではないか、と少々心配になったものですから、それ以上は無理強いしないで、ごくふだん通りに話し合いました。しかし、今のところは、記憶の中を歩き回って、物事がはっきり見えてきたように思われます。

物語を作っていた時と同じ感じがするのかどうか娘に聞いてみましたら、それは違うそうで、自分が何かをしているのが見えるのだそうです。

八歳頃のキャサリンの発言　ジューン・ノックス＝モーアとニコラス・マクリーン＝ライスが（一九八三年初頭に）キャサリンをインタビューした時、ふたりは、前世と思しきものについて、もっと多くの内容が引き出せるのではないかと期待しながら、次々に質問した。

いくつかの点でキャサリンは、三年前、父親に初めて話した時に語ったことを、詳しく述べることができたように見える。たとえば、ロージーは切り出した木をどのようにして自宅に運んだのかと聞かれたキャサリンは、ジューン・ノックス＝モーアに向かって、次のように答えているのである。

「籠があって、それには車のようなものがついてました。いつも私は、それに木を載せて運びました。ヤナギの枝で編んだ籠なんだけど、それを手押し車みたいにして」

また、キャサリンは、コカコーラの貨物自動車にはねられて怪我をした時の模様も、ジューン・ノックス＝モーアに詳しく話した。本人の話では、学校に行く時や卵を集めに行く時に横断する道路は、ふだん、車がほとんど走っていなかったという。道路を半分ほど渡った時、貨物自動車が突如として姿を現わしたため、それをよけきれなかったのである。キャサリンによれば、外傷を負って死亡したのは一〇歳の時であった。

キャサリンは、最初の発言の時点では口にしなかった、全く新しい事柄についても語っている。たとえば、マクリーン＝ライスに向かって、ノックスという名前の隣の農夫のことを、かなり詳しく話しているのである。それまでキャサリンは、この農夫について、ひと言も話したことがなかった。キャサリンが初めて父親にその話をしたのは、マクリーン＝ライスと対面する前日に、ロージーの生涯について話していた時であった。また、キャサリンは、ノックスの妻やロージーの学校の親友など、それまで口にしたことのなかった人物についても話している。新しい人物や事物の話をしたことに加えて、キャサリンは、それまでの発言をひとつ変更している。父親に初めて話した時には、母親は金髪だと言っていたが、マクリーン＝ライスには、「黒い」髪だったと述べているのである。

キャサリンは、ノックス＝モーアとマクリーン＝ライスのふたりに対して、自分が作った物語とロージーの生涯に関係する事柄とは区別できると、かなり確信を持って語っている。たとえば、キャサリンとノックス＝モーアとの間で、次のようなやりとりがあった。

ノックス＝モーア　……そういう話をお父さんにする時、その場にいるような感じですか、それともお話をしているという感じですか。

キャサリン　それは……それは……そこにいて、誰かに私の生活について話してるみたいでした。

ノックス＝モーア　ほんとに一所懸命説明しようとしているのね。……確かに、説明するのは……とっても難しいよね。

キャサリン　私の頭の中では全部聞こえてて、そこにいて、誰かに私の生活について話しているみたいでした。

マクリーン＝ライスとの面接の中で、クリストファー・ウォリスとキャサリンは、前世の記憶のように見えるものがキャサリンにとっては現実であるという点について話している。この面接の書き起こしから、次のやりとりを引用する。

C・ウォリス　チャーチヴィルの奥さんとかのお話を作ってる時とは、どんなふうに違うんだい。

キャサリン　ぜんぜん違うの。

C・ウォリス　違う感じがするんだね。話してごらん。――お話を作るのと……覚えてることとは、どういうふうに違うんだい。

キャサリン　それは、それはね、まるで違うことなの。

ジューン・ノックス＝モーアは、五歳頃に父親に初めて話す前に、前世の記憶があったかどうかをキャサリンに尋ねた。それに対して、キャサリンは、その前の晩、ロージーの父親と対面し、その腕に飛び込む場面を夢に見たと答えた。その後、キャサリンは、この夢が「ぜったい本当のことでした」とマクリーン＝ライスに語っている。「ただの夢じゃなかったんです。本当のことだったんです」キャサリンの話では、その記憶の他の部分は、翌日、父親と浴槽につかっている時に出てきたのだという。

キャサリンは、ジューン・ノックス＝モーアと話した時、自分は七歳で（満八歳にはなっておらず）、一〇歳で死んだ少女の生涯を記憶していると主張したのを覚えていた。この体験については、次のようなやりとりがあった。

キャサリン　……時々感じるんです……ベッドで寝てると、時々、私が一〇歳の時まで戻って、それからまた七歳まで来るみたいな感じがするの。

ノックス＝モーア　今、あなたは七歳だからね。

キャサリン　別の一生……

ノックス＝モーア　もう一度言ってみて。別のなあに？

キャサリン　時々……ベッドで寝てると、私……私……別の一生の時まで戻って行く……戻って行って、それからまた今の一生に戻ってくる感じがするの。

ノックス＝モーア　それでわけがわからなくなる？

キャサリン　ほんとにわけがわからなくなるの。

ジューン・ノックス＝モーアは、ＢＢＣの番組収録のため、キャサリンの母親であるクリスタルにもインタビューしている。私は、そのインタビューの書き起こしに目を通した。クリスタルは、キャサリンが父親に初めて前世の話をした時には、その場にいなかったため、キャサリンの記憶の詳細について父親が記録したことや話してくれたこと以外には、何も知らなかった。母親は、キャサリンを非常に感受性の強い子どもだったと言った。年齢の割におとなびていたのである。

キャサリンの中核的発言の一貫性　七歳および八歳の時、父親やインタビュアに問われて、キャサリンが語った事柄に私は注目したが、それらの点は、以前にキャサリンが述べた内容と矛盾しなかった。本人の発言は、確認できないことばかりなので、すべてが架空のことなのかもしれない。あるいは、五歳頃に初めて行なった発言は、本当の前世に由来するものであり、その後につけ加えられた内容が架空のものということなのかもしれない。しかしながら、キャサリンは（ロージーの母親の髪の色に関する発言を除けば）、発言の核心部分を一度も変えたことがないと言える。

その後のキャサリンとの面接のテープ録音と、キャサリンの発言に関するクリストファー・ウォリスの最初の証言を比較すると、クリストファー・ウォリスがジューン・ノックス＝モーアに語ったことに、私は同意するものである。キャサリンを問い質すことに気乗りがしなかった点にふれて、クリストファー・ウォリスは、次のように述べている。

そういうこと［前世の記憶］を、また引き出したくなかったんです。いつもお話を作ってるような子どもたちは、すぐ尾ひれをつけてしまいますからね。それで、そのまま記録しておいただけで、それについて話し合うことなんて全然ありませんでした。でも、その話が出てくると、娘が私に話してくれるのは、最初の——最初の内容と全く同じだったんです。

前世を過ごしたらしき場所に関する推測

キャサリンの発言には、本人が前世を送ったとする場所を推測する手がかりがほとんどない。アメリカでフランス語を話したという発言からすると、カナダ東部のケベック州か、アメリカ北東部のニューイングランド地方のフランス語使用地域が、それらしき候補として浮かび上がる。尖塔を持つ石造りの建造物は、カナダのフランス語圏の村にあるカトリック教会を思わせる。もうひとつの可能性は、ルイジアナ州のフランス語使用地域のどこか、特にラフィエット周辺のアカディア地方（ケージャン人）である。

コカコーラは、一八八六年に初めて製造され、その後まもなく、瓶詰めされて売り出された

(Watters, 1978)。一九一〇年以前には、トラックで輸送されることはなく、一九二〇年代までは販売地域も広くなかった(Stevens, 1986)。広い範囲で売り出されるようになったのは、トラックとそれに見合った幹線道路の発達を待たなければならなかったのである。

こうした断片的な手がかり以上には、先に進むことはできない。キャサリンは、町や村の名前を一度も口にしなかったからである。

「エコール・ミッシーヴ」はフランス語で「ミッション・スクール」のことではないか、とするクリストファー・ウォリスの示唆は、厳密には正しくない。フランス語のミッシーヴ missive は、伝言や通信を意味する言葉である。ミッション・スクールは、フランス語では、エコール・ミッショネール une école missionnaire であろう。実際にキャサリンは、この発音に近い「エコー・ミッスル eccoo missre」という言葉を使ったのである。

他の関連情報

ウォリス家は、フランスやカナダのフランス語圏とも全く関係がなかった。クリストファー・ウォリスは、キャサリンの発言中の項目について、ひとつの出所しか考えつかなかった。妻がパッチワークで作ったスカートを一着持っていたが、キャサリンは、それを幼少期に見たのではないかというのである。

キャサリンの発言の中には、幼時に示した感受性と軌を一にするものがあった。キャサリンは、嘲笑されるのを嫌ったのである。キャサリンは、上等な服を着た裕福な家の学童が、ロージーの着ているパッチワークの服を嘲《あざけ》る様子を語っていたが、それが、嘲笑される場面にあたる。
なお、キャサリンには、車に対する恐怖症はなかった。

同年の子どもと比べて、キャサリンがおとなびていたこと

私はキャサリン自身に会ったことはないが、父親の私信から、本人が並はずれて知的で、同年の子どもよりも成熟していたという印象を受けている。父親からの私宛ての最初の手紙では、キャサリンのほうが父親よりも創作力が優れていると父親が思っていたことがわかる。しかしながら、それ以上に、キャサリンは、ふつう幼児が関心を持たないような事柄について真剣に話していたのである。創成神話とでも呼ぶべき事柄について苦もなく話し、自分から「魂《ソウル》」という言葉を気軽に口にした。ノックス＝モーアも、キャサリンが同年配の子どもたちよりもおとなびていると、明らかに考えていた。この点について、一九八三年二月二一日にBBCのインタビューでノックス＝モーアとクリストファー・ウォリスが交わした対話を、次に引用する。（キャサリンは、この録音には同席していなかった。）

ノックス＝モーア　あなたご自身が、ちょっと不思議な感じを、時々キャサリンに感じることはありますか。ほとんどの子どもたちが知りようもない、ああいう変わったことを実際にあなたに話す時にですね。何か変わったことを……

C・ウォリス　あります。娘が話してることの一部は、実際にはほとんど信じられない感じです。

自分がそういう話を、今、本当に聞いているのだろうか、そのことが実際に娘から――娘から出てくるのだろうか、と思いました。それから、それは、子どもが話すことのようには思えませんでした。変でした……とっても変でした。……とっても……とっても……創成神話の物語をしている時、娘の様子は……ある時などは、実際よりも、かなり年上のように見えました。……娘はいつも、人の感情を……わかっていて、働きかけが、ずっとおとなびていると思います。……それから……ちょっと面食らってしまうところがあります。[註3]

キャサリンの母斑

キャサリンは、父親が、「左頭部下に鮮紅色のあざ」と説明する母斑を持って生まれてきた。さらに、父親は、次のように述べている。「それは、何年かのうちに完全に消えました。その痕跡は、髪の毛の下に見つかるかもしれませんが――私は、もう長いこと見ておりません」ロージーは、コカコーラのトラックにはねられた後、首のあたりがひどくうずくという自覚症状を

註3　この〝おとな的態度〟のこうした特徴については、別著（Stevenson, 1987/2001〔『前世を記憶する子どもたち』〕）で検討している。こうした態度を示した中心人物には、スレイマン・アンダリ、クムクム・ヴェルマ、ボンクチ・プロムシン、ティアン・サン・クラ、マウン・フタイ・ウィン、チャナイ・チューマライウォン、チャオクン・ラジスタジャルン師がある。

訴えていたので、クリストファー・ウォリスは、その母斑がキャサリンの言うロージーの負傷に由来するものではないかと考えた。

しかしながら、キャサリンの場合と同じ部位に母斑を持って生まれる子どもは、少なくとも三パーセントの比率で見られる（Corson, 1934）。そこは、火炎状母斑の一種で、時として〝サーモンパッチ〟、俗には〝コウノトリの噛み跡〟と呼ばれる紅斑が起こりやすい部位なのである。こうした項部の母斑の発生率は、場合によっては三パーセントよりもはるかに高いことがわかっている。そのほとんどは、子どもが成長するにつれて薄れ、消えるが、全体の五パーセントでは、後期小児期やそれ以降にまで持ち越される（Hodgman, Freeman, and Levan, 1971）。キャサリンの母斑は、実際に一九八三年まで残っていた。その時点で、マクリーン＝ライスが写真に写せるほど鮮明だったのである。

これまで私が調べた二、三の既決例では、この部位の母斑が前世に由来すると考えてよい根拠があった（Stevenson, 1997）。しかしながら、前世の記憶を持たない子どもたちのこうした母斑の発生率も考え合わせると、キャサリンの母斑を、安易に本人が記憶する前世に帰すべきではないと思う。

キャサリンのその後の状態

一九八〇年代後半には、私はクリストファー・ウォリスと接触しなかった。その後、一九九〇年に、BBCが制作を予定していたドキュメンタリー番組にキャサリンがかかわったかどうかを問い合わせる手紙を、クリストファー・ウォリスに出した。それに対して、ていねいな返信が届いたが、その中に、その後のキャサリンのことが少し書かれていた。

一九八五年頃のある晩、キャサリンは父親に向かって次のような話をしたという。

娘は、ふたつの自分の間を行ったり来たりして「めまい」がするそうです。しばらくはそれが非常に不快だったようですが、まもなく、それまで（一〇歳頃）よりも外でたくさん遊ぶようになりました。ごく最近［一九九〇年に］話してくれたところでは、それまでは［一〇歳になるまでは］死ぬのがとても怖かったそうです。［キャサリンによれば、ロージーは一〇歳で死亡している。］

以上の証言から、キャサリンは、前世の記憶を一〇歳頃まで持っていたように思われる。一九九〇年の時点で、クリストファー・ウォリスは、（一九九〇年八月六日付の私信で）「娘は、今では前の記憶があったことしか覚えていないと申しております。覚えていたということは覚えている、ということです」と書いてきた。

解説

キャサリンが、実際に前世の記憶を持っていたのかどうかについては、確たる結論を出すことはできない。（すべての未決例についても同じことが言える。）

キャサリンは、比較的年長になってから前世を思い出すようになったので、この事例は、超常仮説〔超常現象をともなうとする仮説〕を裏づける証拠としては弱い。とはいえ、その点でキャサリンは珍しいわけではない。スレイマン・アンダリのような一部の既決例の中心人物は、五歳を過ぎてから初めて前世の話をしているからである。

また、キャサリンは、自発的に記憶を表出させたわけではなく、父親の質問に答える形で語ったにすぎない。（しかも、ふたりが互いに架空の物語を聞かせ合っていた後で出てきたのである。）とはいえ、この点についても同様の事例が存在する。最も注目に値するのは、ドロン・チャムパ・ミトラの事例であろう。

キャサリンの記憶の中核部分が最初から安定していることは、わずかながら超常仮説を支持すると言える。しかしながら、このうえなく笑止千万な空想であっても、長期にわたって、驚くほど安定していることもある。エレーヌ・スミットの事例（Flournoy, 1899）が、その好例と言える。

記憶と空想を区別できる自信があるとキャサリンが語っていたことから、本例を本書に収録する気になったという経過を、本報告の冒頭で述べておいた。にもかかわらず、本例を正しく解釈するに際しては、この点を、私が最も重要度の低い特性と考えていることを、ここであらためて述べておかなければならない。私としては、キャサリンと同じような確信（私がまちがいなく尊重している、うそ偽りのないキャサリンの確信）を持つことができるのなら、そうしたいと思うが、記憶について広く認められている事実からすると、それがまちがいないとする確信感は、実際にその記憶が正確であることとは相関しないのである。このことは、目撃者の証言については、少なくとも十分に確認されている（Wells and Murray, 1984）ので、他の記憶についても同じことが言える可能性が高そうに思われる。

カール・エドン

本例は未決例である。本例が重要なのは、中心人物が外国人としての前世を記憶していると主張していることと、幼時に、本人の発言と一致する変わった行動を示したことにある。

本例の要約とその調査

カール・エドンは、一九七二年一二月二九日に、イングランドのミドルズブラで生まれた。両親は、ジェイムズ・エドンと妻のヴァレリーであった。カールは、三人兄弟の末子で、上のふたりは、一一歳年長の兄と五歳年長の姉である。ジェイムズ・エドンはバスの運転手をしていた。

カールは、二歳頃には、筋の通った話をするようになった。その後まもなく、「ぼくは、飛行機で窓に突っ込んだ」と言い始めた。この発言を頻繁に繰り返しているうちに、本人が記憶していると思われる前世について、次第に詳しく語るようになった。カールによれば、本人はイングランドを空爆している時に墜落したのだという。その他にカールが語った内容から、カールは第二次世界大戦中に戦死したドイツ空軍の操縦士の生涯について話しているのではないか、と両親は考えた。

カールは、そのことを裏づける証拠を、他にも示している。絵が描けるようになると、上に鷲がついたかぎ十字の絵を描いた。その後まもなく、操縦席の計器盤の素描を描いたのである。また、カールは、ドイツに対する強い愛着と、〝ドイツ人〟と見なしうる、いくつかの行動を示した。

本例の簡単な報告は、一九八二年八月七日発行の『女性自身 *Woman's Own*』誌の記事に掲載されている。同誌の編集者を通じて、私は、エドンの住所を知ることができた。一九八四年一月に、ニコラス・マクリーン＝ライスは、ミドルズブラに出向いてカールの両親と面接し、カールとも話した。カールは、その時、一一歳になったばかりであった。そうこうするうち、本例は、地元の新聞を含め、広く報道されるようになった。そして、ドイツのジャーナリストがミドルズブラまで出かけて、カールと両親にインタビューを行なった。その記事は、一九八三年七月一七日発行の『モルゲンポスト』紙（ベルリンの日刊紙）に掲載された。

マクリーン＝ライスがエドン家を訪問した後、私は、本例を一〇年ほど放置してきたが、やがて、本例については、これまで以上のことを突き止めることができるし、そうすべきだと考えるようになった。そこで、エドン一家と私信のやりとりを再開し、一九九三年六月一三日にはミドルズブラまで行き、カールと両親に長時間の面接を行なった。その後、エドン一家から時おり私信が届いた。一九九八年一〇月一五日、私はミドルズブラを再訪し、ジェイムズとヴァレリーに、長い時間をかけてもう一度面接した。（後ほど説明するが、その時には、既にカールは死亡していた。）この時の面接は、本例の細部を検討する目的で行なわれた。面接が終わりかけた頃、エドン夫妻の長男と長女が実家を訪れたが、ふたりには新しい情報はなかった。

カールが行なった発言

前世に関するカールの最初の発言は、先述のように、「ぼくは飛行機で窓に突っ込んだ」というものであった。本人は、その後もこの発言をしばしば繰り返した。後にカールは、この時に墜落した飛行機は爆撃機で、メッサーシュミットだったと言った。（メッサーシュミットの型式を指して、カールが一〇一か一〇四という数字を口にしたのを、ヴァレリー・エドンは思い出したが、それがどちらの数字だったかは［一九八三年には］もう覚えていなかった。[註4]カールは、爆撃のため飛行している最中に墜落したと語った。）カールは、また、その墜落で右脚を失ったことも述べた。

カールによれば、本人の名前はロベルトで、父親の名前はフリッツだったという。また、ペーターという名前の兄弟がいた。前世の母親の名前は覚えていなかったが、髪は黒く、眼鏡をかけていたという。また、母親は横暴な人だったともいう。また、カールによれば、本人が死んだのは二三歳で、一九歳の婚約者がいた。婚約者は、金髪でやせ型だったという。

解説　一九九三年に私は、カールが行なった発言が他にも数多くあることを知ったが、この時には、前世の話をするようになってから既に一八、九年も経ってしまっていたので、カールの発言としては、一九八三年に両親から聞いたものに限定するのが適切であるように思う。その結果として、細かい他の部分が失われてしまうのはまちがいないが、質問者を喜ばせようとして、あるいは通常の方法で

註4　第二次世界大戦で使用されたドイツ軍用機に関する知識が乏しい人々は（私もそのひとりであったが）、メッサーシュミットは戦闘機以外の何ものでもないと思い込んでいる。おおまかにはその通りであるが、初期のジェット推進式航空機であるメッサーシュミット262型機は、「戦闘機として、地上攻撃機ないし低空爆撃機として、また偵察機としても使用された」のである（United States Government Printing Office, 1945）。

知った中から、カールが尾ひれをつけてしまった可能性があるので、両親の証言に限定すれば、そうした問題を回避することができる。

カールの描画

カールは、既に二歳の時に図や絵を描き始めた。飛行機やバッジや記章を描くようになったのである。両親は、カールが飛行機の絵を描き、それにかぎ十字を加えたのを覚えていた。(かぎの向きが逆になっていたことに両親は気づいている。) カールは鷲も描いたが、後で両親が調べたところ、それは〝ドイツ鷲〟であることがわかった。六歳の時、カールは、飛行機の操縦席にある計器盤を描き、計器類の働きについて説明した。この時、自分が操縦する爆撃機には赤いペダルがあり、それを踏むと爆弾が投下されると語った。他にもいくつかの絵を描いたが、そのうちのひとつは、明らかに、中央に鷲がいて左右に羽を広げているマークであった。

カールが初期に描いた絵は、その内容は両親には十分明白に見えたが、幼稚なものであった。年を経るにつれ、カールは、記章やマークを描き続けたが、技術的には次第に進歩していた。

前世に関係するカールの行動

前世についてカールが話す状況および様子　カールの初期の発言は自発的なものであり、そのきっかけは特に見つかっていない。ドイツに関するテレビ番組を見ることができる年齢になると、俳優の衣装の細かい部分について、時おり批評を加えるようになった。たとえば、制服の正しい位置に記章がついていないなどと語ったのである。

強制収容所の場面が登場する、ユダヤ人大虐殺のドキュメンタリー番組を、カールが見ていた時のことである。（後で両親は、この収容所はアウシュヴィッツだった記憶があるように思ったが、はっきりはしなかった。他の強制収容所だったのかもしれない。）その場面が刺激となって、カールは、自分の基地すなわち、その爆撃機が飛び立った飛行場は、この収容所の近くにあると述べた。

一家の友人たちは、時おりカールに、たとえば、前世ではどういう服装をしていたのかなど、細かい質問をした。するとカールは、その説明をしたのである。また、前世時代のものを何か描いてほしいと頼まれることもあったが、カールはその要求にも応じている。（両親は、友人たちにその絵を取っておいてほしいと言って、持ち帰らせている。両親自身は、カールが自発的に描いた絵を一枚も保存していない。）

カールの食物の好み

カールは、紅茶よりもコーヒーを飲みたがり、濃いスープとソーセージを好んだ。その点で、家族の他の者とは一線を画していた。

カールの姿勢、歩きかた、身ぶり

カールは、前世について話し始めた頃、右手を挙げて直立不動の姿勢をとる、ナチ特有の敬礼の姿勢を自発的に演じて見せた。また、ドイツ兵の直立歩調行進も実演したという。なお、立っている時には、いつも両手を両脇につけて直立していた。

カールのドイツ好み

カールは、ドイツに行ってドイツに住みたいという願望を口にしていた。学芸会で演じられる劇にドイツ人役があった時、カールは、その役を自分に振ってほしいと主張した。

カールの他の関連行動

兄弟たちと比較すると、カールは、著しく清潔で、強迫的とも言えるほどきれい好きであった。服は、きちんと着ることを好んだ。ふつうの幼児と比べると、少々反抗的で手に負えないところもあったように思われる。

カールの容姿

カールは、極度のブロンドであった。髪は麦色で、眉毛と睫毛《まつげ》も金髪であった。また、眼は青であった。髪の色素がほとんどないという点で、カールは、茶色の髪を持つ直系の家族とは、明確に異なっていた。母親は、青い眼をしていた。

カールの記憶に対する両親および同級生の態度

カールの両親は、英国国教会の会員であった。ふたりは、生まれ変わりという考えかたについてほとんど知らなかったし、当初はカールの発言や絵や行動に当惑していた。父親は、最初、カールが幼児的な空想を語っていると考えた。ふたりは、カールが前世について話すのを一度も抑えつけなかった。それどころか、実際には父親は、それを間接的に促すことすらしていた。カールに細かい質問をして、カールの返答について本で調べていたのである。両親は、また、誰かが自宅を訪れると、カールを呼び、客人たちに、記章など前世時代の何かをカールに描かせてみるよう促した。カールの発言に何年か耳を傾け続けた結果、ふたりは、カールが実際に送った生涯について本当に話していると、多少なりとも確信するようになった。しかし、独断的な判断はせず、その後も本例を謎と考えている。

一方、同級生たちは、残酷なまでにカールをからかった。カールの直立歩調行進をまねてばかにし、カールをドイツ野郎とかナチと呼んだ。このことが、一〇歳か一一歳頃にカールが前世について話すのを止めた一因となったのである。カールは、学校でのからかいがあまりにひどいと感じ、登校を避けようとした。

前世の主題に関する情報を、カールが通常の方法で得た可能性

ジェイムズ・エドンは一九四七年に、ヴァレリー・エドンは一九四六年に生まれている。ヴァレリーの父親は、第二次世界大戦中に、英国陸軍の兵士として戦っている。北アフリカの戦闘では、何人かの戦友が戦死するのを目撃した。ドイツ人を嫌っており、戦後には、時おりそのことを口にしていた。ヴァレリーの父親は一九六八年に死亡し、その四年後にカールが生まれたのである。

カールは、前世の話を、一九七四年から七六年にかけてきわめて頻繁にしていた。第二次世界大戦

が終結してから、その時までに三〇年が経過しており、その頃には、第二次世界大戦のことが話題になることはほとんどなかった。ジェイムズ・エドンによれば、当時、大戦を扱った珍しい映像がテレビで放映される時間帯には、既にカールが床についていたのはまちがいないという。したがって、そうした映像を見たことによって、カールがドイツ空軍に関心を持った可能性もないし、カールが航空機やドイツのバッジや記章を知った可能性もないと、ジェイムズ・エドンは考えていたのである。

カールは、一〇歳か一一歳になるまで、前世にまつわる発言を続けていた。少年期後期には、第二次世界大戦の映像が時おりテレビで放映されるのを見る機会があったことであろう。(テレビのドキュメンタリー番組を見ていたカールが、強制収容所を見分けたことは、先ほど述べた通りである。)

一家にはほとんど書物というものがなく、第二次世界大戦に関する本は一冊もなかった。ジェイムズ・エドンの話では、本人の言う前世について細かい質問をした時には、カールの言っていることが正しいかどうかを調べるため、地元の図書館から本を借りて来なければならなかったという。

カールの母斑

カールは、右の鼠径《そけい》部に、過度に色素が沈着してかなり盛り上がった母斑を持って生まれてきた。その母斑は、カールの成長につれて大きくなり、最後には、衣類が引っかかるほどの大きさになった。青年期前期には、直径が二・五センチほどになったため、一九九三年に、局所麻酔をかけて外科医に切除してもらった。以前に母斑があった部位を私が調べた時には、縫合の跡がまだはっきり残っており、傷跡はピンク色であった。

カールは、母斑周辺に痛みを訴えることは一度もなかったし、歩行中に脚を引きずるようなこともなかった。

両親は、前世で飛行機が墜落した時に右脚を失ったというカールの発言は、その母斑と関係があるのではないかと推定していた。しかし、カール自身は、両者に関係があるとは一度も述べていない。

カールが生涯を記憶しているように思われる故人に関する推定

ジェイムズ・エドンの兄は、父親が第二次世界大戦中に戦死したドイツ空軍のパイロットだったというドイツ人女性と結婚した。このことから、カールがこのパイロットの生涯を記憶していたのではないかという推測が生まれた。このドイツ人女性は再婚し、新しい夫はイギリス人だったため、イングランドに移住してきたが、自分の過去については、残念ながら、あまり語ろうとしなかった。エドン一家は、この女性から、最初の（ドイツ人の）夫について有益な情報を引き出すことはできなかった。この女性は、カールが前世について話したことを知っていたし、エドン一家は、この女性が「それを信じていない」ことを知っていた。この女性の（やはりドイツ人の）娘、すなわちジェイムズ・エドンの義姉は、妊娠はしても出産には苦労していた。カールが生まれるまでに、死産と流産をそれぞれ一回ずつ経験していたのである。その後、エドンの義姉は、ふたりの子どもを生んでいるが、上の子どもは、カールが生まれる八カ月前に誕生している。

カールがその生涯について語った人物の身元を突き止める道は、もうひとつある。それは、ミドルズブラ近郊で墜落したドイツの爆撃機からたどっていく方法である。

一九四二年一月一五日、ドイツ軍のドルニエ217E型機一機が、ティーズ河河口付近の沿岸守備隊を攻撃した。その時、この飛行機は、防空気球のワイヤーに接触して墜落し、機体はサウスバンクに落ちた。そこは、ミドルズブラにほぼ隣接する村であり、その三〇年後に、その村でカールが生まれるのである。三名の搭乗員の遺体は速やかに回収され、しかるべく埋葬された。墜落した機体の残骸は、次第に埋もれていき、一九九七年一一月まで忘れ去られていた。この時、新しいパイプライン敷設のための掘削工事が行なわれ、その結果として残骸が掘り起こされることになった。そして、四人目の搭乗者の遺骸が発見されたのである。この遺骸の軍服についていた記章は、その爆撃機の通信兵であったハンス・マネケのものであることが明らかになった。ヨアヒム・レーニス（パイロット）、ハインリッヒ・リヒター（爆撃手）、ルドルフ・マターーン（航空士）という他の三人の搭乗員の遺骸は、一九四二年の時点で身元が確認され、埋葬されていた。このドルニエ機の残骸の発掘とハンス・マネケの遺骸の発見については、一九九八年一〇月にミドルズブラを訪れた時に知った。エドン夫妻から私は、この出来事に関する新聞記事の切り抜きをたくさんもらっている。

解説　身元を突き止めるための、以上二通りの道筋のうち、第一の道筋では、戦死したドイツ空軍パイロットが、自分の娘の子どもとしてもう一度生まれて来ようとしたが、誤って近くのエドン家に生まれてしまったということになる。私がこれまで発表したいくつかの事例からすると、この推測は少なくともそれほど考えにくいものではない。その実例は、B・B・サクセナ、ビール・サハイ、ラリタ・アベヤワルデナの事例に見られるのである。

第二の道筋では、カールが、ドルニエ機のパイロットであるヨアヒム・レーニスの生涯を記憶していたことになる。それが事実であれば、本例は、第二次世界大戦中に戦死したアメリカ人およびイギリス人パイロットの生涯を覚えているという、ビルマ〔ミャンマー〕の数名の金髪碧眼《へきがん》の子どもたちの事例と似ている。マウン・ゾウ・ウィン・アウンとマ・パールが、そうした事例の中心人物である〔『生まれ変わりの刻印』（邦訳、春秋社）にカラー写真が掲載されている〕。ただし、自分が搭乗した飛行機を建物に突っ込ませたというカールの発言は、墜落したドルニエ機の経過とは符合しない。このドルニエ機は、防空気球のワイヤーに接触して墜落したのである。また、本人の言うロベルトという名前は、墜落したドルニエ機のパイロットの名前とは違っている。

カールのその後の経過

先述のように、カールは一〇歳か一一歳頃に、前世の話をしなくなった。その大きな理由は、本例が地元の新聞に掲載されてから、学校で情け容赦なくからかわれるようになったことである。それからは、それまで話していたことに関心を失ったように見える。

一九八三年に、カールは、細かいことを「とってもよく」覚えているわけではないとマクリーン＝ライスに語っている。その時、カールは、一一歳になったばかりであった。

一六歳でカールは学校を卒業し、英国国有鉄道に連結手として勤めた。カールはある少女と親しくなり、多少なりとも将来を約束するようになった。ふたりの間に、子どもがひとり生まれた。

一九九三年六月に、私と会った時、カールは、前世の記憶をすべて失ってしまったように見えたが、そのことをはっきりとは言わなかった。

一九九五年八月、エドン夫妻からの手紙で、私は、数日前に痛ましくもカールが殺害されたことを知らされた。犯人が特定、逮捕され、裁判で終身刑の判決を受けた。カールの恋人は、その年の後半に第二子を生んだ。

解説

おそらく本例は、私が研究した他の事例以上に、中心人物が幼く、まだ前世の話をしている時に調査に着手できることの重要性を示すものである。子どもたちが前世について最もよく話す通常の年齢を過ぎてから初めて接触した場合であっても、やはり、できる限り早い時期に調査をすませることが肝要であることも、本例は明らかにしている。ふたつの遅れ——事例の存在を知ることの遅れと、その調査に着手することの遅れ——のために、多くの重要な細目が失なわれてしまったのかもしれないのである。二歳から四歳までの間にカール・エドンが描いた絵が散逸してしまったのは、私にとってとりわけ残念なことであった。

本例の細目は、その一端——おそらくは、かなりの部分——が失われたとはいえ、われわれの研究を通じて、本例は遺伝や環境的影響に関する現在の知識では説明できない、と言える程度には残されていた。それゆえ、本例については、生まれ変わりが少なくとも妥当な説明であると、私は考えている。

ウィルフレッド・ロバートソン

本書に収録した事例には、本例ほど細部の貧弱なものはない。しかしながら、それこそが本例を本書に収録した肝心な理由になっているのである。本例は、この種の事例では、中心人物が記憶しているらしき細目の多寡にかなりの幅があることを示す実例となる。スワルンラタ・ミシュラ、マルタ・ロレンツ、スザンネ・ガーネムの事例は、細目という点では最も豊富な事例であろう。それに対して、本例および次に紹介するグレアム・ルグロの事例は、細目の最も貧弱な事例と言えるであろう。

本例の要約とその調査

ウィルフレッド・ロバートソンは、一九五五年一一月三日にロンドンで生まれた。両親は、ハーバート・ロバートソンとその妻オードリーであった。ウィルフレッドは、ふたりの間に生まれた第三子である。長兄のトーマスは、ウィルフレッドが生まれる二年半前に死亡している。次兄のジェフリーは、一九四八年一〇月に生まれた。一家はキリスト教徒で、英国国教会の会員と思われる。

ウィルフレッドは、幼時に、亡兄トーマスの生涯について四項目からなる発言をした。両親は、それらの発言から、ウィルフレッドはトーマスの生まれ変わりではないかと考えた。

本例は、一九六八年にマーガレット・セアから知らされた。セアは、ロンドンのある人智学サークル[註5]の一員であった。オードリー・ロバートソンが、トーマスの死後、極度の悲嘆に陥ったことに加えて、トーマスが死亡するまでの、トーマスの看護にまつわる罪責感に打ちひしがれている時に、オードリーと知り合ったのである。マーガレット・セアは、トーマスがまた自分の子どもとして生まれて来ると信ずるようオードリーを励ました。

マーガレット・セアは、トーマスの生涯を記憶していると思われる、ウィルフレッドのいくつかの発言について、私に手紙で知らせてくれた。

一九七〇年三月一日、私はロバートソン夫妻とロンドンで面接した。その時、ウィルフレッドは一四歳四ヵ月であったが、私とは顔を合わせていない。ロバートソン夫妻は、本例についてマーガレット・セアが私に知らせてくれた事柄を事実と認めたが、トーマスの生涯について述べた可能性のあるウィルフレッドの発言は、他には覚えていなかった。

一九八〇年に私は、もう一度、オードリー・ロバートソンと私信を交わした。その時、オードリーは、マーガレット・セアが死亡したことを教えてくれた。一九八〇年八月、私はロンドンに行き、オードリーと電話で話したが、この時には対面しなかった。一九七〇年以降、新たな展開はなかった。

私は、トーマス・ロバートソンが最後の病気に罹っていた間に起こった出来事の一端を、マーガレット・セアから聞いていた。そのためセアは、間接的な情報提供者であった。セアは、トーマスが死ぬまで、ロバートソン夫妻に会ったことはなかった。

トーマス・ロバートソンの生涯と死

ハーバートとオードリーの長子であったトーマス・ロバートソンは、一九四六年七月二日にロンドンで生まれた。トーマスは病気がちな子どもであった。優しい子どもであったが、それと同時に、人にも自分に対して愛情を示すよう求めた。オードリー・ロバートソンによれば、トーマスはいつも泣き言を言っており、「あの子の泣き言には愛想をつかして」いたという。オードリーは、（一児の）母親として自信がなかった。そして、「何か面倒なことが起きた時には、どうしていいかわからなく」なったのである。トーマスには落ち着きのある母親が必要だったが、自分はそうではなかったと、オードリーは思っていた。

一九五三年四月三日にオードリーは、自分が、黒っぽいマントを羽織った人物と一緒にいる夢を見た。夢の中で、トーマスが死ぬことを知った。その翌日、トーマスは咽喉炎を起こした。しかし、オードリーは、自分も咽喉炎を起こしやすかったため、トーマスの症状を軽く考えた。この時、次男のジェフリーも病気になり、トーマスよりも看病が必要なように思われた。オードリーは、自分がジェフリーを看病することで、トーマスがジェフリーを嫉妬していると思い、トーマスに対していらいらするようになった。遅きに失したが、ようやくオードリーは、実際にはジェフリーよりも、トーマスのほうがはるかに重い病気に罹っていたことに気がついた。トーマスは、わずか一週間ほどの患いの後、一九五三年四月一一日に死亡した。享年は六歳であった。死因は灰白脳炎とされた。

註5　当時の（オーストリア領）クロアチアで、カトリック教徒として生まれたルドルフ・シュタイナー（一八六一年―一九二五年）は、科学とキリスト教と（自らがしばらく所属していた）神智学の要素を統合しようとする教えを展開した。シュタイナーは、自らの教えを人智学と呼び、生まれ変わりを、その重要な概念としていた。

オードリー・ロバートソンは、トーマスを失ったことによる悲しみに加えて、短い間に死んでしまったにもかかわらず、その病気の最中に自分がトーマスにとった態度に対して、強い罪責感を抱いた。決して無視していたわけではなかったが、トーマスに対してとった態度を悔やみ、トーマスは自分のせいで死んだと考えるようになった。その後まもなく知り合ったマーガレット・セアは、当時のオードリーが、「自殺しかねないほどの絶望」状態にあったと評している。

共通の友人からオードリー・ロバートソンを紹介されたマーガレット・セアは、人智学の教えに生まれ変わりという考えかたがあることを、オードリーに話した。この頃のロバートソン夫妻は、「生まれ変わりを信じたい気持はありましたが、それほど強い関心は持って」いなかった。セアは、オードリーを励まし、トーマスがもう一度、家族の一員として生まれて来る可能性を心に留めるよう仕向けた。この考えかたは、オードリーの慰めになり、後にウィルフレッドを妊娠した時には、今度の子どもはトーマスの生まれ変わりではないかと期待したというより、むしろそう信じたのである。

ウィルフレッドの発言

ウィルフレッドは、トーマスの生涯を覚えていることをうかがわせる四項目の発言を行なった。「そこらにある」本を見て、自分の本だと言った。その本は、トーマスの遺品で、表紙の裏にその名前が書かれていた。オードリーによれば、ウィルフレッドがその発言をしたのは「とっても小さい」時だったという。その頃、トーマスはまだ字が読めなかった。

ウィルフレッドが五歳から七歳までのことであるが、ある晩、母親が本人を寝かしつけようとしていた時、ウィルフレッドは、「小さい学校」に通っていたことを覚えていると言った。ウィルフレッド自身は、その頃、二、三〇人の教師がいる大きな学校に通っていた。ウィルフレッドが小さな学校に行ったことはなかったし、トーマスが通っていた小規模校を見たこともなかった。トーマスは、別の場所に住んでいた時、教師がふたりしかいない「小さい学校」に通っていたのである。

オードリーは、ウィルフレッドが次兄のジェフリーに向かって、昔ジェフリーが乳母車に乗っているのを見たと言っているのを聞いたことがある。その発言は、トーマスの立場からすれば当たっていることになる。トーマスは、ジェフリーよりも二歳年長であった。この発言をした時、ウィルフレッドが何歳だったのかはわからない。

マーガレット・セアは、私宛ての私信の中で、トーマスの写真を見たウィルフレッドが、自分の写真だと言ったという話を、オードリーから聞いたことがあると教えてくれた。オードリーは、一九七〇年には、この発言を覚えていなかったが、一九八〇年には、「ウィルフレッドがトーマスの写真のことで何か言っていたのを、おぼろげながら覚えています」と語っている。オードリーは、自分がセアにその話をしなければ、セアが私にそのことを伝えるはずはないことを認めた。

前世に関係するウィルフレッドの行動

前世についてウィルフレッドが話す状況および様子　トーマスの生涯にまつわる四項目についてウィルフレッドが語った状況は、それほど注目に値するものではなかった。オードリー・ロバートソンは、ウィルフレッドが語った事柄について、本人に問い質すということができなかった。「小さい学校」

に通っていたという話をした時、オードリーは教師の名前を尋ねたが、ウィルフレッドはそれに答えず、話をそらせてしまった。

ウィルフレッドが実際よりも年長の人間としてふるまうこと　ウィルフレッドは、兄のジェフリーに対して、まるでジェフリーが自分の弟であるかのように（ジェフリーがトーマスの弟であったように）ふるまった。オードリーは、ウィルフレッドが「ジェフリーに対して、かなり威張り散らして」いたことを話してくれた。ジェフリーは、ウィルフレッドに弟のように扱われるのを迷惑がっていた。

ウィルフレッドの学校のある担任は、本人の態度が少々よそよそしいことに気づき、そのことを両親に伝えた。両親が本人にその話をすると、ウィルフレッドは、「ぼくがどれくらいたくさんのことを知っているのかを、あの先生がわかってないから困ってるんだ」と答えた。

ウィルフレッドの他の行動

ロバートソン夫妻によれば、ウィルフレッドは自分たちに対して、トーマスとは違う接しかたをしていたという。トーマスが優しい子どもで、自分でも愛情を求めていたのに対して、ウィルフレッドは、夫妻に対してばかりでなく、それ以外の人たちに対しても、打ち解けずよそよそしかった。オードリーは、ウィルフレッドが自分に敵意すら抱いていると感じた。ウィルフレッドのそうした態度は、トーマスがいつもめそめそしていたことに対して自分が接しかたを誤り、死病に罹っていたトーマスを腹立たしく感じたためなのではないかと、オードリーは思ったのである。ハーバート・ロバートソンは、オードリーがウィルフレッドの〝敵意〟を過大視し、特別に自分に向けられたものと思い込んでいるのではないかと考えた。ハーバートには、ウィルフレッドが、母親ばかりでなく、誰に対してもよそよそしい態度をとっているように見えたのである。

ウィルフレッドがトーマスの生まれ変わりである可能性に対する母親の態度

オードリー・ロバートソンは、一九七〇年に、ウィルフレッドがトーマスの生まれ変わりかどうかはよくわからないと述べている。やはりトーマスとは別人と考えており、三人の子どもたち全員について思いをめぐらしていた。

先述のように、オードリーは、トーマスの死について、まるで自分が殺しでもしたかのように、自分を責めていた。そのため、トーマスにある種の償いをしたがっていた。トーマスの許しがほしかったのである。教会が自分のことをどう考えるかは問題ではなかった。こうした状況の中で、ウィルフレッドがオードリーの愛情に応えてくれなかったことは、トーマスに対するオードリーの罪業感を長引かせる結果になった。

一九八〇年八月の私信で、オードリーは、ウィルフレッドの発言や行動の説明として、生まれ変わりが最も妥当だとする前言を撤回したように見える。オードリーは、次のように述べている。

　トーマスがウィルフレッドとして戻って来た可能性が高いといつも考えていたのは、マーガレット・セアでした。もちろんそれは、最初の頃、私が考えていた希望的解釈でもありました。

ウィルフレッドのその後の経過

ウィルフレッドについて私が最後に得た情報は、オードリー・ロバートソンから一九八〇年八月に届いた私信に記されていたものである。この時、ウィルフレッドは二五歳であった。トーマスの生涯の記憶を思わせる新しい発言は、その後も全くなかった。高校を卒業した後、ウィルフレッドは、英国のある大学の化学工学科を卒業し、技術コンサルタントとして就職した。

オードリー・ロバートソンは、その後も、トーマスとウィルフレッドの性格の違いに、依然として強い印象を受けていた。トーマスは優しく、少々依存的だったのに対して、ウィルフレッドは、親切ではあるが、独立独歩で人と打ち解けなかったのである。

解説

双方の関係者が同一家族に属する事例一般と同じく、本例にも大きな弱点がある。それは、今は亡き身内が、自分たちのもとへ戻って来てほしいという願望が存在することである。その結果として、ふたりの当事者にたまたま共通して観察された事柄や、両者の行動に類似した部分があると、それに不当な意味づけをしてしまう可能性がある。このような誤った解釈が本例でも行なわれているのかもしれないが、そのことを裏づける証拠が見つかっているわけでもない。一九七〇年に書き留めた私の記録には、オードリー・ロバートソンは「本例のあらゆる特徴を誇張しないよう懸命に努めているように見えた」と記されている。

ジリアン・カニンガム

本例も、中心人物が前世についてわずかな発言しかしておらず、しかも未決例である。

本例の要約とその調査

ジリアン・カニンガムは、一九五八年一〇月一九日に、イングランドのエセックス州イルフォードで生まれた。両親は、レナード・カニンガムと妻のリリアンであった。ジリアンは、カニンガム夫妻の第三子であり末子でもあった。

二歳の時、ジリアンは、前世の記憶を思わせる発言をいくつか行なった。前世らしきものについては、その後二度と話さなかったし、その時に語ったことは、その内容が事実であることを確認できるほど詳しいものでもなかった。

本例は、生まれ変わりを思わせる記憶の報告を読者から募集した、ロンドンの『サン』紙の呼びかけに、ジリアン自身が応えた結果として、私の注目を引くことになった。ジリアンは、自らの体験を、このうえなく簡潔にまとめ、それが、一九七二年三月一〇日発行の同紙に掲載された。私は、同紙を介してジリアンに手紙を書き、ジリアンに転送してもらった。その問い合わせに対して、二歳の時に前世についてジリアンが語った内容を記した返信が、母親のリリアン・カニンガムから届いた。

一九七二年一〇月、ロンドンを訪れた私は、エセックス州のリリアン・カニンガム宅に電話を入れた。私たちは、ジリアンの体験について話し合ったが、その時には対面しなかった。母親と話し合っている中で、私は、ジリアンに催眠をかければ、前世らしきものについて、新たに意識にのぼってくる事柄——二歳の時に語った内容が事実であることを裏づけてくれる可能性のある事柄——があるかどうかがはっきりすると思うと話した。母親は、ジリアンに催眠をかけることをためらっているように思われたので、私はその方法を強く勧めることはしなかった。

二、三年後、既に一六歳になったジリアン自身が、催眠をかけてほしいと求める手紙を、私に書いてきた。母親がそれを認めているのかどうか、もし認めていなかった場合には、催眠をかけるのが妥当かどうかを確認するため、私はジリアンと母親に会うことにした。そして、一九七六年三月二日にロンドンでふたりに対面した。その中で私は、ジリアンが二歳の時に語った事柄について、いくつかの点をはっきりさせたうえ、催眠を試みる予定について話し合った。

続いて私は、ジリアンの件について、レナード・ワイルダー博士に手紙を書いた。ワイルダーは、歯科医であるが、催眠の技術に優れ、前世と思しき時期にまで催眠で遡行することに関心を持っていた。ワイルダーは、ジリアンに催眠をかけることを承諾してくれた。そして、一九七六年、ジリアンに三回催眠をかけ、一九七六年一二月六日付の私信で、その結果を報告してくれた。ジリアンは、催眠の被験者として優れていた。催眠中、一六年前の二歳時に自発的に語った以外のことをいくつか口にしたものの、いずれも事実かどうかが確認できなかった。その代わりにジリアンは、他の二回の

〝前世〟を浮かび上がらせた。ひとつは、一七世紀にサフォーク州で暮らしたとされるリディア・ジョンソンという名前の女性の生涯であり、もうひとつは、一九世紀から二〇世紀初頭にかけてダブリンで暮らしたとされるサラ・オーシーという女性の生涯であった。しかしながらジリアンは、いずれの人格についても、事実かどうか確認できそうな内容は口にしなかった。

ジリアンが行なった発言

次に、リリアン・カニンガムが私に宛てて書いてきた、一九七二年八月一日付の私信を紹介する。その中に、ジリアンの発言が記されている。(同様の引用の場合と同じく、意味が変わらないよう注意しながら、文章を少々修正している。)

夕方の六時半頃のことでした。娘［ジリアン］を、寝かしつける前にお風呂に入れていた時のことです。母親がよく子どもに話しかけるように、私も娘に向かって、大きくなったら、したいことが何でもできるようになるからね、と話しておりました。娘がおとなのような話しかたをするようになったのは、その時からでした。

娘は、自分がおとなの女の人だった時には、農家の奥さんだったと申しました。

それに対して私は、違うのよ、あなたが大きくなったら農家の奥さんにもなれるけどね、と申しますと、娘は、そうじゃない、自分が農家の奥さんだった時には、息子が四人いたというのです。そして、それぞれの名前を言いました。ひとりの名前はニコラスでした。私はその名前しか覚えておりません。これは、祖父の苗字だったからです（このことは、祖父が七〇代の時に初めてわかりました）。

それで私は、からかうつもりで、「どういう農家なの」と聞きました。娘は、「酪農よ」と答えました。私はもう一度、「酪農場で何を飼ってたの」と聞きますと、娘は、「牛に決まってるでしょ」と答えたのです。それから、また赤ちゃん言葉に戻りました。

その後も、過去世のことを娘に何度も思い出させようとしたのですが、一度もうまくいきませんでした。

ジリアンの発言の事実性を確認する際の隘路《あいろ》

リリアン・カニンガムの私信には、本人の（父方）祖父のことが書かれている。その名前はニコラスだったという。一九七六年三月にリリアン・カニンガムと対面した時、私は、ニコラスの母親にまで遡る、完全な家系図が描けるほどの詳しい情報を得た。リリアンは、ジリアンが記憶しているのは、この母方曾祖母の生涯なのではないかと思ったこともあるという。ジリアンも、『サン』紙に応募した手記の中でそのような書きかたをしている。ジリアンの前世をニコラスと考えた場合にまず問題になるのは、リリアンの祖父は、生涯のほとんどの期間で、ジョージという名前でしか家族に知られていなかったという事実である。ニコラスという姓が明らかになったのは、老年になってからであった。それは、年金の申請をするため、当局に姓名を届け出さなければならなくなったためである。加えて、リリアンは、私と最初に私信を交わして以降、いくつかの点を自分で調べていたが、その中で、おそらくニコラスの母親（名前は不明）であった父方祖母が、農家で生まれ育ったことを知ったのである。しかし、結婚後は農家で過ごしたわけではない。夫は漁師であり、農夫ではなかったからである。

それゆえ、ジリアンが父方曾祖母の生涯について述べたとする推測には根拠がないことが明らかになった。ジリアンの発言は、事実であるかどうかが依然として確認されていないのである。

ジリアンのその後の経過

初対面以降、何年かの間、私は、ジリアンおよび母親と時おり接触を続けていた。最後にジリアン自身から様子を聞いたのは、一九九二年一〇月三〇日付の私信を通じてであった。この時、ジリアンは、三四歳になっており、看護婦の教育を受け、小児看護の専門家として仕事に就いていた。もはや前世の記憶らしきものはなかったが、この現象については依然として強い関心を示していた。

解説

ジリアンが、二歳の時に突如として成人的な態度になり、前世について話したという、短時間のうちに起こる現象は、他の事例でも観察されている。前世について語る他の子どもたちの中に、一過性の行動の変化を示す事例があることを証言する者も時おりある。真面目で成熟した状態に見えたと思うと、次の瞬間には、その状態から抜け出し、同年代の子どもたちと一緒に遊ぶのである。中心人物の中には、ジリアンよりも長い間、〝おとな的態度〟を示す者もある。この種の成人的行動の実例としては、モウンゼル・ハイダル、エルカン・キリヒ、ナシル・トクセズ、スレイマン・アンダリ、セミ・ツツシュムシュの事例がある。註3〔一四一ページ〕に、他の実例を掲げておいた。

デヴィッド・ルウェリン

本例の中心人物は、前世を記憶しているとする明確な発言は一度もしていない。代わりに、環境の影響に帰すことのできない変わった行動や、通常の方法で身につけたとは思われないユダヤの習慣に関する知識を示したのである。加えて、この中心人物は、その変わった行動と一致する悪夢や恐怖症にも相当に悩まされていた。

本例の要約とその調査

デヴィッド・ルウェリンは、一九七〇年九月一日に、イングランドのチェスターで生まれた。公式の両親はジェフリー・ルウェリンとその妻のスーザンであった。実際には、デヴィッドの父親はソロモン・ローゼンバーグという男性で、スーザン・ルウェリンと二年ほどの間、愛人関係にあった人物である。スーザンは、デヴィッドが自分の実子であることを、夫が時おり疑っていると感じていたが、デヴィッドの実父のことは、何とか包み隠そうと努めた。その後、スーザンとジェフリーは離婚している。

ソロモン・ローゼンバーグは、ユダヤ人で、スーザンによれば、「自分の信仰にはとても忠実」であった。ユダヤ教会に通い、チェスターにある、ユダヤ人向けの商品を扱う店の顧客であった。スーザン自身は、ウェールズ人であった。ソロモン・ローゼンバーグは、デヴィッドと何度か対面し、自分の家族に似ていると発言している。

デヴィッドは、わずか二、三歳の頃から、極度の恐怖に襲われ、夜中に目を覚ますようになった。その時には、いつも体を震わせていた。その後、右から左に向かって文字を読み書きするという、変わった行動を見せ始めた。デヴィッドは、母親によれば通常の方法で得たはずのない、ユダヤ人の習慣に関する知識を示した。一九四〇年代に起こった、ユダヤ人大量虐殺のさなかの強制収容所や殺害の記憶のように思われる、場所や出来事について説明したのである。

幼児期を通じて、デヴィッドは、そうした自分を悩ませる場面について話したがっていたように見える。ところが、そのような話をしても、その記憶——のように思われるもの——がもたらす恐怖から逃れることはできなかったのである。

キャサリン・ウォリスの事例報告（一二五—一四四ページ）で述べたように、私は、一九八二年の夏に、英国放送協会（ＢＢＣ）が放映した生まれ変わりを扱ったテレビ番組でインタビューを受けた。その番組を観たスーザンは、ＢＢＣに私の連絡先を問い合わせた。そして、デヴィッドの変わった行動とユダヤ人の習慣に関する知識について説明する長文の手紙を（一九八二年九月一四日付で）、私に送ってきたのである。もう少し詳しく知らせてほしいという私の求めに応じて、スーザンは、一九八二年一一月二〇日付の私信で、その回答を寄せた。

スーザンは、BBCのテレビ番組のインタビューを受けることに同意し、一九八三年二月八日に、ジューン・ノックス＝モーアが、スーザンとデヴィッドのインタビューを行なった。

この時点で、私か共同研究者のいずれかが、スーザンとデヴィッドに対面したほうがよいように思われた。しかしながら、スーザンは、私たちがデヴィッドに会うのを認めなかった。スーザンによれば、BBCのインタビューの結果、デヴィッドがかなり混乱してしまったため、前世の記憶らしきものについて話し合うことで、これ以上デヴィッドを困らせたくないというのである。スーザンは、BBCのインタビューを受ける前に、悪夢や恐怖が話題になることをデヴィッドに伝えていなかった。ジューン・ノックス＝モーアが、インタビューでこの話題をとりあげ、デヴィッドに回答を少々強いることになったわけであるが、その心づもりがデヴィッドにできていなかったため、インタビューに対する不快感が強まったのであろう。

一〇年後、私は、デヴィッドが前世の記憶らしきものを既に失っているのではないかと考え、また、デヴィッドに私と対面する気があるかどうかを尋ねるつもりもあって、スーザンに手紙を出すことにした。この時には、デヴィッドもスーザンも、前世の記憶らしきものを失っていなかったとしても、私に会いたいという返信をくれた。事実、デヴィッドは、私と接触のなかった長い間にも、その話をし続けていたという。

一九九八年一〇月一六日、ようやく私は、スーザンとデヴィッドのふたりにチェスターで対面することができた。スーザンとは時間をかけて面接し、デヴィッドとも短時間の面接をした。しかしながら、スーザンとデヴィッドが、私宛ての私信でも、BBCの番組のインタビューの中でも、それまで公表していなかった本例の重要な細目は、一点しか知ることができなかった。

スーザンにはふたりの娘がいた。私は、その一方あるいは双方に会って、デヴィッドの変わった行動について見聞きしたことを聞き出したいと考えていた。しかし、スーザンの話では、一方の娘は私と話すこと自体を承諾しなかったし、もうひとりは、本人自身は私に会いたがったのに、その夫が反対しているということであった。

私は、ソロモン・ローゼンバーグにも会って話したいと思っていた。特に、家族の誰かが大虐殺の際に殺害されていたかどうかを知りたかったのである。ソロモンは、まだチェスターに住んでおり、スーザンはそれを知っていた。ところが、ソロモンは、デヴィッドに全く関心がなかったため、扶養の責任を果たすことは、一度たりともなかった。ソロモンが「自分の信仰にはとても忠実」であることがどうしてわかったのか、という私の質問に対してスーザンは、ソロモンが帽子をいつもかぶっていて、車に聖典を置いているからだと答えている。

デヴィッドの悪夢

デヴィッドは、自分が見る悪夢を、暗くて深い大きな穴がたくさんある場面と説明しており、その中に落ちるのではないかと恐れていた。穴の中には複数の体が見えた。自分が、穴の中の体を見ている少年(幼児)なのかどうかは、はっきりしなかった。銃を持った人たちがいて、死体の悪臭が漂っていた。

時おりデヴィッドは、自分の母親が泣いている場面が、突然心に浮かび、収容所や銃や死んで行く人たちのことを話した。

また、デヴィッドは、自分の寝室で異臭がすると訴えた。ある時、デヴィッドとスーザンは、調理にガス台を使っている叔母を訪ねた。（スーザンは、電気コンロを使っていたし、自宅には、暖房用であれ調理用であれ、ガスを使う器具はなかった。）デヴィッドは、ガスの臭いに気づき、「夜にぼくの部屋でする臭いみたいだ。窒息しそうだよ」と言った。

覚醒状態のデヴィッドのイメージ

悪夢がデヴィッドのイメージになっていたようであるが、覚醒状態でも、自らを不安に陥れるイメージが現れた。デヴィッドは、BBCのインタビューで、その一部をジューン・ノックス＝モーアに話している。そのイメージには、人々が「歩き回っている」場面が出てきた。その人たちは、「戦争でつかまった人たち」であった。デヴィッドによれば、その人々は木造の小屋に住んでいた。ジューン・ノックス＝モーアの誘導的な質問に答えて、デヴィッドは、イメージに出て来る人たちは、自分が収容所にいるのを知っていて、その人たちはユダヤ人だと思う、とも言った。

次に、デヴィッドが収容所に対する全般的な恐怖心に関連して語った、他のイメージについて述べる。

デヴィッドの変わった行動

幼少期に、デヴィッドは、小さな部屋で寝るのを嫌った。自分の部屋のドアを、強迫的に開けておきたがり、それと同じように、必ず部屋の窓を閉め、カーテンをしっかり閉じていた。そして、小さな収納箱《チェスト》を窓の前に置いていた。

デヴィッドが最初に読み書きを始めた時、右から左へと文字を書いたり読んだりした。しばらくしてから、左から右に読み書きすることを学んだが、一一歳になるまでは、右から左に向かって読み書きする癖が、時おり戻って来た。

デヴィッドは、絵を描く時には、必ず星型を中にひとつ描き入れた。それと同時に、星型の図形に対して恐怖症を持っていたように思われる。ある店に母親と一緒に入った時、突然泣き始め、店から飛び出したことがあった。追いかけたスーザンが理由を聞くと、デヴィッドは、「あの首飾りを見たんだ。あれが怖いんだ」と言った。スーザンが、どの首飾りのことなのかと聞くと、「星型の模様がついたやつ。あれがぼくに、おいでおいでしてたんだ」と答えたのである。その首飾りには、ダビデの星がついていた。スーザンは、あの首飾りはきれいだから、それを買ってあげようかとまでデヴィッドに言った。ところが、デヴィッドは、そんなことはしないでほしいと答えたのである。それからしばらくの間、デヴィッドは、その首飾りとその星のことを話していた。これは、デヴィッドが一二歳の頃の出来事である。

ユダヤの星のことで頭がいっぱいになっていたことに加えて、デヴィッドは、黄色をひどく嫌っていた。スーザンの話では、黄色を「憎んで」いたという。

デヴィッドは、野営に対しても強い恐怖心を示した。デヴィッドが六歳の時、スーザンは、休日にキャンプ場に泊まりに行こうと提案したことがあった。それに対して、デヴィッドは激しく抵抗した。スーザンは、そういうキャンプ場に行けば、みんなが休日を楽しく過ごせることを説明した。ところがデヴィッドは、「いやだ。そんなところに行っても楽しくなんかない。みんな、閉じこめられて、寒くておなかがすいて、こわがるんだ。みんな、絶対に出られないんだから」と答えたのである。

デヴィッドは、その収容所《キャンプ》にいる人たちが着ていたものについて、スーザンに話したことはなかった。デヴィッドは、みんな骸骨みたいだと言った。髪の毛がなくて、食べ物がなかった。何もしないで、あちこちに座っていたのだという。しかしながら、BBCのインタビューでは、収容所の人たちは「縞模様のもの」を着ていたと語った。収容所に関連して、デヴィッドは、しばしば、「ほかの人たちが心配なんだ。どうしてこんなことが起こらなきゃいけなかったんだ。どうしてこんなことが起こらなきゃいけなかったんだ」と言っていた。

ユダヤの習慣をなぜかデヴィッドが知っていたこと

まだ幼児の頃、デヴィッドは、母親が出した食物の中に血が混じっているかどうかを聞いて、母親を驚かせた。

九歳頃、両親と一緒にある都市に出かけた時、教会のようにも見える建物に気づいたデヴィッドは、「あそこでは、みんな帽子をかぶってるんだ」と言った。母親が驚いたことに、夫は、その建物をユダヤ教会だと説明した。デヴィッドは、中に入りたいと言った。デヴィッドがその発言をした時、そのユダヤ教会に出入りしている人はひとりもいなかった。

前世についてデヴィッドがはっきりした発言をしていないこと

デヴィッドが描写する場面が真に迫っており、それを語る時に強い感情をともなうにもかかわらず、デヴィッドは、自分がその場面にいたとは、ひと言も述べていない。ジューン・ノックス＝モーアに、その場面にいたような感じがするかどうかを（ＢＢＣの番組で）聞かれた時にも、デヴィッドは、肯定的な返答はしなかったのである。

デヴィッドの変わった行動に対する他者の態度

スーザンは、デヴィッドの発言や変わった行動を抑えつけようとしたことはない。それどころか、今は温かい家族の中にいるし、愛情の深い人たちに囲まれていて安全だと慰め、安心させようとしていたのである。それと同時に、スーザンは、デヴィッドが記憶していると思しき場面を忘れるようにと話していた。しかしながら、これは、デヴィッドには何の効果もなかった。相変わらず不安に駆られていたのである。姉も、デヴィッドに同じような助言をしたが、やはりむだであった。その記憶らしきものを母親や姉以外に話したことがあるかと聞かれた時、デヴィッドは、不安が強すぎて話せなかったと答えている。ジェフリー・ルウェリンにすら、打ち明けたことはなかったのである。そのイメージについて、家族以外に話したことがない理由を問われたデヴィッドは、そうするのが不安だったからと言った。デヴィッドによれば、そのイメージについて話そうとすると、家族からどなりつけられたという。（家族からどなりつけられたということは、デヴィッドがそのイメージについて話したり考えたりするのを、実際には家族が抑えつけようとしていたということであろう。）しかし、スーザンの推測では、デヴィッドは人に笑われるのを心配していたのではないかという。

第二次世界大戦中のドイツ軍強制収容所に関するデヴィッドの描写の正確さ

デヴィッドによる収容所の描写は、ドイツ軍強制収容所の特徴とかなり一致する。最もよく知られているのは、トレブリンカ収容所（Donat, 1979）やアウシュヴィッツ収容所（Freeman, 1996; Frankl, 1947; Kraus and Kulka, 1966; Lengyel, 1947; Nyiszli, 1993）である（どちらの収容所もポーランドにあった）。トレブリンカやアウシュヴィッツと同じくらい恐ろしい強制収容所は、他にもたくさんあった（Donat, 1963; Smith, 1995）。こうした死の収容所の主な犠牲者は、ユダヤ人だったのである。

被収容者たちは、こうした収容所から逃亡することができなかった。時おり、何もしないでぶらぶらしていたし、互いに話もしていた。多くの者は、丸刈りにされたり、ひげを剃り落とされたりしていた。多くは、縞模様の囚人服を着ていた。食事がほとんど与えられなかったため、栄養失調に陥り、極度の痩衰《そうすい》をきたすほどであった。時おり、穴が掘られ、被収容者たちは、射殺されてその中に落とされたり、死体がその中で焼却されたりした。人肉が焼かれたり腐敗したりするため、悪臭が、ほとんどいつも立ち込めていた。（被収容者たちがガス［シアン化水素か、エンジンの排ガスに含まれる一酸化炭素のどちらか］で殺害された強制収容所では、被収容者たちは、こうしたガスの臭いをかいでいたことであろう。）デヴィッドの叔母が調理に使っていたガスは、こうしたガスのいずれかの臭気を本人に思い起こさせたのかもしれない。

ユダヤ人の大虐殺を行なった死の収容所では、子どもたちは、労働に向かなければ――つまり、一四歳以下であれば――速やかに死を〝選択〟された。たとえばトレブリンカでは、子どもたちは穴に、時として生きたまま投げ込まれ、焼殺された。さもなければ、〝正規の巨大な墓場〟に投げ込まれたのである（Donat, 1979, pp. 37-38)。

ユダヤの習慣や強制収容所に関する情報を、デヴィッドが通常の手段で得た可能性

スーザンによれば、デヴィッドがユダヤの習慣や強制収容所の知識と関係のある、変わった行動を見せるようになったのは、本人がテレビを通じて、そうした情報に接するようになる前からだったことはまちがいないという。また、家族の中で話し合われたことが刺激になって、そうした行動を起こしたり知識を口にしたわけでもないというのである。

その後、デヴィッドは、テレビを観る時、戦争を扱った番組を嫌い、別のチャンネルに換えてもらいたがるようになった。

デヴィッドのその後の経過

デヴィッドの記憶と、それにともなう強い感情は、幼少期に始まるほとんどの事例とは異なり、成人にまで持ち越された。一九九八年に私と対面した時、デヴィッドは二八歳になっていた。この時、デヴィッドは、看護士になるための勉強をしていた。

スーザンは私に、デヴィッドがテレビ番組でドイツ人を見ると、恐怖や怒りを示したことを話して

くれた。デヴィッドは、生身のドイツ人と出会った時に——たとえばギリシャのコルフ島にスーザンと旅行に出かけて、その島でドイツ人を見かけた時に——そうした感情をむき出しにした。

デヴィッドは、その頃には既に、前世のことをほとんど覚えていなかったという。（この時には、それらのイメージを前世に由来するものと考えるようになっていた。）私の記録から引用すると、デヴィッドが記憶していたのは、次のような場面であった。「小さな男の子の自分が穴に入れられ、穴の上を見上げると、別の男の子が自分を見ていた。その子は、自分を助けてくれる仲間かもしれないと思った。穴の中には、他の体がいくつかあった」デヴィッドは、この場面が時々、特に映画であれ現実の場面であれ、ドイツ人を見ると蘇ってくると言った。また、収容所の強烈な臭気や眠ることへの恐怖も記憶していた。

デヴィッドは、母親がソロモン・ローゼンバーグと会った時のこと——本人が幼児の時に起こったはずのこと——を覚えていることも話してくれた。その時、デヴィッドは、ソロモン・ローゼンバーグに強い好感を覚え、公式の父親であるジェフリーには感じたことのない親近感を、なぜか感じたという。

一九九八年の時点で、デヴィッドは、深刻ではあるが苦しんではいないように、私には思われた。しかしながら、二〇〇〇年にスーザンと私信を交わす中で、私は、強制収容所に閉じこめられている状況の悪夢が、依然としてデヴィッドを悩ませていることを知った。デヴィッドは、アウシュヴィッツに行けば、「自分の中からこれを追い出」せるのではないかと考えていた。（幼少期にはアウシュヴィッツという名前を口にすることはなかったが、ナチの強制収容所の中で最も悪名の高かったその名称を、後年、通常の方法で知ったのである。)

解説

デヴィッドが、きわめて幼少期に、数百万のユダヤ人その他が、一九四〇年代前半に殺害された強制収容所について、通常の方法で知っていたと仮定しても、そうした知識がデヴィッドに、長期にわたって強い影響を及ぼした理由が説明できなければならない。私は、本例を環境的影響や遺伝的要因によって説明することはできないと思う。遺伝学者の最右翼ですら、右から左に読み書きする習慣や、食事に血が混入しているかどうかに対する懸念や、強制収容所のイメージが、遺伝子によって伝達されると主張することはないであろう。

フィンランドの事例の中心人物であるテウヴォ・コイヴィスト〔三三〇―三四二ページ〕も、大量虐殺が行なわれた強制収容所で生活し、おそらく死亡した記憶を持っていた。その報告は、後ほど紹介することになっている。

グレアム・ルグロ

本例は、本書に収録した中では最も短い部類の事例である。本例は、数件の発言と一件の再認とからなっている。

本例の要約とその調査

グレアム・ルグロは、一九八四年一〇月三一日、イングランドのロンドンに生まれた。両親は、アラン・ルグロと妻のデニーズであった。グレアムは、ふたりの間に生まれた第五子であった。ルグロ家は、中流階級に属していた。すぐ上は、四歳年長の兄であった。デニーズ・ルグロはカトリックであったが、アラン・ルグロは、英国国教会で洗礼を受けていた。

グレアムが、よちよち歩きでかろうじて言葉が話せるようになった頃のことである。母親と一緒に自動車に乗っていた時、グレアムが突然、前の人生では飛行船の火災で死んだと言った。それから八、九年の間、グレアムは、その発言を時々繰り返した。九歳の頃、飛行船ヒンデンブルク号を悲運の火災が見舞った映像をテレビで見た時、「これがぼくの夢だ」と自分から言った。

グレアムは、ヒンデンブルク号をそれと見分けたように思われるが、その後、デニーズ・ルグロは、私の研究について知ったことから、一九九四年二月一七日、グレアムの発言について私の意見を求める手紙を書いてきた。それに対して、私は、デニーズ・ルグロに、新たな情報を問い合わせる私信を出したところ、一九九四年三月にグレアムの体験に関する本人とのやりとりを録音したテープを送ってくれた。そのおかげで、新しい情報が少々得られた。一九九四年八月二八日、私はロンドンのホテルで、グレアムと母親を面接した。その後、デニーズ・ルグロと交わした私信を通じて、さらに新たな情報を得ることができた。

本例は、催眠を試みてもよい事例のように思われた。それまで、先のジリアン・カニンガムの事例のように、期待はずれの状況が繰り返されていたにもかかわらず、催眠中にグレアムは、事実の確認が可能な具体的項目を口にする可能性があると、私は考えた。グレアムは催眠に関心を示し、母親もグレアムに催眠をかけることを了承した。ところが、残念なことに、催眠に十分な関心を持ち、催眠誘導の技術にも優れた専門家を、ロンドン周辺で探し出すことができなかったのである。

グレアムの発言と再認

デニーズ・ルグロによれば、前世についてグレアムが最初に行なった発言は次のようなものだったという。本人は、おとなになっていて、飛行船に乗っていた。その飛行船で火災が起こり、人々が叫び声をあげていた。人々の体から炎が上がっていた。本人は、他の人たちと一緒に地上に転落した。それから、上方にはじき飛ばされた。

グレアムが九歳のある日、テレビを観ていたデニーズ・ルグロは、ドイツの飛行船ヒンデンブルク号が炎に包まれて崩れ落ちる場面を見た。デニーズは、理由を言わずにグレアムをテレビのある部屋へ呼んだ。私宛ての（一九九四年二月一七日付の）私信によると、グレアムは部屋に「駆け込み、画面をひと目見ると、『これがぼくの夢だ。これがぼくが見たことだ。これがぼくの夢だ』と言った」という。そのため、デニーズ・ルグロは、九歳頃になってもグレアムがまだ前世の記憶を保持しているのを知り、少々驚いたのである。

一九九四年三月に、テープ録音した母親との対話の中で、グレアムは、前世の記憶の細目を、他にもいくつか口にしているように思われる。グレアムは、飛行船の機体に赤い大きな文字が描いてあったと語っている。（それは、その飛行船の船名であったが、グレアムはそれを思い出せなかった。）グレアムは、紙類が燃えて飛行船から落ち、人々が穴から飛び出す場面を覚えていると言った。一部の人たちは、別の言葉を話していたが、英語を話す人たちもいた。前世では一六歳前後だと思うとのことであった。

一九九四年の後半にグレアムと母親を面接した時、グレアムは、さらに二点について述べた。グレアムは、飛行船内でその火事を見る前に、「外側に沿って歩いている」のを覚えていると語った。さらに、「その後、それ［おそらく飛行船］が揺れ始めて、それからぼくは落ちたんです。それだけです」と言った。

前世ではどういう名前だったのかと質問したところ、グレアムは、「たぶんグレアム」と答えた。グレアム（本例の中心人物）がそう言った時、私は母親のほうを向いて、息子にグレアムという名前をつけた理由を尋ねた。それに対して母親は、「私はキランという名前をつけたかったんですが、主人が、もっとイングランド風の、男らしい名前を望んだんです。それで、譲り合ってグレアムにしました」と返答した。ルグロ家では、グレアムが洗礼名としてよく使われるのかどうかを尋ねたところ、母親はそうではないと答えている。

グレアムの前世の記憶は、一九九四年に私が本人と母親に対面した時点では既に消えかけていた。その時、グレアムはまだ一〇歳になっていなかった。

前世についてグレアムが話す状況および話しかた

グレアムが、生後一四カ月で前世について初めて話した時、まだ語彙《ごい》は少なかった。しかしながら、前世に関する発言の中では、それまで使ったことのない単語を使っているのである。その内容とともに、その時の語彙も、母親を驚かせた。母親によれば、その時まで、グレアムは、一語だけか簡単な二語文を話しただけで、この時のようにまとまった文章を口にしたことはなかったという。

デニーズ・ルグロは、グレアムが口にしたことについて、他の人たちにも話しており、その人たちも、時おりグレアムにそれまで口にしたことをそのまま繰り返すよう求めている。するとグレアムは、前に母親に話した通りのことを話したのである。（しかしながら、一九九四年には、それまでよりもわずかに多い情報が得られただけであった。）グレアムの語り口が安定していることから、デニーズ・ルグロは、本人が「話を作りあげたわけではない」と確信した。

グレアムは、前世について話す時、強い感情は見せなかったが、デニーズ・ルグロは、本人が「生き生き」していたと述べている。

ヒンデンブルク号が炎に包まれる場面は、自分が見る「夢」のようだとグレアムが述べた時、デニーズ・ルグロは、その記憶らしきものは睡眠中に夢として出て来たのかと本人に尋ねた。それに対してグレアムは、夢の中で一回だけそういうことが起こったと答えている。

生後一四カ月時の発言からヒンデンブルク号を扱ったテレビの場面に反応するまでの間、その記憶について自分から話すことは一度もなかったが、家族や近所の人々にその話をするよう求められた時には、一度だけ話している。

グレアムの関連行動

グレアムには、火や飛行機や飛行船に対する恐怖症はなかった。また、ドイツ人としての前世を思わせる、変わった食物の好き嫌いもなかった。

グレアムの発言と既知の飛行船事故との符合

水素やヘリウムの揚力を利用する飛行船が、速度はともかく、輸送力では飛行機をしのぐように思われていた数十年の間（一九一〇年─一九四〇年）に、数機の飛行船が墜落している。そのうちの二回では、巨大な炎が速やかに船体を焼き尽くし、同時に多くの乗員や乗客が犠牲になった。

Ｒ１０１は、最初に墜落した飛行船であった。この飛行船が墜落したのは、一九三〇年一〇月四日に、イングランドのカーディントンからインドに向けて処女飛行に出発した時であった。試験飛行がまだ十分でなかったため、インドまでの飛行は明らかに時期尚早であった。全速力で試験飛行したことは、それまで一度もなかったのである。この飛行船は、イギリス海峡を渡った後、暴風雨を乗り切ることができず、高度が下がって、フランスのボーヴェに墜落した。直後に発火し、まもなく、金属の骨組みを残して、すべてが灰燼《かいじん》に帰した。墜落したＲ１０１には、五四名（上級船員と乗員および乗客）が乗っていたが、六名を除いて全員が焼死した（Toland, 1972）。

Ｒ１０１の乗員のひとりは、エリック・Ａ・グレアムという名前であった（Leasor, 1957）。この男性は、飛行船の厨房係であった。Ｒ１０１に乗り組んでインドまで行けることを非常に喜んでいたため、五〇ポンドを支払うので代わりにこの便に乗せてほしいという知人の申し出を辞退していた。この飛行船に厨房係として乗り組んでいたということは、この男性は成人だったに違いない。この点は、生後一四ヵ月のグレアムが、自分は「おとなになって」いたと発言したこととは一致するが、その後、「一六歳くらい」だったと発言したこととは一致しない。R101のエリック・グレアムについては、それ以上のことはわからなかった。

焼失したもうひとつの飛行船は、ドイツのヒンデンブルク号である。一九三七年五月六日、ニュージャージー州レイクハーストで〝着陸〟すなわち、係留される直前に、いきなり炎に包まれたのである。ドイツのフランクフルトから合衆国への飛行で、三六名の乗客がいた。そのうちの一三名は即死ないし病院に搬送後に死亡した。六一名の乗員乗客のうち二二名が死亡したのである。乗員とほとんどの乗客はドイツ人であったが、数名のアメリカ人も混じっていた（Archbold, 1994）。

解説

デニーズ・ルグロは、飛行船が炎に包まれる場面をテレビで観て、グレアムを部屋に呼んだ時、その映像がヒンデンブルク号の火災の場面であったのを知らなかった。そのことは、後でテレビ番組欄を見て、初めて知ったのである。にもかかわらず、飛行船の船首附近に大きな字でヒンデンブルクという船名が記されているのを、グレアムがその画面で見た可能性は考えられる。火災は、飛行船の後部に始まり、飛行船が燃えながらウインチで下ろされる場面の映像には、その名前が映っていたのかもしれない。一九三七年の映像では、飛行船の船名が赤い文字で書かれていたことはわからなかったであろうが、この点を考えると、グレアムの発言がヒンデンブルク号のことを指していた可能性のほうが高くなる。英語ばかりでなく外国語を話す人たちがいたという発言についても、同じことが言える。

私見によれば、R101の場合、乗組員の全員が英語を話したのはまちがいない。しかしながら、機体が崩れ落ちるとすぐに、フランスの農民たちが、続いて救援者たちが墜落現場に駆けつけたので、焼かれたり、機体から転落したりしている飛行船の乗客や乗員の耳に、その人たちの声が届いたことであろう。

その飛行船がR101であることを示唆する最も重要な点は、エリック・グレアムという名前の厨房係の存在である。この事実から、また、それ以外のグレアムの発言もR101の惨事と一致することから、グレアムがその生涯を記憶していた人物の候補としては、その飛行船の厨房係であったエリック・グレアムが考えやすいように思う。

それぞれの飛行船で別々のことが起こっていることを考えると、私としては、催眠の力を借りれば本例を既決例にできたのかどうかを知りたかったという気持とともに、本例で催眠を試みることができなかったことによる落胆の念が、強く起こったのである。

ジリアン・ポロックとジェニファー・ポロック

本書は、ジリアン・ポロックとジェニファー・ポロックの事例にふれておかないと、不十分なものになるであろう。とはいえ、ふたりの事例については既に詳しく報告している（Stevenson, 1997）し、その短報もある（Stevenson, 1987/2001〔邦訳、『前世を記憶する子どもたち』〕）。そのため、ここでは、最も重要な特徴だけを述べることにする。

ジリアン・ポロックとジェニファー・ポロックは、一九五八年一〇月四日に、イングランド北東部のノーサンバーランド州ヘクサムで生まれた。両親は、ジョン・ポロックと妻のフローレンスであった。ジリアンはジェニファーよりも一〇分ほど早く生まれている。血液型とその亜型を調べたところ、ふたりは一卵性双生児であることがわかった。

ポロック夫妻には、他にも子どもがあった。そのうちジョアンナとジャクリーンのふたりは、歩道を走って来た、精神病患者が運転する車にはねられて死亡した。ふたりは、友人と一緒にそこを歩いていたのである。即死であった。この悲劇的事故が起こったのは、一九五七年五月五日のことであった。その時、ジョアンナは一一歳、ジャクリーンは六歳であった。ポロック夫妻は、少なくとも公式にはキリスト教徒であった。フローレンスは、一九五七年の時点では生まれ変わりに関心がなかったし、そのようなことが起こるとも信じていなかった。それに対して、ジョン・ポロックは、かなり以前から、生まれ変わりを強く信じていたのである。ふたりの娘が死亡した後、ジョン・ポロックは、ふたりが家族の子どもとして、しかも双子として生まれ変わって来ることを確信するようになった。ジリアンとジェニファーが双子として生まれた時、他の人たちは驚いたが、ジョンは驚かなかった。

ジリアンとジェニファーの発言と再認

この双生児は、言葉が話せるようになると——三歳から七歳までの間に——ジョアンナとジャクリーンの生涯についていくつかの発言をした。ジリアンはジョアンナの、ジェニファーはジャクリーンの生涯をそれぞれ記憶していたのである。また、両親の話では、ジリアンとジェニファーは、自分たちにはなじみのない、死んだふたりがよく知っていた場所や物品をいくつか見分けることができたという。本例の詳細な報告の中で私は、両親が認めた、ふたりの六項目の発言と五項目の再認を列挙しておいた。ポロック夫妻は、ジョアンナとジャクリーンが死亡した事故について、双子が話しているのを聞いたこともあった。しかし、両親は、双子が話している時に変わったことがあったとは語っていない。

ジョン・ポロックが生まれ変わりを幾分強く信じていたことからすると、双子がジョアンナとジャクリーンの生涯に関連して話したり行なったりしたことを客観的に観察するのには、ジョン・ポロックは不適格なのではないかと考える方があるかもしれない。ある時、懐疑的なジャーナリストが、この点をジョン・ポロックに指摘した。それに対して、ジョン・ポロックは、もし自分が生まれ変わりを信じていなかったとしたら、ふたりが持っているように見える、夭折した娘たちの生涯の記憶に注意することもなかったろうと、きっぱりと答えている。

ジリアンとジェニファーの身体的相違点

ジリアンとジェニファーは、顔立ちが非常によく似ていた。ふたりの顔を見た者は誰もが、ふたりは一卵性双生児だという結論を正しく下すであろう。しかしながら、ふたりの体格は、ジョアンナとジャクリーンの体格と多少なりとも対応していた。ジョアンナとジリアンが少々ほっそりしていたのに対して、ジャクリーンとジェニファーは少々ずんぐりしていたのである。

ジェニファーにはふたつの母斑があったが、ジリアンにはなかった。ジェニファーの眉間の少し下にある母斑は、ジャクリーンが三歳の時、倒れてバケツにぶつかってできた傷（三針縫合）の跡と一致した。ジェニファーには、左腰に色素が沈着した母斑もあった（図5）。ジャクリーンにも、同じ部位に母斑があった。家族の中には、同じ位置に母斑がある者は他にいなかった。

ジョアンナは、開張足の歩きかたをしていたが、その点はジリアンも同じであった。それに対して、ジャクリーンとジェニファーの歩きかたはふつうであった。

先述のように、ジョアンナは一一歳の時に死亡しているので、字を上手に書くことができた。しかしながら、ジャクリーンは、六歳で死亡したので、筆記用具を正しく持つまでになっていなかった。親指と人差し指に挟むのではなく、筆記用具を握りしめていたのである。教師が鉛筆の正しい持ちかたを指導したにもかかわらず、ジャクリーンには、死ぬまでそれができなかった。四歳半の頃に、双子が字を書くようになった時、ジリアンはすぐに鉛筆を正しく持ったが、ジェニファーは、ジャクリーンと同じく、鉛筆を握って持った（図6）。ジェニファーは、（この癖について私が最後に聞いた）二三歳になるまで、少なくとも時々は、このような持ちかたで字を書いていたという。

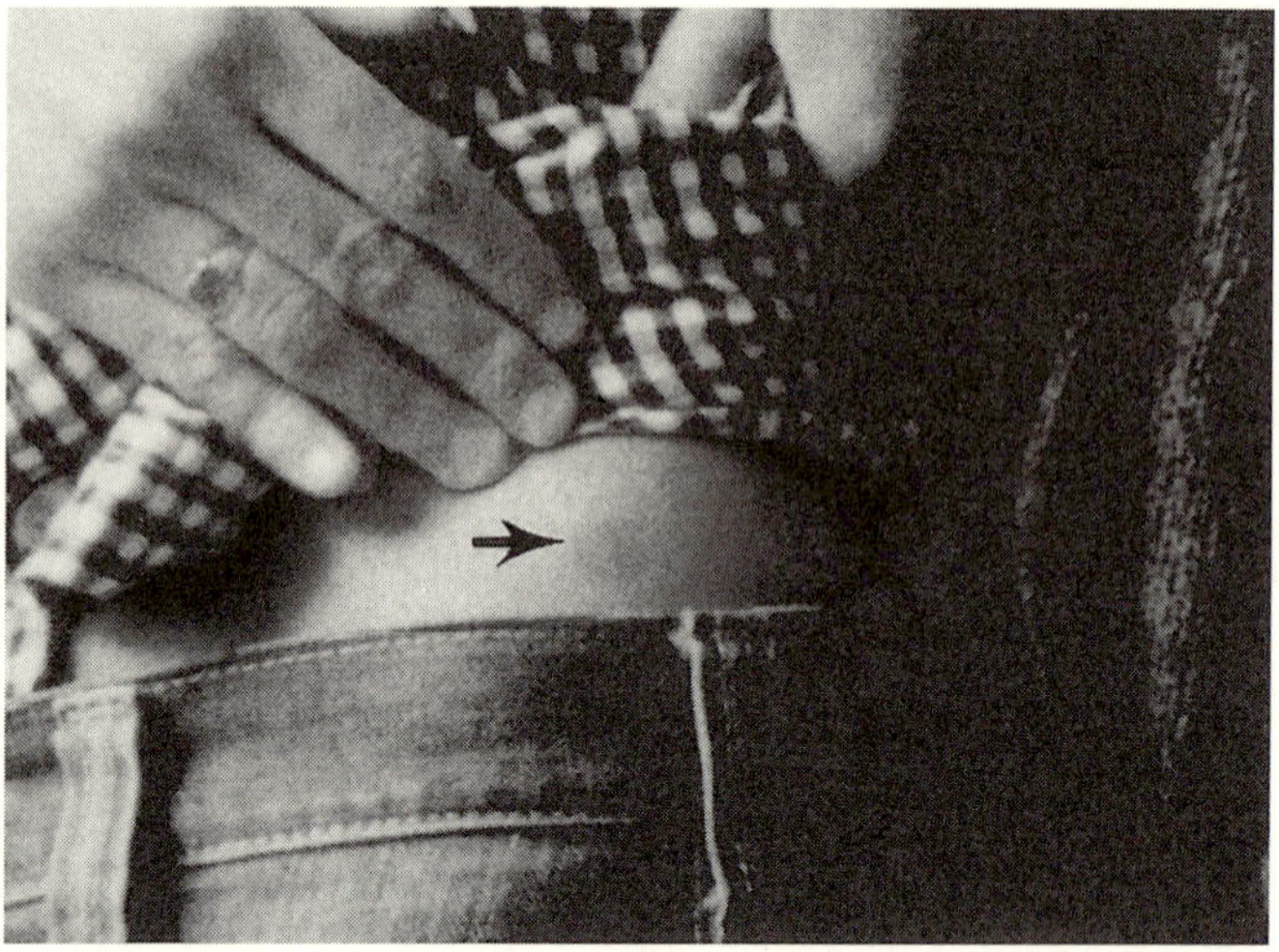

図5　ジェニファー・ポロックの左腰にある母斑。

図6　４歳半頃に、ジリアン（左）とジェニファー（右）が書き方を習っているところ（Mirror Syndication International）。

ジリアンとジェニファーのふたりが示した行動

ふたりとも、車に対する恐怖症があった。ふたりは、世話や指図を（母親にではなく）母方祖母に期待する傾向があった。このことは、ジョアンナとジャクリーンが置かれていた状況の反映であるように思われた。ふたりの存命中には、フローレンス・ポロックは外で働いており、ふたりの育児には、時間がほとんど割けなかったのである。そのため、ふたりは、ほとんど祖母に面倒を見てもらっていた。しかしながら、ジリアンとジェニファーの幼少期には、家庭の事情が変わっていた。フローレンスは仕事をやめており、双子の世話にかなり時間が割けるようになっていたのである。

ジョアンナとジャクリーンは、ふたりとも、喜んで人の髪をとかしていたが、その点については、ジリアンとジェニファーも同じであった。

ジリアンとジェニファーの行動が異なる点

ジョアンナはジャクリーンよりも五歳年長だったので、妹のジャクリーンは姉の指図に従う傾向にあった。ジャクリーンからすれば、ジョアンナは、〝母親のように〟自分を世話してくれるところがあったのである。ジリアンとジェニファーにも、同じような上下関係があった。ジェニファーは、ジリアンから指図や助言を求めた。それに対して、ジリアンは、ジェニファーにある種の母親的な気遣いを見せたのである。

ジリアンは、ジェニファーよりも早熟で、独立心が旺盛であった。これは、ジョアンナがジャクリーンよりも年長で、心理的にも成熟していたことと符合する。

ジョアンナは、ジャクリーンばかりでなく、子どもたちが一般に好きであった。ジリアンも、他の子どもに対して、ジェニファーよりも強い関心を示した。

ジョアンナは、ことのほか気前のよい少女であった。自分が持っている物をすぐに人と分け合ってしまったのである。ジャクリーンは、そうした行動特徴を身につけるほどの年齢には達していなかったということなのであろう。いずれにせよ、ジリアンはジェニファーよりも寛大であった。

ジョアンナは、衣装を身につけ、自作の寸劇を演ずることに関心があった。ジリアンも、衣装をまとって芝居をすることに関心を示した。ジェニファーは、最初は、こうした遊びに関心を示さなかったが、後にジリアンと一緒に演劇ごっこをして遊ぶようになった。

解説

この双生児の発言や再認について、ポロック夫妻が報告した内容の大部分ないしすべてを、先ほど引き合いに出した批判的なジャーナリストと同じく、割り引いて考えたい気持にならないでもない。フローレンス・ポロックの場合はそうではないであろうが、ジョン・ポロックの場合には、そうあってほしいと期待するあまり、ふたりの発言や再認を観察し報告する際に、何らかの影響が及んだ可能性があるかもしれない。

しかしながら、双生児の身体的特徴や行動の違いは、私にはまちがいなく重要であるように思われる。ふたりは一卵性の双生児であるため、両者の差を、遺伝的要因によって説明することはできない。加えて、ふたりの身体的相違点は、特に、ジャクリーンの傷跡および母斑とほぼ一致するふたつの母斑がジェニファーにだけあるという事実は、生後の要因では説明できないのである。また、ポロック夫妻が、夭折したふたりの娘にどれほど戻って来てほしかったとしても、死んだ姉たちの行動をいくつかの点でまねるように、双生児の行動をコントロールすることができたとは、私には考えられない。本例は、やはり身体的、行動的に明らかな違いが見られる一卵性双生児の姉妹である、インディカ・イシュワラとカクシャッパ・イシュワラという相似形の事例とともに、生まれ変わりの実在を裏づける、私の知る限り最も有力な証拠になるのである。

ナデージュ・ジュグー

本例の中心人物は、前世について数項目からなる発言をしている。それらの発言のほとんどは、この女性が二歳から四歳までの間に、散発的な形で行なわれている。また、二件はその後に起こったものである。加えてこの中心人物は、本人の発言が妥当する人物の生涯に関係する物品をいくつか見分けており、それと一致するいくつかの行動も示した。その人物とは、母親の弟であった。

本例の要約とその調査

本例は、実際には、リヨネル・アンニュイエという青年の死とともに始まっている。中心人物は、後にこの男性について語るようになるのである。この青年が不慮の死を遂げたことで、母親のイヴォンヌ・アンニュイエは、慰めようもないほど強い悲嘆に暮れた。イヴォンヌは生まれ変わりを信じていたため、息子が、自分の娘であるヴィヴィアン・ジュグーの子どもとして生まれ変わって来てほしいと願い、ある程度はそれを期待することで、わずかに慰めを得ていた。

ナデージュ・ジュグーは、一九七四年一二月三〇日に、フランスのヌイイー・シュル・マルヌで生まれた。両親は、パトリク・ジュグーと妻のヴィヴィアン〔イヴォンヌの娘〕であった。ふたりは、五年前に結婚していたが、それまで子どもができなかった。リヨネルの死後、ヴィヴィアンは、子どもがほしいという気持がそれまでより強くなっていた。そのため、産科医は、ナデージュが生まれたのはヴィヴィアンが子どもを作ろうと強く決意していたためだと考えた。その後、ヴィヴィアンは、一九七九年にもジョリという男児を出産している。パトリク・ジュグーはアルジェリア人であった。パトリク・ジュグーは、本例の情報提供者にはなっていないので、私はパトリクのことをほとんど知らない。パトリクとヴィヴィアンは一九八九年に離婚している。

ナデージュは、二歳頃には、はっきりとした言葉を話すようになった。まもなく、母方叔父のリヨネルの生涯について知っていることを示す、一連の発言をし始めた。ナデージュが三歳の頃、ヴィヴィアン・ジュグーは仕事に復帰した。その間、ナデージュは、母親よりも祖母のイヴォンヌ・アンニュイエと過ごすことのほうが多くなった。

イヴォンヌ・アンニュイエは、リヨネルの生涯で起こった出来事についてナデージュが話していることに気づき、それを記憶していた。一九七八年一〇月、イヴォンヌは、私の友人であるフランス人のイソラ・ピサニに手紙を書き、ナデージュがリヨネルの生まれ変わりだと信ずるきっかけとなった、その時点までに気づいた出来事を知らせてきた。イソラ・ピサニは、その手紙を私に転送してくれた。私は、それからまもない一九七九年一一月二二日に、パリでイヴォンヌと対面した。滞在先のホテルで、イヴォンヌと長時間にわたる面接をしたのである。

その後、イヴォンヌ・アンニュイエは、ナデージュの言動を見聞きしたことや思い出したことを新たに報告してくれたため、私は、イヴォンヌと私信を交わすことになった。一九八一年三月一二日、私はイヴォンヌをもう一度面接した。この時は、夫のフランシスとナデージュの母親であるヴィヴィアンも同席している。ナデージュもその場にいたが、ほとんど口を開かなかった。フランシスも、新たな情報を持っていなかった。事実上、本例の情報提供者は、イヴォンヌ・アンニュイエと娘のヴィヴィアンのふたりだけであった。

一九八一年から一九九八年まで、私は、アンニュイエ一家と手紙のやりとりを続けた。この家族には、一九八四年と一九九三年にも面接している。一九九三年の面接時には、ナデージュが、私たちが昼食をともにしていたレストランに来た。

一九九八年一〇月、私は再びパリを訪れ、イヴォンヌ・アンニュイエにもう一度会いたいと考えた。残念ながら、イヴォンヌは、体調が悪く、会うことはできなかった。その代わりに、細かい点を書面でいくつか問い合わせ、それに対する回答をイヴォンヌから受け取っている。

リヨネル・アンニュイエの生涯と死の状況

リヨネル・アンニュイエは、一九五三年八月二二日に、フランス・パリ近郊のシェルで生まれた。両親は、フランシス・アンニュイエと妻のイヴォンヌであった。リヨネルには、ヴィヴィアンとリディアというふたりの姉がいた。

リヨネルは、幼少期にはふつうであったが、落ち着きがないと言えるほど活発であった。あえて危険を求めるような、リヨネルの大胆な行動を見ていた両親は、全寮制の学校で鍛錬してもらう必要があるのではないかと——本人の幼少期の中頃に——考えた。そして両親は、リヨネルを全寮制の学校に入学させたが、二年後には、寂しくなったため自宅に連れ戻し、ふつうの学校に通わせた。勉強好きというよりは人好きなリヨネルは、一般には「バック」と通称される大学入学資格試験《バカロレア》に合格できなかった。これは、フランスで、中等学校の卒業後、高等教育を受けるのに必要な資格である。そのため、リヨネルは、大学への入学を断念し、電気技術者になるための勉強を始めた。二〇歳の時、徴兵を受けた。リヨネルは、その性格柄、山の中で暮らすことができるようにと、アルプス追撃兵を志願した。

リヨネルには数多くの友人がいて、家族よりも友人と一緒にいるのを好むこともあった。たとえば、両親が本人をアメリカ旅行に誘ったことがあったが、本人は、友人たちと一緒に過ごせるサマー・キャンプのほうを選んでいる。

ほとんどの青年と同じく、リヨネルも、乗物を生きがいにしていた。自転車から始まって、モーペッド〔エンジン付自転車〕に進み、最後はオートバイを手に入れた。

一九七三年一二月、リヨネルは、軍の駐屯地からクリスマス休暇で帰省した。ある晩の九時頃、オートバイの後部座席に仲間を乗せてドライブに出かけた。何人かの友人たちが、一台の車に同乗してふたりの後を追いかけた。リヨネルは、衝突事故を起こして、道路脇のベンチで頭を強打した。ほとんど即死であった。後部座席の仲間は、腕を骨折しただけで助かった。その事故の目撃者は、後続の車に乗っていたリヨネルの友人たちだけであった。その友人たちは、そこで事故の経過についてさまざまな証言をした。イヴォンヌ・アンニュイエは、その車を運転していた青年が、リヨネルのオートバイにふざけてうしろから接触したため、リヨネルは歩道に乗り上げざるをえなかったのではないかとみている。リヨネルは、そこで車体を制御しきれなくなり、前方に放り出され、頭から突っ込んだのであろう。リヨネルが死亡したのは、一九七三年一二月二三日であった。

先述の社交性の他にも、リヨネルには顕著な特性がふたつあった。気前のよさとスポーツ好きである。現金を含め、持ち物を仲間に貸したり与えたりするため、私物というものがほとんどなかった。スポーツについて言えば、スケート、スキー、テニス、水泳、射撃、サイクリングなど、あらゆるスポーツを楽しんでいたようである。

これまで述べたリヨネル・アンニュイエの経歴のほとんどは、その死後にイヴォンヌ・アンニュイエがまとめ、印刷したリーフレットに記されている。したがって、これは、〔孫の〕ナデージュがリヨネルの生まれ変わりだと、後にイヴォンヌが確信するようになったことによって歪められたものではない。

ナデージュの発言とその状況

私は、詳細な事例報告の多くでは、中心人物の発言を列挙し、しかる後に、それらの発言が行なわれた状況や様子を、項をあらためて詳述している。本例のナデージュが前世について行なっているのは、一貫した発言ではなく、いくつかの散発的発言である。したがって、以下、その発言と状況とをまとめて紹介することにしたい。イヴォンヌは、ナデージュの発言の正確な日付を一度も提示していない。しかしながら、われわれはかなり頻繁に手紙のやりとりをしており、イヴォンヌはそれらの私信の中で、ナデージュの発言について述べているのである。イヴォンヌの私信の日付から、それぞれの発言をした時のナデージュの年齢を、数ヵ月の単位で特定することができた。

1　ナデージュは、リヨネルの事故のことを、まるで自分が遭った事故のように、自発的に話した。友人が自分を押したため、オートバイがベンチの上に倒れたのだという。自分（リヨネル）がどこで負傷したのかは言わなかった。ナデージュが何歳の時に初めてこの事故のことを口にしたのかについては、私は聞いていないのでわからない。ナデージュは、時おりこの話題に立ち戻り、そのつど、その出来事を再体験しているように見えた。

2　イヴォンヌ・アンニュイエは、これはヨーヨー（リヨネルの愛称）よと言いながら、リヨネルの写真をナデージュに見せた。その写真を見たナデージュは、「違うよ、これはナナのでしょ」と答えたのである（ナナとは、この頃のナデージュ自身の愛称であった）。この発言をした時、ナデージュは三歳半であった。ナデージュは、もう一度リヨネルの写真を見せられた時にも、これと同じ発言をしている。

3　ある日、ナデージュは、祖母（イヴォンヌ）と一緒にテレビを観ていた。パリのパサージュ・ジュフロワという通りが画面に映し出された。（この通りは、両側に小さなブティックが立ち並ぶアーケード街である。）それを見たナデージュは、「この近くで、ママ（ヴィヴィアンのこと）が働いてる」と言った。イヴォンヌ・アンニュイエは、後でこの発言についてヴィヴィアンと話し合った時、自分がどこで働いているのかをナデージュに話したことがあったに違いないと言った。ところが、ヴィヴィアンは、そのようなことはないと否定した。その時、ヴィヴィアンは、自分とリヨネルがパサージュ・ジュフロワでしばしば落ち合っていたことを話して、そのことを母親に思い起こさせた。リヨネルは、その通りを歩くのを楽しみにしていたが、その近くに、ヴィヴィアンが働く銀行があったのである。先の発言をした時、ナデージュは四歳であった。

4　リヨネルは、押入に収納できる折りたたみ式ベッドを持っていた。リヨネルの死後、そのベッドはそこに入ったままになっていたが、ある日、イヴォンヌ・アンニュイエは、風に当てる必要があると考え、押入から出して開いてみた。そばに立っていたナデージュは、それを見て、「小さい時、そこで寝たの」と言った。イヴォンヌは、ナデージュがそのベッドで寝たことは一度もないと否定した。それに対して、ナデージュは、「あたしが小さくなる前なの」と答えたのである。この発言をした時、ナデージュは四歳であった。

5　ある時、ナデージュは、祖母に向かって、「あたしがリヨネルだった時、いつもカランバールを買ってたの」と言った。〝カランバール〟という言葉を使ったことに自分で驚いたナデージュは、「カランバールってなあに」と祖母に尋ねた。カランバールとは、キャラメルでできた棒状の飴のことである。カランバールは、リヨネルの大好物であった。イヴォンヌ・アンニュイエは、ナデージュにカランバールを買い与えたことは一度もなかった。この発言をした時、ナデージュは四歳半であった。

6　先の発言の後、ナデージュは、続けて、「中に白い飴が入ってる黒いのを、いつもママに買ってあげてたんだよ」と言った。イヴォンヌ・アンニュイエは、甘草《リコリス》が非常に好きで、リヨネルは、しばしば、甘草で風味をつけたキャンディーロールを、イヴォンヌに食べさせるため買っていたのである。このキャンディーは、中に白い飴がはさみ込んであり、外側は黒かったのかもしれない。ナデージュ自身は、甘草が好きなわけではなかった。

7　ある時、ナデージュは、祖母の家でふたりの小さな従兄弟たちと遊んでいた。そのうちの六歳の男の子がたまたま戸棚を開けたところ、そこにプラッシュ〔ビロードの一種〕でできた猿のぬいぐるみがいくつか入っていた。それらは、リヨネルのものであった。男の子は、そのぬいぐるみが誰のものかをイヴォンヌ・アンニュイエに聞いた。イヴォンヌは、それはリヨネルのものだと答えた。その男の子は、次に、どのようにしてそれを手に入れたのかと聞いた。それに対して、ヴィヴィアンは、祭りの射撃競争の賞品でリヨネルがもらったものだと答えた。それを聞いていたナデージュは、少々怒った様子で、「違うよ、そのお祭りで賞品をもらったのはあたしなの」と言ったのである。そのやりとりを聞いていたイヴォンヌは、それまでナデージュがそのぬいぐるみを見たことがないのはまちがいないと思ったという。この発言をした時、ナデージュは四歳半であった。

8　ある時、ナデージュは、母親に向かって、「あたしがお母さんの胸の中にいる前は、死んでた」と言った。この発言をした時、ナデージュは五歳になっていなかった。イヴォンヌ・アンニュイエは、この話を間接的に聞いたという。

9　またある時、ナデージュは、幼児の時に写したリヨネルのモノクロ写真をたまたま見つけた。その写真に目をやりながら、ナデージュは、「ヨーヨーだった時、あたしは、青い刺繍のある、この白い服を着てたよね」と祖母に言った。その服は、どこかに行ってしまって久しいので、イヴォンヌ・アンニュイエは、ナデージュの前でその服の話をしたことが一度もなかったのはまちがいないという。この発言をした時、ナデージュは五歳であった。

10　パリで、ナデージュと祖母のイヴォンヌ・アンニュイエを（一九八一年に）面接していた時、私は、第六区のオテル・ド・セーヌに滞在していた。イヴォンヌが後で話してくれたところによれば、ナデージュは面接後、そのあたりのレストランを知っていると言ったという。ナデージュは、それまで、パリのこの周辺には来たことがなかったが、リヨネルは、そこの中華レストランに行ったことがあり、そこから皿を一枚持ち帰った。その皿は、その後、妹のヴィヴィアンの所有になった。ナデージュはこの時、五歳半であった。

11　フランシス・アンニュイエが旅行先で写してきたスライドを家族に見せていた時、アヌシー（サヴォア地方）の近くの洞窟にあった桟道の写真を見せた。それを見たナデージュは、大声で、

「ここに行ったことあるよ。すごくよく覚えてるもん」と言った。実際にナデージュは、この洞窟に行ったことはなかったが、フランシスが子どもたちをそこに連れて行ったことはあった。その時、リヨネルは六歳であった。ナデージュがこの発言をしたのは、九歳になる前であった。

12　九歳半の頃、ナデージュは、夏休みの家族旅行で、サヴォアのキャンプ場に行った。そこは、リヨネルは行ったことがあったが、ナデージュは初めてであった。帰宅後、ナデージュは、祖母に向かって、あのキャンプ場には細い道があって、前にそこを歩いたことがあると言った。

死後の生命に対するナデージュの態度　死後の生命や誕生前の状態についてナデージュは、三項目の発言しかしていない。ひとつは、母親の胎内に入る前は死んでいたという発言である。パトリク・ジュグーは、義母（イヴォンヌ）に、かつてナデージュから聞いた話を伝えている。夏休みに浜辺で一緒にいた時、「お父さん、ここは砂の中が温かいね。でも、私たちがふたりとも死んでた時、土の中はとっても冷たかった」と言ったというのである。

一九八一年、七歳のナデージュは、祖母と一緒にテレビを観ていると、けが人が救急車で病院に運ばれる場面が出てきた。救急車のサイレンを聞いたナデージュは、「これは、人が死んだ時に聴こえる音楽じゃないね」と言った。

ナデージュは、五歳半の時、父方祖父母と一緒に休暇を過ごした。その後、イヴォンヌ・アンニュイエは、ナデージュが「すっかり変身して」帰って来たと私に報告してくれた。ナデージュは、「人は死ぬと、もう戻って来ないんだよ」と断定的にイヴォンヌに話した。それを聞いたイヴォンヌは、ナデージュが父方祖父母の前でリヨネルの生涯のことを少し話したため、祖父母に笑われたのだろうと思ったという。

もしナデージュが、幼少期に懐疑的に見られる時期を過ごしたとすれば、私が本人の体験を研究することに、ナデージュに異論がなかったのはまちがいない。私宛てに何度も手紙や葉書を書いてきて、この報告に実名を使う許可を進んで与えてくれたからである。

ナデージュの行動とその状況

前世についてナデージュが発言する状況や様子　先に列挙した一二項目の発言のうち八項目は、リヨネルにはなじみの深い写真や場所などを見ている時に行なわれた。それらが、本人の記憶らしきものを刺激し、突出させたのである。外的な刺激がない状況で、前世に関する発言をすることはほとんどなかった。この点で本例は、マリカ・アロモウガムや、後出のヴォルフガンク・ノイラートの事例とよく似ている。

リヨネルとナデージュの双方に見られた癖や行動　リヨネルは、下唇を突き出して、しかめ面をするのが楽しいらしかった。本人は、それを「カメの顔」と呼んでいた。イヴォンヌ・アンニュイエは、リヨネルがそうしたしかめ面をしている写真を、私に見せてくれた。二歳の頃、ナデージュは、自分から進んで、このしかめ面をした。それは、リヨネルがしていた行動と全く同じであった。母親も、リヨネルがしていたのと同じ「カメの顔」を、ナデージュがするのを見た記憶があった。イヴォンヌによれば、このようなしかめ面をリヨネルがしている写真をナデージュが見たことがないのは、まちがいないという。

リヨネルは、手紙の末尾に、煙が立ち上るパイプの絵を描く癖があった。そのため、パイプの絵は、事実上、手紙や葉書の署名の一部になっていた。イヴォンヌ・アンニュイエは、この〝パイプの署名〟がある私信を、私に二点寄贈してくれた。ナデージュは、このように署名した手紙を何通か見たことがあるが、その署名をまねてみるよう勧める者はいなかった。にもかかわらず、ナデージュは、自分の手紙の末尾に〝パイプの署名〟をするようになったのである。イヴォンヌは、ナデージュのその手紙を実例として私に送ってくれた。

リヨネルは、姉のヴィヴィアンが結婚した時、〝マダム〟の敬称をいやがってつけなかった。姉とその夫に手紙を出す時には、封筒の宛名に「ムッシュー・エ・マダム・ジュグー」と書く代わりに、「ムッシュー・ジュグー・エ・マドモアゼル・ジュグー」と書いたという。ナデージュも、旅行先から両親に手紙を書く時、宛名に「ムッシュー・ジュグー・エ・マドモアゼル・ジュグー」と書いたのである。イヴォンヌ・アンニュイエは、リヨネルとナデージュがこのような宛名書きをした二枚の封筒を私にコピーしてくれた。明らかにイヴォンヌは、ナデージュがこのような宛名の書きかたを自分からしていると考えていた。しかし、リヨネルが宛名書きをした封筒を少なくとも一枚は保管していたので、ナデージュがそれやそれに似た別の封筒を見たことがない、と断定することはできない。

イヴォンヌは、リヨネルとナデージュがともに悪筆であることを話してくれた。イヴォンヌの観察によれば、ふたりとも同じ綴りのまちがいをいくつか犯しているという。しかしながら、そのまちがいの実例は提示してくれなかった。

家族の中で、リヨネルは、ふたつの特徴で突出していた。ひとつは、あらゆるスポーツに強い関心を持っていたことである。本報告の冒頭で、リヨネルが親しんでいたスポーツを列挙しておいた。ナデージュも、スポーツ、特に水泳、ダイビング、スケートに熱中していた。二歳半で、本人は水に飛び込むようになり、三歳半の時には、三メートルの高さから飛び込んでいる。

先述のように、リヨネルは気前がよかった。私利私欲がないため、時おり自分の蓄えがなくなることもあった。ナデージュも、他者に対して同じように気前がよかった。

ナデージュの他の関連行動

とはいえ、ナデージュには、男児の服装をするとか、男の子の遊びや女の子的ではない活動を好む傾向は見られなかった。女の子よりも男の子のほうがよかったと、一度だけ言ったことはあるが、これは西洋でも、少女や成人女性にとって珍しい願望ではない。

なお、ナデージュには恐怖症はなかった。

ナデージュの発言に対する家族の態度

先述のように、本例の主たる情報提供者は、ナデージュの母方祖母であった。一九八一年に面接したナデージュの母親は、少々内気で、私に対して人見知りしているように思われたので、リヨネルを思わせるナデージュの発言や性癖を、母親がどのように考えているのか見きわめることはできなかった。母親は、ナデージュに対して否定的ではなかったが、非常に肯定的だと記録に書くことは、私にはできなかった。母親は、ナデージュの発言のいくつかに、強い印象を受けたことを認めていた。

イヴォンヌ・アンニュイエは、自分の娘とは対照的に、ナデージュの発言や性癖から距離を置くどころではなかった。それを実際に自分の口で、あるいは手紙で、きわめて熱心に話してくれたのである。イヴォンヌは、生まれ変わりという概念の正しさを証明し、ナデージュの事例の長所を示して見せるため、機会をとらえては、ラジオ番組に出演した。リヨネルがナデージュに生まれ変わって来たと信ずることで、リヨネルを失ったイヴォンヌの悲しみが癒されたのはまちがいない。イヴォンヌは、ナデージュが前世について話すのを聞きたがったし、たとえば、リヨネルの死亡事故のことなど、前に聞いた話をもう一度繰り返すよう、時おりナデージュに求めることすらあった。ナデージュが五歳半の頃、一度、咎めるような口調でイヴォンヌが、「もう、リヨネルのことは私に話さないでよ」とナデージュに言ったことがある。それに対して、ナデージュは、「もう全部話してるよ」と答えているのである。

一九七九年四月、イヴォンヌ・アンニュイエは、ナデージュとの間に次のようなやりとりがあったことを、手紙で知らせてきた。「おまえは、ヨーヨーだった時、何をしたの」とイヴォンヌが聞くと、ナデージュは、「私はリヨネルだったの。ばかなことをいろいろしたなあ」と答えたというのである。

一九八〇年四月の私信によれば、その頃イヴォンヌは、リヨネルのことを話してほしいとナデージュに頼んでいたという。五歳半頃までの間にナデージュが話したことは、完全に自発的なものだったとイヴォンヌは強調していたが、イヴォンヌは、その頃までの少なくとも一年間は、ナデージュに前世の話をするよう促していたのである。

イヴォンヌ・アンニュイエは、熱意のあまり、他の者なら無視ないし却下するような点についても、ナデージュとリヨネルの類似を見てしまうこともあった。たとえば、イヴォンヌは、リヨネルとナデージュがふたりとも、位置は違っていたにしても、血管腫を持っていたことには意味があると考えた。またイヴォンヌは、ナデージュの両眼も非対称だと思っていた。イヴォンヌによれば、リヨネルの両眼も非対称だったという。リヨネルの写真を見る限り、左の眼瞼裂《がんけんれつ》〔目頭から目尻まで〕が右よりも明らかに狭かったことは私も認めるが、ナデージュの場合には、そのような左右不同は、写真でも、私がじかに対面した時にも観察していない。イヴォンヌはまた、ナデージュが幼時に起こしていた強い頭痛や首の嚢胞も、リヨネルの致命傷となった頭部の外傷に由来すると考えていた。

ナデージュのその後の経過

ナデージュは、幼時からひどい頭痛に悩まされていた。一九八一年には、小児神経病棟に入院し、脳波をはじめとするさまざまな検査を受けたが、重大な異常は見つからなかった。一五歳の時、両親が離婚した。この出来事により本人は動揺したが、それ以外の点では、同じような不幸に直面した他の子どもたちと変わるところはなかった。

一八歳の時、甲状腺かその近くに嚢胞ができ、手術で切除している。

学業はふつうに修了した。一八歳半の一九九三年夏に〝バック〟に合格し、ある大学に入学して英語を専修した。

解説

イヴォンヌ・アンニュイエは、本例のほとんど唯一の証人であるとともに、最も重要な証人でもある。そのため、読者の方々は、生まれ変わりに対するイヴォンヌの強い関心および、自分の息子に戻って来てほしいとする願望が、孫娘の発言や行動の観察にどの程度の影響を及ぼしたかを見きわめなければならないであろう。イヴォンヌがナデージュの前でリヨネルの話をして、知らず知らずのうちにリヨネルに関する情報をナデージュに伝え、ナデージュが次第にリヨネルと自分をある程度同一視するよう仕向けた、と主張するのも難しくないかもしれない。しかしながら、イヴォンヌがそのようなことをしたことを裏づける証拠はほとんどない。また、イヴォンヌが私に宛てた私信を見ると、リヨネルの生涯に起こった出来事に関する発言を引き出す手がかりを本人に与えたことが、何度も否定されているのである。ナデージュがリヨネルの生涯について話すのを、イヴォンヌが聞きたかったのは明らかである。とはいえ、イヴォンヌがナデージュにその材料を提供したという可能性は、かなり低いように思われる。西洋のほとんどの両親や祖父母なら無視ないし嘲笑するような、前世について子どもが行なった発言に注意を向け、記録した功績がイヴォンヌにあることは、先入見のない読者の方々であれば認めることであろう。

ヴォルフガンク・ノイラート

本例は、前世の人格である女性が、死亡する前に、男性になりたいという願望を表明した、性転換型の事例である。中心人物は、前世に関連する発言をわずかしかしておらず、そのほとんどが、人物や場所を見分けるものであった。加えて、本人は、嗜好をはじめ、前世の人格とよく似た行動特徴を示したのである。

本例の要約とその調査

ヴォルフガンク・ノイラートは、一九三四年三月三日に、オーストリアのフェルトキルヒで生まれた。両親は、ディーター・ノイラートと妻のマルレーネであった。三歳から三歳半までの間に、ヴォルフガンクは、ポルディ・ホルツミュラーという少女の家族やその自宅に対して、意想外の親近感を示す発言をいくつかした。この少女は、ヴォルフガンクが生まれる二ヵ月前に死亡していた。ノイラート家とホルツミュラー家は、近所同士であった。ヴォルフガンクは、ポルディの特徴と思われる変わった行動も見せた。

本例が、両家以外の人物の注目を初めて引いたのは、一九六三年初頭のことであった。この時、ポルディの弟のエルンストが、カール・ミュラー博士にその報告を送ったのである。(生まれ変わりに強い関心を持つ心霊主義者のミュラーは、『異界 *Die Andere Welt*』というドイツの雑誌の一九六二年八月号に、事例の情報を募集する広告を出していた。) それに対して、ミュラーは、さらに詳しい情報を求める返信をエルンストに出した。エルンスト・ホルツミュラーは、第二信で、詳細な報告をミュラーに送った。一九六一年にチューリヒで私と会ったことのあるミュラーは、エルンストから受け取った二通の私信の写しを私に送ってくれた。

二年後の一九六五年一〇月二〇日、私はフェルトキルヒを訪れ、エルンストと母親のエリーザベトに長時間の面接を行なった。（半日ほどをふたりと一緒に過ごしたのである。）その後、一九六八年七月に、エルンストは、新たな情報を手紙で送ってくれた。それより前にエルンストは、『異界』の一九六八年二月号に、本例の報告を自ら寄稿している。

エルンスト・ホルツミュラーは、一九二二年生まれで、ポルディよりも八歳年少であった。したがって、本例が発生した時点では一〇代半ばになっていたため、エルンストは、ヴォルフガンクの発言の、また（ある程度は）幼時のヴォルフガンクの行動の二次的情報提供者である。エリーザベト・ホルツミュラーは、一八八〇年に生まれたので、一九六三年にカール・ミュラーと私信を交わし、一九六五年に私と面接した頃には、八〇代になっていた。にもかかわらず、その記憶は良好に保たれていたように思われる。エルンストによれば、カール・ミュラー宛ての私信は、エリーザベトによる口述だったという。ミュラーへの第二信は、実際にエリーザベトが署名している。これは、ミュラーの質問の一部に答え、いくつかの細目を知らせる手紙であった。その後、エリーザベトは、フェルトキルヒでの私の面接でも主導権を握ったため、エルンストは、母親が話したことを、明確にしたり繰り返したりする、通訳的な役割を主として演じた。（この頃の私は、まだドイツ語の勉強中であったが、エリーザベトはチロル方言のようなもので話していた。）

本例のほとんどすべての出来事の一次的証言は、エリーザベトから得たと言ってまちがいないと思う。実際には、エリーザベトは三通りの証言をしている。それは、エルンストがミュラーに出した第一信および二信、ホルツミュラー母子との私の面接の記録、『異界』に掲載されたエルンストの証言である。とはいえ、それらの報告は、本質には関係のない、いくつかの点で違っているだけであった。エルンストが発表した報告には、他のふたつには含まれていない母親の夢が紹介されている。

一九六五年に私がフェルトキルヒを訪れた時、ヴォルフガンクは三一歳になっており、既に結婚して、子どもがふたりいた。前世の記憶を失ってからかなりの年月が経っていたので、私は本人にあえて会おうとはしなかった。しかしながら、マルレーネ・ノイラートに面会を求めなかったことについては後悔している。マルレーネは、ヴォルフガンクの母親で、ヴォルフガンクが最も印象的な再認をした場面をかつて目撃しているのである。この時にヴォルフガンクが見分けた、ポルディの叔母のアンナは、一九四一年に死亡している。

ポルディ・ホルツミュラーの生涯、死、性格

ポルディ・ホルツミュラーは、一九一三年にフェルトキルヒで生まれた。姉妹はなく、兄弟としては、(少なくともひとり)一九二一年に生まれた弟のエルンストがいた。

幼時のポルディは、人形その他の玩具で遊ばなかったことを除けば、取り立てて変わったところはなかったように思われる。大好きだった遊びは、新聞から写真を切り抜き、それを保存しておくことであった。好きな食べものは、麺の入ったスープとポン菓子(プフライス)であった。ポルディは、非常にもの静かで落ち着いていていた。

ポルディは、長ずるにつれて社交的になったが、男性には関心を示さず、事実、「男性たちとはか

かわりがなかった」そして、われとわが身を悲しんでいた。自分の家族に不満があるわけではなかったが、時おり、まちがってこの家に来てしまった、中流階級の子どもとしてではなく、裕福な工場主の娘として生まれ変わるべきだったと言った。

ポルディは、特に叔母のアンナが好きだった。この叔母は、南チロルに住んでいたが、フェルトキルヒのホルツミュラー家に、時おり遊びに来た。ポルディと叔母のアンナは非常に仲がよく、何度も抱き合ったりキスしたりしていた。ふたりは互いに愛称で呼び合った。叔母のアンナは、ポルディを「ポルディィレ」と呼び、ポルディは、アンナを「タンテレ」と呼んだ。(叔母を意味するドイツ語はタンテであり、〝ダンテレ〟は、〝おばちゃん〟のような意味合いであろう。)

ポルディは、一九歳頃、肺結核に罹り、一年四カ月の闘病の末、死亡した。最後の年、ポルディは寝たきりになった。ホルツミュラー家はカトリックだったが、エリーザベト・ホルツミュラーとポルディは、死後の存続と生まれ変わりという可能性に、ある程度の関心を持っていた(ポルディの父親はそうではなかった)。ポルディは、もし自分が生まれ変わったら、男の子になると言った。また、ホルツミュラー家の近所に生まれ変わるとすれば、家族が確実に見分けられるような、はっきりした目印を持って生まれて来るとも言った。エリーザベトは、ポルディのこうした予言を促していたように思われるが、死後に霊媒を通じて通信するようなことはしないでほしい、とポルディに言った。

一九三三年夏、マルレーネ・ノイラートが妊娠した。マルレーネは、ホルツミュラー一家の近くに住んでおり、病気療養中のポルディをしばしば見舞っていた。生まれて来る子どものため、乳母車を購入した話をマルレーネから聞いたポルディは、その子が乳母車に乗せられている時、一緒に行ってもいいかと尋ねた。その時、ポルディは、続けて次のように言った。「でも、本当は、自分がその乳母車に乗れたらいいなと思っているんです」

ポルディは、一九三四年一月一三日にフェルトキルヒで死亡した。

ポルディの死からヴォルフガンクの誕生までの間にエリーザベトが見た夢

ポルディの死後、母親は、慰めようがないほど強い悲しみに暮れ、眼が腫れあがるまで泣き続けた。ある晩、母親は自分のベッドに、悲しそうな眼をしたポルディが座っている夢を見た。ネグリジェが濡れていた。その夢の中で、エリーザベト・ホルツミュラーは、なぜそんなに濡れているのかとポルディに尋ねた。ポルディは、湿っぽいのは母親のためだと答えた。そのことでエリーザベトは、死後に泣き叫ぶのは、有害な悲しみであることを教えられた。

エリーザベト・ホルツミュラーは、ヴォルフガンクが生まれる少し前、別の夢を見た。その夢の中で、自分は自宅の庭にいて、電線にツバメが何羽か留まっているのを見ていた。一羽のツバメが、「ママ、私が見えるでしょ」と言った。エリーザベトは、「見えるわよ。でも、どのツバメがあなたなの」と聞いた。それに対して、ポルディは、「私はここよ」と答えた。その時、一羽のツバメがマルレーネ・ノイラートの家の部屋に飛んで入るのが見えた。

ヴォルフガンクの発言と再認

ヴォルフガンクが生後八日目になった時、エリーザベト・ホルツミュラーは、マルレーネ・ノイラートを見舞った。ヴォルフガンクは、先述の乳母車の中で眠っていた。エリーザベトが赤ん坊を見ようとして近寄ると、ヴォルフガンクが目を覚まし、笑いながら、挨拶をするかのように、両手をエリーザベトのほうに伸ばした。[註6]

ヴォルフガンクが三歳の頃、ポルディの叔母のアンナが、ホルツミュラー家に遊びに来た。アンナは、ポルディが死んでからは一度も来たことがなかった。ある日、一家は、庭で出かける準備をしていた。それを見たマルレーネは、アンナに挨拶した。ふたりが話していると、ヴォルフガンクが自宅から出て来た。アンナを見つけると、うれしそうに塀のところまで走ってきた。そして、「タンテレ、タンテレ」と叫びながら、塀を乗り越えようとした。ヴォルフガンクは、アンナを抱きしめようとしたが、塀が邪魔になってアンナに近づけなかった。アンナは、「私を知ってるの」とヴォルフガンクに尋ねた。その質問には、マルレーネ・ノイラートが答えた。そして、前回、アンナがフェルトキルヒに来た時には、ヴォルフガンクはまだ生まれていなかったので、アンナを知っているはずはない、と説明したのである。それでアンナも、自分を誰か別の叔母と勘違いしているに違いないと言った。それに対してマルレーネは、ヴォルフガンクはふたりの叔母をいつも、たとえば、「アンゲーリカおばさん」などと洗礼名で呼んでいるので、それはありえないと答えた。ヴォルフガンクは、アンナをしばらく見ていたが、それから泣き出し、自宅へ帰って行った。

ヴォルフガンクが四歳の頃、さらにふたつの出来事が起こった。最初の出来事は、エリーザベト・ホルツミュラーが近くの食品雑貨店で買い物をしている時に起こったものである。その店を出ようとした時、エリーザベトを見つけたヴォルフガンクは、次のように言った。「ぼくが買いもの終わるまで待っててね。それから一緒に帰ろうよ。ぼくたちはふたり一緒だよね」ヴォルフガンクは、自分の買い物をすませると、店から出て、エリーザベトと一緒に歩いて、それぞれの自宅へ向かった。ふたりはノイラートの自宅の前を通ったが、ヴォルフガンクは家に入ろうとしなかった。そして、そのままエリーザベト・ホルツミュラーの自宅の前まで来た。そこで、ヴォルフガンクは、「今はあっちに帰らなきゃいけないんだ。今はあっちで暮らしてるからね」とエリーザベトに言ったのである。

もうひとつの出来事も、エリーザベト・ホルツミュラーが同じ食品雑貨店で、ヴォルフガンクと母親のふたりとたまたま一緒になった時に起こっている。ヴォルフガンクは、エリーザベトを見つけると、母親から離れて走って来て、「ママ、ポン菓子を少し買ってよ。あっちのお母さんは、ちっとも買ってくれないんだ」と訴えた。エリーザベトは、ヴォルフガンクにポン菓子を少し買い与えた。店には他にも客が何人かいて、五〇代後半になるエリーザベトにそれほど小さな子どもがいるはずはない、と不思議がった。それに対して、エリーザベトは、ヴォルフガンクは隣の家の子どもで、自分の

註6　エリーザベト・ホルツミュラーは、無事に出産を終えたマルレーネ・ノイラートを、挨拶に訪ねていたのであろう。生まれたばかりのヴォルフガンクが乳母車に寝ている時、エリーザベトはポルディの名前を口にすることはなかった。にもかかわらず、この出来事から私は、トリンギット民族の慣習を思い出す。この民族の女性たちの中に、自分の見た予告夢をもとに、特定の人物の生まれ変わりだと思う新生児のもとを訪れる人たちがある。その女性たちは、その赤ん坊に前世の人物のトリンギット名で呼びかけ、その子が笑うなど、喜んでいる印が返ってくるのを期待するのである。

母親と混同しているのだと説明した。

　ヴォルフガンクが八歳の頃、エリーザベト・ホルツミュラーは、ポルディが大きく写った写真をヴォルフガンクに見せて、この子を知っているかどうか尋ねた。ヴォルフガンクは、その写真を見て、しばらく考えた後、「前にどこかで見たはずなんだけど、どこで見たかはもう忘れた」と答えた。

　ヴォルフガンクは、一三歳の頃――一二歳という証言もあるし、一四歳という証言もあるが――自営業を営むエルンスト・ホルツミュラーに雇われ、使い走りの仕事をしていた。ある日、エルンストは、自宅（エルンストの家）に行って、屋根裏から必要な物を取ってきてほしいとヴォルフガンクに頼んだ。ヴォルフガンクがホルツミュラー宅に行くと、エリーザベトがいた。エリーザベトは、屋根裏からそれを持って来てあげようかと言った。それに対して、ヴォルフガンクは、「どこにあるかわかってるよ。この家はよく知ってるから」と答えたのである。実際にはヴォルフガンクは、その家の二階には一度も行ったことがなかった。その家は、二階のドアから屋根裏に入るようになっていた。ヴォルフガンクは、屋根裏に通ずるドアを探し当て、屋根裏まで昇り、エルンストに頼まれた物を持って降りて来たのである。私は、フェルトキルヒに行ったおり、中央の廊下に六つのドアがある、その家の二階を見せてもらった。それらのドアは、どれもほとんど区別できなかった。屋根裏に通ずるドアは、他のドアとはわずかに違っていたが、同じ階の別の部屋ではなく、屋根裏に通じていることを示す目印はなかった。

前世に関連するヴォルフガンクの行動

ヴォルフガンクの性別認識　幼時のヴォルフガンクには、少々女の子的ところがあった。ヴォルフガンクの性別認識について、エルンスト・ホルツミュラーは、「あまり男性的ではありませんでした。ほとんどの男の子のように、走ったり飛び回ったりはしないで、おとなしくて、その点では女の子のようでした」と話してくれた。

にもかかわらず、ヴォルフガンクは、男性として正常に成長を遂げて結婚し、一九六五年には二児の父親になっていた。

前世に関係するヴォルフガンクの他の行動　幼時のヴォルフガンクは、ポルディと同じように、新聞から写真を切り抜くのを楽しみにしていた。好物もポルディと同じで、ポン菓子と麺の入ったスープであった。また、非常にもの静かで優しかった。

ヴォルフガンクの身体的健康度

全体としてヴォルフガンクの健康は良好であった。上気道の感染症に平均よりも罹《かか》りやすいように思われたが、一九六五年までは、気管支や肺の病気に罹ったことはなかった。

本例に対するホルツミュラー夫妻の態度

エリーザベトとエルンスト・ホルツミュラーは、ふたりとも、ヴォルフガンクがポルディの生まれ変わりだと信じていた。特に、〝ダンテレ〟（アンナ叔母さん）を完全に自分から見分けたことで、自分が戻って来たことの明確な目印をポルディが見せてくれた、と考えたのである。

ポルディは、マルレーネ・ノイラートと親しかったが、家族同士が特に親しかったわけではない。ホルツミュラー夫妻は、双方の家族が親しくなるために、戻って来たポルディがノイラート家に行ったと考えた。さらに、ホルツミュラー夫妻は、生まれて来る子どものために買った、その乳母車の中で寝ていたいというポルディの願望が、後催眠暗示のように働いて、マルレーネ・ノイラートの子どもとして、その乳母車に乗ることになったのではないかとも語った。

解説

ヴォルフガンクは、ポルディの死後二ヵ月以内に生まれている。マルレーネがヴォルフガンクを妊娠していた通常の期間を考えると、ポルディが死んだ時、マルレーネは妊娠七ヵ月目に入っていたことになる。

本例は、予言や夢や（時として）母斑から、失われた最愛の家族の記憶を蘇らせる発言や行動を子どもが示すことを、おとなたちが期待する事例のすべてに共通した欠陥を備えている。エルンスト・ホルツミュラーの第一信に答えて、ミュラー博士は、前世について質問することで、エリーザベトがヴォルフガンクを誘導したのではないかと示唆した。それに対する返信で、エルンストは、その指摘を断固として否定した。（先述のように、この第二信には、母親も署名している。）私は、この否定によって批判者全員が納得するはずだ、などと言おうとしているわけではない。もしホルツミュラー夫妻が生まれ変わりという可能性をあらかじめ信じていなかったとすれば、ヴォルフガンクの発言や行動に注意を向けることはなかったであろうし、検討の対象となる問題も起こらなかったであろう。（この問題については、ジリアン・ポロックとジェニファー・ポロックの双生児姉妹の報告〔一八八―一九五ページ〕で検討しておいた。）

ヴォルフガンクの事例には、私が調査した他の事例といくつかの共通点がある。その発言内容が乏しいことと、特定の刺激を受けた後に発言が起こりやすいという点は、マリカ・アロモウガムやナデージュ・ジュグー〔一九五―二一〇ページ〕の事例を思い起こさせる。生まれ変わった時、自分だとわかってもらえる目印を見せるという前世の人格の予言は、マルタ・ロレンツの事例と軌を一にしている。

ヴォルフガンクの事例から、私は、グナナティレカ・バデウィタナの事例も思い出す。ヴォルフガンクの事例でもグナナティレカの事例でも、前世の人格は、自分の生物学的な性別との結びつきが弱かった。ティレケラトネ（グナナティレカの事例における前世の人格）は、少々女性的であったし、ポルディは男性に対する関心を欠いていたため、女性としては少々男性的に映ったかもしれない。双方の事例とも、前世の人格は、次に生まれ変わる時には性別を変えたいという願望を――ティレケラトネの事例では、完全に明確な形ではなく、ほぼそれに近い形ではあったが――表明していた。また、双方の事例とも、幼少期の中心人物は、いわば新しい性別との結びつきが弱かった。グナナティレカは、幼児期には少々男性的であり、ヴォルフガンクは少々女性的であった。生まれ変わりの事例として考えると、前世の性別の行動的記憶――というか、いわば残滓のようなもの――が存在するように思われる。前世の人格が性転換を望んだことにより、それが消え去ったわけではないのである。

ヘルムート・クラウス

本例も、私が中心人物と対面できなかった事例である。本例でもまた、ひとりの情報提供者としか面接していない。それでも、私は、いくつかの点を独自に突き止めることができたので、本例の信憑性については確信を持っている。中心人物の変わった行動が、前世の人格の専門的な職業と一致したのである。

本例の要約とその調査

ヘルムート・クラウスは、一九三一年六月一日に、オーストリアのリンツで生まれた。父親は、ヴィルヘルム・クラウスというリンツの中等学校の生物学教師であった。この中心人物の家族については、これ以上のことはわかっていない。

四歳頃から、ヘルムートは、前世について頻繁に話すようになった。いつも、「ぼくが大きかった時」などの言葉を前置きにして、話を始めたのである。いつもヘルムートを幼稚園から自宅に連れ帰ってくれる一家の友人のヘルガ・ウルリッヒは、ヘルムートの話に注意深く耳を傾けた。ヘルガは、ヘルムートのことを、「とてもおしゃべり」と評している。ある日、ヘルムートは、ヘルガに向かって、「ぼくが大きかった時、マンフレート街九番地に住んでたんだ」と言った。ヘルガには、たまたまマンフレート街九番地に住んでいる、アンナ・ゼーホーファーという友人がいた。そこでヘルガは、アンナ・ゼーホーファーに、この番地に昔住んでいて、既に死亡している男性を知っているかと尋ねた。アンナは、ヘルムートが言っているのは、いとこのヴェルナー・ゼーホーファー将軍のことではないかと答えた。ゼーホーファー将軍は、先妻が死んでから、この家にしばらく住んでいたという。ヘルムートの他の発言も、ゼーホーファー将軍の生涯および死の状況と一致した。

カール・ミュラーは、本例の存在を、一九五八年にヘルガ・ウルリッヒから知らされた。一九五九年三月、ヘルガは、本例の報告をミュラーに郵送した。その後、もっと詳しく知らせてほしいというミュラーの求めに応じて、第二信をミュラーに送っている。ミュラーは、第一信の長文の抜粋と、第二信の写しを私に送付してくれた。

一九六五年一〇月一四日に、私は、ヘルガをウィーンで面接した。ヘルガは、前にミュラーに書き送った内容が事実であることを証言してくれたが、他にもいくつかの情報を与えてくれた。その後、私と私信を交わす中で、ヘルムートのその後の変化についても知らせてくれた。ゼーホーファー将軍のいとこであるアンナは、本来なら本例の重要な情報提供者であったが、既に一九五七年に死亡していた。

一九六七年に、私は、ゼーホーファー将軍の生涯と死の状況について、本例に関連する情報をウィーンの国立公文書館戦争記録課から入手した。

どれほど私がヘルムート・クラウスおよびその両親に会いたかったかは、読者の方々にもおわかりいただけるであろうが、本人や父親に何度か手紙を出しても、住所は正しかったにもかかわらず、一度も返信はなかった。

ヴェルナー・ゼーホーファーの生涯と死の状況

ヴェルナー・ゼーホーファーは、一八六八年八月一四日に、(当時はオーストリア＝ハンガリー帝国であった) スロヴァキアのブラティスラヴァで生まれた。その後、ヴェルナーは、オーストリア帝国陸軍の将校となった。一時期、ウィーンに住んでいたが、それがいつ頃のことなのかはわからない。着実に昇進を重ね、一九〇二年には大佐となり、リンツに参謀幕僚として配属された。少なくとも一九〇七年まではそこにいた。一九一九年には、未亡人がまだリンツで健在だったことがわかっているので、ゼーホーファーは、おそらくそこに自宅を構えたということなのであろう。(これは、後妻であった。)

ヴェルナー・ゼーホーファーは、一九一八年一月までには将軍に昇進し、イタリア前線のある師団の司令官となった。そして、その地位のまま、六カ月後に死亡するのである。

一九一八年六月一七日、新たな攻勢が始まった時、ゼーホーファー将軍は司令部を離れ、前線に向かって歩き出した。前線に近い部隊から、それ以上の前進は危険だという警告を受けたにもかかわらず、前進を続けたのである。その後に起こった出来事は、すべて確認されているわけではないが、新聞報道によれば、ゼーホーファー将軍は負傷し、イタリア軍の捕虜となった。その後まもなく、その傷がもとで、おそらくイタリア陸軍病院で死亡した。敵の弾幕に飛び込むという自殺行為と思しきものを起こした動機は、依然として不明である。ゼーホーファー将軍は何らかの精神障害に陥り、そのために判断が損なわれたのではないかと推測されている。その後、オーストリア国立公文書館の戦争記録課は、ゼーホーファー将軍の死亡状況に関する情報をイタリア軍の関係当局から入手しようとしたが、オーストリア側で既に得られていた以上の情報は得られなかった。オーストリア当局は、ゼーホーファー将軍に何が起こったのかの調査を、一九三四年まで続けていた。

職業軍人としての生活以外のゼーホーファー将軍については、ほとんどわかっていない。将軍は、「熱烈な乗馬好き」であり、「スポーツ全般の愛好家」であった。

ゼーホーファー将軍は、死亡した時、まだ五〇歳に満たなかった。

ヘルムートの発言

ヘルガ・ウルリッヒは、ヘルムートを「とてもおしゃべり」と評したが、ヘルムートが話した内容を、その時点で記録していたわけではない。後になってから、ヘルムートの発言の一部を思い出しただけなのである。

ヘルムートは、かつて自分は「大戦（第一次世界大戦）で高級将校」だったと述べた。とはいえ、将軍だったと言ったことも、ゼーホーファーという名前を口にしたこともなかった。また、前世でどのように死んだのかについては、誰も本人に聞かなかったようである。

前世の人格を突き止めるうえで有力な手がかりとなる発言をしたのは、前世で暮らしていた住所を口にした時であった。たとえば、「ぼくが大きかった時、マンフレート街九番地に住んでたんだ」と言ったのである。この発言は、ゼーホーファー将軍にならば当てはまることが、アンナ・ゼーホーファーを通じて、ヘルガ・ウルリッヒにより確認されている。

また、ある時、ヘルムートは、「ぼくが大きかった時、長い間、ウィーンに住んでたんだ」とも言った。そして、その街区の名前や自宅の番地をあげた。アンナ・ゼーホーファーは、ゼーホーファー将軍に関する限り、その発言が正しいことを確認した。ヘルムートは、前世時代の親戚が住んでいたリンツの住所も正確に述べた。ヘルガ・ウルリッヒは、これら二ヵ所の住所を明確にしていない――おそらく、一九五九年から六五年までの間には思い出さなかったのである。

前世に関係するヘルムートの行動

ヘルムートが四歳頃のある日のこと、その日のリンツは暖かかったため、自宅に向かって歩き始めた時、ヘルガ・ウルリッヒは、ヘルムートのオーバーのボタンを外した。ヘルムートは、オーバーのボタンをかけてほしいと言い張った。本人によれば、「将校は、オーバーのボタンを外したまま出歩くことは禁じられている」からであった。

ヘルガ・ウルリッヒとヘルムートが通りを歩いている時、兵士たちとすれ違うと、ヘルムートはいつも、「顔を前方」に向けて、兵士たちが通り過ぎるまで敬礼していた。

ある時、ヘルムートは、ゼーホーファー将軍の未亡人と対面することになった。ヘルムートは、未亡人の前では恥ずかしそうにしていた。これは、ある意味で未亡人を見分けた証拠と解釈された。いつもなら、愛想がよいはずだからである。

ヘルムートには、発砲などの大きな音に対して、顕著な恐怖症があった。

ヘルムートは、同年齢の子どもと比べて、真面目で誇りを持ち、独立的なところがあると見られていた。

年長になると、ヘルムートは、乗馬とスポーツに強い関心を示すようになった。

ヘルムートの母斑

ヘルガ・ウルリッヒの話では、ヘルムートの右こめかみに母斑があるという。ヘルガによれば、それは、鉛筆の直径ほどの大きさで、色素が沈着して盛り上がったあざだという。ヘルムートは、早期小児期には頭痛はなかったが、少年期後期には頭痛を起こすようになった。

ヘルガによると、「ゼーホーファー将軍は、頭部外傷で亡くなったことがわかっている」という。私はその証言を、ウィーンの国立公文書館戦争記録課で確認することはできなかった。せいぜい推定できることがあるとすれば、将軍は頭部に負傷し、イタリア軍の捕虜となり、イタリア陸軍病院で死亡したということであろう。私は、ウィーンの国立公文書館に問い合わせの手紙を出し、ゼーホーファー将軍が負傷した部位についてわかっていることがあったら教えてほしいと依頼した。しかし、公文書館には、その資料はなかった。（ゼーホーファー将軍の遺族が、私的な消息筋を通して、負傷のことを含め、その死について、公的な記録に残されている以上に詳しいことを知っていた可能性は否定できない。）

ヘルムートのその後の経過

ヘルムートは、七歳頃まで前世の話をしていたが、その後はしなくなった。

ヘルムートの父親は、生物学者で、家族の中には他に軍人はいなかった。ヘルムートは、軍人になる代わりに、ホテル業界に入り、その修業を積んだ。リンツからウィーンに転居し、一九八〇年代をそこで送っていた。

アルフォンゾ・ロペス

本例は、一九九七年一月に私の関心を引くことになった。この時、私は、グルベンキアン財団で講演するためリスボンにいた。本例の中心人物とその母親が私の講演会の会場を訪れ、世話役のフランシスコ・コエーリョがふたりを私に紹介してくれた。その時、私は、ふたりと時間をかけて話すだけの余裕がなかったので、ふたりを面接するため、その年の一一月にもう一度リスボンを訪れている。アルフォンゾ・ロペスは、私と面接した時点で三四歳であった。本例は、発生してから三〇年以上が経過していた。にもかかわらず、母親はその主特徴をよく覚えているように見えたし、本人も、前世の記憶をまだ一部持っていた。

本例も、中心人物と前世の人格の性別が異なっている。

本例の要約とその調査

アルフォンゾ・ロペスは、一九六二年八月二三日に、ポルトガルのリスボンで生まれた。両親は、フェルナンド・ロペスと妻のイルマであった。ふたりの間には、既に、マルタ、アンジェリーナ、アウグスタの三女がいた。フェルナンドは、一時、三店舗を保有、経営する商人であった。また、一家はカトリック教徒であった。次女のアンジェリーナは、一九六〇年に自動車事故で死亡している。

アルフォンゾは、一歳頃にはっきりした話しかたをするようになった。一歳半の時、母親に、「お母さま」と言った。この表現は、イルマには特別な意味を持っていた。亡くなった次女のアンジェリーナが、この表現をしたからである。しかし、他の娘たちはそういうことはなかった。

その後、二歳から七歳までの間に、アルフォンゾは、アンジェリーナの生涯について九項目の発言を行なった。ふつうの方法では知らなかったはずの、アンジェリーナに関係する物品や出来事について述べたのである。また、その発言と一致するように思われる変わった行動も見せた。

アルフォンゾが一七歳の時、イルマは、本例の主な出来事に関する報告を書いている。しかしこれは、失われてしまったようである。少なくとも、一九九七年の時点では入手できなかった。一九九〇年代初頭に、イルマは、本例の報告をもう一度作成し、フランシスコ・コエーリョが一九九七年にそのコピーを私に送付してくれた。

一九九七年一一月六日、私はイルマとアルフォンゾにリスボンで対面し、三時間ほどかけて、ふたりを個別に面接した。ベルナデーテ・マルチンスが通訳してくれた。私は、イルマによる本例の報告書に既に目を通していたため、イルマとの面接中に、その報告で紹介している出来事以外にも何かあるかを尋ねた。アルフォンゾと話している時、主に私は、どのような記憶が今でも残っているのか、幼少期以来、どのように成長してきたのかを知りたかった。

かつて私は、フェルナンド・ロペスに会いたい気持を持っていた。妻が私に送ってくれた事例報告の少なくとも一部が事実であることを、おそらく証言できるはずだったからである。残念ながら、ロペスの孫娘のひとりが、一九九七年に私がリスボンを訪問する直前に、やはり自動車事故で死亡したばかりであった。そのため、アルフォンゾは、父親は私と会えないことを知らせてきた。

アンジェリーナ・ロペスの生涯と死の状況

アンジェリーナ・ロペスは、ロペス夫妻の次女であった。アンジェリーナは、一九五三年七月二〇日に、当時、一家が暮らしていた、ポルトガルのロレスにある自宅で生まれた。一九六三年に、一家はロレスからリスボンに転居した。

アンジェリーナの短い生涯の中で、予期せざる死の前に、変わった出来事があったとは聞いていない。アンジェリーナは、六歳で小学校に入学し、一九六〇年に第一学年を修了している。その時、アンジェリーナは満七歳になっていなかった。当時、一〇歳であった長姉のマルタは、初等学校の学業を修了するため、試験を受ける必要があった。イルマ・ロペスは、アンジェリーナにつき添って初等学校に行ったが、その時、下のふたりの娘も連れて行ったのである。イルマたちは、試験が終わってから近くの河原でしばらく遊んだ。帰途、道路を横断していた時、車がアンジェリーナをはね、死亡させた。アンジェリーナは、病院に運ばれたが、事故の現場で既に死亡していた。一九六〇年七月九日のことで、アンジェリーナが満七歳になる直前であった。

アンジェリーナは、人一倍優しい子であった。イルマ・ロペスの話では、少なくともイルマに対しては、他の娘たちよりも優しかったという。先述のように、アンジェリーナは、イルマに対して「お母さま」と呼びかける変わった癖を持っていたという。アンジェリーナは、並はずれて寛容な子どもでもあった。ある時、アンジェリーナは、男の子になりたいという願望を表明したことがあった。

アンジェリーナの死亡からアルフォンゾの誕生までの間に起こった出来事

アンジェリーナの死は、イルマ・ロペスに激烈な影響を及ぼした。イルマは、慰めようもないほど嘆き悲しんだ。それまでカトリック教徒であったが、今や、神の存在を疑うようになっていた。時おりイルマは、子どもたちを河原に連れて行かなければよかったと、自分を責めた。絶望の中で、このような恐ろしいことが——自分の娘が死によって引き離されてしまうということが——どうして起こりえたのか教えてほしいと神に願った。

アンジェリーナが死亡してから六ヵ月ほど経った時、ある友人がイルマ・ロペスにフランシスコ・マルケス・ロドリゲスを紹介してくれた。ロドリゲスは、ばら十字会員で、類稀なる智恵と超常的な能力とを合わせ持った賢者であった。ロドリゲスを知っている者は、個人的問題を相談し、その回答によっていつも安堵を得ていた。いかなる相談ごとでも、料金を請求することはなかった。ロドリゲスは、イルマに、もうひとり子どもを持つよう勧め、娘が二年以内に戻ってくると言った。死児が生まれ変わって来るという考えかたは、イルマの宗教教育の範疇にはなかったため、イルマは当惑した。にもかかわらず、ロドリゲスを訪問し続けたのである。ロドリゲスは、娘が、おそらく別の性別で戻って来るので、そのための準備を整えておくよう助言し続けた。

一九六一年の末、イルマ・ロペスは、再び妊娠した。次にフランシスコ・マルケス・ロドリゲスのもとを訪れた時、ロドリゲスはドアを開けて、微笑みながら「いらっしゃると思ってました。よい知らせが届くと思っていました」と言った。イルマは、将来に不安があると訴えたが、ロドリゲスは、イルマの不安を解消させた。希望を抱いたイルマは、もうひとり子どもが生まれるという期待に胸をふくらませて、ロドリゲス宅を辞したのである。

妊娠七ヵ月目に、イルマ・ロペスは、アンジェリーナの夢を見た。アンジェリーナは、どういうわけか、生まれてくる赤ん坊は男の子だと伝えてきた。目が覚めた時、イルマは、男の子が生まれてくると夫に話した。イルマの妊娠は、いたって順調であった。

アルフォンゾが行なった発言

本節では、アルフォンゾの発言に関する報告と、それにともなう本人の行動の描写を織りまぜて紹介することにしよう。イルマ・ロペスによれば、アルフォンゾがいる前で（主として夫のフェルナンドと）アンジェリーナの話を時々したことがあるという。しかしながら、アルフォンゾの面前では、次の発言に含まれる出来事や事柄にふれたことが一度もなかったのは、まちがいないという。

1　アルフォンゾは、一歳半の頃、母親の膝の上に座ってテレビを観ていた。トラックが画面に映り、続いて少年が通りを走っている場面が現れた。アルフォンゾは、それ以上見えないように両眼を閉じ、「いや、いや、いや」と大きな声で叫び始めた。アルフォンゾは、この頃、ようやく言葉を覚え始めていた。それ以上のことが言えるほどの語彙はなかった。泣いたのではなく、大声で叫んだのである。イルマ・ロペスは、アルフォンゾの予期せぬ反応を、アンジェリーナの死亡事故に由来するものと解釈した。

2 二歳の頃、アルフォンゾは、母親にしがみつき、まだよくは話せなかったが、「お母さまは、いっぱい泣いた、いっぱい泣いた」と言った。先述のように、アルフォンゾが「お母さま」と言う時には――アンジェリーナとの関連で――特別の意味があるのである。

3 アルフォンゾが二歳半の時、台所にいたイルマ・ロペスは、別の部屋で誰かがミシンをかけている音を聞いた。アルフォンゾがミシンのそばにいたのを知っていたので、アルフォンゾがミシンを動かして、怪我をするのではないかと心配した。急いでアルフォンゾのところへ行き、ミシンで遊ばないよう注意した。それに対して、アルフォンゾは、「どうしてだめなの」と聞いた。イルマは、「針が刺さるかもしれないからよ」と答えた。それに対して、アルフォンゾは、「いや、お母さん、そんなことないよ、針は取ったから」と言ったのである。調べてみると、確かにアルフォンゾが、針と針を留めるねじを外していた。イルマは、これを、アルフォンゾがアンジェリーナの生涯を記憶しているためと解釈した。三人の娘たちはいずれも、ミシンで遊んでいて針で手を刺したことがあったので、アンジェリーナの時代のこの記憶に基づいて、アルフォンゾがミシンから針を抜き取ったと考えたのである。

4 アルフォンゾは、三歳の時、イルマ・ロペスと一緒に、一方の姉の学校に行った。イルマは、娘に昼食を届けるために行ったのである。イルマとアルフォンゾが、学校の近くの道を歩いていると、車のクラクションが聞こえた。どういうわけかアルフォンゾは、母親から離れて、走って道路を横切り、急いで姉のそばへ行った。姉はそこで待っていた。イルマは、恐ろしさのあまり、目をつむってしまった。見るのがこわかったのである。その車は、ふたりの近くで停車したが、アルフォンゾにはぶつからなかった。イルマは動揺したが、アルフォンゾはイルマに向かって、「泣かないで、お母さま、また自動車だよ」と言った。自宅に向かっている時も、「自動車だったね、お母さま、あの時はずいぶん泣いたけど、また、たくさん泣くよね」などと、同じような言葉を繰り返していた。

5　アルフォンゾが四歳の時、ロレスに住んでいた頃、近所にいた夫婦が、息子のエルナニを連れて、ロペス宅に遊びに来た。おとなたちが話している時、アルフォンゾは、エルナニに向かって、「木馬、持ってたっけ」と尋ねた。エルナニは、母親に、木馬がまだあるかどうか聞いた。母親は、「いいえ、もうアナにあげちゃったでしょ」と答えた。それに対して、アルフォンゾは、「そうだったよね。アニーニャスと小さい息子にね」と言った。アンジェリーナは、エルナニと遊んでいたことがあり、エルナニの木馬で一緒に遊んでいたのである。アニーニャス（アナ）は、この隣人とロペス家の両方で働いていた使用人であった。アンジェリーナは、この女性を非常に好きだったのである。

6　まだ六歳になっておらず、小学校に入学していなかった頃、アルフォンゾは、母親が朝食を作っている台所に入って来た。赤い格子縞のナプキンがテーブルの上にあるのを見つけると、「見て、お母さん、おやつと一緒に学校に持って行ってたナプキンだよ。また学校に行くようになったら、またそれを持って行くんだ」と言った。アンジェリーナが学校に通っていた時、イルマ・ロペスは、時々、午後に食べられるおやつを持たせていた。（昼食は自宅で食べた。）イルマは、そのおやつを赤い格子縞のナプキンで包んでいたのであった。

7 数日後、アルフォンゾは、小学校に入学した。数カ月後、アルフォンゾは母親に、学校の先生が母親と話したがっていることを伝えた。多少の不安を抱きながら、イルマ・ロペスは学校に行った。担任は、母親に向かって、アルフォンゾが自分は女の子だと言っていると告げた。そして、アルフォンゾを医者に連れて行って診てもらうよう助言したのである。担任の話では、アルフォンゾは自分のことを女性語で表現したという。（ポルトガル語では、フランス語やヒンディー語やビルマ語その他と同じく、自分を指す形容詞や分詞のような単語が、話者の性別に合わせて変化する。）

担任は、「あなたは男の子で、女の子じゃないんですよ」と言って、言葉の使いかたを正した。ところが、アルフォンゾは、「いいえ、私は女の子よ」と言って、同じ言葉遣いを続けた。[註7] イルマは、この重大事について、フランシスコ・マルケス・ロドリゲスに相談した。それに対して、ロドリゲスは、アルフォンゾが大きくなれば、自分が女の子だなどと言うことはなくなるだろう

註7　前世の人格の性別に沿った言葉遣いをした性転換例の中心人物は、他にも、ラニ・サクセナ、マ・フトエ・ウィン、サンジヴ・シャルマ、マ・ミント・ミント・ゾウ、マ・ミント・ティン、マ・フトエ・イン、マ・ティン・イーがいる。

と言った。そして、実際にそうなったのである。担任からアルフォンゾが女性語を使っている話を聞かされた後、イルマは自分でも、アルフォンゾがそうした言葉遣いをしているのに時おり気がついた。アルフォンゾは、七歳頃になると、そうした言葉を使わなくなった。

8　しばらく後、アルフォンゾは学校から戻った時、母親にコップを出してほしいと言った。水を飲みたいのだろうと思ったイルマ・ロペスは、水がほしいのなら自分で飲めるでしょと答えた。それに対して、アルフォンゾは、「違うよ、それでコップがほしいんじゃない」と言って、コップを取ってきて、それをストッキングの中に入れ、針を手に持ち、ストッキングのほつれを直すような動作をした。そうしながら、アルフォンゾは、「ああ、こういうこと、ずいぶん長い間しなかった」と言った。一家がロレスに住んでいた頃、洋裁店に勤めていたイルマの義妹が、ストッキングのほつれを直す仕事をしていた。アンジェリーナは、しばしばこの叔母のところへ行き、叔母の真似をしていたのである。

9　アルフォンゾは、七歳頃、「ジプシーの川」に連れて行ってほしいと繰り返し訴えたが、イルマ・ロペスはアルフォンゾが何を言っているのかわからなかった。この頃、イルマは、アルフォンゾと姉のアウグスタを連れて、ロレスに住む義姉とその子どもたちを訪ねた。（先述のように、ロペス一家は、アルフォンゾが一歳になった一九六三年に、ロレスからリスボンに転居していた。）アルフォンゾとアウグスタは、いとこたちと一緒に、外へ遊びに出た。戻って来た時、アウグスタは、道路を渡りながらアルフォンゾが、あの橋を見に行くと言うのを聞いて驚いたと言った。イルマには、近くに思い当たる橋はなかった。アルフォンゾは、橋の話が出たのを知って、「そうだよ、あの橋を見に行ったんだ。でも、すっかり変わってて、あそこにはジプシーはひとりもいなかった」と言った。それを聞いたイルマは、アルフォンゾがどこの川のことを話していたのかがわかった。そこで、「あなたが見たかったのは、あそこの川のことなの」と聞いた。アルフォンゾは、「そうだよ、お母さん。ジプシーの人たちがいつもあそこにいたの覚えてる？　服を洗濯するの、手伝ってあげたかったんだ」と答えた。アルフォンゾを少し試してみようと思ったイルマは、「私たち、いつもどこであの川を渡ったのか覚えてる？」と尋ねた。それに対して、アルフォンゾは、「それは覚えてないけど、あの川もジプシーも橋も覚えてるよ。今は、あそこに大きな橋ができてるんだ。昔のとは全然違う橋がね」と答えたのである。イルマは、その筆記録の中で、アンジェリーナが死亡した時、一家が暮らしていた近くには教会はなかったことを明記している。したがって、ミサに出席するためには、いつも別の地区の教会まで、子どもたちを連れて歩いて行かなければならなかった。そこの教会に行くには、原始的な石橋を通って、小川を渡る必要があった。しかし、アルフォンゾが生まれた時には、既に新しい橋に替わっていたのである。

その出来事の後、イルマは、アンジェリーナの生涯について他にもまだ覚えていることがあるかどうか、何度かアルフォンゾに尋ねているが、いつも覚えていないという返事が返ってきた。眠ろうとしてベッドに横になっていると、遠い過去の、漠然としたイメージが浮かんでくる感じはするが、言葉で表現できるほどはっきりしたものはないというのである。

10　一九九五年、アルフォンゾが三三歳の時、イルマ・ロペスは、前世の記憶について再び尋ねてみた。その時には、飼っていた犬が死んだのを覚えていると答えたという。アルフォンゾは、その犬について、黒い斑点のある小さな白い犬だったと正確に説明した。犬の名前は覚えていなかった。その犬は、アンジェリーナが死去する二ヵ月ほど前に死んでいた。アルフォンゾは、その事実を正確に語った。

再生に関するアルフォンゾの発言　アルフォンゾが三歳半の時、本人と母親との間で、次のような会話があった。

アルフォンゾ　お母さん、人間はどうして地上で暮らしてるの？
イルマ　地上って、ここのこと？
アルフォンゾ　違うよ、お母さん。人間はどうして地上に生まれてくるの？
イルマ（口ごもりながら）それはね、あなた、人間は……
アルフォンゾ　わからないの、お母さんは。あたしは知ってる。
イルマ　そうなの。じゃあ、どうしてか言ってごらんなさい。
アルフォンゾ　それはね、ある時はここ、またある時はあっち。

このやりとりは、この話がそれ以上続けられなくなるほど、イルマを驚かせたが、イルマは、「あっち」の意味をアルフォンゾに聞いておかなかったことを後悔した。

前世に関連するアルフォンゾの他の行動

アルフォンゾの乗物恐怖症　先述のように、アルフォンゾは、子どもがトラックにはねられそうになる場面をテレビで見て恐怖に襲われた。しかしながら、この出来事を別にすれば、アルフォンゾには、幼児期に乗物に対する恐怖症はなかった。にもかかわらず、一六歳の時、乗物を恐れるようになった。この恐怖症は次第に弱まり、一九九七年までには（おそらくはそれよりも前に）、車が急停車する音を聞いた時に不安を感ずるだけになった。また、アルフォンゾは、自分で車が運転できるようになった。

アルフォンゾが、アンジェリーナに関係のあった場所を回避すること　イルマは、反応を見ようとして、五歳のアルフォンゾを、アンジェリーナが事故死した学校のそばの河原と、アンジェリーナの遺骸が埋葬された墓地に連れて行ったことがある。アルフォンゾは、そのどちらでも、その場所をはっきり見分けた様子は見せなかった。しかし、母親がそのような場所に自分を連れて来たことに驚き、不快な気持になって、そこから離れたがった。河原では、そこにいたくないと泣き叫び始めたのである。墓地に対する反応は、それほど強いものではなかった。

アルフォンゾが見せた他の関連行動

女性的な言葉遣いをしたり、縫いものに対する関心（先の発言3および8）を示したりしたことを別にすれば、アルフォンゾは、女性的と言える行動は示さなかったし、女の子の服装をしたがることもなかった。成人に達すると、アルフォンゾは結婚し、一九九七年には、既に二児の父親になっていた。

アンジェリーナと同じく、アルフォンゾも、少なくとも母親に対しては、ふたりの（生きている）姉たちに対してよりも強い愛情を示した。

一九九七年の時点でアルフォンゾが依然として覚えていたこと

アルフォンゾと面接している時、私は、前世についてまだ何か覚えていることがあるかどうかを質問した。それに対して、アルフォンゾは、次のことが思い出せると答えている。

1　**木馬**　木製で、手綱がついており、尻尾は本物の毛でできていたことと、安楽椅子のようなそり型の脚ではなく、車がついていたことを覚えていた。

2　**犬**

3　**母親と一緒にいて、女性たちが洗濯をしている川を見下ろしている場面**　川に向かって下っている斜面を記憶していた。

アルフォンゾによれば、以上の項目のイメージはあまりに鮮明なため、自分の幼少期に起こった出来事と思ってしまうほどだという。アルフォンゾは、それらがアンジェリーナの生涯に由来するものだと母親が断言したために、自分が誤解してしまったとすら思っていた。この食い違いに悩まされたため、アルフォンゾは、フランシスコ・マルケス・ロドリゲスに相談することにしたのである。ロドリゲスは、アルフォンゾに、まだ本当にアンジェリーナの生涯の記憶が残っていることを、何とか説明しようとしたという。

解説

本例のいくつかの特徴は、ナデージュ・ジュグーの事例〔一九五—二一〇ページ〕に見られる特徴の一部と非常によく似ている。どちらの事例でも、家族は子どもが夭折しており、その子どもの母親が悲しみのあまり取り乱し、その子どもが戻って来ることを願う。そして、その後に生まれて来た子どもを見ると、その願いが実現した証拠が見つかるのである。双方の事例とも、中心人物とそれに関係する故人の人格の性別が異なるという特徴を持っている。やはり双方の事例で、子どもの発言は散発的で、通常は、その記憶を刺激する何らかの物品や出来事や出会いに反応する形で起こった。このふたつの事例は、死んだ子どもの母親が再生について事前に信じていたか否かという点で違っていた。イヴォンヌ・アンニュイエは息子が死去するはるか以前から再生信仰を持っていたのに対して、イルマ・ロペスは、この可能性を徐々に受け入れたにすぎなかったのである。

ゲデオン・ハイハー

本例は、熱帯に住む黒い肌をした部族民の生涯を記憶するヨーロッパ人の子どもという、変わった特徴を持っている。

本例の要約とその調査

ゲデオン・ハイハーは、一九二一年三月七日に、ハンガリーのブダペストで生まれた。両親は、スボ・ハイハーと妻のエリザベットであった。ゲデオンは、ふたりの間に生まれた唯一の子どもである。両親は、中流と上流の中間に位置する階層に属していた。ふたりは、ゲデオンが三歳半頃に離婚している。ゲデオンは、三、四年の間、母親と一緒に暮らした。当時、母親は、その妹と共同で生活していた。妹には、ゲデオンと同年の娘がいたため、ふたりは一緒に遊んだ。ゲデオンが七歳の時、父親が正式の監護権を得た。そのため、ゲデオンは父親のもとで幼少期を送ったが、夏期には母親と過ごし、他の季節にも母親と頻繁に接触していた。エリザベット・ハイハーは、その後、再婚したが、それはゲデオンが前世について話すようになって以降のことであった。

前世を記憶する子どもたちの中では、例外的にゲデオンは、二歳から四歳までの間にそうした記憶を口にし始めることはなかった。とはいえ、その記憶の前兆のようなものは、四歳から五歳までの間に既に存在していた。母親は、ゲデオンといとこが一緒に絵を描いて遊んでいる時、いとこはいつも人の肌をピンク色に塗ったのに対して、ゲデオンはいつも黒褐色に塗ることに気づいていた。ある時、エリザベット・ハイハーが、ゲデオンに、肌の色をそれほど黒くするのはおかしいと言ったところ、ゲデオンは、何も言わずに、焦げ茶色で塗り続けたのである。

その少し後、ゲデオンは、エリザベット・ハイハーが、家族と一緒に、夏の別荘がある湖に泳ぎに行こうと言ったところ、ゲデオンは、じたばたともがきながら、絶叫して抵抗した。

ゲデオンは、六歳の時に、今度生まれる前にも自分は生きていたのかと聞いて、母親を驚かせた。母親は、どうしてそのようなことを考えるのかと反問したところ、ゲデオンは、違う国で違う人たちと一緒にいたのを覚えていると答えたのである。妻と子どもたちがいたとも言った。どこで暮らしていたのかと母親が聞くと、ゲデオンは、紙に鉛筆で、後出の図7のような線画を描いた。ゲデオンは、母親にその絵を詳しく説明した。そして、最後に、ある日狩りに出かけて、虎に槍を投げたところ、刺さったものの、その虎は死ななかったと言った。

第二次世界大戦が終わった後、エリザベット・ハイハーはスイスのチューリヒに転居した。そこで、ヨガ教室を開き、ヨガを教え始めた。

エリザベット・ハイハーは、自伝『秘法伝授 *Einweihung*』の数ページを、ゲデオンの記憶およびそれに関連する線画の説明にあてている。（エリザベットは、自著にゲデオンの絵を掲載していなかった。それが初めて公にされたのは一九六〇年のことであった。）私は、一九六三年から六四年にかけて、最初の研究休暇《サバティカル》をチューリヒで過ごし、一九六三年に『秘法伝授』を購入していた。同書でゲデオンの記

図7　円い家、長い乳房の女性、近くの河が描かれたゲデオン・ハイハーの絵。

図8　弓矢とブーメランで狩りをする男が描かれたゲデオン・ハイハーの絵。男の帽子が右下にある。

憶に関する報告を読み、エリザベットに手紙を書き、ゲデオンの記憶について詳しく知りたいという希望を伝えた。それに対して、エリザベットは、私との面接を快く承諾した。私は、一九六四年の二月一三日と五月七日の二回にわたって、チューリヒでエリザベットに長時間の面接をした。

一九六四年五月七日の面接時に、エリザベット・ハイハーは、ゲデオンが幼少期から父親と同居するようになるまでつけていた〝日記〟を見せてくれた。当時、ゲデオンは七、八歳であった。その日記はハンガリー語で記されていたので、私には読めなかった。しかしながら、毎日ではなかったとしても、エリザベットが頻繁に書き込んでいることが日付から見て取れた。(「〝日記〟」と引用符をつけたのは、そのためである。)エリザベットは、ゲデオンが描いた絵(図8—図11)とともに、同時期にゲデオンが紙を切り抜いて作った人形も見せてくれた。

この二回の面接とその後の私信のやりとりの中で、エリザベット・ハイハーは、数多くの——エリザベットからすれば、おそらく数え切れないほどの——質問に答えてくれた。また、エリザベットは、私が帰国してからも手紙を通じて質問に答えてくれた。前世を記憶するヨーロッパの子どもたちに関する本を書くという私の計画が、真剣なものであることをわかってくれたエリザベットは、ゲデオンの五枚の絵を本書に掲載し、『秘法伝授』から自由に引用する許可を与えてくれた。

一九七二年三月二二日、私はチューリヒを再訪し、エリザベット・ハイハーに最後の面接を行なった。その年の一一月二六日には、ジュネーヴでゲデオンに長時間の面接をしている。ゲデオンは、当時ジュネーヴに住んでいたのである。

前世に関するゲデオンの発言

本節では、『秘法伝授』から長文を引用する。エリザベット・ハイハーは、私信の中でゲデオンのもうひとつの発言を知らせてくれた。ゲデオンは、その記憶について初めて話した時、次のように述べている。

そこ〔本人が暮らしていたところ〕にいたぼくの妻や子どもたちも他の人たちも、ここの人たちとは違ってる。みんな黒くて丸裸なんだ〔一三〇ページ〕。

エリザベット・ハイハーは、それに対してゲデオンに、どこに住んでいたのかを尋ねた。エリザベットの報告は次のように続いている。

少年は、その時、何枚かの紙と鉛筆を取り、円錐形の屋根と排煙のための変わった煙突のある小屋を描いた。その家は、わが国〔ハンガリー〕では見ることのできない種類のものである〔図7〕。少年は、小屋の前に、ぶら下がった長い乳房を持つ裸の女性を描いた。小屋のそばには、波立つ水面があり、背景には椰子《やし》の木が生えている。〔註8〕

少年は、私にその絵を見せ、次のように説明した。「ぼくたちはこういう小屋に住んでたんだ。小屋は自分たちで建てた。それから、ぼくたちはみんな、自分で木の幹をくり抜いて舟を作るんだ。大きな河があったけど、ここの湖みたいに深いところまでは入れなかった。怪物みたいなものが水の中に住んでたんだ。それがどんなものだったか覚えてないけど、人間の脚を食いちぎったので、それで水に入れなかったんだよ。それでわかったでしょ。去年、ぼくに水［湖］に入るように言った時、どうして大きな声でわめいたのか。ぼくの脚に食いつくやつが水の中にいるんじゃないかと思って怖かったんだ。今でも、水に入る時は、そういう感じがするんだ。ここの水には怖いものが住んでないことがわかっててもね」

「それから、覚えてるでしょ、お母さん。うちでボートを買って、ぼくが漕ぎたがった時のこと。お母さんはぼくに、まず漕ぎかたを習いなさいと言ったよね。でも、ぼくは漕げることがわかってたんだ。自分の木の舟を、体の一部みたいにして、水の上をどんどん漕げたからね。舟に座って、舟ごと片方にひっくり返り、そのまま水の中で一回転して、反対側から水の上に出てきて、まだ舟に座ってるなんてことだってできたんだ。そしたら、お母さんは『いいでしょ、漕いでごらん。漕げないことがわかるから』って言ったよね。それから、ぼくの手が届かなくて両方の櫂《かい》が持てなかったので、片方の櫂で漕いだら漕げたでしょ。それだけじゃなくて、他のボートや他の人たちの間を縫ってうまく漕げたのを見て、お母さんたち、みんなびっくりしてたよね。ぼくが住んでたところでは、自分の木の舟で、何でもできたんだ。その時のぼくを見とけばよかった

註8　図7には、本文にある椰子の木はない。椰子のような木は、図8に描かれている。

んだよ。そこの木は、ここの木とは違って、こういう木だった」ここで、少年は線画に描かれた木を指さした。〔図7には椰子のような木は見えないが、図8にはあるので、この時点で図8を描いたはずである。〕「それから、他の、全然違う植物もあったんだ。ほら、ぼくがここに立ってて、大きな鳥を獲《と》ってるでしょ。それから、ぼくのすぐそばに、ぼくの帽子があるよ」〔その帽子は、図8の右端の地面にある。〕〔一三〇―一三一ページ〕

　ゲデオンが描いた絵はすべて、椰子その他の熱帯性植物が見られる、典型的な熱帯の情景である。本人を示す人物は、典型的な黒人のようであった。その帽子だけが、私には疑わしいように思われた。現代人〔ヨーロッパ人〕のフェルト帽のように見えたのである。しかしながら、私は少年のじゃまをすることも、空想を刺激することもしたくなかったので、注意しながら質問した。とはいえ、生まれてこのかた、裸の女性を見たことは、おそらく芸術作品を除けば、一度もなかったはずであるし、芸術作品の女性の場合、乳房がぶらさがってはいないであろうから、私は少年に、「どうしてあなたは、奥さんの乳房を、こういうふうに長くぶら下がって、醜い形に描いたの」と質問した。少年は、私がそんな質問をしたのに驚き、私を見た。そして、答えはわかりきっているとでも言いたそうに、即座に答えた。「それは、そういう形をしてるからだよ。それに、醜くなんかない。この人はとってもきれいなんだ」

　そこで私は、「最後に覚えていることは何ですか」という最後の質問をした。〔少年は答えた。〕「狩りに出かけて、虎に出くわしたんだ。槍を投げたけど、虎は死ななかった。槍が刺さったまま、虎はぼくに飛びかかって来た。その後のことは覚えてないんだ」〔一三二ページ〕

図９　肌の黒い人たちが描かれたゲデオン・ハイハーの絵。（１）

図10　肌の黒い人たちが描かれたゲデオン・ハイハーの絵。（２）

図11　肌の黒い人たちが描かれたゲデオン・ハイハーの絵。（3）

この時、あるいはその後、エリザベット・ハイハーは、ゲデオンに、図8の空中に描かれた三日月型の物体についての説明を求めた。それに対してゲデオンは、投げるとひとりでに戻って来る武器だと答えたのである。ゲデオンは、それを自分で作ったと言った。ゲデオンは、ブーメランという言葉は使わなかったし、エリザベットも、その言葉をゲデオンに示唆することはしなかった。[註9]

図7および図8は、茶色の色鉛筆で描かれている。しかしながら、この茶色が、ゲデオンの言う人々の茶色の肌をそのまま示しているわけではない。別の時に、おそらくはもっと前に描かれた図9から図11までの三枚の絵は、茶色以外の色鉛筆を使って、茶色の肌の人々が描かれているからである。ほとんどの絵には日付が書かれていないが、図10は、一九二七年一一月と記されている。その時、ゲデオンは六歳半であった。

先述の発言をした後、ゲデオンは、前世の話をほとんどしなかった。エリザベット・ハイハーは、ゲデオンが一〇代後半に行なった他の発言をいくつか記録している。

ゲデオンが一三歳の時、近所の人がエリザベット・ハイハーのところへ走って来て、ゲデオンがポプラの木に登っていると教えてくれた。エリザベットによれば、その木は二〇メートルから二五メートルほどの高さで、葉が豊かに繁っていたため、ゲデオンの声は聞こえたものの、姿は見えなかった。エリザベットは、ゲデオンに、すぐ降りてくるよう言った。ゲデオンは、しぶしぶその言葉に従った。エリザベットによれば、ゲデオンは慎重に降りてきたが、身のこなしは「小さな猿みたい」に巧みだったという。なぜそういう危険なことをしたのかと、エリザベットに問われたゲデオンは、木の上に隠れ家を作ったので、穀類がそこで煮炊きできるが、そうするとはるかに味がよくなると答えたのである。さらに、「このあたり全体がすごくよく見える。何もかも見渡せる」と言った。それに対して、エリザベットは、それほど高いところまで登るのは危険だと話し、隠れ家を作るのなら、地上に作るよう言った。その時、ゲデオンは怒った様子で、それに同意はしたものの、次のようなことを言った。「ぼくがジャングルにいて、これよりずっと高い木に登って動物を見はってた頃、誰がぼくのこと心配してくれてたのか知りたいよ。お母さんは、その時どこにいたの」エリザベットは、そ

註9　エリザベット・ハイハーは、自著『秘法伝授』の中ではこのことにふれていないが、一九七二年八月二二日付の私宛ての手紙には明記している。

の質問に答えることができないまま、二度と木に登らないようゲデオンに言い続けた。

その後しばらくして、ゲデオンは、学校から帰って来るなり、ひどくいら立ちながら、次のように語った。「ばかばかしいったらないよ。牧師が、人間の一生は一回しかないと言ったんだ。でも、ぼくは、人間が何度も生きることを知ってる。知ってるんだ。でも、おとながいる前では、そういうことは言わないで、おとなしくしてるのが一番いいんだ」

ゲデオンの次の発言は、一五歳の時であった。ゲデオンは母親に、ドラムを買ってほしいと言った。母親は承諾し、ふたりで一番大きな楽器店に行った。そこでゲデオンは、最も大きなドラムを選んだ。帰宅するとゲデオンは、このうえなく複雑なリズムをドラムで叩き出すという驚くべき技能を演じて見せた。ゲデオンは、時おり目に涙を浮かべ、一種の恍惚状態に陥っているように見えた。ドラムをどのようにして習ったのかは言わなかったが、ある時、ドラムで変わったリズムを奏でた後、次のように話した。「わかるかい、お母さん。ぼくたちは、こういうふうにして、すごく遠いところにいる相手と、信号や伝言をお互いに送り合うんだ」


ゲデオンが使った言葉と使わなかった言葉　ゲデオンは、黒人とかアフリカという単語を使ったことは一度もなかった。人間の脚に噛みつく、水中に住む〝怪物〟の正体についても話したことはなかった。（エリザベットは、ゲデオンが言っているのは鰐《わに》のことではないかと考えた。）ゲデオンは、自分が暮らしていた地域をハンガリー語で表現した。エリザベットは、それを、ドイツ語で原始林 Urwald と訳した。熱帯地方では、これは密林に相当する。

ゲデオンは、虎という単語を使ったが、何を指してこの言葉を使ったのかは、正確にはわからない。一九六四年二月一三日に行なわれた面接の中で、エリザベット・ハイハーは、この言葉をゲデオンが、大きく獰猛《どうもう》な野獣全般を指して用いていると語った。したがって、それは、虎のことだったのかもしれないし、ライオンや豹《ひょう》など、他のネコ科の動物のことだったのかもしれないのである。しかしながら、一九六四年五月七日の面接でエリザベットが語ったところによれば、ある本に虎の写真が載っているのをゲデオンが教えてくれたことがあったという。また、ゲデオンは、動物園の虎を指して、これが槍で刺し殺そうとした動物だったが、自分に飛びかかって来た、と言ったこともあるという。

前世に関連するゲデオンの行動

ゲデオンが前世について話した状況や様子　先に掲げた本例の要約で、ゲデオンが母親に向かって、前に自分がこの世に生をうけたことがあったかどうかと、問い質《ただ》したことにふれたが、その刺激となった出来事についてはまだ述べていない。この出来事があってから、ゲデオンは、母親に前世の話をするようになったのである。ここで、出発点に戻り、『秘法伝授』から再び引用しよう。エリザベット・ハイハーがゲデオンに、以前この世で暮らしていたことがある、と思うようになった理由を尋ねたところ、ゲデオンは次のように答えている。

庭にいた時、大きな黒い甲虫を見たんだ。ぼくは、棒でちょっと突《つつ》いた。そうすると、その甲虫は、仰向けにひっくり返って、まるで死んだみたいにぜんぜん動かなくなったんだよ。ぼくは、何がどうなったのか知りたくなった。それで、その甲虫から目を離さないようにして、じっと待ってた。ずいぶん時間がたった。たぶん三〇分くらいだろうけどね。それから、その甲虫は起き上がると、飛んでったんだ。そのことでぼくは、前にも生きてたことがあると思った。まるでぼくが死んで、みんなも、ぼくが死んだと思ったような気が、どうしてもするんだ。でも、それからぼくは、その甲虫みたいに、もう一度起き上がった。それで、ぼくはまた生きて、ここにいるんだ。それからね、お母さん、毎朝、目が覚めてまだ目を開けないうちに、ベッドから跳ね起きて妻と子どものために食べものを探しに狩りに出かけなきゃ、っていう思いがすぐ出てくるんだけど、これも、どうしてなんだろうね。目を開けて部屋を見まわすと、ぼくはまだ小さい子で、お母さんの子どもだってことを、やっと思い出すんだ。［一二九－一三〇ページ］

先述のように、後年のゲデオンの発言は、高い木に登った後と、ドラムを叩いた時に起こっている。

解説　七歳の児童が、甲虫のようなものを三〇分も見つめていたのは、少々変わった行動と言えるであろう。エリザベットの推測によれば、ゲデオンのその行動は、前世の記憶がより正確に浮かび上がりやすい、一種のトランス様状態に入った時に起こったのではないかという。そして、それを、エリザベット・ハイハーに話したのである。

ゲデオンの水恐怖症　ゲデオンの強い水恐怖症が、次第に弱まってきたのは、ハンガリーの夏の別荘の近くの湖で初めて泳がせようとした時からではないかと、エリザベット・ハイハーは考えた。エリザベットの表現を借りれば、結局ゲデオンは、「小さいアヒルのように」泳げるようになった。しかしながら、ゲデオン自身が（一九七二年に）私に話してくれたところでは、依然としてある程度の水恐怖症が残っていた。ゲデオンは水泳ができたし、実際に泳いでもいた。とはいえ、毎年、春になると、最初に水に飛び込む前に、多かれ少なかれ、恐怖が感じられるという。プールに行く時には恐怖はない。恐怖感が起こるのは、知らない河や湖に飛び込む時に限るのである。この頑固な恐怖症のため、ゲデオンは、自分は前世で溺死したのではないかと考えるようになった。これは、幼時に母親に話したこととは違っている。

前世に関係するそれ以外のゲデオンの行動　ゲデオンは、アフリカの黒人の生活について書かれた本を読むことには関心がなかった。ゲデオンは次のように述べている。「どこに意味があるんだ。あそこがどういうところだったかは、ぼくのほうがよく知ってる。白人が考えてることなんか知る必要はない。それに、本当のことが書かれてるのを読むと、何とかしてこらえようとするんだけど、涙が出てくるんだ」この発言をした時、ゲデオンは既に成人になっていた。ある時、エリザベット・ハイハーは、おそらくアフリカの黒人の生活を紹介する映画を、たまたまゲデオンと一緒に観に行ったことがあった。その時、ゲデオンは空軍のパイロットになっていた。しかしながら、エリザベットは、暗い中でゲデオンが涙を流しているのに気がついた。その映画が上映されている間、泣きじゃくるのを抑えることができなかったのである。

ゲデオンの技能　既に述べておいたが、ゲデオンは、習ったこともないのに、一本の櫂でボートを巧みに操り、高い木に登り、ドラムを叩いている。ボートを操るゲデオンの能力は、エリザベット・ハイハーに特に強い印象を与えた。

ゲデオンに見られた他の関連行動

ゲデオンは、虎や豹や猫などのネコ科動物に対する恐怖症はなかった。

ゲデオンが熱帯の生活に関する情報に接した可能性

エリザベット・ハイハーは、『秘法伝授』に、「その少年［ゲデオン］が、アフリカに関する本を見たことは一度もないことを知っていた。私は、少年のすべての発達段階について知っていたし、少年が何に夢中になっていたかも知っていた」と書いている。同書の別の箇所では、「一度も映画館に行ったことはなかったし、アフリカについて書かれた本を読んだこともなかった」とも述べられている。一家は、アフリカともインドとも、社会的、商業的なつながりはなかった。ゲデオンは、黒人をひとりも知らなかった。一九六四年五月七日の面接およびその後の手紙のやりとりの中で、エリザベットは、ゲデオンが通常の方法で熱帯の生活に関する知識を得たことはありえない、と強調していた。にもかかわらず、エリザベットは、この点についていくつかの疑いを抱いていたに違いない。前世の妻の長く垂れ下がった乳房をゲデオンが賞賛していることに関連して、「本人がこの点についてどこかで聞いた可能性はないことを確信するに至った」と『秘法伝授』に書いているからである。

しかしながら、ゲデオンは、動物園で鰐や虎を見たことはあった。

ゲデオンの発言や行動に対するエリザベット・ハイハーの態度

エリザベット・ハイハーは、ハンガリーで教育を受けた、伝統的なキリスト教徒であった。にもかかわらず、現在、超常的という言葉で呼ばれる体験に対しては、偏見のない態度を示したのである。若い頃には、〝机転術《テーブル・ターニング》〟や自動書記の実験もしている。エリザベット自身も、二回にわたる前世の記憶らしきものを――ゲデオンが前世について話すようになる前に――持っていた。ひとつは、夢の中に出て来たものであり、もうひとつは、目を開けている時に起こった、トランス様状態の中で出て来たものである。それゆえ、エリザベットは、前世が存在する可能性を十分に承知していた。にもかかわらず、エリザベットはいつも、ゲデオンが話したい以上のことを話させようとはせず、ひたすらゲデオンの言葉に耳を傾けた。図7および図8に示した二枚の絵を描いた時、ゲデオンは初めて自分の記憶を明かしたわけであるが、その後エリザベットは、自著『秘法伝授』に、次のように書いている。「私は、その絵を、この少年が生まれてからずっと書き続けてきた日記にはさんだ。私は、それ以上の質問はしなかった。刺激を与えて、空想をたくさくましくさせたくはなかったし、こうした記憶にこれ以上深く巻き込まれてほしくもなかった」［一三二ページ］

エリザベット・ハイハーは、ゲデオンの発言を、前世に由来するとして受け入れたものの、一九二〇年代のハンガリーに住む中産階級の家族に生まれた子どもが、アフリカで前世を過ごしたと考えていることに、依然としてとまどいを覚えていた。ゲデオンが話した内容を知った家族の他の者たちも、同様の困惑を表明した。

その後、エリザベット・ハイハーは、他の幻《ヴィジョン》も見ている。今回は、古代エジプトで送った前世の幻であった。この前世には、ゲデオンが登場したが、自分は、ゲデオンに不当な扱いをしたという。続いてゲデオンは、エジプトからアフリカのどこかの部族へと逃げて行った。ゲデオンは、そこで暮らし、死に、黒人として生まれ変わった。しかしながら、エリザベットの考えでは、ゲデオンはまだ自分に引かれていたので、もう一度息子として生まれて来たのだという。

この解釈に立てば、ゲデオンが、前世について初めて話す六カ月前に、母親に向かって奇妙な発言をしたことが理解できる。その時、ゲデオンは、高熱とリンパ腺の腫脹をともなう重病に罹っていた。医師が〝血清〟を注射したところ、ゲデオンはうわごとを言うようになった。エリザベット・ハイハーは、ゲデオンを両腕で抱きかかえて、五昼夜もつき添った。姿勢を少し変えようとした時、ゲデオンはエリザベットにしがみつき、「そのまま、そのまま、ぼくを抱いてて。そのままで、ぼくをきつく抱いててくれれば、昔、ぼくにしたことを全部許してあげる」と叫んだのである。エリザベットは、自分ではゲデオンに対して献身的で包容力のある母親だったと考えていたので、ゲデオンの発言には大変困惑したという。そこでエリザベットは、許してもらわなければならないことを何かしたのか、とゲデオンに質《ただ》した。それに対して、ゲデオンは、わからないと答えてから、そのまま、きつく抱いていてくれれば、かつて自分にしたことをすべて許す、という言葉を繰り返したのである。

解説　エリザベット・ハイハーがエジプトで送ったという前世の記憶とされるものや、その説明となりそうな高熱のため、うわごとを言っていた時のゲデオンの奇妙な発言は、事実かどうかが確認されているわけではないし、現実に裏づけが得られるものでもない。事実は、エリザベットの思いとは正反対のところにあるのかもしれない。許しに関するゲデオンの発言は、エリザベットの心の、意識では気づきにくいところに根強く残っていて、ついには、それが、許しが必要なことの説明になりそうな空想を作りあげ、幻という形をとって現れたのかもしれないのである。現段階では、どちらの解釈をとるべきかはわからない。

ゲデオンの身体的特徴

ゲデオンの瞳は青、髪は薄茶色であった。髪は直毛で、アフリカ人に特徴的な、短い巻き毛ないし縮れ毛のようなものは見られない。唇もアフリカの黒人のように厚くはなかった。要するに、典型的なヨーロッパ人に見えたのである。

ゲデオンのその後の経過

一九七二年に会った時、ゲデオンは、私に、一〇代の頃には異常に背が低く痩せていたと言った。そのため、ゲデオンは、一六、七歳になると、ハタヨガ（健康を増進させるため、運動と姿勢に主眼を置いたヨガ）を始めたという。指導者は、S・R・イェスディアンであった。イェスディアンは、エリザベット・ハイハーにもヨガを教えており、その後、エリザベットのヨガ学校の共同経営者になっている。ヨガの訓練は、ゲデオンにとってかなりの救いになり、最終的には、ヨガを教えることがゲデオンのライフワークとなった。

第二次世界大戦中、ゲデオンは、ハンガリー空軍に入隊し、パイロットになったが、操縦していた飛行機が撃墜されて負傷した。にもかかわらず、ゲデオンは、それ以外の点では無事に終戦を迎えた。その後、カナダに移住し、しばらくの間、バンクーバーでヨガ教室を開いていた。カナダで数年を過ごした後、一九五七年にヨーロッパに戻り、ジュネーヴに居を構えた。そこで、再びヨガを教える学校を開いた。ジュネーヴに設立した学校の他に、バーゼルとローザンヌにも分校があった。

ゲデオンは、一九七二年一一月に私が面会した時には五一歳であった。本人は、まだ前世の記憶が少し残っていると考えていたが、そのイメージは鮮明ではなかった。先述のように、ゲデオンは、初めての河や湖に飛び込むのには依然として恐怖心があった。このことからゲデオンは、前世では溺死したと考えていた。幼少期に、本人が虎狩りの話をしたことにふれると、ゲデオンは、獣に向かって槍を投げた後に、水中に転落したのかもしれないとして、その食い違いを繕おうとした。(私と話している時、ゲデオンは、虎という言葉を使わなかった。私とはフランス語で話していたので、ゲデオンは、野獣を意味する fauve という単語を使っている。)

ヨガに深くかかわっていたにもかかわらず、ゲデオンは、アジアの宗教にはほとんど関心がなく、その研究をすることも特になかった。インドには魅力を感じないということであった。それに対して、実際には行ったことがなかったにもかかわらず、アフリカに親近感を持っていたのである。

ゲデオンはどこで送った前世について語ったのか

ゲデオンの発言や線画を通じて得られる情報から、ゲデオンがどこで前世を送ったかを特定することはできない。椰子の木があることや着衣がほとんど、あるいは全くないことから、そこは熱帯地方のどこかであることがわかる。この問題の考察に際して、私は、ゲデオンの発言や線画が、アフリカの生活に当てはまるのか、それとも南アジア、特にインドの生活に当てはまるのかについて、結論を下すのではなく、それを慎重に検討するという、控えめな目標を設定した。また、ゲデオンの発言や線画のすべてが、アフリカの生活と一致するのか、それともインドの生活と一致するのか、という問題についても検討したい。

ゲデオンが語ったり描いたりした特徴のいくつかは、アフリカおよび南アジア双方の部族民の生活に見られるものである。衣服を（一部の地域では）ほとんどないし全く着けていない黒い肌の人々、水中の鰐、椰子の木、槍を使う狩り、弓矢、円錐形の屋根と排煙用の筒がついた円形の小屋、丸木舟などがそれである。

場所を特定しやすい特徴は、他にもいくつかある。それは、ブーメランや、ゲデオンが描いた（図8）のと似た形の帽子、太鼓による交信である。ブーメランは、一般には、オーストラリア先住民と結びつけて考えられる。しかし、実際には、南インドでもアフリカでも使われてきたのである（Burton, 1987; Ruhe, 1982; Thomas, 1991）。ゲデオンが描いたのと似た形の帽子は、アフリカの一部の地方に住む人々がかぶっている。これは、葦《あし》で作られている。この形の帽子は、アフリカの別の地方や

図12　アフリカの円形の家（イアン・スティーヴンソン撮影）。

インドの一部でも使われているのかもしれない。円形の小屋は、まちがいなく西アフリカの一部に存在する（図12を参照のこと）。

太鼓を叩いて信号を送るという点は、私にはアフリカ的であるように思われる。

ゲデオンが〝虎〟という言葉を使ったことで、私は初め、それによって場所が特定できるのではないかと考えた。そこで、私は、その点をエリザベット・ハイハーと二回にわたって検討した。まず私は、ゲデオンは猫のような大きな動物を意味する一般的な言葉としてこの単語を使ったのか、それとも、アジアにしか見られない虎（*Felis tigris*）を指してこの言葉を使ったのか、とエリザベットに尋ねた。それに対してエリザベットは、残念ながら、この点についてふたつの異なる意見を述べている。一九六四年二月に、この点を話し合った時、エリザベットは、ゲデオンは一般的な意味で使ったに違いないと述べた。ところが、一九六四年五月の二回目の面接で、この問題をあらためて検討した時には、ゲデオンはアジアにいる虎を指してこの言葉を使ったのだと思う、と語ったのである。

この見解について説明するため、エリザベットは、ある出来事を引き合いに出した。ゲデオンが、ある時には、本に載っていた虎の写真を指さして、またある時には動物園（おそらくブダペストの動物園）で飼育されている虎を指さして、これが、自分が覚えている前世で自分を殺した動物だと言ったというのである。エリザベット・ハイハーによる二番目の発言で、必ずしもこの問題が解決されるわけではない。もしかするとゲデオンは、虎の写真や動物園の虎を見て、これが前世の自分を殺した動物に似ていると認めただけなのかもしれないのである。しかしながら、私は、この見解を読者の方々に押しつけたい気持は毛頭ない。

ゲデオンが述べた前世はどこで送ったものか、という問題を検討するに際しては、それがアフリカだったというゲデオン自身の確信を尊重する必要がある。ゲデオンは、アフリカに強い愛着を持っていたのである。とはいえ、それはそれとして、ヨガに対するゲデオンの関心についても説明しなければならない。結局は、ヨガの教師が本人の生涯の仕事になっているからである。ヨガは、インドに端を発するものであって、アフリカとは何の関係もない。ただし、ゲデオンのヨガに対する強い関心は、母親の関心に由来するものなのかもしれない――また、それに刺激されていたのも確かである。

ゲデオンの発言のいずれの項目からであれ、それらすべての特徴を総合したものからであれ、ゲデオンが送ったとする前世は、アフリカか南アジアの熱帯地方に住む部族民の生活と一致するということ以上に、その場所を正確に特定することはできないと思う。ゲデオンが〝虎〟という単語を、動物園の虎を指さしながらも、一般的な大型動物という意味で使ったと考えるとすれば――私としてはそう考えたいと思うが――ゲデオンは、アフリカでその前世を送ったと見ることができる。

解　説

読者の方々は、幼時のゲデオンの発言や行動に、どちらの熱帯地方が符合するのかを私が決められないことに気づかれるであろう。しかしながら、私はひとつのことを確信している。幼時のゲデオンの描画や変わった行動は、遺伝子や環境の影響によって説明することはできないということである。

エイナル・ヨンソン

本例の中心人物は、人物や場所の固有名詞をひとつも口にしなかった。にもかかわらず、本例の情報提供者は、中心人物の発言はある青年を指していると考えた。その青年とは、中心人物の父親の義弟であった。本例に関する私の研究でも、それと同じ結論に到達した。

本例の要約とその調査

エイナル・ヨンソンは、一九六九年七月二五日に、アイスランドの首都レイキャヴィクで生まれた。両親は、ヨーン・ニールソンとヘルガ・ハーラルズドッティルであった。[註10] エイナルは、そのひとり息子である。また、エイナルの父親は大工で、両親は、ルーテル教会の信者であった。

両親は、エイナルが生まれてまもない頃は、ほとんど一緒に暮らしていなかった。エイナルは、当時、レイキャヴィクで両親と同居していた母親のヘルガと一緒にいたのである。ヘルガは仕事を持っていたため、エイナルは、主としてヘルガの母親に面倒を見てもらっていたが、その後は昼間だけ保育園に預けられた。ヨーン・ニールソンは、幼少期のエイナルにはほとんど会っていないため、エイナルが前世の話をしたことについては、聞き出すことができなかった。

エイナルは、一歳半頃に言葉を話し始めた。二歳の時、トラクターに乗っていて死亡した男性のことを話すようになった。また、既に亡くなっているが、別の母親がいるとも言った。次第に、牛や羊のいる農場やボートの話もするようになった。そして、変わった山が裏にある、大きな農家について詳しく話した。火事や、そのボートで起こった事故についても語った。

エイナルの家族は、本人の発言が、ハーラルド・オーラフソンという青年の生涯と死の状況に符合すると考えた。ハーラルドは、エイナルが生まれる一週間前に、トラクターの事故で死亡していたのである。

レイキャヴィクのゲイル・ヴィルヒャルムソンは、一九七三年三月一〇日付の手紙で、本例の存在

註10　アイスランドの人名〔セカンドネーム〕には、身元がわかるように、必ず父親の名前〔ファーストネーム〕が含まれる〔アイスランドの人名には、苗字に相当するものがない〕。それに、男性の場合には「の息子 sson」を、女性の場合には「の娘 sdottir」という接尾辞がつけられる。女性の名前は、結婚しても変わらない。

を私に知らせてくれた。私は、その情報をエルレンドゥル・ハーラルドソン博士に伝えた。ハーラルドソンは、二、三カ月以内にヘルガに面接し、一九七三年一一月に、ヘルガの発言をまとめたものを私に送ってくれた。この時には、エイナルは既に四歳になっており、その後まもなく、前世の話をしなくなってしまったのである。（ハーラルドソンはエイナルと話そうとしたが、その時には返答しなかったという。）

一九八〇年に私は、アイスランドに行き、八月一六日にエイナルの両親と長時間にわたる面接を行なった。（ハーラルドソンが同席したが、通訳の必要はなかった。）

その後、エイナルの父方祖母と面接する必要のあることが、次第にはっきりしてきた。この祖母は、ハーラルド・オーラフソンの母親にも当たるマルタ・シグルズスドッティルである。一九八五年に私は、アイスランドを再訪し、マルタと面接した。マルタは、私のためにわざわざレイキャヴィクまで出て来てくれた。そこで私たちは四月一一日に対面したのである。この時には、ハーラルドソンの通訳が必要であった。エイナルと母親のヘルガ・ハーラルズドッティルは、この面接に立ち会い、いくつかの補足をしてくれた。この時、エイナルは一五歳九カ月であった。

エイナルの発言のいくつかは、ハーラルドが住んでいた自宅およびその周辺に当てはまった。それまで私は、そのことを独自に確認していたわけではない。その確認をするためには、ロイヴァウスまで出かける必要があった。それには、ハーラルドソンに同行してもらわなければならず、ハーラルドソンを煩わせることになる。しかし、ハーラルドソンは、快くそれに応じてくれた。そこで、われわれは、一九九九年一〇月二三日に、車でレイキャヴィクからロイヴァウスに向かい、その町で、マルタと二回目の面接を行なったのである。この時には、オーラフ・ピエトゥルソンというハーラルドの父親からも話を聞いた。オーラフ・ピエトゥルソンは、エイナルの発言のひとつが事実であることを証言してくれた。また、ハーラルドが住んでいた家とその周辺に関するエイナルの発言が正しいことも、われわれ自身の調査によって明らかにすることができた。

エイナルの父方親族に関する関連情報

エイナルの父方祖母であるマルタ・シグルズスドッティルは、二回結婚していた。最初の夫であるニルス・ラウルソンとの間に、長男のヨーン・ニールソン（エイナルの父親）が生まれた。二番目の夫であるオーラフ・ピエトゥルソンとの間には、四男をもうけており、ハーラルド・オーラフソンはその次男であった。ハーラルドは、義兄にあたるヨーン・ニールソンよりも、八歳ほど年少であった。マルタと最初の夫のニルス・ラウルソンは、ヨーン・ニールソンが五歳になる頃までレイキャヴィクに住んでいた。その後、マルタは、ロイヴァウスという地区へ転居した。そこは、アイスランド北部のアクレリという街の近郊である。ロイヴァウスでは、二番目の夫のオーラフ・ピエトゥルソンが農場を経営していた。その後に生まれた四人の子どもは、全員がそこで誕生している。

ヨーン・ニールソンは、一六、七歳までロイヴァウスにいたが、それから、おそらく高等教育を受けるため、レイキャヴィクに戻った。ヨーン・ニールソンは、ロイヴァウスに一二年間も住んでいたため、そのあたりをよく知っていた。また、自分より八歳年少ではあったが、義弟のハーラルド・オーラフソンのことも、当然のことながら知っていた。ヨーン・ニールソンは、ハーラルドが九歳の頃、ロイヴァウスを離れた。ヨーン・ニールソンは、息子のエイナルの発言が事実であることを証言してくれる中心的な存在であった。

ヨーン・ニールソンとは対照的に、ヘルガ・ハーラルズドッティル（ヨーン・ニールソンの妻であり、エイナルの母親）は、ハーラルド・オーラフソンのことを全く知らなかった。また、ヘルガは、エイナルが五歳の頃に一緒に行くまで、ロイヴァウスには一度も行ったことがなかった。

ハーラルド・オーラフソンの生涯と死の状況

ハーラルド・オーラフソンは、一九五五年五月二二日に、アクレリで生まれた。両親は、オーラフ・ピエトゥルソンとマルタ・シグルズスドッティルであった。ふたりの間には、既に一男があり、ハーラルドが生まれてからさらに二児をもうけている。

私は、ハーラルドが一四歳で夭折するまでの間に起こった変わった出来事を、ひとつだけ聞いている。子どもの頃のハーラルドは、アイスランドの農場で成長し仕事を手伝う、ふつうの子どもだったようである。

少年時代に――何歳の時か私にはわからないが――ハーラルドは、片方のアキレス腱を事故で切ってしまい、外科で縫合してもらわなければならなかった。その後、しばらくは脚を引きずって歩いていたが、やがてその傷も癒えた。

ハーラルドは、若くしてトラクターの運転を習わなければならなかった。一九六九年七月一八日、ハーラルドは、一家が所有するトラクターの一台を隣の農場まで移動し、そこの草刈りを手伝った。

その仕事を終え、トラクターを運転して自宅に戻る時、なぜか道路からはみ出し、横転してしまったのである。即死であった。通行人がハーラルドの遺体を発見した。遺体はアクレリに運ばれ、そこで死因が調べられた。ハーラルドの遺族は、検視をした医師たちが死因についてどのように考えていたのかを聞いたことはなかったが、頭部に重傷を負ったことが致命傷になったのではないかと推定していた。

ハーラルドソン博士は、ハーラルドの死亡事故を報道した短い新聞記事のコピーを私に送ってくれた。アイスランドを代表する新聞である『モルグンブラージス』紙に掲載された、その記事には、ハーラルドの死亡年月日と死因が明記されていた。

エイナルによる発言

表1に、ヘルガ・ハーラルズドッティルが記憶していたエイナルの発言をすべて列挙しておいた。ヘルガによれば、エイナルはそのすべてを四歳以前に口にしていたという。一九八〇年にヘルガは、脚を引きずって歩いていた男性について（表1の第4項）エイナルが七歳頃に口にしていたことを話してくれた。しかしながら、ヘルガは、脚を引きずって歩いていた男性について、一九七三年にはハーラルドソン博士に話していたのである。その時、エイナルは四歳になったばかりであった。

エイナルは、人物や場所の固有名詞をひとつも口にしなかった。

どうやら、われわれは、エイナルのいくつかの発言を記録していなかったようである。エイナルが「その人［ハーラルド］の伯父さんや伯母さんやいとこたちの話」をしていたことを、ハーラルドソン

表1　エイナルの発言のまとめ

項目	情報提供者	事実であることの確言	解説
1 トラクターが転倒し、男性が死亡した。	ヘルガ・ハーラルズドッティル（エイナルの母親）	ヨーン・ニールソン（エイナルの父親） マルタ・シグルズスドッティル（ハーラルド・オーラフソンの母親） 『モルグンブラージス』紙（１９６９年7月22日付）	これは、ハーラルド・オーラフソンの死の状況については正しい。エイナルは、「ぼくはトラクターを運転していた。それがひっくり返ってぼくは死んだ」などのような直接的な言いかたは一度もしていない。
2 その人にはお兄さんがいた。	ヘルガ・ハーラルズドッティル	マルタ・シグルズスドッティル	ハーラルド・オーラフソンにはエイリークル・オーラフソンという名前の、ハーラルドより1歳年長の兄がいた。
3 その人には、死んだお母さんが別にいた。	ヘルガ・ハーラルズドッティル	正しくない	マルタ・シグルズスドッティルはまだ存命中であった。エイナルは、この発言をした時、マルタにはまだ一度も会ったことがなかったので、本人の目から見れば、マルタはいなかったことになる。
4 脚を引きずって歩く男の人がいた。	ヘルガ・ハーラルズドッティル	マルタ・シグルズスドッティル	ハーラルドの母方祖父であるシグルド・ステファンソンは、死去する年に半年ほど娘一家と同居していた。その時、シグルドは脚を引きずっていたのである。シグルドは58年か59年に死亡した。この時ハーラルドは、まだ3、4歳であった。
5 その農家は大きかった。	ヘルガ・ハーラルズドッティル	ヘルガ・ハーラルズドッティル 私は、99年にその農家を訪れた。	99年に訪れた時、この農家を、アイスランドのそのあたりにある他の農家と比較した。私には巨大には見えなかったが、まちがいなく大きかった。
6 その農家のうしろに山があった。	ヘルガ・ハーラルズドッティル	ヘルガ・ハーラルズドッティル マルタ・シグルズスドッティル 私は、99年にその家屋と山の写真を撮影した。	その山は、その農家のすぐうしろにある。
7 その山は、変わった形をしていた。	ヘルガ・ハーラルズドッティル	ヘルガ・ハーラルズドッティル マルタ・シグルズスドッティル	その山の一方は、斜面ではなく、切り立った崖になっていた。このような険しい崖のある山は、アイスランドでは珍しくない。アイスランド語には、このような山を意味する言葉――ヌープル nupur――すらある。（エイナルは、自分ではこの言葉は使わなかった。）

			99年にわれわれが訪れた地方にあるほとんどの山とは違い、ロイヴァウスのこの山は円錐形をしている。アイスランドの他の山は、山頂がたいてい平らになっている。この山は、その農家に面した側にも崖のような部分がある。
8 そこには、馬が何頭かいた。	ヘルガ・ハーラルズドッティル	マルタ・シグルズスドッティル	マルタ・シグルズスドッティルによれば、ハーラルドの生前には、馬は1頭だけだったという。
9 納屋がひとつあった。	ヘルガ・ハーラルズドッティル	ヨーン・ニールソン(エイナルの父親)	99年には、この農家の近くに何軒かの農家があったが、これらは、ハーラルドが死んでから建てられたものだと思う。
10 羊小屋がひとつあった。	ヘルガ・ハーラルズドッティル	ヨーン・ニールソン マルタ・シグルズスドッティル	
11 牛小屋がひとつあった。	ヘルガ・ハーラルズドッティル	ヨーン・ニールソン	
12 牛小屋と羊小屋は火事で焼けていた。	ヘルガ・ハーラルズドッティル	正しくない	ヨーン・ニールソン、マルタ・シグルズスドッティル、オーラフ・ピエトゥルソンは3人とも、このような火事は思い出せないという。 1969年に、火事があったが、それは別棟ではなく、母屋であった。この火事は、ハーラルドが死んだ後に起こっている。
13 その人は、スキーを持っていた。	ヘルガ・ハーラルズドッティル	正しくない	一家の中には、スキーを持っている者はひとりもいなかった。
14 その人は、自転車を持っていた。	ヘルガ・ハーラルズドッティル	マルタ・シグルズスドッティル	ヨーン・ニールソンは、ハーラルド・オーラフソンが自転車を持っていた記憶がなかったが、ハーラルドが9歳の時に、ヨーンはロイヴァウスを出てしまったので、ハーラルドはその後に自転車を手に入れていたのかもしれない。
15 その農場には小さなボートがあった。	ヘルガ・ハーラルズドッティル	マルタ・シグルズスドッティル ヨーン・ニールソン	
16 そのボートは壊れていた。	ヘルガ・ハーラルズドッティル	ヨーン・ニールソン オーラフ・ピエトゥルソン	そのボートは、主に釣りに使われた。秋になると、海から引き上げられ、裏返して置かれた。 ヨーン・ニールソンは、このボートがハーラルドの生前に「少し」壊れたのを覚えていた。マルタ・シグルズスドッティルは、ハーラルドの生前にこのボートが壊れた記憶はなかった。 オーラフ・ピエトゥルソンは、ボートが岸辺に引き上げられてから、嵐に遭い、壊れてしまったのを覚えていた。オーラフ・ピエトゥルソンは、ハーラルドソン博士と私に、そのボートの写真を見せてくれた。それは、ハーラルドの生前に壊れていた。

図13　ロイヴァウスの農家と背後にある変わった形の山。
その農家は、一番左に写っている焦げ茶色の建物である
（エルレンドゥル・ハーラルドソン撮影）。

は、一九七三年にヘルガ・ハーラルズドッティルから聞いて書き留めていた。しかし、ヘルガは、一九八〇年の面接時にも八五年の面接時にも、エイナルがそれらの人々について話したことを、私に教えてくれなかった。また、私のほうも、そのことを聞きそびれてしまったのである。

表1に列挙した全一六項目の発言のうち、一三項目は、ハーラルド・オーラフソンの生涯と死の状況については正しいが、三項目は正しくない。

エイナルが五歳の時、ヘルガ・ハーラルズドッティルは、エイナルを連れてロイヴァウスに出かけている。そこで、ひと夏を過ごしたのである。私は、エイナルにその農場やその周辺をよく知っている様子が見られたかどうかをヘルガに尋ねた。ヘルガによれば、エイナルにはそのような様子は見られなかった

が、ヘルガ自身は、その場所をよく知っている感じがしたというのである。ヘルガの考えでは、それは、大きな農家やその裏に変わった形の山があるというエイナルの発言が正確だったためではないかという。図13は、ヘルガがロイヴァウスに行った時に見たはずの風景を示している。

前世に関連するエイナルの行動

前世についてエイナルが話した時の状況や様子　本書に収録した事例のほとんどの中心人物とは違って、エイナルは、自分には前世があるという主張を、直接には一度もしていない。エイナルは、他人に起こった出来事を眺めている観察者のような話しかたをしたのである。[註11]

しかしながら、これは、自分や両親に対するエイナルの認識が混乱していたということではない。エイナルは、母親を拒絶しており、しばらくの間は、母親が自分の体にふれることすら許さなかった。「別のお母さん」のところへ行かせてほしいと訴え、自分の要求が聞き入れられないことを嘆いた。それと同時に、エイナルは、「別のお母さん」は死んだと言うこともあった。ある日、母親が保育園から本人を自宅に連れ帰る途中で、エイナルの友だちに会った。その子は、エイナルに向かって、ヘルガのことを本人の母親かどうか聞いた。それに対してエイナルは、「違うよ、これはぼくのお母

註11　自分の前世を主張するのではなく、その故人について間接的に話すことは、前世を記憶しているように見える子どもたちの場合には稀であるが、同じ特徴を持つ事例を、私は他にも数例研究したことがある。この種の事例は、まだ発表していない。

さんじゃない。お母さんは死んだんだ」と答えたのである。当時、母親が本人を連れて身を寄せていた、本人の母方祖母〔ハーラルドの母親〕を自分の母親だと言うことも時おりあった。しかしながら、この取り違えは一貫したものではなかった。別の時には、母方祖母は自分の母親ではない、と言っていたからである。

もしエイナルの母親が、本人の発言に関係する細目について質問したとしても、たとえば、「別のお母さん」の髪の色を聞いたとしても、本人は答えなかったであろう。

エイナルは、同じことを繰り返す傾向が多少あった。ヘルガ・ハーラルズドッティルがハーラルドソンに語ったところによれば、エイナルは、「たびたび兄について話す」し、「地元の大きな山のことを何度も話している」というのである。

両親に対するエイナルの態度　先述のように、エイナルが（死んだと言ったとしても）「別のお母さん」のところへ行きたがったのは、自分の母親のヘルガ・ハーラルズドッティルを拒絶しているからでもあった。エイナルは、父親のヨーンも拒絶し、両親の別居中には、本人と会いに来た父親を歓迎しなかった。ヘルガによれば、父親がふたりいるとエイナルが言うのを聞いたことは一度もないそうであるが、保育園の遊び友だちには、そのように話していたことがわかったという。

ロイヴァウスの農場で起こっていた出来事に関するエイナルの発言　エイナルは、その農場で起こっていた出来事を、何らかの方法で知ったかのように話すことがしばしばあった。たとえば、「今、ぼくのおばあさんがパンを焼いてる」、「ぼくのおじいさんが草刈りをしてる」といった発言を頻繁にしたのである。とはいえ、こうした発言が確認されたわけではない。[註12]

エイナルの他の関連行動

エイナルは、トラクターに対しても他の車輛に対しても、恐怖症はなかった。

エイナルのその後の経過

一九八五年に対面した時、エイナルは一五歳九ヵ月であった。当時、エイナルは初等学校の第九学年に在籍していた。前世については、何も覚えていないとのことであった。地方の生活にも都会の生活にも、特にこだわりはなく、コンピュータのことをもっと知りたいと話していた。

解　説

本例に関する私の記録にも、ハーラルドソンと私との間に交わされた私信にも、本例が既決例と考えられるかどうかについては、時おり疑念が表明されている。つまり、エイナルの発言は、ハーラ

註12　前世の人格の遺族と超常的交信をした証拠のある中心人物は、他にも数名いる。このグループに入る中心人物としては、シャムリニー・プレマ、ニランカル・バトナガル、グナナティレカ・バデウィタナ、スワルンラタ・ミシュラ、スニタ・カンデルワルがいる。

ルド・オーラフソンの生涯と死の状況にこそ当てはまり、それ以外の人物には当てはまらないと言えるかどうか、ということである。現段階の私としては、この疑問に対して、慎重な姿勢ではあるが、当てはまると考える。トラクターの事故は、農場では珍しくないが、致命的な事故はそれよりもはるかに少ない。この農場に関するエイナルの多くの発言は、多くの、おそらくは、ほとんどすべての農場に当てはまるであろう。とはいえ、水辺に近い農場にしかボートは置かれていないであろうし、脚を引きずって歩く男性がいる農場は多くはないであろう。また、変わった形の山がすぐ後にある農場も多くはないであろう。これら一群の事象が発生する確率を算出することはできない。しかしながら、ハーラルド・オーラフソンが暮らしていた農場以外に、以上の点がすべて備わった農場が見つかる可能性は低いのではないか、という私の見解に、ほとんどの方は同意されるのではないかと思う。

エイナルが、脚を引きずって歩いていた男性について述べたことは、ふつうではない。脚を引きずって歩いていた母方祖父が、自宅にしばらく同居するようになったのは、ハーラルド・オーラフソンがわずか三、四歳の時のことであった。母方祖父が来て、その年の後半に死亡したのは、ハーラルドが一四歳で死亡する一〇年前にあたる。しかしながら、この点でも、本例は珍しいものではない。ほとんどの中心人物では、その記憶が前世の人格の死の周辺に集中しているが、前世のかなり早い時期の出来事を思い出した中心人物も、少数ながら存在するからである。[註13]

本例は、[註14]前世の人格の死亡から中心人物の誕生までが短い――七日しかない――点でも、珍しい事例である。

ディッタ・ラウルスドッティル

本例も、データの乏しい事例である。しかしながら、データが乏しいにもかかわらず本書で報告するのは、一部の子どもたちが示す前世のわずかな兆候の実例を、子どもを持つ方々にご覧いただきたいためである。[註15]

本例の要約とその調査

ディッタ・ラウルスドッティルは、一九六七年一月三日に、アイスランドの首都レイキャヴィクで生まれた。両親は、ラウルス・ヨハンソンとマルグレット・オーラフスドッティルで、ディッタは、ふたりの間に生まれた第三子であった。大工のラウルスは、マルグレットの二番目の夫であり、ラウ

註13　スワルンラタ・ミシュラも、前世の人格が死亡するよりはるか以前に起こった出来事を覚えていた。

註14　前世の人格の死去から中心人物の誕生までの間隔が一週間以内の事例は、他にも、セミル・ファリシ、イザート・シュハイーヴの事例がある。

註15　前世について二、三項目の発言しかしなかった子どもは、他にも、ヘンリー・デマートⅢ世、ウィルフレッド・ロバートソン〔一五七―一六五ページ〕、グレアム・ルグロ〔一八一―一八八ページ〕、パーヴォ・ソルサ〔三〇九―三一六ページ〕がいる。

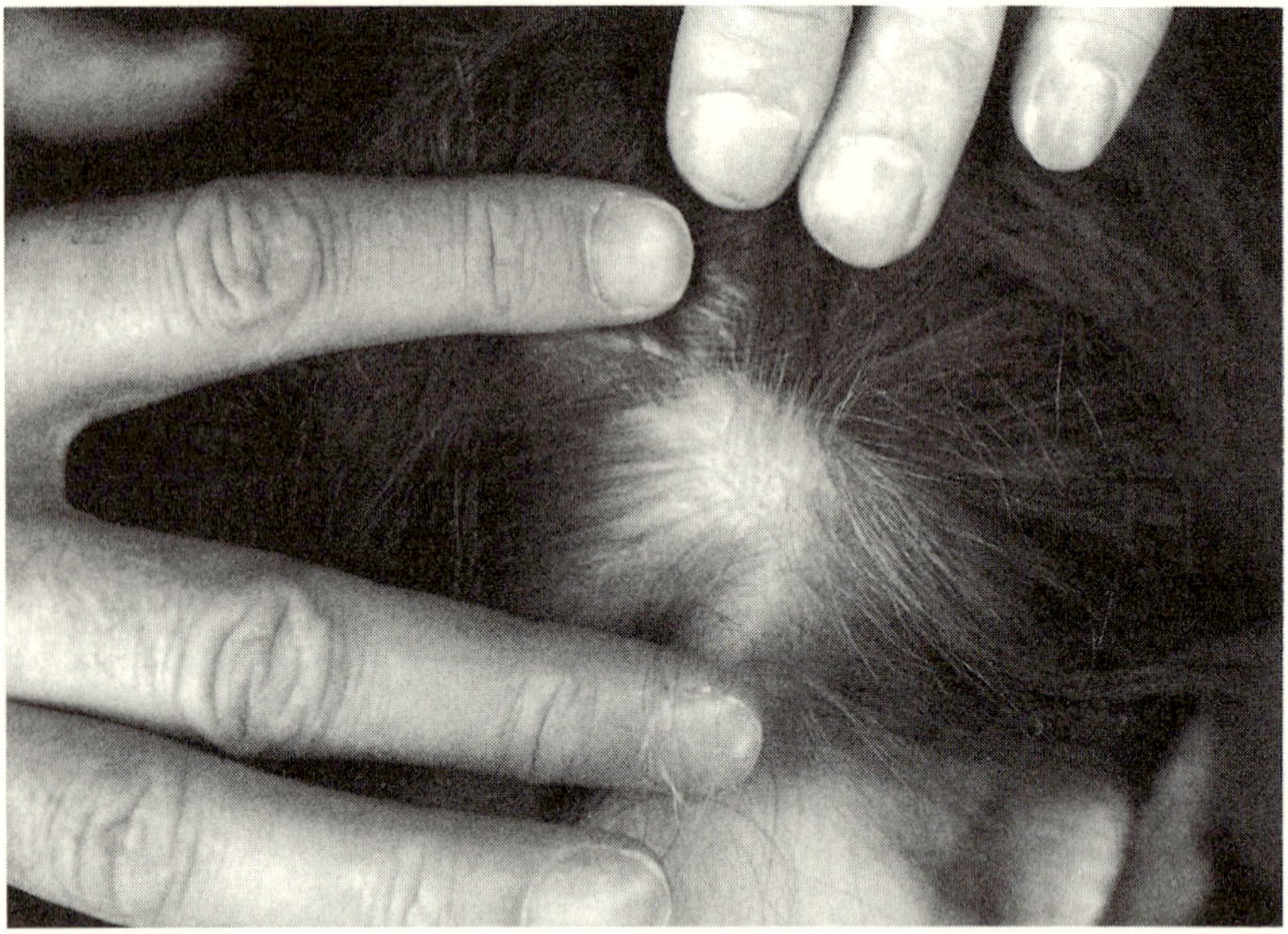

図14　1981年3月、本人が14歳の時の、ディッタ・ラウルスドッティルの頭部の母斑〔286ページ参照〕（イアン・スティーヴンソン撮影）。

ルスとマルグレットは、ルーテル教会の信者であった。ふたりは、ディッタの幼少期に別居している。

母親のマルグレットがディッタを妊娠していた時、マルグレットの妹のグウズルンが、早世したマルグレットの三番目の姉であるクリスティンの夢を見た。その夢の中で、クリスティンは、マルグレットの娘として生まれ変わろうとしているようであった。

ディッタが生まれて一〇日から一四日ほど経った頃、マルグレットは、ディッタの後頭部に目立つ母斑があるのに気づいた（図14）。

ディッタは、二歳半の頃に、クリスティンの生涯の記憶を思わせるふたつの発言をした。

家族の者たちは、ディッタとその伯

母のクリスティンが、身体的な類似点を持っていることにしばしば気づいている。

エルレンドゥル・ハーラルドソンは、一九八一年に私がアイスランドを訪れた時、本例の存在を教えてくれた。一九八一年三月五日、ハーラルドソンと私は、マルグレットに（レイキャヴィクで）長時間にわたる面接を行なった。われわれは、一四歳のディッタとも対面した。私は、ディッタの母斑を調べ、写生し、写真に撮影した。

三月六日、ハーラルドソンは、ディッタの父親であるラウルス・ヨハンソンに電話で話を聞いた。その時、私はハーラルドソンの研究室におり、ふたりのやりとりをその直後に記録した。ディッタの母方祖父母は、一九八一年以前に死亡していたが、ディッタが生まれる前にクリスティンの夢を見たグウズルン・オーラフスドッティルは、当時パキスタンに住んでいた。そのため、私の入手しえた本例に関する情報のほとんどは、ディッタの母親マルグレットが提供してくれたものであるが、ディッタの父親の証言と、警察によるクリスティンの死亡報告も、一部の項目が事実であることを裏づける、貴重な資料となった。

一九九九年一〇月に、私はアイスランドを再訪したが、ディッタとその家族に再対面することはできなかった。ハーラルドソンは、クリスティンが死亡した事故に関する警察の調書の写しを入手した。ハーラルドソンは、それを私のために翻訳してくれた。この綿密な報告書には、クリスティンの夫を含む三名の発言が収録されていた。その三名が、クリスティンが死去する直前の出来事を証言していたのである。

クリスティンの生涯と死の状況

一五人の兄弟のうち、クリスティンは第三子で三女であった。一九二五年一一月一〇日の生まれで、両親は、オーラフ・ロフトソンとエリンボルク・シグルズスドッティルであった。ふたりの間には、その後、本例に関係するマリア、マルグレット（ディッタの母親）、グウズルンをはじめとする娘たちが生まれた。ふたりの間に生まれた子どもは、全員が女児であった。一家はレイキャヴィクに住んでいた。

クリスティンは、三歳の頃、転倒して後頭部を打った。傷口から出血したが、近くに医師はいなかった。オーラフ・ロフトソンは、自分で止血し、傷口に絆創膏を貼った。その後、オーラフは、クリスティンが頭をけがしたことがあるかどうかとマルグレットに聞かれるまで、その傷のことは忘れていた。

クリスティンは、結婚する前に、演劇学校に通い、ラジオの演劇番組に出演したことがあった。クリスティンは一七歳で結婚した。夫のエイナル・グリムソンは、クリスティンが演劇を続けることに反対した。クリスティンのほうも、子どもが生まれてからは、その仕事をするための時間はなかったようである。死亡した時、クリスティンには三歳の長男と五カ月の長女がいた。一家はレイキャヴィクに住んでいた。

一九四七年秋に、クリスティンとエイナルは、新築の家を（友人と共同で）購入した。その家は、まだ未完成であった。にもかかわらず、ふたりはその家に引っ越した。その家には地下室があり、そこには集中暖房装置と洗濯機が設置された。その洗濯機は、前から使っていたもので、新居にそのまま運んで来たのである。ある晩、クリスティンがたらいで衣類を洗った。それから洗濯機の絞り器を使おうとして洗濯機にふれたところ、電撃を感じたので、そのことをエイナルに伝えた。ふたりは、電気屋が修理に来るまでは、洗濯機を使わないことにした。明らかに接触が悪かったうえに、おそらく接地《アース》されていなかったのであろう。それから、エイナルは近所の家に出かけた。クリスティンはそのまま地下室にいた。遊びに来て二階にいた妹のソフィアは、突然、クリスティンが大きな声で呼ぶのを聞いた。ソフィアが地下室に降りてみると、クリスティンは右手を洗濯機につけたまま動かなくなっていた。ソフィアは、急いで隣人に助けを求めた。すぐに隣人が駆けつけ、家の電源を落とした。しかし、その時には、既にクリスティンは死亡していたのである。一九四七年一一月六日のことで、享年は二二歳であった。妹のマルグレット(ディッタの母親)は、その時一四歳であった。

クリスティンは、親切で優しい女性であった。一四人のうちでも、マルグレットが好きな姉だったのである。

グウズルン・オーラフスドッティルが見たクリスティンに関する夢

一九六六年にマルグレットがディッタを妊娠していた時、すぐ下の妹であるグウズルンは、次のような夢を見た。

マルグレットとその夫は、生まれたばかりの赤ちゃんを連れて来て、自分たちが出かけている間、この子を見ていてほしいとグウズルンに頼んだ。ふたりは出かけ、グウズルンは子どもとふたりだけになった。赤ちゃんはそれから座って、話し始めた。赤ちゃんは、「あたしがもう一度生まれてるの知ってる?」と聞いた。グウズルンは、「いいえ、知らなかったわ」と答えた。それから赤ちゃんは、「前に一回生まれてる。あたし、昔ここにいた……生まれるのはとっても難しかったけど、死ぬのは簡単だった」と言った。グウズルンは、どうして死んだのか教えてほしいと聞いたが、赤ちゃんは、そのことを話そうとしなかった。それからグウズルンは、見かけは前と同じなのかどうかと尋ねた。赤ちゃんは、「同じよ。でも、今は前より色が黒いし、髪の色も濃いの」と答えた。それから、赤ちゃんは、自分には傷あとがあると言った。グウズルンは、それは死んだ時のことと関係があるのかどうか聞いた。赤ちゃんは、「ちがうよ。あたしが死んだのは二〇歳を過ぎてだけど、その傷ができたのは小さい時だったから。これはいずれ消えるわ」と答えた。それから、赤ちゃんはグウズルンにマリア「クリスティンがお守りをしていた妹」のことを聞いた。グウズルンは、赤ちゃんがマリアの名前を口にしたのを聞いて、「あら、私たちを前から知ってたの」と尋ねた。それに対して、赤ちゃんは、また横になって、「その話はもうしたくない」と言った。

(先述のように、私はグウズルンに会うことができなかったため、この夢の報告は、マルグレットを通じて聞いたものである。)

グウズルンは、この夢の赤ん坊は姉のクリスティンだと確信した。クリスティンは、一家の娘たちの中でただひとり亡くなっていたからである。グウズルンは、この夢を見た翌日か翌々日に、この夢の話をマルグレットに話した。その時には、マルグレットは、その話にほとんど関心を示さなかった。

解説　グウズルンがこの夢を見たのは、ディッタが生まれる前だったので、ディッタの母斑について通常の方法で知ることはできなかった。しかしながら、クリスティンの頭部外傷については何も知らなかった可能性が高そうに思われるとはいえ、まちがいなくそうだと考えることはできない。一九八一年に、ディッタの父親であるラウルスは、クリスティンの頭部外傷のことを知っていたが、クリスティンに対面したことは一度もなかった。また、オーラフ・ロフトソンは、娘のマルグレットにディッタの母斑を見せられるまで、クリスティンの頭部外傷について話したことは一度もなかったようである。エリンボルク・シグルズスドッティル（クリスティンとマルグレットの母親）は、幼い頃、娘たちがよく転倒したと述べたが、クリスティンが頭にけがをしたことは覚えていなかった。

ディッタの発言

ディッタが二歳から二歳半までの間、マルグレットは、ディッタを洗面所に連れて行った。ディッタは、マルグレットが指輪をしているのに気づいた。それから、ふたりの間に（一九八一年にマルグレットが思い出したところによれば）次のような会話が交わされた。

ディッタ　その指輪、誰がくれたの。

マルグレット　最初の主人よ［これは、ディッタの父親ではない］。
ディッタ　あたしにも主人がいたよ。
マルグレット　いないわよ。あなたには、主人なんていないのよ。
ディッタ　いたよ。
マルグレット　小さい女の子にはね、ご主人はいないの。
ディッタ　でも、いたんだよ。
マルグレット　そう。じゃあ、そのお名前は？
ディッタ　エイナル。
マルグレット　子どもはいたの。
ディッタ　いなかったの。お人形さんしかいなかった。

ディッタは、前世について二度と口にすることはなかった。その話を父親としたこともなかった。ディッタは、自分のことをクリスティンだと言ったことはなかったし、頭の母斑のことを人に話すようなこともなかった。

解説　クリスティンが死んだ時点で、エイナルとクリスティンには、ふたりの子どもがいた。先述のように、長男は、三歳になってまもなかったし、もうひとりは生後五カ月の妹であった。マルグレットは、ディッタがエイナルの名前を聞いたことは一度もないと確信していた。その後、エイナルは再婚し、マルグレットの家族から〝いなくなって〟しまったのである。

前世に関連するディッタの行動

ディッタは、成長して人形を持った時、女の人形に「アルンヘイズル」という名前をつけた。家族の中にはそのような名前の者はいなかった。しかし、クリスティンには「アルナ」という名前の友人がいた。アルナもその後に亡くなっていたのである。アルンヘイズルという名前の女性が、アルナの愛称で呼ばれることはよくあるが、マルグレットは、クリスティンの友人の場合もそうなのかどうかは知らなかった。

マルグレットは、二歳頃にディッタが女優ごっこをしていたのを見ている。大きくなったら何になりたいかとマルグレットが聞いたところ、ディッタは、女優になりたいと答えた。その後、ディッタは考えを変えて、学校の先生か看護婦か医師になりたいと言うようになった。

ディッタが示した他の関連行動

ディッタには、電気器具に対する恐怖症はなかった。

ディッタは、誰にも教わらずに、文字が読めるようになった。六歳の時には、読みかたを教えられた他の子どもたちよりもはるかに上手に読むことができた。ディッタ自身も、教えられないのに読めるのを不思議に思ったので、どうしてこのようなことができるのかと母親に尋ねた。それに対して、マルグレットは、わからないと答えた。

マルグレットは、ディッタがクリスティンよりも短気だと思っていた。

ディッタの記憶に対するおとなたちの態度

先述のように、ディッタの両親と祖父母は、ルーテル教会の信者であった。マルグレットによれば、ディッタが生まれる前にクリスティンの夢を見た妹のグウズルンは、生まれ変わりを信じていたというが、マルグレットはそうではなかった。にもかかわらず、マルグレットは、われわれの調査を明らかに真剣に受け止め、長時間にわたる面接でも辛抱強く応対したばかりか、われわれの研究に関心すら示したのである。

マルグレットによれば、両親は死後の生命を信じていたという。また、両親が生まれ変わりも信じている可能性が高いと、マルグレットは考えていた。

ディッタの母斑

ディッタの母斑は、右後頭部の耳の斜め上あたりにあった。直径一センチほどの円形で、瘢痕状になっており、髪の毛は生えていなかった〔図14〔二七八ページ〕参照〕。

ディッタとクリスティンの身体的類似点

マルグレットによれば、両親は、ディッタとクリスティンが酷似していると思っていたという。「両親はいつも、ディッタがどのくらいクリスティンとよく似ているかを話していました」とマルグレットは言う。ディッタもクリスティンも、著しく淡い碧眼《へきがん》であった。ディッタは、クリスティンよりも色黒で、髪の色も濃かった。

ディッタの場合、クリスティンの死因となった電撃を受けた部位——おそらく右手——には、それに対応する母斑はなかった。

解説

生まれ変わりに対して、マルグレットが疑いを持っていたことからすると、誰もがクリスティンとみた前世に関する唯一の直接的発言を引き出す契機となったディッタとの対話を、マルグレットが誤って記憶していた可能性は、ありえないことではないにしても、考えにくい。ディッタの母斑とクリスティンの後頭部の負傷とが一致することをわれわれが確信しているのは、マルグレットの父親のオーラフがかつては覚えていた傷のことを、マルグレット自身が覚えていた〔二八〇ページ参照〕ため以外の何ものでもない。(先述のように、マルグレットの母親のエリンボルクは、クリスティンが頭部に負傷したことを覚えていなかった。)

ディッタの母斑を、通常の説明で片づけることができるであろうか。もしかすると、ディッタが産道を通った時、頭部に擦過傷を受け、それによって圧迫性壊死が起こったのかもしれない。とはいえ、ディッタがマルグレットの第三子であることから、この可能性はありそうにない。ディッタの分娩は三時間半しかかからなかったことに加えて、正常分娩であった。出産時の圧迫性壊死は、初産が長引いた時に最も起こりやすいのである(Hodgman *et al*., 1971)。

ディッタの母斑が、クリスティンの古い頭部外傷の瘢痕に由来するものと仮定すると、本例は珍しいことになるが、類例がないわけではない。少なくとも、ドラベス・クロスビー、ジェニファー・ポロック〔一八八―一九五ページ〕、レク・パル・ジャタヴの三例で、中心人物の母斑や先天性欠損が、前世の人格で致命傷となった外傷以外の傷痕と一致しているのである。

なお、クリスティンの死からディッタの誕生までの時間的間隔――ほぼ一九年――は、ヴァージニア大学で研究された同一家族例としては最長の部類に属する。

マルヤ＝リイサ・カアルティネン

本例の要約とその調査

マルヤ＝リイサ・カアルティネンは、一九二九年五月二二日にフィンランドの首都ヘルシンキで生まれた。父親は、本人が三歳の時に死亡しており、私はその名前も職業も聞いていない。母親のサッリ・カアルティネンが、本例のほとんど唯一の情報提供者である。

マルヤ＝リイサは、満一歳の頃には言葉を話し始めた。二歳頃には、姉のエーヴァ＝マイヤの生まれ変わりだと、母親が確信するきっかけとなった発言や行動を示すようになった。エーヴァ＝マイヤは、マルヤ＝リイサが生まれる六カ月前に死亡していた。

私は、スイスのチューリヒに住むカール・ミュラー博士から、本例の存在を知らされた。ミュラーは、一九五九年にヘルシンキでサッリ・カアルティネンと対面した。その時に、サッリは、娘の事例をミュラーに話したのである。その後、サッリは本例について報告をミュラーに書き送り、ミュラーはそれを私に見せてくれた。私は、一九六三年秋にヘルシンキを訪れ、九月三日にサッリ・カアルティネンと長時間にわたる面接を行なった。サッリは英語を話さなかったが、英語がわかる娘のマルヤ＝リイサが通訳を務めてくれた。［註16］

サッリ・カアルティネンは、マルヤ＝リイサの発言と行動の記録を手元に保管しており、私との面接でも、それを参考にしていた。その後、私は、その記録を貸し出すか、それがむりなら、それを翻訳したものを譲ってほしいと頼んだ。サッリは、その依頼を承諾したが、それが延び延びになったまま、結局、新しい自宅に転居する際に、サッリがその原本を紛失してしまった。

註16　事例の情報提供者に――それもとりわけ中心人物自身に――別の情報提供者の通訳を務めてもらうのは、明らかに望ましくない。私はこれまで、このような状況を避けることができた。とはいえ、きわめてわずかな例外はある。一九六三年に初めてヘルシンキを訪れた後、私は、リタ・カストレンの助けを借りている。リタは、一九七八年にマルヤ＝リイサと面接した時も含めて、それ以降フィンランドで行なった私の調査のほとんどすべてで通訳を務めてくれた。

一九六三年に本例について私が知った内容と、それより前にサッリ・カアルティネンがミュラー博士に書き送った内容とがきわめてよく似ていたことから、私は、母親がその時話していたことを、通訳する際にマルヤ＝リイサが歪めてはいないことを、マルヤ＝リイサの母親がかつて話していたことと引き比べて、確信した。

マルヤ＝リイサには、七歳上にアンティ・カアルティネンという兄がいた。その兄なら、マルヤ＝リイサが幼かった頃の発言や行動について、何らかの記憶が残っているのではないかと考えた。一九六三年にヘルシンキを訪れた時、私は、アンティと電話で少し話した。その時には、アンティは、マルヤ＝リイサの発言も行動も覚えていなかった。とはいえ、母親が友人たちにその話をしていたのを聞いた記憶はあるとのことであった。

その後、私は、本例のいくつかの点について、サッリ・カアルティネンと手紙でやりとりした。サッリが私に宛てた手紙は、マルヤ＝リイサが翻訳したうえ、タイプで清書してくれた。一九七八年、私はヘルシンキを再訪し、マルヤ＝リイサと再対面したが、母親とは会えなかった。母親には、それ以降も会っていない。

エーヴァ＝マイヤの生涯と死の状況

エーヴァ＝マイヤ・カアルティネンは、一九二三年八月一七日にフィンランド中部のオウルで生まれた。その時点では、唯一の女児であったが、既に三人の兄がいた。

エーヴァ＝マイヤは、兄たちとは異なる性格特徴をいくつか示した。たとえば、食べることを好まず、時おり、食べるのを避けるため、出された食事を隠したのである。魚類とミルクは好んだが、肉類やサワーミルクは嫌った。家族の者たちには、どちらも好物であったが、エーヴァ＝マイヤはサワーミルクを口に入れるのをいやがった。

エーヴァ＝マイヤは、音楽と踊りが好きで、まだあまり歩けないうちから踊りを覚えた。そして、チャールストン（一九二〇年代に流行したダンス）を教わった。五歳になったばかりの頃、エーヴァ＝マイヤは、インフルエンザと診断される重病に罹り、一九二八年一一月二四日にヘルシンキで死亡した。

エーヴァ＝マイヤが最後の闘病生活を送っている時、サッリ・カアルティネンは、エーヴァ＝マイヤにおもちゃの乳母車を買い与える約束をした。

サッリ・カアルティネンは、ひとりしかいない娘を亡くしたことで、強い悲しみに打ちひしがれた。その時には、既にマルヤ＝リイサを妊娠していた。マルヤ＝リイサは、エーヴァ＝マイヤが死んだ六カ月後に生まれたのである。

マルヤ＝リイサの発言と再認

マルヤ＝リイサは、自分とエーヴァ＝マイヤを非常に強く同一視していた頃、自分をエーヴァ＝マイヤと呼んでほしいと繰り返し求めていた。二歳の頃、エーヴァ＝マイヤの写真を何枚か見つけた時、それを人に見せ、「これ、みんなあたしの」と言っていたのである。

食事に少々問題があった、やはり二歳の頃、マルヤ＝リイサは、母親に向かって、「エーヴァ＝マイヤに言ってた、『食べて、噛んで、飲むのよ』っていうの、あたしにも言ってよ」と要求した。サッリ・カアルティネンは、実際に、エーヴァ＝マイヤに何とか食べさせようとして、実際にそれと同じ言葉を使っていたのである。

マルヤ＝リイサが三歳の頃、一家は、夏に使う田舎の丸木小屋に、本人が生まれてから初めて行った。その別荘は、ソッコモにあった。現地に到着すると、マルヤ＝リイサは、一家の使用人だった男性がいないのに気づき、「ヘリムはどこにいるの」と聞いた。ヘリムは、マルヤ＝リイサが生まれる前年に、その仕事をやめていたのである。この出来事があったのは、マルヤ＝リイサの父親がまだ健在の時であった。この別荘は、父親の死後には売却されているからである。このことから、当時、マルヤ＝リイサは、三歳になったばかりだったことがわかる。

その頃、ソッコモの別荘には、子どもたちの玩具類がトランクに保管されていた。玩具の一部は兄たちのものであったが、その他はエーヴァ＝マイヤのものであった。マルヤ＝リイサは、自分からそのトランクのところへ行き、エーヴァ＝マイヤの玩具を取り出した。エーヴァ＝マイヤのボールと兄たちのボールを区別できたことが、特に注目された。ボールはすべて、一緒にトランクに入っていたからである。マルヤ＝リイサの兄のひとりは、そのトランクに人形をしまっていたが、マルヤ＝リイサはそれには目もくれず、エーヴァ＝マイヤの人形を取り出した。サッツリ・カアルティネンは、玩具の入ったトランクをマルヤ＝リイサが開き、それを物色していた場面には立ち会っていなかったという。それゆえ、サッツリは、その出来事を夫から、あるいはマルヤ＝リイサの兄たちから聞いたのではないか、と私は推測している。

マルヤ＝リイサは、四歳の頃、「ピーターパンが飛んだ時、あたしたちはどこにいたの」と母親に聞いた。サッツリ・カアルティネンは、マルヤ＝リイサが言っているのはJ・M・バリーの童話『ピーターパン』をもとにして作られた映画のことだと思った。エーヴァ＝マイヤとサッツリは、一九二八年にこの映画を観ていたが、マルヤ＝リイサは観たことがなかった。（童話ではピーターパンが空を飛ぶが、この映画でも飛んでいたのである。）

やはり四歳の頃、マルヤ＝リイサは、約束の乳母車を買ってほしいと母親に言った。先述のように、サッリ・カアルティネンは、エーヴァ＝マイヤが病気で寝ていた時――結局はそのまま死んでしまったのであるが――玩具の乳母車を買い与える約束をしていたのである。

次の出来事は、マルヤ＝リイサが何歳の時に起こったことなのかはわからない。サッリ・カアルティネンは、屋根裏にしまってあったエーヴァ＝マイヤのコートを持って来てほしいと使用人に頼んだ。使用人が、そのコートを持って屋根裏部屋から降りて来ると、マルヤ＝リイサは、使用人に駆け寄ってコートをひったくり、自分で着た。そして、「あたしのコートだ。あたしのコートだ」と言ったのである。サッリは、使用人にそのコートを持って来てほしいと頼んだ時には台所にいたし、マルヤ＝リイサは自分の部屋にいた。そのため、サッリは、使用人に言った言葉をマルヤ＝リイサが聞いたはずがないことを確信していた。

前世に関係するマルヤ＝リイサの行動

マルヤ＝リイサが前世について話す状況や様子　これまで述べてきた出来事からわかるのは、マルヤ＝リイサが前世について自発的に話したことが時おりあったことと、エーヴァ＝マイヤになじみ深い何らかの状況に刺激された時にも話したことである。

マルヤ＝リイサは、〝赤ちゃん言葉〟を経ることなく、いきなりおとなのような話しかたをするようになった。マルヤ＝リイサが二歳頃、母親が本人に〝赤ちゃん言葉〟で話しかけたところ、マルヤ

＝リイサは、「どうしてあたしにそういう話しかたをするの」と言ってとがめたという。

マルヤ＝リイサの食習慣　マルヤ＝リイサは、エーヴァ＝マイヤほどではなかったが、食べものに好き嫌いがあった。マルヤ＝リイサも、やはりエーヴァ＝マイヤほどではなかったにしても、食べるのをいやがり、時おり食べものを隠した。エーヴァ＝マイヤのように、魚類やミルクを好んで口にしたが、肉類やサワーミルクは嫌って拒絶した。家族の者は、このふたりを除けば、肉類とサワーミルクを好物にしていたのである。

マルヤ＝リイサがエーヴァ＝マイヤの玩具や衣服を好んだこと　マルヤ＝リイサは、自分に買ってもらった新しい玩具で遊ぶよりも、エーヴァ＝マイヤの遺品である古い玩具で遊ぶのを好んだ。特に、エーヴァ＝マイヤが持っていた玩具のベッドで遊ぶのが好きだった。

マルヤ＝リイサは、エーヴァ＝マイヤの服を好んで着た。先ほどのコートの他にも、エーヴァ＝マイヤの服を何着か見分けたようである。

マルヤ＝リイサの踊り　マルヤ＝リイサは、エーヴァ＝マイヤと同じくらい音楽が好きだった。歩くのを覚えるより前に、踊りを覚えたとも言えるほどである。本人がまだ四歳にならないうちから、母親は、歌を何曲か教えると言って、ピアノを弾き始めた。マルヤ＝リイサは、ダンスをすると言い、すぐにチャールストンを踊り始めた。エーヴァ＝マイヤはチャールストンを教わっていたが、マルヤ

＝リイサは教わったことがなかった。この出来事があったのは、マルヤ＝リイサの父親が死ぬ前（したがって、マルヤ＝リイサがようやく三歳になった頃のこと）であった。その場面を見た父親は驚いた。

マルヤ＝リイサがエーヴァ＝マイヤを自分と同一視したこと　先述のように、マルヤ＝リイサは、自分をエーヴァ＝マイヤと呼ぶよう求め、全般的にエーヴァ＝マイヤの生まれ変わりであるかのようにふるまった。たとえば、エーヴァ＝マイヤより一歳半ほど年長の兄がいた。（この兄とは、アンティ・カアルティネンのことだと思われる。）したがって、この兄は、マルヤ＝リイサより七歳ほど年長になる。しかしながら、マルヤ＝リイサは、この兄を同年配のように見て、一緒に遊んでくれることを期待したのである。

とはいえ、時としてマルヤ＝リイサは、エーヴァ＝マイヤが、あたかも別人であるかのような言いかたをすることもあった。エーヴァ＝マイヤの衣服を着た時、鏡の前に立って、「今すぐ、エーヴァ＝マイヤに話したいなあ」と言うことも時々あったのである。

五歳（エーヴァ＝マイヤが死去した年齢）の頃、マルヤ＝リイサは、自分が埋められたり、死体を見たりする一連の夢を見た。母親に（どのような方法を使ったのか、私にはわからないが）なだめられたおかげで、こうした悪夢は次第に遠のいた。

サッリ・カアルティネンの話では、マルヤ＝リイサの人格は、二歳になる頃までは、エーヴァ＝マイヤの人格とそれほど似ているわけではなかったという。その頃のいずれかの時点で、顕著な人格変化がマルヤ＝リイサに起こり、それまで以上にエーヴァ＝マイヤと似てきたように感じられたというのである。

しかしながら、マルヤ＝リイサの変化が急激に起こったとすれば、サッリ・カアルティネンにとって、それは、エーヴァ＝マイヤを失った強い悲しみに終止符が打たれることを意味した。サッリは（一九六七年一〇月二六日付の私信で）次のように書いている。「もう、エーヴァ＝マイヤがいなくなった悲しみはありません。本人が帰って来たのがわかったわけですから」

マルヤ＝リイサとエーヴァ＝マイヤの身体的類似点

エーヴァ＝マイヤは〔金髪碧眼の〕ブロンドであったが、マルヤ＝リイサは〔頭髪や眼が黒みがかっている〕ブルネットであった。サッリ・カアルティネンによれば、他の点では、このふたりは「身体的外見は互いにかなり似ていた」という。

マルヤ＝リイサは、呼吸器系の感染症に特に罹りやすかったわけではない。

マルヤ＝リイサの記憶の消失

サッリ・カアルティネンによれば、エーヴァ＝マイヤを思わせるマルヤ＝リイサの行動は、本人が七歳の頃から少なくなり始めたという。

一九七八年に私と対面した時、マルヤ＝リイサは、エーヴァ＝マイヤの生涯についてはもう覚えていないと言った。（当時、マルヤ＝リイサは四九歳であった。）しかしながら、三歳の頃に、ソッコモでトランクからエーヴァ＝マイヤの玩具を取り出した時のことは、鮮明に覚えていた。その玩具を持った時に感じたうれしさは――その時の実感をともなって――思い出すことができた。人形やぬいぐるみの熊や玩具の乳母車を見分けたことも覚えていた。（ぬいぐるみの熊と玩具の乳母車は、サッリが作成した、マルヤ＝リイサが見分けた物品の一覧表には入っていなかった。）また、エーヴァ＝マイヤの衣服を見分けたことや、その衣服を見て喜んだことも覚えていた。

その他の関連情報

サッリ・カアルティネンは、生まれ変わりが起こる可能性を信じていた。マルヤ＝リイサによれば、母親は「神智学を信じていて、東洋の宗教を勉強していた」という。サッリ自身も、何度かの前世を示唆する三通りの体験があったことを、私に（一九六三年に）話してくれた。そのうちのふたつは、既視感によるもので、もうひとつは、かつてスコットランドに住んだことがあるという確信感である。サッリには、それらの体験に関係したイメージ記憶はなかった。

サッリ・カアルティネンの証言によれば、家族の者たちがマルヤ＝リイサのいる場面でエーヴァ＝マイヤの話をしたことがないのは、まちがいないという。家族の者たちは、エーヴァ＝マイヤのことを忘れようとして、その話をするのをあえて避けていたというのである。それは、悲しみを和らげるためなのであろう。

解説

本例は、ポロック姉妹〔一八八一―一九五ページ〕や、ナデージュ・ジュグー〔一九五―二一〇ページ〕、アルフォンゾ・ロペス〔二二八―二四一ページ〕といった、これまで紹介してきたいくつかの事例とよく似ている。そうした事例はいずれも、子どもの夭折が一方の親に強い影響を及ぼし、その親が、もう一度その子が同じ家族の中に生まれてくることを望み、時としてそれを期待するのである。

タル・ヤルヴィ

本例の中心人物は、母親の二番目の夫の生涯を記憶していた。本例は、中心人物と前世の人格とで性別が異なるという特徴を持っている。

本例の要約とその調査

タル・ヤルヴィは、フィンランドの首都ヘルシンキで一九七六年五月二七日に生まれている。両親は、ヘイッキ・ヤルヴィと妻のイリスであり、タルは、そのひとり娘である。また、一家は、ルーテル教会の会員であった。

タルは、一歳頃に言葉を話し始めたが、一歳半頃には、自分の名前を拒絶するようになり、自分のことをヤスカと呼ぶよう求めた。これは、イリス・ヤルヴィの二番目の夫ヤーッコ・ヴオレンレートの愛称であった。ヤーッコは、一九七三年に、バスにひかれて死亡していたのである。その後タルは、ヤーッコの生涯と死の状況について数項目の発言をした。同時に、自らを男の子と思っているらしいさまざまな行動も見せた。父親に対しては、顕著な反感を示した。父親に対する本人の態度は、両親の間に多少の疎隔を生み出した。

リタ・カストレンは、一九七九年八月二八日付の私信で、本例の存在を私に知らせてくれた。一九八一年三月、私はフィンランドを訪れ、三月八日にイリス・ヤルヴィと長時間にわたる面接を行なった。タルとも少し言葉を交わしている。当時、タルは、まだ五歳に満たなかった。リタ・カストレンは、私のために通訳を務めてくれた。リタは、イリスを一二年前から知っていたため、前世に関するタルの発言についてもある程度の情報を提供してくれた。私は、タルの発言や行動について知るため、別の情報提供者とも面接した。それは、イリスの友人であり職場の同僚でもあったヴァップ・ハーンパーという女性である。

その後、一九八一年にリタ・カストレンは、ヘルシンキ警察によるヤーッコ・ヴオレンレートの検死報告を、私のために翻訳してくれた。

一九九七年に交わした私信の中で、リタ・カストレンは、タルのその後の経過についてある程度の情報を私に送ってくれた。一九九九年九月、私はヘルシンキを再訪し、再びイリスに長時間の面接をした。残念ながら、今度は、タルと対面することができなかった。ヘルシンキを離れ、すぐ西のエスポーで暮らしていたからである。タルの父親であるヘイッキ・ヤルヴィに会えなかったのも、同じく残念なことであった。一九八〇年代にはタルに対面することができなかったので、タルの幼児期の行動やその後の経過について、父親としての見解を聞きたかったからである。ヘイッキは、その間、パーキンソン症候群を発病し、体力が落ちていた。イリスによれば、この状況では、面接が難しいのではないかということであった。

ヤーッコ・ヴォレンレートの生涯と死の状況

ヤーッコ・ヴォレンレートは、一九二九年一一月一五日にヘルシンキで生まれた。私は、ヤーッコの早期小児期については、ほとんど把握していない。幼少期は、イリス・スンドシュトレムという少女の自宅の近くに住んでいた。この少女が、後にヤーッコの妻となるのである。イリスは、一九三五年九月一八日に生まれているので、ヤーッコよりも六歳年少である。その後、イリスが私に話してくれたところでは、本人が一二歳でヤーッコが一八歳の時、ヤーッコはイリスについて、「いつか、ぼくはあの子と結婚するんだ」と言ったという。（イリスは、この発言を後で知った。）イリスは、同じ頃、ヤーッコが住んでいた家について、「いつか、私はあの家に住むのよ」と独りごとを言ったのを覚えているという。ふたりは、相手の姿を遠目で見ていたが、間近に対面したのは、後年になってからであった。

しかし、イリスは、ヤーッコを初婚の相手とはしなかった。イリスは、最初の夫との間に三女をもうけた。一方、それと相前後して、ヤーッコは成長し、中学校を卒業したが、進学はしなかった。兵役を終え、給油所に就職した後、金物店を経営した。それから、イリスと知り合い、恋愛関係になった。そして、一九七〇年、イリスが三五歳でヤーッコが四一歳の時に、イリスが夫と離婚し、ヤーッコと再婚したのである。

ふたりの生活は幸せであった。ヤーッコは、イリスと結婚する前にアルコール依存症になっていたため、イリスはヤーッコの酒量を何とか減らそうとした。ヤーッコは、子どもをほしがったが、子どもができないまま早世してしまったのである。

一九七三年九月一三日夜、ヤーッコはヘルシンキで市営バスに乗り、最寄りの停留所でバスを降りた。運転手は、車掌の合図でバスを発車させた。すぐに、何かをひいた感じがしたため、運転手はバスを停車させた。すると、動かなくなったヤーッコの体が、後輪の後に横たわっているのが見えた。バスがヤーッコを轢《ひ》いてしまったのである。胴体と両脚は、車体後部の下側にあり、頭部と肩の部分は車体の外側に出ていた。警察の調書には、次のように記されている。「バス停で降車した際、ヴオレンレート氏は、転倒したらしく、右の後輪に巻き込まれ、首と左頭部および胸部をバスに轢かれた」

事故現場に到着した医師は、ヤーッコの死亡を確認した。ヤーッコの遺体は法医学研究所に運ばれ、そこで検視に付された。警察の調書によれば、「死因は頭蓋基部の骨折および内部の挫傷」であることが、検視により明らかになったという。

その事故が起こったのは、午後八時を少しまわった頃であった。ヘルシンキは、その時には既に暗くなっていたが、道路は明るく照らし出され、乾燥していた。ヤーッコの血中アルコール濃度は測定されなかったので、アルコールがその事故に関係していたのかどうかはわからない。ヤーッコがどのようにして、またどうして転んで車輪の下敷きになったのかは、依然として謎である。ヤーッコの享年は四四歳であった。

ヤーッコは長身であった。イリス・ヤルヴィによれば、ヤーッコは身長が一八八センチで体重は八六キロであった。つまり、細長型の体型だったのである。動作は緩慢で、不器用であった。
ヤーッコは、青年期に犬を何頭か飼っていた。自然や草花、狩猟、釣りが好きだった。また、持ってはいなかったが、馬も好きだったという。車の運転やアイス・ホッケーも好んだ。時間があると、手工芸に専念することもあった。他にも、たとえば人形で遊んだり、テーブルかけを縫ったり、かぎ針編みをしたりなど、一般に女性が好みそうな手作業も喜んで行なった。女物の洋服が好きで、時々イリスに洋服を買い与えた。イリスは、ヤーッコのふるまいが少々女性的だと思っていた。しかしながら、ヤーッコは、性転換をしたいという願望を表明することはなかった。ヤーッコは生まれ変わりを信じていた。

ヤーッコの死からタルの誕生までの出来事

ヤーッコの死から一年強が過ぎた頃、イリスは三番目の夫となるヘイッキ・ヤルヴィと再婚した。その一年後の一九七五年九月、イリスはヤーッコの墓参りをした。そこにいる時、イリスは、五月二七日にイリスの子どもとして、今度は女の子として生まれ変わると言うヤーッコの声を聞いた。その時、イリスは妊娠していなかったし、四〇歳になっていたので、子どもを授かるという期待もしていなかった。ところが、一〇月に妊娠し、一九七六年五月二七日にタルを出産したのである。

解説 イリスは、また妊娠するとは思っていなかったが、生まれ変わりという考えかたは受け入れていた。ルーテル教会の信者の家庭で育てられたが、二五歳の時、教会を離脱していた。その後、結婚した時点で再入信したが、教会から離脱してまもない頃に、生まれ変わりを信ずるようになっていたのである。

タルの発言と再認

タルは、ヤーッコの生涯と死の状況に関する記憶を直接示す発言をいくつかしている。私が把握した発言は、すべて一歳半から五歳までの間に行なわれたものである。(先述の通り、一九八一年三月に私が対面した時には、タルはまだ五歳になっていなかった。)

最初の発言は、おそらく、一歳頃に言葉を話し始めてまもない頃のものである。タルは、自分がバスに轢かれたと言った。一歳半頃には、タルという名前をいやがり、「わたしはタルじゃない。わたしの名前はヤスカだよ」と言った。(〝ヤスカ〟はヤーッコの愛称であった。)

三歳半の頃、タルは、イリスに向かって、「あなたはわたしのお母さんじゃない。わたしは車に轢かれて死んだんだから。わからないの」と言った。二、三日後、リタ・カストレンが、「死んだ時、あなたは女の子だったの、それとも男の子だったの」と尋ねると、タルは、「男の子に決まってるでしょ、大きい男の子に」と答えた。それに対してリタ・カストレンが「その車は大きかった、それとも小さかった?」と質問すると、タルは、「大きかった。最初におなかが死んで、それから頭が」と答えた。また、別の時に、タルは、「病院に連れてかれたけど、その時には、わたしはもう死んでた」とも言った。

ある時、タルは、「死ぬことを怖がらなくていいよ。だって、わたしは、もう何回も死んでるんだもん」と言った。[註17]（この発言を裏づけるように、タルは、ドイツにもうひとり、ゼニアという母親がいると述べたことがある。）

また、タルは、「わたしは、大男だった」と何度か言っていた。ある時は、「どうしてわたしはこんなに小さいんだろう。もっと大きくなりたい」とも言った。また、「わたしは、大男だった。小さい男になったことは一回もない」と言っていたこともある。[註18]

時おり、タルは、自分が置かれた状況にとまどっているように見えた。ある時は、イリスを不思議そうな目で見ながら、「どうしてあなたを、お母さんに選ばなきゃいけなかったんだろう」と言った。

タルが、ヤーッコの遺品を見分けたことは一度だけあった。それは、大きな玩具の車を自分のものだと言った時である。その時には、「わたしは、これで遊んでたんだ」とも言ったという。

ヤーッコの写真を自分の写真だと言ったことはなかったが、その写真をベッドのそばに飾っておきたがった。

前世に関連するタルの行動

タルが前世について話した状況や様子　前世について話す時、タルが変わった感情を示したかどうか尋ねたところ、イリスは、「放心状態で、別人のように見えました。まるで、本人がどこかに行ってしまったような感じでした」と答えている。

大型車輌に対するタルの恐怖症　タルは、満一歳頃に、バスや大型車やトラクターに対して、顕著な恐怖を見せた。私が面接した五歳（弱）の時にも、この恐怖症はまだ続いていた。イリスと歩いていて、バスが近づくと、イリスに抱き上げてほしいと頼んでいたのである。小さな車輌の場合には、そのような反応を示すことはなかった。

タルの遊び　タルは人形遊びをする一方で、一般に男の子が好む遊びもした。たとえば、玩具の兵隊に、ヘルメットをかぶせ、銃を持たせて遊ぶのを好んだのである。車の運転ごっこもした。玩具の鉄砲やホッケーのスティックを買ってほしいとねだったこともある。

他の子どもたちと一緒に遊んでいる時、タルは、少女役を演じたことは一度もなく、自分は「男の子だ」と言い張った。

タルの洋服の好み　タルは、男児の洋服を絶対的に好んだ。この点で、タルは、三人の義姉と著しく異なっている。義姉たちは、いつも女物の洋服を選んでいたからである。

註17　この種の事例では、他の子どもたちも、死んでも何も悪いことにはならないと言って、おとなたちをなだめている。その実例としては、マルタ・ロレンツやマ・タン・タン・アエの事例がある。

註18　自分の体が小さいことや、記憶に残る前世とは性別が違っていることを訴えたり、時にはそれに不満を唱えたりする子どもたちは、他にもいる。実例としては、ラムー・シャルマとラジュー・シャルマ、ヘルムート・クラウス〔二二二―二二八ページ〕、ムヒッティン・イルマズ、ドゥルシナ・カラセクの事例がある。

タルの食物の好み　タルとヤーッコに共通して見られる食物の変わった好みは、特にわからなかったが、ひとつだけ例外があった。ヤーッコは、バルト海産のニシンをはじめ、魚を食べていた。タルは、三歳になるまでバルト海産のニシンを食べていたが、それ以降は魚を嫌うようになった。

両親に対するタルの態度　タルは、母親のことを時おりイリスと呼んだが、「ママ」と言うこともあった。タルは、特にイリスと強い絆で結ばれていた。

それに対して、タルは、父親のヘイッキを嫌っていた。一度も「パパ」と呼んだことはなく、「ヘイッキ」と呼び捨てにしていたのである。ある時、タルは、ヘイッキについて話している時、「あいつはどこかへ行っちゃっていいのに。そうすれば、ふたりだけで暮らせるよ」とイリスに言った。またある時は、ヘイッキに向かって、「あんたなんかいなくていい。どこかへ行っちゃえ」と言った。やはりヘイッキに向かって、「ここじゃ、あんたはただのお客さんだからね」と言ったこともある。家の中で父親が行ったり来たりしているのがわかっていても、タルは、私が対面した時点ですら、ヘイッキが一家の一員であることがわかっていなかった。時おり、父親に向かって、「ヘイッキ、今日も来てるの」と聞いていたのである。

ヤーッコとタルの身体的類似点

イリスは、顔貌と色素沈着という点で、ヤーッコとタルが非常によく似ていると思っていた。

ヤーッコの母親と（生前のヤーッコを知っている）リタ・カストレンも、それと同意見であった。

イリスによれば、タルは、ヤーッコと同じく、動作が緩慢で不器用だったという。

成長したタルは、女性としては比較的背が高く、父親よりも高かった。先述のように、ヤーッコは大男だったのである。

タルのその後の経過

タルがヘイッキを嫌ったことが大きな要因となって、イリスとヘイッキは部分的に別居することになった。ヘイッキに対するタルの態度は、ヘイッキの感情を害した。タルは、自分のひとり娘だったからである。ヘイッキは、イリスと正式に離婚したわけではないが、寒い季節には、別々の家に住んだほうが、あまり問題なく暮らせることがわかった。夏には、一家が所有する田舎の別荘で一緒に暮らした。

タルは、学業にほとんど関心がなく、一五歳で社会に出た。技術を要する仕事の訓練を受けたことはなかった。しかしながら、タクシーの運転手になるための技術は学び、一九九九年に実際にタクシーの運転手として働き始めている。タルは、ヤーッコと同じく馬が好きで、厩舎を所有し運営していた。

一九九九年に、タルは二三歳になった。母親は、本人のことを「まだ男っぽい」と言っていた。その証拠に、イリスは、タルが一度も化粧をしたことがなく、いつもズボンをはいていると話していた。スカートは一着しか持っていなかった。にもかかわらず、一九九八年には結婚し、スカートを身につけて結婚式に臨んだのである。結婚相手は、大工で室内装飾の仕事もしている男性であった。

タルの車恐怖症は、一九歳頃まで続いていたが、その後は消失した。とはいえ、イリスによれば、タルには一三日に対する迷信的な不安があったという。それは、ヤーッコが車に轢かれて死亡した命日なのであった。

成長するにつれ、タルは、父親と和解するようになった。事実、父親との関係は、単に仲がよいというよりも、はるかによい関係になった。父親が年をとり、体が弱くなると、愛情の深い娘のように献身的に介護したのである。

解説

本例は、子どもが、自分の片親のかつて死んだ配偶者だったと主張した事例のうち、私が調査した三番目の事例にあたる。他の二例は、マ・ティン・ティン・ミントの事例と、アシャ・ラニの事例である。いずれの事例でも、子どもは、かつての配偶者だった親のほうに強い愛情を示すのに対して、もう一方の親には、それほどの愛情を示さない。さもなければ無関心でいるか、場合によっては敵意を示すのである。

同一家族例はすべてそうなのであるが、本例も、中心人物と前世の人格とが同じ家族の一員という弱点を持っている。加えて、本例には、亡夫が自分の子どもとして生まれ変わって来るという期待を、中心人物の母親が抱いていたという問題もある。しかしながら、母親が、現夫との間に生まれた子どもを前夫の生まれ変わりと見なすことによって、現在の結婚生活を破綻させたとすれば、それはきわめて異常なことであり、それを考えると、本例の弱点は相殺される。

中心人物がまだ幼ない段階で私がその存在を知った事例の一部では、その後の経過を知ることができた。このことは、大きな意味を持っている。タルの事例は、特に得るところが大きいように思う。タルが、馬が好きで学校の勉強が嫌いなことは、ヤーッコとよく似ている。青年期前期に、タルは自分の性別を受け入れ、結婚した。とはいえ、まだ男性的な傾向を残していた。その後、幼少期に父親に対して抱いていた敵対心を克服し、父親に深い愛情を持つようになった。また、ヤーッコの事故死に関連する恐怖症からは抜け出したが、毎月の命日には、依然として不安を感じていたのである。

パーヴォ・ソルサ

本例も、中心人物の発言やそれに関連する行動が少ない事例のひとつである。本例の中心人物と前世の人格は異父兄弟にあたっていた。

本例の要約とその調査

パーヴォ・ソルサは、フィンランド南西部のタンペレで、一九九一年六月二四日に生まれた。両親は、ヴェイッコ・ソルサと妻のシルヴィであった。ヴェイッコは機械工で、シルヴィは、非常勤のマッサージ師であった。ヴェイッコとシルヴィの間には、後に、リーアという娘が生まれている。シルヴィには、ふたりの前夫との間にふたりの子どもがあった。そのうち、本例で重要なのは、カレヴィ・パーシオという子どもである。カレヴィの父親（リスト・パーシオ）は、カレヴィが二歳半の時に、本人を殺害したのであった。

カレヴィが死んだ後、シルヴィは、カレヴィに自分の子どもとして生まれ変わってほしいと願った。とはいえ、実際に生まれ変わって来ることまで期待していたわけではない。シルヴィは、ヴェイッコと親しくなった後、結婚するまでの間に、カレヴィが出て来る鮮明な夢を見た。

パーヴォは、生まれた時、身体的特徴がカレヴィに、みごとなほどよく似ていた。母斑はなかった。パーヴォは、二歳頃にはっきりした言葉を話し始めた。三歳になると、カレヴィの生涯の記憶を思わせる発言をいくつかするようになった。そうした発言をする時まで、パーヴォは、カレヴィについて何ひとつ聞かされていなかったはずである。また、カレヴィの生涯と死の状況を記憶していることをうかがわせる変わった行動も示した。

シルヴィは、一九九八年末、本例の存在をリタ・カストレンに知らせ、まもなくリタ・カストレンが、私に知らせてくれたのである。一九九九年三月八日、シルヴィは、パーヴォの発言とその関連行動について、リタ・カストレンに長文の手紙を書いてきた。リタ・カストレンは、この手紙を翻訳して私に転送してくれた。

一九九九年九月、私は、本例の調査のためと、本書に収録した他の事例の追跡調査のために、フィンランドを再訪した。九月二二日に、リタ・カストレンと私は、ヘルシンキからタンペレに（列車で）行き、そこから、ムタラという少々辺鄙《へんぴ》な村に（タクシーで）入った。われわれは、ヘルシンキへの帰途につくまで、シルヴィと一緒に四時間ほど過ごした。パーヴォとも対面して少し言葉を交わし、シルヴィのふたりの子どもたちの姿も見た。ヴェイッコとは、仕事中のため会えなかったので、シルヴィが本例の唯一の情報提供者である。

カレヴィ・パーシオの生涯と死の状況

カレヴィ・パーシオは、一九八七年一二月一一日にタンペレで生まれた。両親は、シルヴィと、当時の夫リスト・パーシオであった。カレヴィは、ふたりの間に生まれた唯一の子どもであった。一家は、ユレヤルヴィという村に住んでいた。この村は、タンペレから二五キロほど離れたところにある。リストは、大声でどなったり暴力を振るったりする傾向を持っていた。シルヴィと口論している最中に、シルヴィを強打し、シルヴィが警察に訴えたことも時おりあった。

カレヴィは、父親が母親に暴力を振るう場面を見ていた。カレヴィ自身も、父親を怖がっていた。そのために、カレヴィの言葉が遅れたのではないかと思われる。カレヴィは、父親が二週間ほど家を空けることがあるまで、言葉を話さなかったのである。父親の留守中に話し始めたが、父親が帰宅してからは、また話さなくなった。その時には、既に二歳になっていた。

結局、シルヴィはリストと別居することになった。その時点で、リストは、カレヴィの監護権を一部得ている。そのため、カレヴィは、週末を父親のもとで過ごしたのである。ある週末に、リストは、カレヴィを連れて、クリッカ近郊の自分の父親の家へ遊びに行った。クリッカは、タンペレの北西一三〇キロほどのところにある町である。その時、リストは、激しい怒りをカレヴィに向け、殺害したのであった。このむごたらしい犯罪を目撃した者はなかったが、警察に逮捕された後、リストは自分の息子を殺害した状況を正直に自白した。リストは、最初、一酸化炭素が大量に含まれる、木炭ストーブの煙をカレヴィに吸わせて窒息死させようとした。次に、鼻と口を押さえて、息ができないようにした。それから、しばらくの間、気分が落ち着いたようである。ところが、翌日になって、カレヴィを再び窒息させようとし、最後に、カレヴィの頭を厚板で四回強打したのである。カレヴィは頭蓋骨を骨折し、それにより脳に損傷が起こって死亡した。この悲劇的事件が起こったのは、一九九〇年五月一一日のことであった。

リストは逮捕され、懲役刑の宣告を受けた。リストは、その後、刑務所の中で自殺している。

シルヴィの予告夢

カレヴィが死んで二、三カ月が経ち、まだパーヴォを妊娠していない頃に、シルヴィはリストとカレヴィが登場する鮮明な夢を見た。その夢の中で、シルヴィは、玄関の呼び鈴が鳴るのを聞いた。玄関に行き、ドアを開けると、そこにリストとカレヴィがいた。リストの姿は消えたが、カレヴィは家に入って来て、窓の下枠に座った。シルヴィはカレヴィの体にふれようとしたが、その手はカレヴィを突き抜けてしまった。

この夢は、非常に鮮明で現実的だったため、シルヴィは、自分が夢を見ていたのか、それとも目覚めている時に肉体のない人間が見えたのか、確信が持てなかった。シルヴィは、それまでこうした経験をしたことはなかった。

この時、シルヴィはヴェイッコと同居していたが、妊娠はしていなかった。もうひとり子どもがほしいと思っていたところ、ヴェイッコと結婚してまもなく、パーヴォを妊娠した。パーヴォは、カレヴィが死んで一年一ヵ月を少し過ぎた頃に生まれた。

パーヴォの発言

先述のように、シルヴィは、かつて、ユレヤルヴィという村でリストと一緒に暮らしていた。ヴェイッコとは、同じタンペレ地方ではあるが、ムタラという別の村で暮らした。ふたつの家はかなり違っていた。

パーヴォが三歳になった冬のある日、パーヴォとシルヴィは、屋外にいた。パーヴォは、そりに乗って遊んでいた。家に入ろうとすると、パーヴォは中に入るのを嫌がった。これは自分の家ではないと言って、「自分の家」に行きたがった。シルヴィは、これが自宅だと説得しようとしたが、パーヴォは違うと言い張った。そのやりとりは、パーヴォが飽きるまで続いたのである。ようやくシルヴィは、パーヴォを自宅に入れることができた。しかし、パーヴォは依然として、これは自分の家ではないと主張していた。

ある時、パーヴォは、リストに殴られた跡がいくつか残っている、シルヴィの写真を見つけた。リストに虐待されたと警察に訴えた後、警察がその証拠として押収したものであった。パーヴォは、その写真を見ると、泣き出して、「こんなにひどく殴るなんて、どんなやつだって許せない」と母親に言った。その写真は、シルヴィの顔の傷跡をはっきり示していたが、シルヴィは、リストとの生活について、パーヴォに話したこともなかったし、その写真の話をパーヴォにしたこともなかった。その顔の傷が、事故によるものだった可能性もあるからである。

パーヴォは、カレヴィの写真を見た時、自分の写真だと言った。別人の写真であることが理解できなかったのである。

前世に関連するパーヴォの行動

生まれてから二、三年の間、パーヴォはしばしば悪夢に悩まされた。睡眠中は、叫び声をあげ、誰かを一所懸命押しのけようとしているかに見えた。眠っている間、唇周辺の皮膚は、時おり、青白くなった。パーヴォは、その悪夢の内容を言葉で語ったことはない。悪夢は一九九九年には終わっていた。それからは、安らかに眠れるようになった。

シルヴィは、ヴェイッコと仲がよかった。ヴェイッコは、リストのように大声を出すことのない、もの静かな人物であった。しかしながら、何かで一時的に興奮して、少し声を荒げるようなことがあると、パーヴォはすぐにふたりの間に割って入り、「母さんに向かって大声を出すやつは許さないぞ」と言うのであった。

パーヴォの他の関連行動

パーヴォは、母親に強い愛情を持っており、できる限り一緒にいたがった。この点で、パーヴォは、義兄たちとは著しく異なっていた。リタ・カストレンと私は、ムタラでシルヴィとパーヴォとともに四時間ほど過ごした時、この行動を目の当たりにした。シルヴィの他のふたりの子どもたちは、少しの時間しか一緒にいなかった。

パーヴォは、運動と認知にかなりの障害を持っていた。学校では学習の遅滞があり、しばしば宿題を忘れた。シルヴィは、そのことでパーヴォを手伝ったし、学校側も、本人のために補習授業を行なった。一九九九年九月、パーヴォは小学校二年生になった。内気ではあったが、学校で対人関係を避けることも、問題を起こすこともなかった。にもかかわらず、学校側は、本人にある学校への転校を勧めた。そこは、破壊的傾向を持つ児童のための学校であったが、パーヴォはそのような子どもではなかった。シルヴィは、その転校に反対した。

カレヴィとは異なり、パーヴォは、言葉の学習に障害はなかった。ところが、絵を描いたり、スケートやスキーをしたり、ボールを投げたりなどの運動では、機能に少々問題があった。パーヴォの心理的、運動的能力が不足していたことから、学校でいくつかの心理検査をすることになった。シルヴィは、それらの検査の結果について正式な報告を受けたことはないが、言語障害はないとのことであった。

解説　前世の人格の傷跡と、中心人物の母斑ないし先天性欠損が一致する事例を観察した経験から、私は、パーヴォには、カレヴィの死因となった頭部外傷に対応するある種の脳障害があるのではないかと考えた。（外から見る限り、はっきりした欠陥はなかった。）そのため、私は、信頼の置ける地域の医師に、磁気共鳴映像法（ＭＲＩ）を含め、パーヴォの神経学的検査をしてもらったらどうかとシルヴィに勧めた。シルヴィが、私の勧めに従ったかどうかはわからない。

カレヴィとパーヴォの身体的類似点

カレヴィとパーヴォが身体的に似ていることから、何人かの人たちは、ふたりの父親は同じなのではないかと誤解した。そうではなく、母親が同じだったのである。

シルヴィは、髪の毛が茶色で目が青かった。カレヴィとパーヴォのふたりも、やはり髪が茶色で目が青かったのである。私たちが対面した、シルヴィの他のふたりの子どもは、いずれも明るい金髪であった。

パーヴォの発言や行動に対するシルヴィの態度

シルヴィは、生まれ変わりを信じていた。このことは、フィンランドでは珍しくない。一九九〇年代にフィンランドで行なわれた調査によれば、国民の三四パーセントもが、生まれ変わりを信じていることが明らかになっているからである（Inglehart, Basañez and Moreno, 1998）。シルヴィは、代替医療にも強い関心を持っており、吸角法〔真空吸玉《ずいだま》療法〕によってある程度の収入を得ていた。そうした現象を信じていたため、シルヴィは、パーヴォがカレヴィの生涯について述べたいくつかの言葉を受け入れた。しかし、本例の細部が乏しいからといって、シルヴィが肉づけをして、実際よりも有力な事例に見せかけていた様子はなかった。

サムエル・ヘランデル〔註19〕

本例も、中心人物と前世の人格が同じ家族に属している事例である。中心人物は、母親の義弟の生涯を覚えていたのであった。本例は、その細部が豊富――予告夢、発言、再認、行動的記憶――という点で、ヨーロッパの事例の中では珍しい部類に属している。

本例の要約とその調査

サムエル・ヘランデルは、一九七六年四月一五日に、フィンランドの首都ヘルシンキで生まれた。両親は、ペンティ・ヘランデルと妻のマルヤであった。サムエルは、ふたりの間に生まれた第二子で、姉のサンドラは、二歳半ほど年長であった。ペンティは、建設作業員であり、クレーンの操縦の仕事をしていた。マルヤはルーテル教会の会員であった。家族の他の者がどの宗教を信じていたかはわからない。

サムエルが生まれる一〇ヵ月ほど前、マルヤの義弟のペルッティ・ヘイキオが突然に死亡した。その後まもなく、マルヤは妊娠したものの、中絶を考えていた。その頃マルヤは、ペルッティが自分の

註19　本例の要約は別著（Stevenson, 1987/2001〔『前世を記憶する子どもたち』〕）に掲載されている。

ところへ来て、「子どもはそのままにしといて」と言う夢を見た。そのため、マルヤは妊娠を続けることにした。[註20]

サムエルは、一歳頃に言葉を話し始め、一歳半頃に、ペルッティの生涯について話すようになった。その発言は豊富というほどではなく、その半分近くは、人物や写真その他の物品によって、本人の記憶が刺激された時に見られた。サムエルは、私が母親のマルヤと二回目の面接をした時にも、まだペルッティの生涯について話していた。それは、一九八一年三月のことであり、この時、サムエルは五歳であった。

私は、一九七八年九月にリタ・カストレンから届いた私信を通じて本例の存在を知った。その年の末に私はヘルシンキを訪れ、一二月二日にサムエルの母親であるマルヤ・ヘランデルと長時間に及ぶ面接を行なった。サムエルにも対面したが、本人が何かを話したという記録はないので、本人に面接調査をしたと言うことはできない。（この時、サムエルはまだ二歳半であった。）一九八一年に、私はヘルシンキを再訪し、三月八日にマルヤ・ヘランデルをもう一度面接した。三月二〇日には、マルヤの（またペルッティの）母親アンネリ・ラーゲルクヴィストを面接した。マルヤとの面接には、リタ・カストレンが、アンネリ・ラーゲルクヴィストの面接には、R・J・ミルトンがそれぞれ通訳を務めてくれた。

私は、リタ・カストレンからの私信および、フィンランドのジャーナリストであるオスカル・レポネンによるマルヤ・ヘランデルのインタビューを通じて、新たな情報を得ることができた。

一九八四年九月、リタ・カストレンは、サムエルのその時点までの経過について、私に知らせてくれた。サムエルは八歳になっていた。

一九九九年秋、私は再びヘルシンキを訪れ、マルヤ・ヘランデルとまた長時間の面接を行なった。マルヤは、いくつかの点について明らかにしてくれたうえ、サムエルのその後の経過を教えてくれた。この時、サムエルは一三歳になっていた。しかし、病気の弟の介護をしなければならなかったため、出て来られず、私はサムエルと対面することができなかった。

ペルッティ・ヘイキオの生涯と死の状況

ペルッティ・ヘイキオは、一九五七年六月三日にヘルシンキで生まれた。両親は、ペンティ・ヘイキオとその妻のアンネリであった。ペルッティには、マルヤ（・ヘランデル）とピルヨというふたりの姉と、アンネという妹がいた。両親は、一九六九年に離婚した。アンネリはその後、ライネル・ラーゲルクヴィストと再婚している。

ペルッティは、その短い生涯の中で、非常に多くの事故に巻き込まれたようである。三歳の時に、母親の腕からすり抜け、満水の浴槽に落ち、もう少しで溺死するところであった。四歳の時には、ある建造物の近くに立っていると、重い物が落ちてきて、一方の脚を骨折し、もう一方も負傷した。そ

註20　中心人物がその生涯を記憶している故人が、自分の母親に妊娠中絶をしてほしくないという願望を伝えた事例は、他にも二例ある。フリイェ・ブガイの事例では、霊媒を通じてその願望が伝えられた。ラジャニ・スクラの事例では、夢を介して伝えられている。

の事故の後、五ヵ月ほど入院し両脚にギプスをしていたが、結局は完治した。その少し後、まだ五歳になる前であったが、犬に噛まれて重傷を負うという事故があった。しばらくしてから——何歳の時か聞いていないが——背中に傷を負い、その治療のため入院している。一五歳の時には、ヘルシンキで埠頭から海中に転落した。海面は少し結氷していたため、落ちたのは氷の上であった。ところが、氷が本人の体重を支えきれず、本人は溺死しかかった。服と靴を何とか脱ぎ捨てて海からはい上がり、下着だけで自宅に戻ったという。その後、水につかることに対して恐怖症を起こすようになった。

その二、三年後、学校を卒業して就職した。職場では、検診を受けなければならなかった。その結果については聞いていないが、ペルッティは、検査結果に異常があったためであろうが、まもなくその会社を辞めている。当時、ペルッティは、大量の水を飲んでいるのを目撃されており、死後、糖尿病に罹っていたことが疑われた。その頃、大量の飲酒もしていた。ペルッティは、一九七五年六月一〇日に、全く思いがけなくも突然に死亡した。享年は一八歳であった。

ペルッティの母親と義父は、ペルッティが死亡する二、三日前から船旅に出ていた。ペルッティは、ふたりを駅で見送っていた。死亡する当日、母親のアンネリ・ラーゲルクヴィストが、船室の寝台に横になっていると、突然、目の前に死んだ父親の姿が現れた。父親は何も言わずにうなずいた。アンネリは泣き出し、その霊姿は家族の誰かが死んだという知らせだと夫に話した。ライネル・ラーゲルクヴィストは、そんなものに意味はないと言ったが、ペルッティが死んだことは既に承知していた。ペルッティの死を知らせる無線通信が、船に届いていたが、その知らせを聞くとアンネリが激しい反応を起こすことが心配だったたし、その船には医師は同乗していなかったため、アンネリには話していなかったのである。

ペルッティは、音楽が好きで、愛用のギターをよく弾いていた。ペルッティは、非常に情の深い人物であった。特に母親と姉のマルヤに強い愛情を抱いていた。マルヤより年下だったにもかかわらず、兄のようにマルヤを支えるところがあったのである。

サムエルの発言と再認

サムエルが、ペルッティの生涯に関する記憶を思わせる発言を最初にしたのは、本人が一歳半の頃に、自分の名前を尋ねられた時であった。本人は、Pertti のrが発音できず、「Peltti」と答えた。サムエルは、時おり、自分を「ペラ」とも呼んでいた。これは、ペルッティの愛称であった。[註21] この頃、サムエルは母親を〔ペルッティの姉のように〕「マルヤ」と呼び、母方祖母（アンネリ・ラーゲルクヴィスト）を「母さん」と呼んでいた。サムエルは、マルヤのことを自分の母親ではないと言った。同様に、ペンティ・ヘランデルに対しては「ペンティ」と呼ぶこともあったし「父さん」と呼ぶこともあった。[註22]

註21　前世の人格の名前で呼んでほしいと求めた他の中心人物の実例には、イスマイル・アルティンキリヒ、セミル・ファリシ、チャオクン・ラジスタジャルンがある。
註22　年上の家族を〔「母さん」などの〕一般名ではなく固有名詞で呼んだ同一家族例の他の中心人物の実例には、ティアン・サン・クラ、マウン・フタイ・ウイン、チャオクン・ラジスタジャルン、タル・ヤルヴィ〔二九八―三〇九ページ〕がある。

二歳の頃、サムエルは、脚を骨折して入院していた時に写した、ペルッティの写真を見た。それに対して、サムエルは、「脚が悪かった時のぼくだ」と言った（「骨折していた」とは言わなかった）。

二歳半の頃、サムエルは、不意に、「今、ルディがぼくのところに来た」と言った。サムエルがこの発言をしたのは、ペルッティの大叔母であるリディアが死んだ日であった（〝ルディ〟はリディアの愛称であった）。サムエルは、リディアの病気を知っていたので、死期が迫っていると思っていたのかもしれない。しかしながら、サムエルの発言は、マルヤに強い印象を与えた。リディアは、ペルッティが死亡する直前に、自分が入るための墓を買っており、その中にペルッティが埋葬されていたからである。そして、リディアもそこに埋葬された。

サムエルは、三歳から四歳までの間に、家族の写真が収められたアルバムを見ていて、やはりペルッティが入院中に撮影された一枚の写真に目を留めた。この写真は、両脚のギプスが取れたペルッティが歩行器に入っている場面を写したものであった。サムエルは、アンネリに向かって、「お母さん、この写真にぼくが写ってるよ」と言った。それから、両脚にギプスを巻いていたことと、入院していたことを母親に話した。この写真のことは、誰もサムエルに話していなかった。サムエルは、自分でそのアルバムを見ている時に、この写真に行き当たり、そのアルバムを持って行ってアンネリに見せたのである。この写真は、本人が二歳の時にサムエルが自分だと言った写真とは違うと私は考えるが、確信はない。

サムエルは、一〇歳くらいになるまでは、ペルッティの写真を何枚か見せられると、いつも「ぼくだ」と言った。一〇歳を過ぎると、ペルッティの写真を見せられても、何も言わなくなった。ある時、アルバムを見ていたサムエルは、自分から、「この犬がぼくの脚に噛みついたの、覚えてるよ」と言った。これとは別に、その犬がどのように噛みついて、どれほどひどいけがをしたかについて話したこともあった。

一九七九年の四月頃、サムエルがようやく三歳になった時、背中にけがをして救急車で病院に運ばれたと言った。

それと同じ月に、サムエルは、最も詳細な発言をした。ずっと昔に、父親と一緒に「キスカ」（サムエルの発音で〝キオスク〟のこと）に行った時のことを思い出した。ふたりは、本人が青色の、父親が空色の帽子をかぶり、ギターを持って行った。ひとりの男性が銃を持っていた。キオスクの近くの家が燃え出したので、そこから逃げなければならなかった。マルヤがリタ・カストレンに話したところによれば、このすべてが、ペルッティが死亡する前年にあたる一九七四年に起こった出来事と一致するという。ある友人が、駅のキオスクに近い小さな家でパーティを開く計画を立てた。ところが、その家の屋根裏から出火したため、パーティは中止になったのである。（マルヤには、サムエルが話していた帽子の色が当たっていたかどうかはわからなかった。）

サムエルは、いつも母親のマルヤを姉、祖母のアンネリを母親だと思っていたわけではない。ある時、ペンティ・ヘイキオとアンネリの写真を見ていたサムエルは、「父さんと、おばあちゃんがいる」と言ったのである。マルヤは、サムエルを欺こうとして、それは違うと言った。ところが、サムエルは、同じ言葉を繰り返したのである。この再認の重要な点は、サムエルは一度もペルッティの父親であるペンティ・ヘイキオを見たことがないことである。

ペンティ・ヘイキオの写真を見て、サムエルは、「ぼくの父さんだ」と言った。マルヤとアンネリは、ペンティ・ヘイキオの写真をサムエルが見分けたことを重視した。それは、アンネリの二番目の夫のライネル・ラーゲルクヴィストがペンティに嫉妬していたため、アンネリがその写真を堂々と飾っておくことができなかったからである。ペンティの写真を飾れば、ライネルがいやな思いをするのではないかと心配したのであった。

ペルッティは、生前、自分のギターを持っており、それを弾いていた。ペルッティの死後、そのギターはケースに入れられ、押入に保管されていた。そのギターのことは、誰もサムエルには話さなかったにもかかわらず、サムエルはそれを自力で探し出し、自分のギターだと言った。

ペルッティの死後、本人の衣類は、コール天の上着を除いてすべて処分された。残されたその上着は押入にしまわれていた。ある日、アンネリとマルヤは、その押入を開け、その上着を人にあげてしまおうかと（サムエルの前で）話し合っていた。それを聞いたサムエルは、それは自分のものだから、人にはあげないでと叫んだ。この場合、アンネリとマルヤがその上着をペルッティの遺品だと——ふたりからは、そのような話は聞いていないが——言った可能性が考えられるので、サムエルがその上着を見分けたと言うことはできない。しかしながら、その上着は自分のものなので、取っておいてほしい、と大きな声で主張した点は重要かもしれない。この出来事があったのは、サムエルが三歳の頃である。

ペルッティは、壊れて針がなくなった腕時計を持っていた。ペルッティの死後、アンネリはその時計を、〝がらくた〟がたくさん詰まった引き出しに入れておいた。ある日、アンネリは、サムエルが一緒にいる時、その引き出しを開けた。サムエルは、その時計を見つけ、それをわしづかみにするなり、自分の時計だと言った。その時計を自分のものにすると、サムエルは、それを自分の枕の下やベッドの下の引き出しにしまっていた。[註23]

アンネリは、サムエルを連れて、ペルッティが埋葬されている墓地を訪れた。ペルッティの墓を見て、サムエルは、「これはぼくのお墓だ」と何度か繰り返した。別の時、マルヤがサムエルをその墓地に連れて行く時、サムエルは、「これから、ぼくのお墓に行くんだね」と言った。

ペルッティが死んでからサムエルが生まれるまでに起こった出来事に関するサムエルの発言　サムエルは、ペルッティの母親（つまり、サムエルの母方祖母であるアンネリ）が、どれほどペルッティのために泣いたかについて語った。

サムエルは、たくさんの棺《ひつぎ》が置かれたところへ連れて行かれたことも話した。そのうちのいくつかは蓋が開いていたという。これは、ペルッティについて言っているのであれば正しい。ペルッティの遺体は、霊安室に運ばれたからである。

註23　アラスカのトリンギット民族の事例では、ウィリアム・ジョージ・ジュニアという中心人物が、前世の人格が所有していた腕時計を見分け、サムエルがペルッティの腕時計に対して示したのと同じように、その時計を自分のものだと述べている。

前世に関連するサムエルの行動

前世についてサムエルが話した状況とその様子　先述のように、サムエルの発言のほとんどは、ペルッティに関係のある人物や写真その他の物品に刺激され、誘発されたもののようである。しかしながら、いくつかの発言では、記憶が完全に自発的に表出したように見える。とはいえ、それらの場合も、マルヤやアンネリが気づかない刺激によって引き起こされたものなのかもしれない。

時おり、サムエルは、「ああ、あいつもかわいそうに死んじゃって」と、独り言を言っていた。マルヤは、その時サムエルが、ペルッティの死を想起していたのではないかと思ったという。

サムエルの水恐怖症　幼少期に、サムエルは、水に入ることに対して、顕著な恐怖症を示していた。マルヤによれば、サムエルは水に入ると「パニックになった」という。サムエルはまた、シャワー室も恐れていた。

母親と祖母に対するサムエルの態度　先に述べた通り、幼少期のサムエルは、マルヤを呼び捨てにし、祖母のアンネリを「お母さん」と呼んでいた。二歳頃、既に離乳していたサムエルは、アンネリの膝に座って、母乳を飲もうとした。「お母さん、おっぱいちょうだい」と言ったのである。

サムエルの歩きかたと姿勢　ペルッティは、立っている時、片脚を前方に出し、しばしば片手を腰に当てる癖があった。また、何かが心配な時には、両手を腰のうしろに当てて歩いた。サムエルも、それと同じ姿勢で、両手を腰のうしろに当てて、同じようにして歩く姿が目撃された。マルヤには、そのような癖はなかった。[註24]

前世に関連するサムエルの他の行動　ペルッティは、クリスマスで家族全員が集まっている時に、部屋の中を歩き回ってひとりずつ順番にキスをするという、愛情あふれる習慣を持っていた。一九七八年のクリスマスに、二歳半であったサムエルは、家族が腰を下ろしている部屋を歩き回り、ひとりひとりの手を取って、頬にキスをした。これは、ペルッティがクリスマスに取っていた習慣的行動を正確に模したもののように思われた。

概してサムエルは、ペルッティと同じく、非常に情の深い人物であった。

サムエルによるテレパシーらしきものの実例

ある日、アンネリは、先祖代々の墓の写真を見て涙を流していた。ちょうどその時、マルヤがアンネリに電話をかけてきて、サムエルが自分（マルヤ）に向かって、「若おばあちゃんが泣いてる。泣

註24　母斑と先天性欠損に関する拙著（Stevenson, 1997）には、「前世に関係する体格、姿勢、身振り、その他の無意識的動作」という章がある〔同書の要約版である『生まれ変わりの刻印』（邦訳、春秋社）にも同名の章がある〕。

かないように伝えて」と言ったという。（この時の発言では、アンネリを「若おばあちゃん」と呼び、時おりそうしていたように「お母さん」とも「お母ちゃん」とも呼んでいない。）

また、ある時、サムエルが中庭で遊んでいた時、マルヤは買物に出かけることにした。サムエルは、一緒に行きたかったらしく、不意に家に入って来た。マルヤは、テレパシー的な結びつきがあったため、サムエルが入って来たのだと思ったという。

サムエルとペルッティの身体的類似点

マルヤは、サムエルの体格がペルッティとよく似ており、ふたりの笑顔も似通っていると確信していた。私は、マルヤの評価に同意するかどうかを、アンネリに尋ねるのを失念した。しかしながら、ふたりが似ているのは、遺伝的要因が関係している可能性があるので、重要性はほとんどない。

サムエルのその後の経過

一九八四年九月、リタ・カストレンはマルヤ・ヘランデルに再び対面し、サムエルのその後の経過を聞いた。サムエルは八歳で、小学校二年生になっていた。マルヤは、サムエルがまだ前世の記憶をいくつか残していると思っていたが、それは既に消えてしまっていた。

一九九九年に、サムエルは二三歳になった。一六歳まで学校に通っていたが、上級学校には進学しなかった。引っ越し専門の会社に勤めており、健康状態は良好であった。結婚はしていなかったが、実家から出て、アパートで独り暮らしをすることに決めていた。（父親のペンティ・ヘランデルは、一九八六年に自殺していた。）

サムエルは、水に対する恐怖症を依然として持っており、水泳をすることはなかった。また、ペルッティのように夭折することも恐れていた。この恐怖症は〝発作〟のように起こり、消えたかと思えば、しばらくするとまた出ていた。

マルヤによれば、サムエルは、前世について話すことは一度もなかったという。しかしながら、実家を訪ねて来て、誰にも見られていないと思うと、マルヤが保管していたペルッティの写真を、いつも長い間眺めていたという。

解説

同一家族例の弱点を、ここでもう一度述べておく必要があるように思う。同一家族例では、稀な例外を除いて、中心人物の発言はすべて、その事例の情報提供者たる家族が熟知している出来事や物品や人物に関するものである。家族の誰かが——本例では、それはサムエルの母親にあたるが——前世の人格が自分の家族の中に生まれ変わって来ることを期待している場合には、情報が、故意ではないにしても、通常の手段によって中心人物に伝わってしまう可能性が高い。しかしながら、この種の事例には、その一方で利点もある。それは、中心人物の行動に関する情報提供者が、前世の人格の生涯との関連性を、自ら判断できることである。

マルヤは、サムエルがペルッティの生まれ変わりであることを確信していた。時おりサムエルのことを、ついうっかり「ペルッティ」と呼んでしまうほどだったのである。（サムエルは、いつもその呼びかけに応えていた。）マルヤは、その態度がおそらくあさはかであることを承知していた。このことから、ペルッティがサムエルとして自分のもとへ戻って来たと自ら確信していることで、サムエルに影響が及んでしまう可能性を、マルヤが自覚していたと考えなければならない。

テウヴォ・コイヴィスト

本例の要約とその調査

テウヴォ・コイヴィストは、一九七一年八月二〇日にフィンランドの首都ヘルシンキで生まれた。両親は、ヤン・コイヴィストと妻のルサであった。テウヴォは、男ばかりの四人兄弟の末子である。ヤン・コイヴィストは実業家であった。近い祖先は、ほとんどがフィンランド人である。遠い祖先には、ドイツやハンガリーの出身者もいる。ルサの曾祖母のひとりはポーランド人であり、ルサの曾曾祖母のひとりはユダヤ人であった。

コイヴィスト家は、ルーテル教会の会員であった。ルサは、一六歳の時に、フランス革命時代のフランスで送った前世を思い出したように見える体験をしていた。この記憶には、事実が確認できる部分が存在しなかった。チベットで前世を送ったという、さらに漠然とした記憶らしきものもあったが、これにもやはり、事実が確認できる点はなかった。しかし、こうした体験があったおかげで、ルサは、テウヴォが前世について話した時、注意して耳を傾けることができた。

ルサは、テウヴォを妊娠中、ふたつの夢を見た。少なくともその一方は、予告夢と考えられるものである。

テウヴォは、生まれた時は健康であったが、幼少期には暗闇恐怖症を示した。そのため両親は、本人が寝ている間中、電気をつけたままにしておかなければならなかった。テウヴォは、一歳半頃に言葉を話し始めた。二歳頃には二語文を話したが、三歳になるまでは、流暢《りゅうちょう》な話しかたにはならなかった。その頃、テウヴォは、自分が強制収容所のようなところに入れられ、ガスで殺されたことをかなり詳しく話し、母親を驚かせた。(テウヴォは、「強制収容所」という言葉は使わなかったが、まちがいなく強制収容所のことを話していた。)

強制収容所に入れられた体験を話した頃から、テウヴォは、呼吸困難の発作を起こすようになった。(もっと前から起こっていたのであろうが、母親がそれに気づいたのは三歳頃であった。)

リタ・カストレンは、一九七六年初頭に本例の存在を知ったが、その時、テウヴォは四歳半であった。カストレンは、一九七六年二月二日にルサ・コイヴィストを面接し、その記録を私に送ってくれた。その三年近く後の一九七八年一二月一日に、私はルサの面接を行なった。どちらの面接もヘルシンキで行なわれている。私は、ヤン・コイヴィストには対面していない。ルサによれば、テウヴォは自分(テウヴォ)の記憶を父親には一度も話したことがないという。

一九九九年秋、私はヘルシンキを再訪した。この時、ルサ・コイヴィストには会えなかったが、リタ・カストレンはルサと電話で二回話し、テウヴォの幼少期とその後の経過に関する新たな情報を得たという。九月二五日に、私はテウヴォと（ヘルシンキで）対面し、長時間にわたる面接を行なった。

ルサ・コイヴィストがテウヴォを妊娠中に見た夢

ルサは何度か夢を見たが、そのうち最初の夢を見たのは、半睡状態の時だったのかもしれない。ルサは、被収容者の列に並んでいるような感じがした。その場面は、ルサに、近東のどこかの場所を連想させた。被収容者の列が前に進んだ時、誰かがルサに、「その藁《わら》の下に隠れなさい」と言った。それで、ルサは、被収容者の列を離れ、気がついてみると、カバラ〔ユダヤ教神秘主義〕の聖典を持っている男性と一緒にいた。銃を発射している男たちがいた。ひとりの男が、「あなたが生むことになる赤ん坊はユダヤ人だ。私があなたの命を助けてあげよう」と言った。そこで、夢は終わった。

二番目の夢は、テウヴォの誕生とそれほどはっきりした関係はない。ルサは、赤いビロードで裏打ちされた天幕の中にいた。そこには、望遠鏡を持つ「老賢者」がいた。その老人は明るい光を指さした。その光は次第に明るさを増した。老人は、その光が明るいのは、三惑星の合《ごう》が起こっているためだと言った。そして、光を指さし、「あれがあなたの光だ」と言った。（ルサの話では、テウヴォが生まれた日に火星と金星の合があったという。）

前世に関するテウヴォの発言

本項は、リタ・カストレンが一九七六年に行なった面接と、一九七八年に私が行なった面接に基づいている。これら二回の面接でルサが発言した事柄は、要点は同じであるが、それぞれに、もう一方には含まれていない項目が含まれていた。

ルサは、前にも生きていたことがある、とテウヴォが話していたのを覚えていた。その時、テウヴォは、〝大きいかまど〟のことを言っていたという。そのかまどについて、細かい特徴をいくつか話していた。何層にもなったかまどの中の棚に、人が乱雑に詰め込まれていたという。他の人の上に横たわる人もいた。テウヴォは、〝お風呂場〟に連れて行かれたと言った。浴室では、眼鏡や金歯などの私物が外された。それから、人々は衣服を脱がされ、炉の中に押し込まれた。ガスが、壁から吹き出してきた。息ができなくなった。テウヴォは、炉に入れられるのが〝わかって〟いたと言ったが、実際に炉に入れられたとは言わなかった。他の人たちがそこに入れられるのを見た後に、今の母親のもとへ来たと言ったのである。テウヴォは、子どもたちが詰め込まれた〝オーブン〟についても話した。

テウヴォは、以上のことを話してから、「それから、ぼくはお母さんのところへ来たんだ。ここに来たんだ。お母さん、ぼくが来たことうれしい?」と言った。

それからしばらくして、テウヴォは、前世のことを初めて母親に話した。「鉄条網に引っかかった。お母さん、助けて」と言った。この時、テウヴォは落ち込んでいるように見えた。

前世に関連するテウヴォの行動

前世についてテウヴォが話した状況とその様子　ある朝、テウヴォは目覚めると、母親に初めて前世の話をした。その頃——三歳の頃——ようやく流暢に話し始めたばかりであったが、本人が記憶しているらしき体験を説明するのに使う語彙が非常に豊富なことに、母親は驚いた。それでも、テウヴォは、自分が話したいことが適切に説明できる言葉を知らなかったため、両手を使って炉の形を示したのである。

ルサは、テウヴォが自分の記憶にある体験を説明する時に、「とても脅えて」、「おそろしがった」と述べた。テウヴォがあまりに動揺したため、ルサは、おとぎ話を聞かせて、テウヴォの気持をそらそうとした。

一九七六年に、ルサは、テウヴォが最初の発言を、朝目覚めた時にはいつも何度か繰り返すと、リタ・カストレンに話した。ルサは、テウヴォがその記憶について半年ほどの間、毎日話していたとも言った。一九七八年には、ルサは、その後の発言を忘れてしまっており、テウヴォが三歳の頃に行なった最初の発言しか思い出せなかった。その頃にはルサは、テウヴォがそうした発言を繰り返していたことも、テウヴォのいくつかの発言も覚えていなかったのである。

テウヴォの暗闇恐怖　テウヴォは、七歳になるまで、暗い場所を怖がった。その後、その恐怖症は消えている。

テウヴォの身隠し行動　幼少期のテウヴォは、どこかに隠れてしまって、見つからないことがしばしばあった。時おり、部屋と部屋の間の壁を叩き壊した。一家が当時住んでいた家屋は、壁が極端に薄かったため、年長の子どもなら穴を開けて出入りできるほどであった。

テウヴォの他の関連行動

テウヴォは、時々、兵隊ごっこをして遊んだ。ルサは、こうした遊びを、すぐ上の兄のまねと考えた。この兄は、テウヴォより八歳年長であった。

二歳になるまで、テウヴォは、寒い日に外出する時ですら、服を着たがらなかった。

デヴィッド・ルウェリン〔一七〇―一八一ページ〕と違って、テウヴォは、いわゆる典型的なユダヤ人の行動は示さなかった。

テウヴォの呼吸困難

テウヴォは、初めてその記憶を口にした頃、呼吸困難の症状を起こした。十分な呼吸ができず、苦しい思いをしながら息をしているように見えた。呼吸困難は、週二回起こると、次の三カ月は再発しないというふうに、不規則に起こっていた。その発作は一〇分から一五分ほど続いた。ルサがかかっている医師は、テウヴォは喘息ではないと言った。この症状は、私がルサの面接を行なった一九七八年の時点でも残っていた。

発作的に呼吸困難を起こすことを除けば、テウヴォの健康状態は良好であった。

テウヴォが通常の手段で強制収容所について知った可能性

ルサは、テウヴォが通常の手段でドイツの強制収容所について知った可能性はないと断言した。テウヴォは、稀にしかテレビを観せてもらえなかったし、暴力が関係する番組は、観るのを禁止されていたのである。両親と兄たちは、テウヴォの前で、強制収容所やガス室などの問題について話し合ったことは一度もなかった。テウヴォが前世について話した頃、一家は自分たちの持ち家に住んでいた。隣人はいたが、交際はなかった。当時のテウヴォは恥ずかしがり屋で、近所の人たちと言葉を交わすことは一度もなかった。なお、祖父母は同居していなかった。

第二次世界大戦中にフィンランドとドイツの間で起こった出来事

第二次世界大戦中、フィンランドは、ロシアと戦争状態にあるドイツと同盟関係を結んでいた。フィンランドの指導者たちは、ドイツが勝利すれば、一九三九年から四〇年のフィンランド・ロシア戦争の末期、ロシアに割譲した領土の一部を奪還できると考えたのである。その一方で、フィンランド政府は、ドイツへの協力を制限し、ドイツによるレニングラード包囲攻撃に参加しなかった（Häikiö, 1992）。また、フィンランドは、ナチの迫害を逃れたユダヤ難民をドイツに帰還させよ、というドイツ側の要求にも応じなかった。ドイツに引き渡された、フィンランドのユダヤ難民の実数は、歴史学者と回想録の執筆者とで異なっている（Lundin, 1957）。五〇人を越えなかったのは確実で、もしかすると四人しかいなかったのかもしれない。この四人とは、フィンランド滞在中に、フィンランドの法律を犯した人たちである。ラウトカリオ（Rautkallio, 1987）は、フィンランドのユダヤ難民の中には、ひとりとしてドイツに引き渡された者はなかったと主張している。

フィンランドには、フィンランド国籍を持つユダヤ人は少ない。そのユダヤ人たちは、中央ヨーロッパからの避難民ではない。一九四一年、ナチスドイツ国家保安本部長ラインハルト・ハイドリヒは、ヨーロッパ諸国に住むユダヤ人の名簿――単なる推定に基づくもの――を作成した。その〝人口調査〟によれば、フィンランドには二三〇〇人しかユダヤ人がいなかった(Gilbert, 1986)。ドイツは、フィンランドには部隊をほとんど送っていなかったため、ごく少数の難民を除けば、ユダヤ人をひとりも追放していないのはほぼまちがいない。ユダヤ人ではないフィンランド人の場合には、さまざまな理由で強制収容所に送られた可能性がある。一九四五年四月三〇日にダッハウ強制収容所が解放された時、フィンランド出身者で生き残った者は、ごく少数にすぎなかった(Smith, 1995)。

コイヴィスト家はユダヤ人との関係がないこと

コイヴィスト家は、ユダヤ人と社会的な関係を持っていなかった。フィンランドとドイツが協力関係にあった数年の間(一九四〇年―四四年)、ルサの家族は、ユダヤ人世帯がいくつか入居しているアパートに住んでいた。ルサは、ドイツ軍がそのユダヤ人たちを連行し、強制収容所に送ったかどうか知らなかった。(前項で引用した出典によれば、その可能性はほとんどないように思われる。)

テウヴォの発言とドイツ強制収容所の特徴との対応

テウヴォが語った細目は、強制収容所の特徴――鉄条網、私物の没収、被収容者たちが強制的に脱衣させられたこと、ドイツ人がガス室を〝浴室〟と偽った(場合によっては、「浴室」という表示があった)こと、毒ガスによって殺されたこと、犠牲者の遺体を焼却炉で(あるいは戸外や穴の中で)焼いたこと――と確かに一致している。

ドイツ人たちが被収容者の遺体から金歯を外したのも事実である。しかしながら、金歯を外したのは、被収容者たちをガスで殺害してから、遺体を焼却炉や戸外で焼くまでの間であった。ワルシャワの北東にあったトレブリンカ強制収容所では、子どもたちが生きたまま、燃えさかる穴の中に投げ込まれることもあった（Donat, 1979）。アウシュヴィッツでも、子どもたちや、場合によっては女性たちも、燃えさかる穴の中に生きたまま投げ込まれた（Kraus and Kulka, 1966）。

毒ガスが噴出するガス室で被収容者たちが呼吸困難を起こしたというテウヴァの発言は、ミクロシュ・ニスリ医師の目撃証言によって裏づけられる（Nyiszli, 1960/1993）。ハンガリーのユダヤ人医師であったニスリは、一九四四年四月に逮捕され、アウシュヴィッツに送られた。そこで、悪名高きヨーゼフ・メンゲレ医師が、医学実験の助手としてニスリを選出したのである。そのためニスリは、アウシュヴィッツ収容所特務部隊の隊員となった。この部隊は、強制収容所を管理する親衛隊（SS）を補佐しうる教育や技能を持つ被収容者たちで構成されていた。特務部隊の隊員のほとんどは、（その犯罪行為の証拠を隠滅するため）殺害されたが、ニスリは難を逃れ、強制収容所でドイツ人が被収容者たちを殺害した手順を詳細に書き残している。アウシュヴィッツで殺害に使われたのは、チクロンBというシアン化水素製剤が気化した青酸ガスであった。このガスは、五分から一五分で人を殺害できる。被収容者たちは一室に押し込められ、そこで脱衣して、衣服をすべてそこに残すよう（後にドイツ人たちが使用するため）指示される。この部屋には、「浴室」を示す表示があった。続いて、別の部屋に詰め込まれるが、そこには、洋服かけもベンチもなく、胴に穴がたくさん開いたパイプが何本か床から直立していた。それから、ドアが閉められ、気化性物質が容器から放出された。その物質は、階下の部屋に通ずるパイプを通り、直立したパイプの穴からガスとなって吹き出し、処刑室にいる人たちを速やかに毒殺し始める。「ガスは、床から充満し、ゆっくりと天井に達する。そのため、被収容者たちは、互いに踏みつけ合って、ガスから必死に逃げようとした」(Nyiszli, 1993, p. 52)。被収容者たちがすべて死ぬと、その遺体が処刑室から引きずり出され、金歯を抜かれ、焼却場に運ばれる。その巨大な焼却炉の煙突は、遺体を焼く煙や臭いを吹き上げていた。

ニスリは、この報告書の中に、ガスで殺害された被収容者たちの遺体が積み上げられた様を細かく図示している。トレブリンカ(Donat, 1979)やダッハウ(Smith, 1995)といった強制収容所でも、遺体が積み上げられた様子を描いている者がある。

強制収容所の周囲には、鉄条網が張り巡らされていた。収容所の外側を高く囲んでいた有刺鉄線には、体をふれれば即死するほどの高圧電流が流されていた。こうした鉄条網にふれて生還した者はいなかったが、電流が流れていない有刺鉄線であれば、絡みついても運よく逃れることはできたかもしれない。アウシュヴィッツのような巨大な収容所では、いくつかの区画に分けるため、電流の流れていない有刺鉄線も張られていた。強制収容所について書かれた三冊の著書は、その表紙に鉄条網の図版を載せている(Donat, 1979; Gill, 1988; Smith, 1995)。鉄条網は、強制収容所の恐ろしさを示す象徴になっているのである。

収容所に到着した子どもたちは、そのままガス室か火の燃えさかる穴に直行させられた。年長の者と違って、子どもたちは働けないため、役立たずと見なされた。一般に、一四歳未満の子どもは、そのまま殺されてしまったのである。
テウヴォの「身隠し行動」は、一九四三年に発生したユダヤ人のワルシャワ蜂起以前の、ワルシャワ・ゲットーでの状況に対応するのかもしれない。壁を打ち壊すことは、暴動の進行に従って、自分たち自身が移動できるようにするため、また私有財産や糧食を移動できるようにするために、ユダヤ人たちが立てた計画の中心を占めていた。A・ドーナトは、次のように述べている。

建物の隠れ家の他に、人々は、部屋やアパート、階段の下、地下室、屋根裏などの間に、必死になって通路を作っていた。その結果、一度も通りに出ることなく、居住街区全域を動き回れるようになった（Donat, 1979, p. 96）。

解説　テウヴォの証言（あるいは、その証言に関するルサの記憶）では、被収容者たちを殺害する手順に含まれるいくつかの段階が簡略化されている。眼鏡のような私物は、ガス室に送られる前に取りあげていたが、金歯は、ガスで殺害した後に外されたのである。また、被収容者たちはふつう、焼却炉に投げ込まれる前に死亡していた。にもかかわらず、テウヴォの証言は、細目は少々混乱しているものの、すべてが驚くほど正確であった。
以上のことからただちに、テウヴォが記憶しているらしき生涯が、アウシュヴィッツや、ビルケナウの隣接収容所で終わったと言うことはできない。ドイツ人は、トレブリンカやソビブルのような収容所でも、同じような殺害法を使っていたからである（Gill, 1988）。こうした収容所の被収容者たちも、やはりガスで殺害されていたが、チクロンBではなかった。ガソリン・エンジンの排気ガスに含まれる一酸化炭素で殺害されたのである。ダッハウ強制収容所では、一酸化炭素と青酸ガスの両方が、被収容者の殺害に使われたという（Smith, 1995）。

テウヴォのその後の経過

高校を数年がかりで卒業したテウヴォは、実業学校に入学し、卒業した。しかし、音楽を仕事に選び、一九九九年にはプロの音楽家兼音楽教師として仕事をするようになった。

テウヴォによれば、幼少期にあった呼吸困難は、五歳頃に就学した時には治まっていたという。一九九七年にテウヴォは結婚し、一九九九年には、二歳の男児の父親になっていた。

一九九九年九月二五日、私と面接した時、テウヴォには、前世のイメージ記憶はなかった。しかしながら、自分の〝身隠し行動〟は覚えていた。本人の話では、それは一三、四歳頃まで続いたという。また、ごく幼少の頃から、絶えず安心感を必要としていたことも記憶していた。今の住居には満足していないということであったが、それは隠れる場所がないためであった。

テウヴォは、ナチの軍服や軍旗（かぎ十字章）を見ると、不安になると語った。それらを見ると、恐怖で体が凍りついてしまうこともあるという。しかし、大英帝国やフランスの国旗を見ても、恐怖心は起こらなかったのである。

テウヴォは、宗教には強い関心を持っていたが、ユダヤ教に特に引かれることはなかった。生まれ変わりを信じていたが、キリスト教とは相容れないと考えていた。

解説

テウヴォの発言とデヴィッド・ルウェリン〔一七〇―一八一ページ〕の発言は、いずれもドイツの強制収容所の特徴を描写していた。しかし、ふたりは別々の事柄を記憶していた。ふたりは、別の収容所で送った生涯と死の状況を記憶していたのかもしれない。あるいは、デヴィッドとテウヴォがその生涯を記憶していたふたりの人物の心に、同じ収容所の違う特徴が刻み込まれていたということなのかもしれない。

事例報告——反復する夢や鮮明な夢

ジェニー・マクラウド

ジェニー・マクラウドが曾祖母の生涯について話したことについては、既に詳述している〔一一七—一二四ページ〕。その出来事があったのは、ジェニーがかろうじて二歳になった頃のことであった。その後の幼少期に、ジェニーは、以下に紹介し検討する一連の夢を繰り返し見ている。

カロデンの戦いにまつわるジェニーの反復夢

七歳から八歳にかけて——つまり、一九五六年から五七年にかけて——ジェニーは、同じ夢を繰り返し見るようになった。その夢は、内容がいつも同じであったが、時おり最後の場面になる前に目を覚ましてしまうこともあった。ジェニーは、その夢が鮮明だったとは言っていない。その夢を見る間隔はまちまちであった。ある時期には、一晩おきに一週間見続けたが、その時期が過ぎると、何カ月も見ないこともあった。その夢は一三、四歳頃まで見ていたという。一九六七年一〇月に私が会った時には、まだ一八歳になっていなかったが、その夢はもう四年ほど見ていないと話していた。

次に、一九六七年一〇月にアバディーンで、私がジェニーと面接した時の記録から、その夢の内容を紹介する。わかりやすくするため、括弧（［　］）の中に説明的な言葉を加えておいた。


［私は］野原に寝ていました。横に、私の体が見えました。右のほうに門がありました。今のような門じゃなくて、白樺の木でできた門でした。その門は壊れてました。いろいろな人たちが、四人だけなんですが、丘を越えて私に近づいて来ました。かなりくすんだオリーブ色の服を着てました。たぶん帽子も同じ生地だったと思います。はっきりとは見えませんでした。みんな同じような服を着ていました。［ここで、ジェニーは、話を中断して、その男性たちが着ていた服には見覚えがないと言った。］その人たちは、何か悪いことをしようとしていると思いました。四人は私のすぐそばまで来ました。私はけがをしているふりをしました。ひとりが私の体を刀で突き刺そうとしましたが、実際には刺しませんでした。四人は私から離れました。その人たちが［私に］近づいて来た時、立ち止まって、他の人をめった切りにしました。その人たちは、かなり短い平たい刀を持ってたようでした。

夢の中では、私は［その夢を見始めた時の本人の年齢よりも］年が上になっていました。私は［その当時］七歳になってませんでしたが、気持は一四歳になっていたような感じがしました。体も大きかったようですが、完全におとなの体にはなっていませんでした。赤いキルトをはいていました[註25]が、髪の毛は短かったですね。［私が］女の子だったのか男の子だったのかは、はっきりしません。その四人が私のところへ来るまでの間に、他に四、五人が殺されました。その四人が行ってしまうのを待ちました。だんだん寒くなって、暗くなってきました。ひとりぼっちになるのが怖かった。〔最初に〕頭を動かして、〔それから〕立ち上がりました。うなる声が聞こえました――みんなが泣き叫んでいました。その門を通ろうとしました。なかなか動きません。門を閉めようとしました。私は、身をかがめながら走って、大きな壁のところまで来ました。それは、一軒家の裏壁だということがわかりました。そこには年取った女の人がいました。そのおばあさんに助けを求めたんですけど、拒否されました――私が逃げる手助けをですね。それから、私は、泣き叫びながら走り出しました。いつもは、そこのところで目が覚めてしまうんです。

私と話している時、ジェニーはその夢にいくつかの点をつけ加えた。ジェニーの話では、夢の中で自分が走っている感じがするとともに、走っている自分を(あたかも他の視点から)見ているのだという。本人(夢に登場する若者)が着用していたキルトは、スチュワート王家のものであった。[註26] 幼少期に、ジェニー自身もキルトを着用していた。マクファーソンとフレイザーの柄《がら》を一着ずつ持っていた。

註25　カロデンの戦いで、スチュワート王家側に有力な分遣隊を送っていたキャメロン家、マッキントッシュ家、フレイザー家は、赤いタータンを着用していた(Moncreiffe and Hicks, 1967)。

註26　スチュワート王家のタータンの少なくともひとつは、やはり赤であった(Moncreiffe and Hicks, 1967)。

た。夢の中ではいていたキルトは、子どもの時、ジェニーがはいていたキルトよりも丈が短かった。そのキルトは、ぼろぼろで、ずたずたに引き裂かれており、ひどく汚れていた。ジェニーは、夢に出てくる、木が一本もない場面を覚えていた。草原は、緑ではなく枯草に覆われていた。丘の上には低灌木のヒースが生えていた。「枯草とヒースの茂みで一面に覆われたように見える大きな丘もありました」

一〇歳から一四歳までの間、ジェニーには、繰り返し見る夢がもうひとつあった。その夢では、ジェニーは、火事になった家の屋根にいて、退路がなかった。[註27]いつも逃げ道を探してあちこち走り回るところで、悲鳴をあげながら目を覚ますのである。ジェニーは、幼少期に、火に魅了されていたが、母親は、本人がマッチで遊ぶのを厳しく禁じた。そのためジェニーは、自分が火事の夢を見るのは母親に火の危険性を厳しく言い聞かされたためではないかと考えた。

ジェニーの夢には、カロデンの戦いと直接に関係している部分はなかった。もしかすると、他の戦いに関係していたのかもしれない。ジェニーがその夢をカロデンの戦いと、いつどのようにして結びつけたのかを、私は手紙でジェニーに尋ねた。ジェニーは、(一九六八年一月二三日付の私信で)次のような返答を寄せた。

私が思い出せる限り、カロデンのことを初めて話したのは、初等学校の七年生の時でした。その頃、その戦いの歴史的事実を、つまり、誰が誰とどうして戦ったのかを、先生から教えてもらったばかりだったのです。たぶん、その戦場がすぐ近くにあったためと、私の子どもっぽい空想とで、その夢がカロデンだと決めてしまったのでしょう。それから、夢の中にキルトなどが出て来たためかもしれないと思います。それで、その夢はカロデンのことに決まってると思うようになったのです。このことについては新しい情報がなくてすみませんが、この問題を考えても、これまでのところ答えは見つけられませんでした

ジェニーがカロデンの戦いとその直後の出来事について持っていた通常の知識

カロデンの戦いは、スコットランド北西部のインヴァネス近郊で、一七四六年四月一六日に起こっている。この戦いは、大英帝国の〝若き自称王位継承者〟であったチャールズ・エドワード・スチュワート王子とジョージ・マレー卿が率いる小規模のジャコバイト軍による最後の抵抗であった。ジャコバイト軍は、カンバーランド公が指揮する、訓練の行き届いたハノーヴァー王家軍に完敗したのである。

註27　I・C・テイラー（Taylor, 1965）は、次のように述べている。「［カロデンの戦いの後］負傷兵や敗残兵の多くは、各地の荒野やその周辺にある泥炭小屋や離れ家に身を隠した。そのうちのひとつが、リーナック家という古い農家の納屋であったと考えられている。戦闘中にハノーヴァー王家軍の隊列をまちがいなく突破したはずの三〇人以上の男たちが、四八時間後の金曜日にそこで見つかった。その敗残兵を即刻射殺する代わりに、兵士たちは、納屋の周囲に防柵を張りめぐらし、納屋に火をつけるよう命じられた。将校や負傷兵を含む三〇人は、残虐にも、生きたまま焼き殺されたのである」［四五ページ］。

マーガレット・マクラウド（ジェニーの母親）によれば、本人も夫も歴史に関心があるということであったが、ジェニーがその夢の話をするようになる前に、家族の中でカロデンの戦いの話をしたことはなかったという。ジェニー自身は、その戦いについて初めて（通常の手段で）知ったのは、一一歳か一二歳の頃で、初等学校の七学年の時だったと、W・H・S・ミューア師に語っている。この頃、ジェニーは、歴史の教科書や学校の教師が教えてくれなかったにもかかわらず、戦いの後に数多くの人々が殺されたことを（繰り返し見る夢を通じて）〝知った〟のである。[註28] ミューア師と対話した二、三カ月後に私と話している中で、ジェニーは、戦いの後に大虐殺が起こったという事実を、（通常の方法では）一四、五歳になるまで知らなかったと語っている。

ジェニーには、その年齢になるまで、真偽が確認できなかった点がもうひとつあった。それは、年少者がジャコバイト軍に加わっていたことである。スコットランド歴史協会は、『四五年の捕虜 *The Prisoners of the Forty-Five*』という書籍を公刊している。この本には、多くの年少者や子どもたちを含め、三三〇〇名の捕虜の名前が列挙されている。私は自分でこの本を調べたわけではないが、I・C・テイラー大佐が、その中に掲載されている、二八名の少年捕虜の名簿を写して私に送ってくれた。その年齢は、八歳から一五歳までと幅があったが、大多数は一三、四歳であった（Seton and Arnot, 1928, テイラーの私信より引用）。そのうちの一部は赦免され、一部は流刑に処せられた。ジャコバイト軍に少年たちが加わっていたことを、ジェニーがどうして知ったのかについては、私もジェニーに確かめなかったし、ジェニーも話していない。この戦いについて、ジェニーが熱心に調べたわけではないのは確かである。また、私と対面するまで、ジェニーは、その戦場を訪れたことはなかった。

一九六七年に私と面会した時点でも、ジェニーには、夢に登場した事柄でもうひとつ確認できないことがあった。それは、戦闘終結後に、ジャコバイト軍の負傷兵や敗残兵を殺害していた兵士たちがまとっていた軍服の色である。ジェニーは、その色を、「かなりくすんだオリーブ色」という言葉で表現していた。スコットランド高地人のほとんどは、スチュワート王家の大義を支持していたが、支持しない者も一部にいた。「ジャコバイト〔スチュワート王家の支持者〕側に立つスコットランド兵よりも、政府側に立つスコットランド兵のほうが実際には多かった」（Mackie, 1930/1962, p. 248）のである。キャンベル家は、ハノーヴァー王家側について戦う民兵一連隊を投入した。さらに、戦いが終わった時、キャンベル軍はジャコバイト軍の右翼にある壁に登り、退却するジャコバイト軍を攻撃した。一九六七年一二月五日付の私宛ての書簡で、I・C・テイラー大佐は、次のように書いている。「ずっ

註28　ジェニーは、一九六〇年から六一年までは、一一歳か一二歳であった。その当時、初等学校で使われていたスコットランド史の教科書には、カロデンの戦いの後にハノーヴァー王家軍が犯した残虐行為のことは、おそらく書かれていなかったであろう。一八九五年にフォーブス主教は、『服喪する紋章院長官 *The Lyon in Mourning*』という三巻本の著書を出版した。これは、一七四五年の反乱、カロデンの戦い、その余波の目撃者その他の証言を集めたものである。しかしながら、この著作は、スコットランド史の研究者以外にはあまり知られていなかったはずである。戦後のハノーヴァー王家軍による残虐行為は、プレッブル（Prebble, 1961）、ヤングら（Young and Adair, 1965）、テイラー（Taylor, 1965）が一般向けの著書を出すまで、おそらく正しく理解されてはいなかった。これらの著作はいずれも、ジェニーが反復夢を見るようになった後に出版されている。とはいえ、人に伝えるための文字資料に依存しない、この残虐行為の口頭伝承の伝統が、インヴァネス地方に続いていた可能性は否定しえない。

と昔のキャンベル家のタータンというか、もっとはっきり言えばアーガイル地方のタータンは、くすんだ色合い、つまり暗い青と緑で、もちろん退色すると、くすんだオリーブ色に変わります」

解説

戦いが終わった後も、ジャコバイトの敗残兵が大量虐殺されたことを、同じ夢を繰り返し見るようになってからかなり後になるまで知らなかったとジェニーは語っていたが、この点は、ジェニーが通常の方法で知っていた可能性が——先述の三項目中では——最も高い項目である。第3部の初め〔二一八ページ〕にふれた通り、ジェニーの家族は、本人が五歳の頃にキンギュシーからテレに転居している。その一年後に、戦いの夢を見るようになったのである。カロデンもテレも、スコットランド高地最大の都市であるインヴァネスから、それぞれ数キロメートルしか離れていない。ジャコバイト軍は、戦いの前にインヴァネスで宿営したし、戦いの後に捕虜たちがそこで夜を明かしている。戦いの後にジャコバイトの難民たちを殺害したため、カンバーランド公は、〝虐殺者〟というあだ名をつけられた。ジャコバイト軍があっさり敗北を喫したことや、勝利を収めたハノーヴァー王家軍によって残虐に扱われたことを別にしても、ジャコバイトの反乱が鎮圧された結果として、その後、スコットランド高地の生活様式は一変した。住民は、タータンの着用を禁じられ、氏族の長は準司法的権限を剥奪され、新たな〔軍用に適した〕道路が建設されたのである。それ以外の点でも、高地は〝平定〟された。

カロデンの戦いとその後遺症は、その二世紀後になってすら、この地方では時おり話題にのぼる問題なのであろう。したがって、もしジェニーの両親がその話をしたことがないとしても、ふたりの姉や他のおとなたちが、ジェニーの面前でその話をしていたかもしれないのである。

他のふたつの細目——少年たちがジャコバイト軍に加わっていたことと、ハノーヴァー側の軍服が暗緑色だったこと——について、ジェニーがその夢を見るようになる前に、通常の方法で知った可能性は、はるかに低いであろう。

トマス・エヴァンズ

本例の要約とその調査

トマス・J・エヴァンズは、一八八六年三月九日に、連合王国〔英国〕ウェールズのカーディガンシャー州クヌッケ・キルゲランで生まれた。両親は、ジョン・エヴァンズと妻のエミリーであった。ジョン・エヴァンズは、採石工であった。トマス・エヴァンズには、姉がひとりと年下の兄弟姉妹が何人かいた。長ずると、トマスは鉱夫になった。私は両親の宗教を知らないが、トマス・エヴァンズは心霊主義[註29]に関心を持つようになり、結局は心霊主義を自分の宗教と考えるようになった。

おそらく四、五歳頃のことであろうが、トマス・エヴァンズは怒り狂った民衆に取り囲まれ、自分が絞首刑にされるという、一連の鮮明な夢を見た。一九六三年に私が対面した時には、こうした夢を合わせて二〇回ほど見ていた。当時、トマスは七七歳であった。

一九五九年八月、トマスはカール・ミュラー博士と対面した。当時、ミュラーは、イングランドやウェールズで講演旅行をしていた。トマスは自分が見た夢をミュラーに話した。続いてミュラーは、その報告書を送ってくれるようトマスに依頼した。後にミュラーは、自分が見た夢について書いたトマスの最初の手紙と、夢の細部をめぐって交わされた何通かの書簡の写しを、私に送ってくれた。

一九六二年に私は、トマス・エヴァンズと私信を交わすようになった。トマスは私の疑問に答えてくれたうえ、私がウェールズを訪れることに同意してくれた。一九六三年八月八日、私は、ウェールズ南西部ニューキー近郊のトマス宅で本人と対面した。残念ながら、幼少期に見た夢についてトマスが語った事柄を裏づける証言をしてくれるはずであった姉は、私がニューキーを訪れる一年弱前に亡くなっていた。

トマスと私は、対面後一回だけ私信を交わしている。トマスは、一九六五年一二月四日に死亡した。

トマス・エヴァンズが見た夢

問題の夢は、あらゆる点で、判で押したように同じであったが、長さは違っていた。色がついており、非常に現実的に見えた。後ほどふれる例外を除いて、トマス・エヴァンズは、実際に起こった出来事を夢の中で追体験しているように思われた。トマスは、通常の夢と比較して、こうした夢の迫真性と鮮明さを強調した。

最初の夢では、トマスは、絞首刑で生涯を終える部分だけを再体験しているように見えた。その後に見たいくつかの夢には、絞首刑になるまでの出来事が出て来るようになった。

トマス・エヴァンズが見た最初の夢　トマスは、最初に見た夢を、カール・ミュラーに宛てた一九五九年一一月九日付の私信で、次のように述べている。

それ［その夢］が初めて起こったのは、八歳の頃でした。夢の中で私は、森のきわにいました。その森は、大きかったようです。誰かが、私の首に輪になった縄をかけ、上に引っ張り上げました。その場で私は、群衆に笑われたりばかにされたりしながら絞首刑にされたのです。絞首刑になる時、感じたのは、それまで私が何かを主張し続けていたということです。それが何であったかは、今は思い出せませんが……

私の首に縄をかけた男は、大男でした。修道僧だったかもしれません。

一九五九年一二月二五日付でミュラーに宛てた第二信に、トマスは次のように書いている。

註29　心霊主義者は、特殊な能力を持つ霊媒と呼ばれる人たちを介して、死者から通信を受けることが時おりできると信じている。通信は、夢の中に現れることもあるし、その故人が霊姿として見えることもある。

心霊主義者は、肉体のない人格とこうした交信がふつうにできると信ずる宗教集団に属しており、こうした交信を容易ならしめるため、規則正しく礼拝を行なう。

貴下のご質問に対してですが、確かに、それは宗教に関係がありました。私のまわりには、修道僧のような人たちがかなりたくさんいました。その人たちは修道僧ではなかったのかもしれませんが、これが一番近い表現です。

トマス・エヴァンズがその後に見たもっと長い夢の一例　トマスは、一九四四年から一九六二年三月三日までの間は、絞首刑にされる夢を見ることはなかった。その後、絞首刑の前に起こった出来事が登場する夢を見た。トマスは、一九六二年三月四日に見たその夢を、一九六二年六月二四日付の私宛ての手紙に書いている。

私が、屋外で大群衆に向かって話をしていると、大勢の群衆が私に向かって突進して来て、私に乱暴を働きました。それから、暗い部屋に連れて行かれました。私は、その部屋に長い間いて、夜と昼の区別ができなくなりました。その部屋から、森のきわに連れ出され、そこで、大群衆のあざけりを受けながら絞首刑にされたのです。

夢の異型　トマスは、この夢を説明する際、この夢を九回見ていると言った。ミュラーには、前に、同じ場面が出てくる夢を二〇回見たと話していることを指摘すると、トマスは一九六二年七月二一日付の私信で、次のように返答した。

私は、ミュラー先生に、この夢を二〇回ほど見たことを話しました。でも、その夢はどれも完結していません。ここで説明しますと、このような夢のうち一一回は、始まるとすぐにひどい恐怖で目が覚めました。うち九回分だけが最後まで行って、一九六二年三月四日に見た最後の夢で、群衆が私目がけて突進して来て、暗い部屋へ連れ込むという部分が加わったのです。この九回の夢は、鮮明で飛び抜けていました。

一九六三年八月八日の面接の中で、トマス・エヴァンズは、夢が絞首刑の後まで続いたことも二回あると語った。その時は、自分の体がぶら下がっているのを外部の視点から見たという。それ以外の時には、夢は絞首刑の瞬間で終わるか、その夢が始まると目覚めてしまうかのどちらかであった。夢は、その細部がいつも完全に同じであった。長さが違うこともあったが、その特徴という点では同じだったのである。

そうした夢の引き金になりそうな状況は、実生活には見当たらなかったという。トマスは、「三月頃」にそうした夢を見やすいことに気づいたが、その説明はできなかった。

トマスは、その夢が本当の前世の記憶だと確信していた。その前世でトマスは、ある種の預言者か独自の考えを持つ思想家で、その出来事があったのはオーストリアだという。

同じ面接でトマスは、その夢の中で絞首刑にされようとしている自分を、何人かの司教や司祭が眺めている場面が思い出せると語った。司祭たちは、きれいにそり上げた頭の上に髪の房を残し、「薄茶色」のローブをまとっていた。

覚醒中に起こった、夢を再現する幻

一九六三年六月、トマス・エヴァンズは、新聞を読んでいると眠気がさしてきて、新聞が下に落ちた。その時、反復夢に出て来るのと同じ場面を見たが、この時には、その出来事を――夢の中にいるように――再体験している感じがしたわけではなく、第三者的な目でそれを眺めていたという。

この幻は、地下牢に閉じこめられている場面で始まり、絞首刑にされる場面で終わった。トマスは、長いひげを生やし、非常に粗末な衣服をまとっている自分の姿を見た。その幻は、自分が閉じこめられた地下牢に四人の兵士が入って来る場面で始まった。四人は、槍を持ち、一列縦隊で入って来た。トマスは、自分が絞首刑になるのを待ち構えている群衆の中へ引き出された。群衆の中に自分に同情的な者が何人かいるのを感じたが、ほとんどは敵対的で、本人の処刑に賛成していた。その場面を眺めている時、不安にはならず、かなり冷静な感じだったという。その幻が終わった時、幸福を感じ、「終わり」という言葉が見えた。その時、幻が消えた。トマスは、その夢を見ることは二度とないだろうと思った。その考えは当たっていたと思われる。その後、一九六八年にトマスが亡くなるまでの間に私信を交わした中で、その夢をもう一度見たとは、ひと言も言わなかったからである。

反復夢に関係しそうなトマスの態度

一九六三年三月一四日付の手紙で、トマスは、「修道僧や司祭など、カトリックに関係したものは何でも、いつでも大嫌いでした。私は心霊主義者で、他の宗教は信じておりません」と書いている。

また、一九六二年一二月二一日付の私信では、「生涯を通じて、私は死刑を嫌悪していました。処刑の話を聞いたり読んだりすると、苦痛を感じました。この恐怖は、処刑がどういうことを意味するのかわかった時から、ずっとありました」と述べている。

一九六三年八月に面接した時、トマスは、ジョルダーノ・ブルーノに強く共感しており、ブルーノについて書かれた本を読むよう「迫られて」いると話してくれた。ブルーノの処刑に関する本を読んだ時、大きな共感の絆を感じたという[註30]。

トマス・エヴァンズは、私に宛てた手紙の中で、一度も行ったことはないが、オーストリアが好きだとも書いている。

註30　ジョルダーノ・ブルーノ(一五四八年―一六〇〇年)については、本書第1部で述べておいた〔一三ページ〕。ブルーノは、その教えが生前よりも死後に影響力を持つことになった思弁的哲学者である。ブルーノが教えたのは、そこで暮らすことが可能で、実際にも暮らしている他の世界という考えかたを含む、一種の汎神論であり、コペルニクス学説の信奉者でありながら、宇宙は無限であるとするその概念は、コペルニクスをはるかに超越していた。ブルーノは、再生（**metempsychosis**）についても教えていた。第1部で説明したように、これは、人間が、人間にも動物にも生まれ変わるという信仰を指して用いられる言葉である〔九ページ〕。結局、ブルーノは、裏切りに遭って異端審問所に告発され、監禁されて拷問にかけられ、最後は裁判で死刑を宣告される。そして、一六〇〇年二月一七日に、絞首刑ではなく、火あぶりの刑に処せられたのである（**Singer, 1950**）。

トマスの反復夢に関係する身体的障害

前世に由来する母斑や先天性欠損に対する私の関心は、一九六二年の段階では、まだ本格的なものではなかった。しかしながら、首のあたりに母斑があるかどうかについては、トマスに質問していた。一九六二年六月二四日付の私信で、トマスは次のように返答している。

あざはありませんが、首筋の皮下に、小さな卵くらいの大きさのこぶがあります。お医者さんが言うには、これは、ある種の嚢胞だそうです。この夢を初めて見た時、私は四、五歳でしたが、このこぶが痛んで、それが二、三日続きました。この夢を見るたび、こぶが痛み、それが二日以上続くのです。

最初の頃、トマスは、ミュラーに、この夢を初めて見たのは八歳頃だと思うと書き送っていた。この食い違いについては、一九六二年七月二日付私信の中で説明している。

ミュラー先生にお話ししてから、姉が、最初に私がその夢を見たのが五歳というのはありえないと申したのです。姉は、私より四歳年長なので、私自身よりもその時期をよく覚えていた可能性があるわけです。……首筋のこぶのことですが、初めてその夢を見るまでは、そのこぶがあったかどうかわかりません。初めてあの夢を見た時、こぶに激しい痛みが起こり、それが二、三日続いたのです。

一九六三年八月に会った時、トマスは、最初の夢に関係する痛みについて、新たな説明を加えている。私の記録によれば、次の通りである。「その後、数日の間、トマスは首に強い痛みを感じていた。息苦しく、首のまわりが何かに締めつけられていると家族に話した。その時には、夢のその場面を、絞首刑の場面とは見なしていなかった。そのことがはっきりわかったのは、その後に夢を見た時だった」（このことから、私は、トマスが述べているように、最初に見た夢では、強い身体症状を感じたにしても、始まったとたんに痛みで目が覚めてしまったのではないかと推定している。）次に、一九六三年八月の私の記録からもう少し引用する（読みやすくするため、文章をわずかに改変している）。

右後頭部の首筋のこぶ（嚢胞）は、ふだんはヘーゼルナッツほどの大きさであったが、その夢を見てから二、三日は、卵ほどの大きさに腫れあがった。最後に（おそらく一九六二年三月四日に）見た夢の後は、その嚢胞は次第に小さくなった。現在は、エンドウ豆ほどの大きさしかない。その嚢胞は、夢を見た後にはゴムボールのように腫れあがった。嚢胞が腫れると、痛んだ。夢を見た後を除けば、嚢胞が腫れあがったことは一度もない。嚢胞の部分以外には、痛みはなかった。

私は、トマスの首筋の嚢胞を先天性のものと推定しているが、実際にもそうだったのかもしれない。しかしながら、その証拠があるわけではない。一九六二年一二月一二日の私信で、トマスは次のように述べている。「その嚢胞があるのを初めて知ったのは、それが痛んだ時でした。姉は、その時点で［嚢胞の存在を初めて］知りました。ですから、姉は、それが生まれた時からあったのかどうかは知らないのです」

解説

どうやら絞首刑に関係して中心人物に身体的影響（一方は母斑、もう一方は先天性欠損）が見られた、絞首刑で死亡した事例を、私は、他にも二例（ナヴァルキショーレ・ヤダヴとウ・ティント・アウン）報告したことがある。この二例は、いずれも事実かどうか確認できる特徴を持っていたが、トマス・エヴァンズの場合はそうではない。その一連の夢が、現実的で迫真性を持っていたこと、細部が正確に繰り返されたこと、それに関係して身体症状が出現したこと［註31］、首に痛みが起こったことを考えると、トマス・エヴァンズが自分の見た夢を自分の前世に由来するものと考えたのは、驚くにはあたらないように思われる。

トマスの夢に出て来た絞首刑が、本当に起こった出来事の記憶だとしても、その様子や着衣から、その出来事があった時代や場所を推定するのは難しい。宗教の異端者が絞首刑に処せられなくなったのが、今から三百年前以降と考えてよければ、それより前に起こった出来事のはずだとしか言えないのである。

ウィリアム・ヘンズ

ウィリアム・ヘンズは、一八九九年一〇月六日に、イングランドの首都ロンドンで生まれた。父親はベルギー人、母親はイングランド人であった。母親は一九〇七年、本人が八歳の時に死亡したため、その後、ブリュッセルの叔父のもとへ（三人の兄弟とともに）預けられた。ウィリアムは、ブリュッセルで修道会が設立した学校に入学し、カトリックに改宗した。一九〇九年、父親が再婚したため、子どもたちをロンドンに呼び戻すことができた。父親はカトリック教徒ではなかった。また、継母も、伝統的な宗教には属していなかった。

ウィリアム・ヘンズが、どこまで正規の教育を受けたのかはわからないが、それほどの教育は受けていないのではないかと思う。ウィリアムは機械工になり、生涯その仕事を続けた。

ウィリアム・ヘンズは、二六歳になるまでカトリック教徒として過ごしたが、それ以降、その教えが受け入れられなくなり、教会を離脱した。一九三七年頃、心霊主義に関心を持つようになり、そ

註31　他の事例を見ると、前世の出来事を想起している間に起こる身体症状の特徴が明らかになる。その実例としては、マルタ・ロレンツやサレム・アンダリの事例がある。F・ストーリー（Story, 1959/1975）は、両手の皮膚にある先天性の大きな窪みに注意を向けていると、その片腕が腫れあがり、時おり痛むようになる、カレン民族（ビルマ）の例を報告している。この事例の中心人物は（その発言は事実かどうか確認されていないが）、本人がその生涯を記憶している故人を縛りあげるのに（強盗たちが）使った針金のため、その窪みができたと考えている。

の価値を——個人的体験を通じて——強く確信したため、心霊主義者と見なされるようになった。一九四〇年頃、ある霊媒が、「本当のことなので」生まれ変わりを研究するよう、本人に助言した。

一九四〇年代のある時——正確な年は思い出せなかったが——ウィリアム・ヘンズは、本人によれば（ふだんの夢と比べて）迫真性があり現実的で非常に印象的な夢を三回見た。それらの夢は、一年以内に起こっていた。その当時は、その夢を記録に残していなかった。それが最初に記録されたのは、一九六七年のことであった。その年、ウィリアムは、私が生まれ変わりを思わせる体験に関心を持っていることを知り、一九六七年一月二七日に、私に手紙を書き、その三回の夢の報告を同封したのである。

その後、私は、夢を見た状況やその細部についてウィリアム・ヘンズと手紙のやりとりをした。ウィリアムは、手紙で私のいくつかの質問に答えてくれた。私はウィリアムと対面することにして、さらにいくつかの質問をした。私は、一九七〇年二月二五日に、ロンドンでウィリアムを面接した。

ウィリアム・ヘンズが見た三回の夢

以下の報告は、ウィリアム・ヘンズによる、一九六七年一月一七日付の私信から引用したものである。読みやすく、かつ理解しやすくするため、わずかな添削を施し、括弧（［　］）の中に文意を明確にするための文章をいくつか加えている（とはいえ、意味内容は変えていない）。

1　気がつくと自分が、長い階段が刻まれた丘のようになったところを、連れと一緒に登っていました。その先には、屋根のついた大きな入口を何本もの高い円柱が支えている建物がありました。私は、太ももまで届く綿の上衣を着て、革ひもで十字に結わえる細いズボンをはいていました。

帯には、鞘《さや》に入った、ローマ時代風の幅広い平たい剣が下がっていました。

私たちが丘のてっぺんに向かっている時、私たちは、そこにはいないはずの人間だということがわかりました。――間者だ、と思いました。

入口に着くと、二枚の大きな金属製の扉が開き、兵士たちが私たちに向かって飛んで来ました。踵を返して、今登って来た階段を、全速力で駆け下りました。私たちに向かって来たのは、何人かの兵士でした。戦おうとして剣を抜きましたが、兵士たちが襲いかかって来ました。その時、夢が終わったのです。

その時代は、西暦五〇〇年頃だろうと思います。

2

たぶん生まれ変わりに関係する次の鮮明な夢は、西暦一五〇〇年頃［の時代の夢］でした。

この夢の中で、私は、死刑執行人の介添えでした。皮の上着とタイツに、細引きの帯を巻いていました。年は一七歳くらい［でした］。

その夢は、アーチ型の低い天井を持つ大広間のような地下牢で、死刑執行人が、片側の薄明かりの中に立っている場面で始まりました。

執行人は、斧の先を床につけて、柄を持って立っていました。床には、麦わらがまき散らされています。低い断頭台のそばに、ふたりの貴婦人がいました。［そのうちの］ひとりは、深く悲しんでいました。もうひとりは、その方を慰めようとしていました。ふたりとも、黒衣をまとっています。覆面をした執行人も、やはり黒装束です。

そこに立っている時、同情の気持が強くなり、その方に近寄り、肩に手を回して言いました。「奥方さま、しっかりしてください。避けられないことなんです。痛くはありませんから」そうして、私はその貴婦人を跪《ひざまず》かせて、頭を台に載せました。私はすぐに、素早い動きでそのお方の前をぐるりと回り、かぶっている帽子のすぐ下の髪を摑んで、頭を台に押しつけました。

執行人が前に進み、斧を振り上げました。――そこで夢が終わったのです。

この夢では、私はそのご婦人を大変気の毒に思いました。その気持が、自分の中からこみあげてきたのです。私に強い感情を呼び覚ましたもうひとつの点は、そのご婦人の髪を摑んで頭を下に抑えつけたことです。このようなことは、聞いたこともなければ、本で読んだことも、絵で見たこともありませんでした。でも、どうしてそのようなことをしなければいけないのでしょう。誰であっても容易に想像がつくのは、斧が振り下ろされる時、その人たちの頭を台から離したとすれば、それによってどのような事態が起こるか、ということです。

この夢に関する解説　J・ローレンス（Laurence, 1960）は、一七八二年にドイツ南東部のラティスボンである女性が斬首される場面を描いた、古いドイツの印刷物を復刻した。助手が犠牲者の首を、髪を摑んで断頭台に載せ、前方に引っ張っている。その一方で、死刑執行人が斧でその首を断つ用意をしているのである。

3　次の夢は、一八〇〇年代の初め〔に関係しているように見えました〕。その場面は、私が機械工場に連れて行かれるところから始まりました。

梁にぶら下がった真鍮の石油ランプの真下に、作業台があって、そこでは、男の人が、長さ四インチ〔一〇センチ〕で三インチ〔八センチ弱〕角の鋼材にやすりをかけていました。（その男性が鋼材を固定している万力は、長い脚が床から立ち上がっている形のものでした。）その男の人は、胸当てのついた白い前掛けをかけていました。長い頬ひげを生やし、山高帽をかぶっていました。男の人は、鋼材の表面に指を走らせながら、自分のやすりかけの腕前に満足している様子でした。

この時、自分は、新しい仕事を始めようとしている二〇代の若者の感じがしました。

次の場面は、自分が鉄道の客車で働いている場面でした。――ジョージ・スティーヴンソンの時代に使われた初期の車輛でした。この客車は、線路の端のほうにある作業坑の上に引き込まれており、私はその作業坑に入っていたのではなく、外で働いていました。車輪は、太い鍛造のスポークがついた客車型のものでした。私は、その車輪に首を突っ込んで、角型のナットを締めていたのですが、その時、客車が前方に動き出し、頭が車体の後部で押しつぶされるのを感じました。――そこで夢が終わったのです。

この夢では、新しい仕事を始める時と同じ感情を味わいました。また、自分の頭が巻き込まれる［ことに対する］恐怖も［ありました］。

これらの夢に関する他の情報

これらの夢の報告が記された私信で、ウィリアム・ヘンズは、次のように書いている。

これらの夢は、非常に現実的で、細かいところも非常に鮮明で、さらには、目覚めた時、努力しなくても非常に完璧に思い出せますので、私にとっては、ふつうの夢［とは］違う種類のものです。

私と私信を交わす中で、ウィリアム・ヘンズは、どの夢も一回しか見ていないと述べている。繰り返されたものではないのである。

夢の解釈の背景となるその他の情報

ウィリアム・ヘンズは、幼少期に恐怖症や顕著な不安があったとしても、前世に由来する可能性があるものはなかったと（一九六七年二月二〇日付私信で）書いている（Stevenson, 1990）。特に、斧や処刑や列車に対する恐怖に気づいたことはなかったという。その後の私信（一九六七年三月二九日付）で、ウィリアムは、その夢に現れた出来事が起こったと思しき時代に、特に心引かれることはなかったと述べている。

覚醒時にウィリアム・ヘンズに起こった、ふたつの変わった体験

ウィリアム・ヘンズは、他にも変わった体験を何度かしており、そのうちの少なくともふたつでは、自分が昔の時代に戻ったように感じられたという。そのふたつとも、ウィリアムが覚醒している間に起こったものである。次に、その体験に関するウィリアムの報告を引用する。

最初の体験は、一九六七年二月二〇日付の私信に記されている。

〔第二次世界〕大戦中に、ハンドレー・ページという飛行機会社で仕事をしていた時のことです。アルミニウムの大きな薄板がめくれて、反射光が私の眼に当たった時、私は強い恐怖に襲われ、一瞬のうちに時代を遡って、バビロンの時代に引き戻された感じがしました。私が恐怖を感じたのは、大きな壁が、他の人たちと一緒に私の上に落ちて来たためでした。その場面は非常に鮮明で、恐怖に脅えた人たちが混乱状態で走っているのが見えたのです。その壁は、本で見たことがある、バビロンの空中庭園の絵に似ていました。これは一秒くらいしか続きませんでしたが、自分がその場にいるように感じました。現実的だったのです。

ウィリアム・ヘンズの二番目の体験は、一九六〇年代に起こったものである。ウィリアムは、それを一九六七年三月二九日付の私信に記している。本人によれば、その体験があったのは「二、三年前」

だったという。

私は、すごくきれいなユダヤ人の少女の幻を、透視的に見ました。忘れな草の花が散りばめられた、透明な幕の向こう側に現れたのです。ハッと息をのむほどでした。

二、三週間後、ウィリアム・ヘンズは、ある霊媒に意見を求めた。霊媒は、本人が紀元一世紀のパレスチナで送ったという前世について、ある程度詳しく話したという。霊媒が語った内容は、興味深かったものの、事実かどうか確認できる点がなかった。とはいえ、霊媒は、本人が見た幻に出て来たのと特徴が一致する女性について語った。自分が見た幻のことは話さずに、ウィリアムは、自分がその女性に会ったことがあるかどうかを霊媒に尋ねた。すると霊媒は、次のように答えた。「そうです……会ったことがあります。漆黒の髪で、忘れな草の精霊に囲まれている女性です」

私の質問に対して、ウィリアム・ヘンズは、一九六七年四月二三日付の私信で、霊媒には、その幻の話はしていなかったと答えている。霊媒は、自分から忘れな草の話をしたのである。

解説　自分が幻を見たことと霊媒が「忘れな草」の話をしたことを、ウィリアム・ヘンズが時系列に従って語っているとすれば（私にはそれを疑う理由はないが）、霊媒の発言は、最低でも、霊媒と会席者の間に生じたテレパシーの実例になるように思われる。

ウィニフレッド・ワイリー

本例の要約とその調査

ウィニフレッド・ワイリーは、一九〇二年一二月三〇日に、イングランド北東部のダーラム州フェンス・ハウジズ村で生まれた。両親は、ジョゼフ・グレアムと妻のジェーンであった。ウィニフレッドは、第二子で次女であった。ジョゼフ・グレアムは商店を経営していた。一家は、ふたりの娘を全寮制の学校に行かせることができるほど、経済的には裕福であった。ウィニフレッドは一〇歳の時に、長女は一二歳頃に、その学校へ入学しているのである。それまでは、女性の家庭教師について自宅で勉強していた。

幼少期に、ウィニフレッドは、戦場の場面が出て来る夢を繰り返し見たことを含め、超常的体験らしきものを何度かしている。この夢を初めて見たのは、本人が一〇歳の時であった。その後は、一九七二年まで年に一回ほどの割合で繰り返されたという。そして、その夢は一九七二年に終わるのである。ウィニフレッドが母親にその夢の話をした時、母親は、(一八一五年六月一八日にベルギーで起こった)ワーテルローの戦いの中の出来事のようだと言った。

二三歳の時、ウィニフレッドは、英国国教会の聖職者ジョン・ワイリー師と結婚した。

歴史に少々詳しいウィニフレッドの夫も、本人が繰り返し見る夢がワーテルローの戦いの中で起こった出来事と一致すると考えた。そのため、夫が退職し、海外旅行に出かける時間があった時、ふたりはワーテルローの古戦場跡に出かけ、その夢に登場する出来事が起こったと思われる建物を調べた。それは、ウーグモン城館であった。

一九八一年初頭、ウィニフレッド・ワイリーは、ロンドンの『タイムズ』紙が紙上で実施した超常体験に関する調査に回答した。その調査は、K・I・B財団〔アーサー・ケストラー、ブライアン・イングリス、インストーン・ブルームフィールドが、超心理学研究のためにロンドンに創設した財団〕の依頼を受けて実施されたものであるが、その財団の事務局長が、生まれ変わりを思わせる体験に私が関心を持っていることを知っていたため、ウィニフレッドの回答のコピーを送ってくれたのである。

反復夢に関するウィニフレッドの報告に目を通した後、私は、本人と手紙のやりとりを始めた。ウィニフレッドは、好意的に文通を続けてくれた。そして、一九八二年四月一五日、私は、イングランド北西部のカンブリア州ペンリスの本人宅を訪ね、ウィニフレッドに長時間の面接を行なった。その後、ウィニフレッドは、英国放送協会（ＢＢＣ）に連絡をとり、一九八三年四月七日、生まれ変わりをテーマにした連続ラジオ番組でインタビューを受けた。ＢＢＣのインタビュアであるジューン・ノックス＝モーアは、インタビューの前に質問項目のリストをウィニフレッドに郵送してきた。それらの質問に対するウィニフレッドの回答には、反復夢の証言がひとつ含まれていた。それを、以下に紹介しよう。この報告には日付がないが、一九八三年初頭に書かれたのは確かであり、おそらくはその年の二月に書かれたものであろう。一九八三年四月一六日、私の共同研究者であるニコラス・マクリーン＝ライス博士がペンリスに赴き、ウィニフレッドにもう一度面接している。どちらの面接でも、ウィニフレッドは、繰り返し見た夢の証言をしている。したがって、最終的には、面接と私信を通じて、以下のように、その夢の六通りの証言が得られることになった。

ウィニフレッドは、一九八五年七月三一日に死亡した。

繰り返された夢

『タイムズ』紙の調査に対する回答として送られた、ウィニフレッドが見た夢の最初の報告は、きわめて短いものである。ここでは、その報告は省略し、われわれが得た他の五通りの証言を紹介する。

以下は、一九八一年四月三〇日付の私宛ての手紙に書かれた夢の証言である。

1　私は、敵軍の攻撃に対して、城壁で囲まれた中庭の城門を閉めようとしている三人の男のひとりでした。中庭は、分厚い石の城壁で囲まれていて、城壁の上から身を乗り出して、縁反帽《ふちぞり》をかぶって長い口ひげを垂らした、すさまじい形相の男たちがたくさんいて、私たちの背後にいる男たちを撃っていました。中庭の右隅には、小さな納屋がありました。左には〝馬詰め《ホース・ボックス》〟と呼ばれる小屋がいくつかありました。――その厩舎《きゅうしゃ》の戸は、馬が外を見られるように、二枚に分かれていました。うしろには、ちょっと離れて農家のような建物がありました。私は、ふたりの仲間と一緒に、城門を全力で閉めようとしていました。閂《かんぬき》が閂受けにはまって、城門がしっかり閉じられると、安堵の気持がわき上がりました。城壁からの銃撃で倒された男たちは、自分たちの仲間の手で馬詰めに運ばれていきました。

夢の証言の亜型　その後の面接や手紙のやりとりの中で、ウィニフレッドは、その夢にいくつかの点をつけ加えているが、その一部は以前のものと異なっていた。

一九八二年四月に行なわれた私との面接で、本人は次のように述べている。

2　その夢で、私は門を押していました。「閉門」とどなる声が聞こえました。高い城壁ごしに、内側の男たちを撃ってくる男たちがいました。負傷した男たちは、石の家畜小屋に運び込まれました。……銃撃してきた男たちは、長い口ひげを生やし、前が尖った角帽（三角帽？）をかぶっていました。砲撃の音が一回聞こえました。

ウィルフレッドは、ジューン・ノックス＝モーアの質問に答えて、一九八三年初頭（おそらく二月）に以下の証言を認めている。ノックス＝モーアは、ＢＢＣのラジオ番組でのインタビューの準備をしておきたかったのである。

3　私は、大勢の兵士の中にいました。大きな荒削りの木の城門を閉めようとしている何人かの兵士のすぐうしろでした。私は、自分の体重をかけて、その兵士たちを押して城門を閉めるのを手伝っていました。うしろのほうから、「閉門、閉門」と叫ぶ声が聞こえました。城門から右側につながる高い城壁には、外国人風の兵士がたくさん身を乗り出していました。——その人たちは、長い口ひげを生やし、黒い帽子をかぶっていました。中庭に向けて銃をめちゃくちゃに撃っていました。負傷した人たちは、私のうしろにいた何人かの兵隊が担ぎ上げて、私たちのうしろ左側にある馬詰めに運び込みました。

城壁は、門の右側に数ヤード続いていて、別の城壁につながっていました。その近くに、木が生えているのが見えました。ふたつの城壁が合わさった角に、小さな石の小屋（ブタ小屋？）がありました。その小屋は、かなり壊れているみたいでした。壁張り用の分厚い石材が、ひとつ滑り落ちて来ました。

城門は、太い木の閂で閉じられました。その閂は、門柱の受け口にはまりました。それが「ゴン」と音を立ててはまった時、目が覚めました。

一九八三年四月七日に行なわれた、BBCのラジオ番組のためのインタビューで、ウィニフレッドは、その夢について次のように語った。生放送で話している時、ウィニフレッドは、おそらく少々緊張していたためであろうが、いくつかの単語を飛ばしている——か、書き起こした者が聞き落としている。以下の引用文では、それを括弧（［　］）に入れて再現しておいた。

4　私は、［門の］両側がとっても高い壁に囲まれた中庭にいました。片側には、一仕切ずつ区切られた厩舎というか馬詰めがいくつかありました。私は、ひとかたまりになった兵隊の中にいました。私は門を閉めるよう［命じられ］ました。うしろから、「閉門、閉門」という声がしました。それから、その門は五人か……五人の男の人が押していると思います。それから、私は、実際にはその門にさわっているわけではなく、その人の背中を押しているんです、手伝おうとしてですね。その門は荒削りの木でできていました。その肌ざわりがわかります。門の端がわかる感じです。それからとうとう、その前から――その前から起こっていたことですが――その城壁の上から、長い口ひげを生やした兵隊たちが身を乗り出して、私たちの仲間の兵隊を撃ってきます。かなりでたらめに撃ってきます。それはすごく高い壁です。撃ちかたですが、この〔片ほうの〕腕で支えて、もう片ほうで発射していたと思います。その兵隊たちは、他の兵隊の背中に乗っていました。そういう高い壁でしたから、実際に上までは登れなかったんです。

〔その男たちは〕黒い三角帽をかぶっていて、でたらめに撃ってきました、そこを……それから、もちろん、男たちが死んだり負傷したりして落ちてきました。それから、その男たちは、うしろにいた何人かの味方に、馬詰めに運び込まれていました。それから、しばらくそういうことが続いて、遠くで激しい砲撃の音が、少し離れたところで、壁の向こう側でしました。それから、ようやく門が――ある意味では閉まっていたんですが、閂が下ろされていなかったんです。それが閉じられたんです、閂が下りて――〔あれは〕何でしたか、そう、閂受けに下りて。それから、閂がはまった時、ゴンというような音がして、それから目が覚めたんです。

BBCのインタビューの後半では、次のようなやりとりがあった。

ノックス＝モーア　負傷者が運ばれて行ったとおっしゃってましたね。

ウィニフレッド　はい――はい、そういう馬詰めにですね。

ノックス＝モーア　馬詰めとおっしゃいますが、それはむしろ厩舎に近いものですか。石でできてましたか。

ウィニフレッド　そうですね、石でできてましたが、一頭ずつ入れられるように、小さく区切られてました。それで、馬詰めは……あなたは田舎育ちじゃないですよね。

ノックス＝モーア　小さい頃はそうでしたが、今は違います。……

ウィニフレッド　扉が二枚になってるんですよね。上のほうは開きます。上を開くと、馬が首を出すことができますが、出ることはできません。それが馬詰めです。

ノックス＝モーア　わかりました。

ウィニフレッド　それから、両方の扉を開くと、上と下の扉を開くと、馬が一頭ずつ仕切りに入っているのがわかります、扉が二枚ずつあることがわかります。

ノックス＝モーア　そこに、運んで行ったんですね。

ウィニフレッド　負傷者と戦死者を運んで行ったんです。

一九八三年四月一六日に、ウィニフレッドは、ニコラス・マクリーン＝ライスに、次の証言をしている。

5　私は、門に肩を押しつけて立っています。男たちが、「閉門」と叫びながら、反対側[註32]から門を閉めようとしています。私には、門の一部しか見えません。門の片側［に］壁があります。その壁の上には、三角帽をかぶった兵隊たちが見えます。その兵隊たちは、中庭にいる軍隊に向けて発砲しています。私も中庭にいましたが、壁のすぐ近くです。中庭には、林の手前に、壊れかかった小屋があります。外側からは、集中砲火の音が、だんだん近づいて来ます。私たちは、門を押して、他の男たちを入れないようにしています。やっと、ゴンと門が落ちて、門が閉まり、私は目を覚まします。私は、いつもそこで目が覚めるのです。

解説　一九八二年四月一五日に私と面接している時、ウィニフレッドは、その夢は「いつも正確に同じ」だと語っている。ＢＢＣのラジオ番組でのインタビューでは、ジューン・ノックス＝モーアがウィニフレッドに、「いつでも同じ夢ですか」と質問したのに対して、ウィニフレッドは、「その通りです」と答えている。マクリーン＝ライスに対しては、それらの夢は「完全に同じ」と述べている。しかしながら、これまでの記述でわかるように、本人の証言がいつも完全に同じというわけではない。とはいえ、細部は異なるとしても、主たる特徴は一定している。城門を閉めようとしていた男たちの人数と、夢の中で自分である兵士が門のすぐ前にいたか、前にいる者のすぐ後にいたのかという点を除けば、ウィニフレッドの証言には、細部の食い違いはないのである。

この夢の特性および、夢に付随する感情　一九八一年四月三〇日付で私に宛てた手紙の中で、ウィニフレッドは次のように述べている。「非常に鮮明で、恐ろしいほどの夢でした。……おそらく男の人たちが戦場で感じるような、激情や活気や恐怖が混じり合った感じがしました」ジューン・ノックス＝モーアによる（ＢＢＣのインタビューが行なわれる前の）質問に答えて、ウィニフレッドは、その夢が自分に与えた影響について、「楽しんでました。わくわくして心が躍り、恐ろしくて、何よりもわけがわかりませんでした」と述べている。一九八三年四月一六日のマクリーン＝ライスとの面接では、「言葉で表現できないのは、それ［その夢］がとっても現実的だということです。まるで自分がその場にいるみたいな感じで、夢みたいじゃないんです」と語っている。

この夢を見た頻度と状況　この夢を初めて見たのは、一〇歳のウィニフレッドが入学した全寮制学校で過ごした最初の晩であった。その学校には姉と一緒に入ったが、姉は別の寮にいた。そのため、ウィニフレッドは、生まれて初めて自宅から遠く離れ、全くの他人の中にいたのである。ウィニフレッドは、ＢＢＣのインタビューで、ノックス＝モーアの質問に答えて、ベッドは冷たく落ち着かな

註32　「反対側」という言葉でウィニフレッドが言っているのは、観音開きになった扉のもう一方のことである。この城門は、両側から（真ん中で）閉じるようになっているが、その一方の扉を自分が押しているのが見えたというのである。

その扉は、発言のたび（時には私自身の言葉で）、一枚になったり二枚になったりしている。ウーグモン城館には南門もあった。この城門は戦いに備えてあらかじめ閉じられていたので、フランス兵には突入されていない。

かったと語っている。「[ベッドの]上の段まで這って上がらなければならず、ほんとにみじめな感じになりました。横になったまま何時間も寝つかれませんでした。それから眠りについて、この夢を初めて見たのです」ウィニフレッドは、こうした状況が、何らかの形で、この夢を初めて見るきっかけになったのではないかと考えた。

ウィニフレッドは、この夢をその後に繰り返し見るようになったわけであるが、そのきっかけとして考えられそうな要因を特定しているわけではない。この夢は、年一回程度の頻度で起こっている。この夢がその後に起こった時は、不快ではなかった。この夢を見て目覚めると「元気になる」感じがしたと私に話してくれた。

この夢は、本人がワーテルローの戦場跡を訪ねた後の、一九七二年か七三年に終わっている。(一度、一九四三年に終わったと語っているが、それ以外の時には、一九七二年か七三年に最後の夢を見たと述べている。)

ワーテルローの戦いにおけるウーグモン城館の防戦

一八一五年六月一八日午前、ワーテルローの戦いが始まった時、ウーグモン城館は、ウェリントン公率いる(英国、オランダ、ドイツ軍の)混成軍が展開する最右翼に近いあたりに位置していた。この城館および周辺の建物や城壁は、煉瓦や石で強固に建てられていたため、ナポレオンが率いるフランス軍から見て、左翼の大きな障害になっていた。そのため、ナポレオンは、この城館を攻略しようとして戦端を開いたのである。最初、フランス軍は、城館周辺の森や果樹園に布陣を敷く守備兵の撃退に成功した。その結果、城館の城壁に接近し、中庭に突入して城館を攻略できる見通しを得たのである。

連合軍は、城館に退却し、北と南の城門を閉めた。ところが、北門は、まだ攻撃を受けやすい状態にあった。その門は、門の両側にある城壁に取りつけられた門受けに木製の閂を落とすことによって、二枚のがっしりした木の羽目板が両側から強固に閉じられる形になっていた。戦斧を振るう剛力の中尉に率いられたフランス軍は、その門を何とか押し開けようとした。その時、少数のフランス兵が中庭に駆け込んだ。この要塞の守備隊の英軍指揮官であったジェームズ・マクダネル大佐は、危険を察知し、他の士官たちに大声で呼びかけ、一緒に北門へ急行した。何人かの兵士もそこに加わり、[註33] 士官たちと一緒になって、門を押し開けようとするフランス兵たちに打ち勝つべく、北門の両扉を少しずつ押し戻した。(図15は、ある画家がこの場面を再現したものである。)連合軍は、閂を下ろし、重しになるものを門の内側に積み上げ、押し入ろうとするフランス軍が侵入できないようにした。既に中庭に入っていた二〇名ほどのフランス兵は包囲され、殺害された。(鼓手の少年兵だけが助命された。)城館の守備隊は、その後に強化され、以後の戦いの間、ウーグモン城館は終始、英軍の手にあった。ワーテルローの戦いについて書かれた資料は、他のどの合戦に関するものより多いであろう。こ

註33　J・ペイジェットら (Paget and Saunders, 1992) は、マクダネル大佐の他に、北門を閉じようとして両側の扉を押した九名の英国兵の名前を掲げている。

図15　ワーテルローの戦いで、ウーグモン城館の北門を閉じる場面を描いたロバート・ギブの作品。ジェームズ・マクダネル中佐が右手に剣を持ち、門の左側の扉を押している〔左扉の右端で立っている人物〕。（スコットランド国立博物館の許可を得て掲載）

の戦いについて書かれたあらゆる報告は、その帰《き》趨《すう》を決するうえで、ウーグモン城館の防衛戦が果たした役割の重要性を強調しており、この防衛戦に多数の紙幅を割いたり、ひとつの章を設けたりしている著書もいくつかある（Chalfont, 1979; Hamilton-Williams, 1993）。ワーテルローの戦いのこの局面について最も信頼性の高い報告書では、一冊全体がその記述にあてられている（Paget and Saunders, 1992）。ウーグモン城館の攻防戦に関するあらゆる証言は、北門の閉門が果たした決定的重要性を強調している。後に、ウェリントン公自身も、「ワーテルローの戦いが成功裏に終わったのは、ウーグモン城館の城門を閉じたおかげであった」と書いている（Macbride, 1911, p. 123）。
ウーグモン城館での攻防戦が、英国人の間で広く知られていることから、ウィニフレッドの夢は通常の方法で得られた情報に基づいているのではないかという疑問が、当然のことながら生じてくる。

ウィニフレッドのウーグモン城館訪問

一九七二年頃（もしかすると一九七三年）に、ウィニフレッドは、退職してまもない夫とともに、ウーグモン城館を含め、ワーテルローの古戦場跡を訪ねた。次に引用するのは、一九八三年四月七日にBBCの番組でのインタビューで、ウィニフレッドがジューン・ノックス＝モーアに語った内容である。

……私たちが、農場の構内に入って、最初に感じたのは、失望でした。その門が完全に別のものになっていたからです。その外見からすると、明らかに二〇年かそこらしか経っていませんでした。まわりを見回しても小さな小屋がありません。……そこの農家の奥さまが私たちを案内してくださっていたので、「これは新しい門ですね」と聞きました。すると、その方は、「そうです。昔のは、かなりすり減ってしまいましたから」と言いました。そこに小さな石造りの豚小屋か納屋があったのではないかと申しますと、かなり不思議そうな顔をして、「奥さまは前にここにいらしたことがあるんですか」と聞きました。その小屋は、そこにあったんですが、崩れて粉々になったため、撤去されていたんです。

もうひとつの点についてウィニフレッドは、二回の証言の際に、〝馬詰め〟がまだ元の場所にあるのを夫に見せたと語っている。

一九八三年六月一六日付で私に宛てた――結局、最後になった――手紙の中で、ウィニフレッドは、次のように述べている。「一九七二年に私がウーグモンを訪れた時は、外国の見知らぬ農場に行ったのではなく、若い頃に知っていた場所を再び訪ねたような感じでした」

私のウーグモン城館訪問

ワーテルローの戦いについて大量の文献を読んではいたが、私は、自分でウーグモン城館を見学したほうが、ウィニフレッドの夢をより適切に評価できるのではないかと考えた。そこで、一九九七年一一月一一日に、私は現地を訪れ、城館の三側面を歩き回り、中庭に入った。その時に、図16と図17の写真を撮影した。城館も他の建造物の多くも、戦闘中に修復不能なほどの被害を受けており、未だ復元されていなかった。J・ペイジェットらは、一八一五年および一九九〇年代の建造物の配置を示す二枚の見取り図を、自著に掲載している（Paget and Saunders, 1992）。礼拝堂と一軒の農家は、今でも残っている。その礼拝堂は図17奥に見える。ウィニフレッドの言う、馬詰めと思しき建造物すなわち、上部は開いていても下部は閉じているような、扉が二枚に分かれた小屋は見当たらなかった。農場の機械類が保管されている建物は比較的新しいように見えたので、ウィニフレッドが〝馬詰め〟と呼んだ建造物の跡地に、その建物が造られていたのかもしれない。

北壁に隣接した小さな建造物は、豚小屋であっても他の目的を持つものであっても、ひとつもな

図16　1997年11月に撮影したウーグモン城館の遠景。北門ないし北壁に隣接していた建物がなくなっていることに注意。（イアン・スティーヴンソン撮影）

図17　1997年11月に撮影したウーグモン城館の北門。門に隣接していた建物がなくなっていることに注意。（イアン・スティーヴンソン撮影）

いことが確認ができた。一八一五年の城館の敷地の見取り図や略図を見ると、ウィニフレッドが豚小屋ないし小さな納屋と呼んだ建物が、当時は存在していたことがわかる（Paget and Saunders, 1992; Hamilton-Williams, 1993）。しかし、図16および図17を見ると、一九九七年の時点では、北門のどちらの壁にも、隣接する建造物は存在しないことがはっきりする。

ウィニフレッドの他の超常体験らしきもの

反復夢に関するウィニフレッドの好む説明と私の解釈とを述べる前に、ウィニフレッドに見られた他の変わった体験を簡単に述べておきたい。

ウィニフレッドによれば、幼少期に、体が浮き上がったまま階段の上から下まで移動する体験をしたことがあったという。本人は、これを、肉体離脱体験ではないと強く主張した。自分では何の努力もしないのに、全身が動くように感じられたという。ウィニフレッドはこれを自然な体験と思っており、それまで誰にも話したことがなかった。

ウィニフレッドは、父方祖父に強い愛情を感じていて、おそらく自分も祖父に気に入られていると感じていた。一〇歳になってまもない、一九一三年二月のある日、ウィニフレッドは、その祖父の家へ遊びに行った。そこは、自宅から三キロほど離れたところにあった。当時六七歳であった祖父は、心身ともに健康に見えた。にもかかわらず、その晩、帰宅して就寝していたウィニフレッドは、夜中に目を覚まして、祖父が死んだと姉に告げたのである。まもなく、父親の兄が自宅に来て、祖父が先ほど死亡したと話しているのを耳にしたのであった。

一〇代後半の時、偏頭痛を起こしている最中に、ウィニフレッドは、自分の体がベッドの上に浮き上がり、天上の近くから下を見下ろしている感じのする体験があった。

ウィニフレッドが二四歳で結婚した一九二七年九月、母親は、上の娘の手伝いに出かけて家を空けるので、留守番をしてほしいと本人に頼んできた。幼児を持つ姉が、引っ越しで忙しいため、その手伝いに行ったのである。ウィニフレッドはそれを承諾し、実家に行った。実家に到着してまもなく、ウィニフレッドは、強い腹痛を起こした。母親は、既に姉の家に向かっていた。ウィニフレッドは、あまりに具合が悪かったため、このまま死ぬのではないかという気がした。本人は、母親のことを考え始め、母親に戻って来てほしいと、心の中で願った。

一時間ほど経った時、母親が車で帰宅した。ウィニフレッドが自分を必要としていることを強く確信したため、その直観が正しいかどうかを電話で確認する時間も惜しんで、ウィニフレッドが待つ自宅へまっすぐ帰って来たのである。[註34] すぐに母親は、ウィニフレッドを病院へ連れて行った。そして、劇症腹膜炎を起こしていることが判明したのである。ウィニフレッドは、翌日に手術を受け、回復した。

ウィニフレッドがわれわれに話してくれた最後の体験は、一九八三年初頭に起こったものである。本人は肺炎を起こし、医師から薬を処方されていたが、夜になってから、「恐ろしくて、涙が出そう

註34　私の言う〝テレパシー的印象体験〟と、それに反応して起こす行動は、その発生率が正確にわかっているわけではないが、頻繁に起こるように思われる（Prince, 1931; Stevenson, 1970a〔邦訳『虫の知らせの科学』、叢文社〕）。この時には、ウィニフレッドが送り手ないし発信者で、母親が受信者であった。

で、みじめな」感じが起こり始めた。それから、人間の形をしたものがふたついるのが、おぼろげながらわかってきた。ウィニフレッドには、誰の姿かわからなかったが、声が聞こえてきた。ひとつの声は、「私たちは、あなたのことを思ってるって、あの子に伝えてあげたいですね」と言った。もうひとつの声は、「そうだな。でも、俺は、あの子はわかってると思っている」と言った。ウィニフレッドには、最初の声は母親の、次の声は父親の声であることがわかった。(ふたりとも他界していた。)

ウィニフレッド自身による反復夢の解釈

ウィニフレッドの母方の遠戚にあたる、トウィッティという苗字の男性は、ワーテルローの戦いに赴いているという。ウィニフレッドの母親は、この男性の子孫ではなかったので、その名前は知らなかった。家系調査会社(デヴレット祖先調査会社)に調査を依頼した結果、トマス・トウィッティという氏名の男性がワーテルロー叙勲名簿に掲載されていることが判明した。(ウィニフレッドは、デヴレット社とやりとりした手紙の関連部分をコピーさせてくれた。)しかしながら、トマス・トウィッティは、英国の近衛歩兵第一連隊に所属していたため、ウーグモン城館の防衛戦には関与していなかった。(近衛歩兵第二連隊および第三連隊が、その位置についていた。)なお、トウィッティという姓は、北門を押して閉じた一〇名の兵士(近衛歩兵第二連隊および第三連隊所属)の名簿には見つからない(Paget and Saunders, 1992)。

にもかかわらず、ウィニフレッド自身による反復夢の解釈では、ワーテルローで戦った母親の縁戚が、何らかの形で自分と交信し、その記憶を自分に植えつけようとしていたことになる。ウィニフレッドは、この縁戚が自らの体験を一族の誰かと共有しようとして、兵士的な特性を持つ自分を選んだのではないかと推測した。ウィニフレッドが考えるには、自分がウーグモン城館を訪れた後、肉体を持たないこの縁者は、自分が知らせたい事柄を的確に伝えることができて満足したため、その夢に終止符を打ったのではないかという。ウィニフレッドは、その夢が前世に由来するものかもしれないという私の示唆を拒絶し、「私は生まれ変わりを信じたくありません」と言った。ウィニフレッドは、ノックス＝モーアに宛てて、「[スティーヴンソンは] 私の夢の証言を深刻に受け止め、生まれ変わりという考えかたを私に納得させようとして」いると書いている。(この発言については、次に説明する。)

解説

ワーテルローで戦ったと——一家の伝説が語るような——縁者がいたとすれば、ウィニフレッドは、一〇歳の時この夢が始まる前に、それほど詳しくはないとしても、ワーテルローの戦いについてある程度のことを知っていたと考えなければならない。ウィニフレッドはその可能性を否定した。本人によれば、母親がこの戦いについて話してくれたことはなかったし、その夢がこの戦いにまつわるものではないかと母親に指摘されるまでは、実際に、自分(ウィニフレッド)がこの戦いそのものについて聞いたことはなかったという。ウィニフレッドは、一〇歳で全寮制の学校に入学する前に、家庭教師から教わったことが、この戦いの情報源になっているわけではないと述べている。この家庭教師は、真面目な歴史を教えてくれたことはなかったというのである。

ここで強調しておかなければならないのは、ウィニフレッドの夢は、本人が八〇歳近くになるまで文字で記録されたことがなかったという事実である。本来の夢は、われわれに話してくれたものとは少々異なっていた可能性があるように、私には思われる。確かに、ウィニフレッドは、晩年になってワーテルローの戦いについて数多くの資料に目を通していたし、ケンブリッジ大学で歴史を学んだ夫は、ウェリントン公の作戦についてはよく知っていた。本項を執筆する際に参照した著書のうちの二点は、ウーグモン城館の門を閉じる場面を描いた有名な絵を掲載している。その絵は、ロバート・ギブというスコットランドの画家が、一九世紀後半に描いたものである（図15〔三八〇ページ〕）。この絵の正確な制作年はわからないし、それは重要でもない。この絵は、エジンバラのダブリン城内にあるスコットランド三軍連合博物館に飾られている。〔註35〕後にウィニフレッドが、この戦いについて通常の方法で知識を得たことを考えると、要塞の閉門を含め、何らかの戦いについて見た夢の記憶が変形して、一九八〇年代にわれわれに話してくれた証言になった、という可能性を排除するのは難しいように思われる。私には、この解釈を論駁することはできない。

とはいえ、この可能性を受け入れるにしても、いくつかの障害がある。ひとつは、私見によればウィニフレッドがそうであったように、聡明な女性が、その夢の主たる特徴は一〇歳の時以来変わっていないと、自らを欺いて、最初に発言したと想定しなければならないことである。もうひとつは、その夢を見るようになるまで、ウィニフレッドはワーテルローの戦い自体について何も知らなかったことを、やはり想定しなければならないことである。また、その夢には、ウィニフレッド・ワイリーが通常の方法で知ったとは思えない事柄が三点含まれており――そのうちの二点は、事実と一致することが確認されている。その三点とは、次のようなものである。

1　城館の中庭にいる英軍兵士たちを、城壁ごしに射撃するフランス兵たち。ワーテルローに関するD・ハワースの著書には、ウーグモン城館の場面を描いた絵が掲載されている。その絵には、城壁ごしに撃つひとりの兵士が描かれている（Howarth, 1968）。ウィニフレッドは、この著書を持っていた。しかし、一九六八年に出版されるまでは、この本は存在しなかったのである。ペイジェットら（Paget and Saunders, 1992）は、フランス軍の近衛兵のひとりが、戦友の肩に乗って、中庭の壁ごしにヘンリー・ウィンダム中佐に狙いを定める場面を描写している。ウィンダム中佐は、懸命に城門を閉めようとしていた将校のひとりであった。中佐が狙撃される前に、英軍の兵士が、このフランス兵を射殺した。

2　北門とつながっている壁の近くにあったと、ウィニフレッドが述べた小さな建造物は、私の知る限り、一九九〇年代に入って詳細な文献（Paget and Saunders, 1992; Hamilton-Williams, 1993）が出

註35　ウーグモン城館をめぐる戦いを描いたこの絵は、他の絵も同じであるが、かなり時代が下ってから描かれたものである。これらは、多かれ少なかれ空想が混じっているので、これらを証拠と考えるべきではない。

版されるまでは、この戦いについて書かれた書物ではふれられていなかったし、図示されてもいなかったこと。昔はその存在が知られていたこれらの建造物は、一九九七年には既に失われていたことを、私自身で確かめることができた。ウィニフレッドの言うように、一九七二年の時点でも、既になかったのであろう。

3 負傷者が救護された、上下二枚の扉を持つ〝馬詰め〟について、詳細な描写が行なわれていること。私は、負傷者がどこに運び込まれたのかについて書かれた文章を、まだ見つけていない。ペイジェットら（Paget and Saunders, 1992）は、「馬小屋」にいる負傷者に言及しているが、扉については、ウィニフレッドのようには詳述していない。ウィニフレッドは、一九七二年の段階ではまだ残存していたこの扉を夫に見せたと述べているが、私は、この点を自分で確認することはできなかった。

ウィニフレッドは、私が本人に生まれ変わりという解釈を強要しようとしているとして、（BBCのジューン・ノックス＝モーアに）不満を漏らしていた。私は、この解釈を、ウィニフレッドにも他の誰にも押しつけようとしたことはない。しかしながら、その夢の解釈のひとつの可能性として、生まれ変わりという考えかたがあると、本人に話したことはある。ウィニフレッドは、それを拒絶したのである。

夢の中で自分だとする兵士の性別と、今生の本人の性別の違いについて、ウィニフレッドにいくつか質問したこともあった。これらの質問から、生まれ変わりという考えかたと何らかの形で一致するように思われる唯一の点は、ウィニフレッドが、女性としては異例に勇敢で、ある種の男性的な勇気を持っていると発言したことである。この特性をわかりやすく説明する際、ウィニフレッドは、酔っぱらった村人が自宅に押し入ろうとした時の出来事を話してくれた。当時、まだ少女であったウィニフレッドは、銃を持ってドアを開け、脅すと、その侵入者はあわてて逃げ出したのだという。この出来事を詳しく話しながら、ウィニフレッドは、自分が「時々、男の人みたいにふるまってきた」と語った。異例に勇敢であることの実例として、もうひとつ話してくれたことがある。ある時、線路の上を歩いていた犬が、列車が接近しているにもかかわらず、そこで立ち止まってしまったのが見えた。ウィニフレッドは、走ってその犬のところまで行き、列車が通過する直前に犬を線路から引き離したというのである。

ジョン・イースト

これまで私は、中心人物に一度も対面していない事例の報告を発表したことはほとんどない。本書には、そうした例外が五例収録されており、本例もそのひとつである。とはいえ、私はジョン・イーストと対面したと言っても差し支えないほどだと思っている。本人の晩年、われわれは頻繁に私信を——その多くは、便箋数枚にも及ぶものを——交わしていたからである。ジョン・イーストは、本人が見た三通りの鮮明な夢に関する私の質問に熱心に答えてくれた。一九六二年に私は、ジョン・イーストと面接する計画を立てた。その時に、本人の死を知らされたのである。ジョン・イーストは、ずっと病気を患っていた――そのことは、手紙の中で何度か書いてきていた――が、私にとってその死は、まさに青天の霹靂《へきれき》であった。私が受け取った最後の手紙は、死の四日前に書かれたものであったが、健康状態の悪化を示す徴候は一切なかったからである。

本例の要約とその調査

ジョン・イーストは、一八八三年一〇月四日に連合王国〔英国〕に生まれた。家族は裕福であったため、ジョンは、自分が興味を持ったことを自由に続けることができた。著名なパブリック・スクールであるイートン校を卒業後、一年間、オクスフォードに行ったが、大学生活は退屈でしかなかった。陸軍に入りたかったが、弱視のため、入隊を拒絶された。次の三年間は、三大陸で大物の野獣狩りをして過ごした。それからイングランドに戻り、一九一二年から二七年まで――第一次世界大戦中に陸軍に入隊した三年間を除いて――広大な私有地で、趣味の農業に従事し、週四日は狩りをして暮らした。秋になると、時おり、スコットランドに鹿の遊猟や雷鳥猟に出かけた。一九二七年、四四歳の時、ジョン・イーストは、事業を起こす決意をしたが、何も始まらず、趣味で農業をする生活に戻った。ジョン・イーストは、三回結婚している。三回目の結婚は、特に幸福であったが、ジョンは妻に先立たれてしまった。ジョン・イースト自身は、一九六二年に七九歳で死亡している。

一九二七年に、ジョン・イーストは、ふたつの夢を二晩続けて見た。それらは非常に現実的であったため、ジョンは、その記録をつけておくことにした。そして、その夜のうちに（第二の夢を見た後）記録をつけたのである。翌朝、第二の夢に出て来た家の略図を描いた。一九五〇年に、最初のふたつの夢に関係する第三の夢を見た。この夢は、一九二七年の第二の夢で見た家で起こっているように思われた。

一九五四年、ある英国の週刊グラフ雑誌が、スタッフォードシャーのシュレッドフィールド・ホールという実在の豪邸の写真と平面図を掲載した。ジョン・イーストは、瞬間的に、それが夢に出て来た家だと「わかった」

夢を見た晩につけた記録を別にすると、ジョン・イーストは、一九四九年までその夢を記録していなかった。一九五〇年、この年に第三の夢を見た後、その記録に新たな情報を書き加えた。さらに、その週刊グラフ誌を見た後に、いくつかの点をつけ加えている。最後に、一九六〇年に出版された著書に、その夢の報告と、それが事実かどうか確認しようとした経過とを収めた（East, 1960a）。私の友人が、その著書の書評を『心霊研究協会会誌 *Journal of the Society for Psychical Research*』に載せた（Heywood, 1960）。私は、その友人に依頼して、問い合わせの手紙をジョン・イーストに転送してもらった。その結果、私とジョン・イーストの間に、大量の私信のやりとりが、一九六〇年初頭に本人が死去するまで重ねられるようになるのである。

その間、ジョン・イーストは、三回の夢のうち第二の夢を見た後に書いたメモや、この報告を出版する前に、その夢についてまとめた草稿、それらに関係する書簡などを郵送してくれた。私は、それらの写しをとり、原本を本人に返送した。ジョンは、関係者の身元がわからないようにしてくれさえすれば、どのようなものであれ、私が望むような形で出版してよいという許可を与えてくれた。（〝ジョン・イースト〟という名前は、本人による仮名であるが、私信では実名が使われていた。）

ジョン・イーストは、自著を出版する前に、その夢の中で起こした行動の場所と時期について調べた。その結果、その夢が前世に由来するものであることを確信するに至ったのである。ジョン・イーストはその夢を、一八二四年三月から二六年二月まで続いた、後に第一次ビルマ戦争として知られる、連合王国とビルマとの間に起こった戦争に行った、若いイングランド人将校の生涯にまつわるものと結論した。ジョン・イーストの死後、私は、さらに確証を得るべく調査を続けた。その報告は後ほど掲げるとして、その前に、ジョンの見た夢を紹介することにしたい。まず最初に、一九二七年に第二の夢を見た直後にジョンが書き留めたメモの写しを掲げ、しかる後に、ジョンがその後に書いた、それよりもはるかに詳しい報告を掲げることにする。

第二の夢から目覚めた直後に書いたジョン・イーストのメモ

半ば海軍のような将校たちを乗せた白い兵員輸送船。
？たくさんの地図や海図を検討している。
海軍の軍事教練のようなもの。（インドの海兵隊？）
非常に暑く、じめじめしている。河に浮かんだ将官艇で生活している。
きたない共同休憩室がひとつしかない。
ひどく寂しく恐ろしい。病気。

甲板の上を滑る遊び。
浜のバンガローでの踊り。竹の椅子。
?混血の少女たち。〔註36〕赤い?椿の花をつけた色黒の少女。
いいえ! もちろん、あなたは私とこれを踊るの。これが最後。
なんだって? 帰国する?
あの屋敷に関する思い。

解説 このメモは、明らかに断片的なものであり、その主たる意義は、ジョン・イーストがこの夢を重要視していた事実がわかることである。ジョン・イーストによれば、本人がこれらの夢を見たのは、『時間についての一実験 *An Experiment with Time*』という予知に関する通俗書を読んでいた期間だったという。この著書は、一九二七年三月に出版されている(Dunne, 1927)。ふたつの夢を見た時期は、ジョン・イーストがこのメモを書いた、住所を印刷した便箋によってさらに裏づけられる。ジョン・イーストは、まもなくこの便箋の住所から転居し、新しい住所を印刷した便箋を使うように

註36 ジョン・イーストは、一九六一年五月に本人が書いた記録の写しに、次のような一文を加えている。「ビルマ人は、非常に色が黒いというほどではなく、薄いコーヒー色である。ビルマ人たちは、混血のように見えることがあるかもしれない」。この記録が書かれた頃には、ジョン・イーストは、自分の夢の細部がビルマでの出来事に一致することを知っていた。

なったからである。

ジョン・イーストによる、その夢の詳細な報告

以下に掲げるのは、ジョン・イーストが一九四九年に最初に記録したものをその後改稿し、一九五〇年に第三の夢を見た後にさらに詳しく書き記した草稿から引用したものである。ここでは、ジョン・イーストが加えた二、三の説明を省いているが、それは、読者の方々に、夢の報告を、間断なく検討していただくためである。

明瞭に説明するため、以下、この夢を見た者をA、その夢で主役を演ずる者をBと呼ぶことにする。そのため、AとBという、ふたつの明瞭な意識が存在する。Bのわずかに背後の、いくぶん右側からのように思われたが、AはBを常に観察しており、Aは観察者であるとともに、あたかもB自体でもあるかのように、Bの心に去来するものを完全に自覚している。

この夢は、Bが艦の広い甲板昇降口を広々とした甲板に向かって昇って来るのに、夢見者Aが気づくところから始まる。踏み段に蹴込《けこみ》板がないので、Bが昇って来ると、踏み段の間に、下の甲板が見えた。Bが甲板に近づくと、船体の中央あたりにいるように思われた。Bは、大変喜ばしい爽快さ、海風、半ば暗闇にいたため目が見えなくなるほどの光を感じ、悪臭の漂う、あまりに狭く暗い船室に何日も閉じこめられた閉塞感から解放され、不健康な日々を過ごした後に、体力が急速に回復する、嵐の後の静けさを感じた。

Aは、Bを通じて、まず最初に白さを意識した。白い甲板の広大な広がり、上端が長く白い線を描く高い舷墻《げんしょう》（甲板周囲の波よけの壁）、その向こうに、白い波頭が散在する青い海が、艦のゆったりした動きにつれて顔をのぞかせる。整然と並んだ白い帆布は層をなして、白い雲がうっすらとかかった紺碧《こんぺき》の空をほとんど覆い隠してしまうほど大きく、塔のように高くそびえていた。その時に受けた印象は、その艦は海軍所属のものではなかったこと、制服も海軍の軍服ではなく、それと似た型のものだったということだ……

Aは、Bの着衣にも意識を向け、注目した。金ボタンが二列に並び、後に短い垂れのついた、腰下までの長さの、ぴったりした緋色の上着《チュニック》と、白いズボンであった。折り返し襟は黄色であった。Aは、その布地が、現代の正装に使用されるものよりもきめが粗く、薄い生地でできているのに気づいた。表面は、現代のものよりざらざらしており、あまりすべすべしていない。Aは、その服がハイカラーというか立ち襟なのに気づき、自分の首が締めつけられるのを感じた。

Bは、広い甲板昇降口を出た時、自分と同じような装いの、ひとりの上級船員と顔を合わせた。自分よりもかなり背が低く、ほとんど黄色とも言えるほどの金髪で、頬ひげと口ひげが生え始めたばかりの若者で、笑いながら、「ああ！　お変わりなく、お元気ですね、またおいでくださって、みんな喜んでいます」と言った。

Aは、Bが優越感を抱いたのを感じた。社会的地位の低い、いわばしばらくの間、ひとつの役割を演ずるのに同意した人間を相手にする際の謙遜の感じ。Bのこうした心構えは、終始、いくぶんか存在しているように思われた。これはBにとって完全に自然であったが、Aは奇妙な感じを受けた。実際にはBは、いつも品のよいふるまいをしていたわけではないのに、という感じだ。

Bが話し始めると、まるで、映画の短い場面が両端から閉じられて見えなくなるように、その場面が消えていった。

続いて、どうやら何日も後のように思われる、別の場面が現れた。艦尾にある船窓から覗くと、天井の低い大きな船室に、二、三人が着席したテーブルを囲んで、高級将校たちが立っているという印象があった。そのテーブルには、たくさんの地図や海図が広げてあった。Bは、年齢こそそれほどでもなかったが、地位は高いように思われ、他の人たちと同等に意見を求められていた。……特に目に止まった図面は、ある河の水路を示すものであった。

次の場面は、すぐに現れた。酷暑、けだるさ、湿気が感じられ、現状についての憂うつと疲労困憊した感じがある。そこは、少々がらんとした、天井が低い、大きな板張りの部屋であった。その部屋の開いたドアや窓からは、狭い通路というか長い甲板が見え、その向こうには、夜の暗い林を通して、広大な水面が鈍く輝いていた。うだるような暑さで、湿っぽくて、植物が一面に生い茂った、昆虫が無数に棲息する岸辺に停泊する、ほとんど全部が甲板室になっている、一艘の大きな将官艇。消耗した感じ、何かが遅延して落胆した感じ。他の何にも増して、暑さがあった。憂うつな表情の高級将校たちがいる光景。大部分は病気で体力が弱っており、存在を忘れられてしまった感じで、かなり物憂げな様子だ。疲労困憊した男たちがまばらに並ぶ列、軍事行動が終結し、誰かが召還を忘れているため、ひたすら待ち続けているのがわかる。

Aは、Bの心の中にあるものを瞬間的に把握することで、これらすべてを知った。Aは、今や

Bの容姿もわかっていた。背が高く、肩幅が広く、比較的筋肉質で、髪が黒く、生まれつき精力的であった。

年長の将校たちが離れて立っていたが、Bは、今や、その場の主役のように見えた。依然として活力に満ちあふれている、唯一の人物のように思われた。〝人間玉転がし〟のような目新しい遊びに熱中させることで、将校たちの物憂さを解消させようとしていたのだ。その部屋は、そこそこ混んでいたにもかかわらず、誰もいない空間が作られていた。ひとりずつ、床につけられた目印までちょっと走り、そこから、床の上をできる限り遠くまで滑る。そして、各人が停まったところに、白墨で印がつけられるのだ。確かにこの遊びは、耐え難いほどの蒸し暑さをさらに耐え難いものにする効果はあったが、新しい遊びなので、しばらくの間は、退屈しのぎになった。その一方で、かなり多額の金を掛けていることに対する口実が、本国はわれわれをいつ召還してくれるのか、いつになったら帰国できるのだという、頭から離れることのない思いから気持をそらせる一助となったのだ。そこに絶えずあったのは、蒸し暑さや昆虫やきついハイカラー、自分たちの存在が忘れられた感じ、絶望感に近いものだった。

次の場面は、翌晩に現れた。水辺に立つ大きなバンガローの一室。また夜だが、今度は、いつもより少々立派な晩餐会があった。大量のワイン。竹の椅子が並んでいるようだった。やはり、小柄でかなり色黒の、短い上着とぴったりした巻き布をつけた現地の女性が二、三人同席。騒々しい若い将校たちから少々距離をとる、何人かの年配の将校。若い将校のうち、最もうるさかったのはB。どこかに楽団がいた。Bにしがみつき、踊りを催促していたのは、ひとりの現地の女性だ。髪に赤い花を飾り、Bの左腕を摑み、ひどい英語で「あなた、くに帰っちゃいけない。私をひとりにしちゃだめ。ここにいて」と説き伏せていた。Bは、Aにははっきりしない何かをするつもりで、身震いして女性を振りほどき、怒った口調で、「はい、はい！　おまえさんをひとりになどするもんですか。私はどこへも行きません。あーあ、女はうるさいね」と答えた。

その瞬間、喜びに満ちた表情の将校が、長い紙を高く掲げながら、入口から駆け込んで来て、その部屋の騒音をかき消すように叫んだ。「ついに命令が下ったぞ！　われわれは帰国するのだ」Bは、半ばその将校のほうを向きながら、突然に感情が高揚し、喜びと安堵感とで胸がいっぱいになり、「なんだって、帰国する？」と叫んだ。

これらの言葉は、夢を見ている者に、目覚めさせんばかりの一撃を与えた。決して忘れることのできない心理的一撃のような叫びとして。それと同時に、Aは、Bが一瞬にして巡らせた考えを感じた。あれっ！　俺は何を言ったのだ。すっかり無気力になったAは、Bが今や自分のうしろにいる女を振り払おうとしているのを見た。明らかにBの言葉の真意をつかんでいて、その顔には、憎しみと決意の表情とが浮かんでいた。そして、自分の腰巻から長い短刀を素早く引き抜くと、満身の力を込めて、それをBの首の左側のくぼみ、すなわち肩と鎖骨の間に、柄まで深々と突き立てた。

女が刺した時、Aは、全面的かつ完全にBになった気がした。その一撃を感じたのは自分の肩だ。まさにその一撃だけであり、鋭い痛み以外はほとんど何も感じなかった。両膝の力がなくなり、両脚は自分の下で崩れ、その部屋の人たちは、天井に向かってそびえ立つように見えた。誰かが、両腕を持って自分を支えようとした。自分の顎が下がるのを感じた。かすみがかかっている。「その女をつかまえろ！　その女をつかまえろ！　逃がすなよ」という声が聞こえた。今や、観察者はおらず、ひとつの意識しかなかった。それがゆっくり消えていく。意識がそうして消えていく時、もはや絶対に帰国できないことがわかり、まるでそれを再体験しているかのように、自分の心の前に、ある光景が浮かび上がった。黒い乗馬服に身を包んだ自分が、黒い大きな馬に乗っている。黒い燕尾服を着て、磨きあげられた黒いブーツを履き、起伏のない広大な敷地の大きなオークの森の中を、普通駆け足《キャンター》で馬を走らせていた。その森の先には、これから向かうその屋敷が見え隠れしている。

それは、間口が広く低い、ほぼ二階までだけの白い建物に見えた。木立を抜けて、右前方からその屋敷に近づくと、柱廊が張り出した玄関を持つその建物の両端には、二階分の高さがある大きな弓形の張り出し窓がふたつ見えた。玄関の低い石段を下ると、その敷地を通って遠方に通ずる私道がつながっている。その建物は、玄関の左右に、長く切れ目なく延びていた。

人生の喜びに満ちあふれ、自分以外にはこの大きな馬を乗りこなせる人間はほとんどいないことがわかっている自分は、自らの使命で頭がいっぱいだった。この白い大邸宅で自分を待つ、かの女性に、やりがいのあることがとうとうできることになったことを告げた。自分には任務があり、まもなく、また始まった戦争に赴くため、船に乗っていた。自分がしてきたことをこの女性が誇らしく思っていること、自分を待っていてくれることはわかっていた。その時、自分の頭が前に倒れ、誰かが自分を起き上がらせようとしたことが漠然と意識され、生気が暗闇の中に消え去り、夢見者が目を覚ました。

次は、一九五〇年六月につけ加えられたものである。

一九五〇年六月、関連のある夢を見た。短いもので、ほとんど一瞬のうちに終わってしまったが、本質的に、前に見た場面と同じくらい鮮明かつ精密で、同じくらい忘れがたい性質のものだった。少し前に、先に掲げた報告をノートから書き直したため、その出来事全体が心に鮮明に蘇ったことが刺激になったのはまちがいない。

夢見者Aは、大きな寝室に気がついた。その片側は、初期ジョージ王朝風の窓枠を持つ非常に幅広い、大きな弓形張り出し窓になっていた。かすかに模様が浮き出た、明るい壁紙があった。暖炉は、窓に向かって右手中央の壁面に切られており、同じ壁面の暖炉と窓の間には、小さなドアがあった。四柱式寝台が、窓に面した壁の中央に置かれており、その部屋の入口は左の隅にあった。マホガニー材で作られた、脚のついた衣装戸棚が、左手の壁面の中ほどに置かれていた。窓の中央に、右側に洗面台のついた化粧台があるようだった。

暖炉と張り出し窓の間に、同じ乗馬服を着たBが立っていた。Bは、明らかに到着したばかりだった。Aは、Bが馬車で運ばれて来る自分の荷物の到着を待っているのを感じた。Bは、心から喜びながら、その部屋を見回しており、Aは、以前と同じように、Bの考えをそのまま感じた。ここに戻って来れるなら、どれほどうれしいことであるか。私が帰って来るまでには、長い時間がかかるであろう。あの女は、下の階でBを待っていたことであろう。広大な敷地に立つ、間口の広い白いこの屋敷が女の家だからだ。Bは、さよならを言うために来ていたのだ。

これらすべては、一瞬のうちに起こった。その部屋が、その調度品が、広大な敷地に立つその邸宅が、Bの心に去来した事柄が、それぞれ意識されたのだ。Bの背後にいてわかった、ひとつの重要な事実がある。それは、暖炉のある壁面の、張り出し窓と暖炉の間に、小部屋というか密室に通ずるドアがあったことだ。このことは、Aに奇妙な印象を与えた。この壁面の向こうは外壁だったはずなので、そこに部屋がある余地はなかったからだ。

この夢は、一瞬のうちに終わったが、水晶のようにかげりがなく、前に見たふたつの夢と関連していることは、まちがいなかった。この夢の中で、Aは、その部屋の入口のすぐ内側に立っているようだった。

ジョン・イーストによる、これらの夢の解説

1　以上のことを書いてから、ひとつのことが私の心に浮かんだ。これらの夢を見た、その生まれ変わりたるAと同一人物であり、これらの出来事を経験した現実の人格たるBは、かなりの若輩であったにもかかわらず、上陸直前に、後部船室で開かれた高級将校の会議に同席していたという事実に対して、私は、いつも首を傾げていた。将官艇の場面と最後の晩の場面では、やはり権限を持っている感じがする。このことは、Bが将校の、それも高級将校の地位を、さらには連隊の指揮権を購入していたことで、十分説明できるであろう。当時［一九世紀前半］は、このよう

なことがあった。……連隊は、通常、爵位と財産を持つ、かなり若い男性によって指揮されていたのである。

2　大きな弓形張り出し窓を持つ大きな寝室にいるBが登場する最後の夢は、一九五〇年に見たもので、翌日すみやかに記録されたことがわかるであろう。

3　あらゆる出来事、あらゆる考え、あらゆる感覚は、この二晩以降、夢見者の心に、いつも明確に留められていた。この夢は、完全に筋が通っており、全体として首尾一貫している。夢に出て来たのと同じことが起こったはずがない、と言えるだけの根拠は存在しない。出来事の順番も完全であった。

解説　これらの夢を通して、Aであるジョン・イーストは、ほとんど、BおよびBの行動の観察者であったように思われる。こうしたAとBの分離は、Bが、張り出し窓の近くにある、密室に通ずる小さなドアと暖炉の間に立っている第三の夢で、特に明らかである。Aは、その部屋の反対側の、廊下からその部屋へ入るドアの近くにいた。その部屋には、このふたつのドアしかなかったのである。

これらの夢の細部に関する、ジョン・イーストの調査

最初のふたつの夢を見てから第三の夢を見るまでの間に、ジョン・イーストは、非常に蒸し暑い地域で戦争が起こり、夢で見た軍服を着て、将官艇で生活し、帰国の命令が下るのを長い間待っていたということが過去に現実にあったかどうかを、軍服や軍史の権威である友人に問い合わせた。その友

人は、そうした特徴はすべて、一八二四年から二六年にかけて起こった第一次ビルマ戦争（Doveton, 1852; Laurie, 1880; Trant, 1827）と符合することを、すぐに教えてくれた。

ジョン・イーストは、そうした調査の過程で、夢の細部がいかにも実際にあったらしいことや、実際に正確であったことを裏づけてくれる、いくつかの資料にたどり着いた。たとえば、最初の夢の報告で、ジョン・イーストは、その時に、「その艦〔兵員輸送船〕は海軍所属のものではなかったこと、将校たちの制服も海軍の軍服ではなく、それと似た型のものだった」という印象を受けたと述べている。事実、第一次ビルマ戦争に派遣された軍隊は、東インド会社の帆船で輸送されたのである（Laurie, 1880）。また、その将校たちは、海軍の軍服に少々似通ってはいたが、完全に同一ではない軍服を着用していた（Chatterton, 1914）。

ジョン・イーストにとってさらに印象的だったのは、週刊グラフ雑誌に掲載されていたシュレッドフィールド・ホールという邸宅が、第二の夢でBが（刺された後に）馬で乗りつけ、第三の夢で自分が部屋に立っているのが見えたという邸宅と同じであることがわかったことである。その週刊グラフ誌は、一九五四年に、シュレッドフィールド・ホールを撮影した数枚の写真と、一階の平面図を掲載した。[註37] シュレッドフィールド・ホールは、正面に柱廊つき玄関を配した、両翼の長い白い邸宅であっ

註37　シュレッドフィールド・ホールの現在の所有者のプライバシーを考慮する限り、どの屋敷かがわかってしまうことは避けなければならないので、この記事について詳しく書くことはできない。

た。両端に近いあたりには、特徴的な弓形張り出し窓があった。屋敷の中央部は三階建てになっており、Bが記憶していたと思しき二階建てではない。その週刊グラフ誌に掲載された写真では、屋敷の南側にある森が、B（夢に出て来た人物）が馬で乗りつけた時の様子とは違うように、ジョン・イーストには思われた。そこで、ジョン・イーストは、一九世紀初頭の著名人たちが持っていた田舎の大邸宅について詳述され、挿絵も豊富に掲載された著書（Neale, 1821）にあたって調べてみた。同書に掲載されたシュレッドフィールド・ホールの外観を見ると、週刊グラフ誌の写真に出ている、屋敷の南端にある小さな林は、一八二〇年代にはなかったことがわかった。この点は、Bが屋敷の南東側に馬で乗りつけた時の、屋敷付近の木立の見えかたと一致したのである。

ジョン・イーストにとって、最も印象的だったのは、週刊グラフ誌に掲載された一階の部屋の平面図によって、夢に出て来た事柄が事実と確認されたことである。この平面図には、屋敷の南端に張り出し窓を持つ大きな部屋と、その窓の横に、隣接する小部屋へ通ずるドアが描かれていたのである。この週刊グラフ誌には、所有者用の小さい寝室を確保するため、一八世紀後半に、この屋敷の南端が改修されたことが記されていた。大きな張り出し窓のある部屋は、後に、大きかった部屋を仕切ってふたつの部屋に作り変えたため、著しく非対称になっている。屋敷の北端にある張り出し窓のある部屋は、南端の二部屋を合わせた大きさと正確に同じである。ジョン・イーストは、第三の夢でBが立っていた部屋は、（大きな部屋を仕切って作られたため）他に類を見ないほど変わった形をしていると思っていた。ジョン・イーストは、シュレッドフィールド・ホールこそ、一九二七年の第二の夢と一九五〇年の夢に登場した邸宅に違いないと確信していたのである。

シュレッドフィールド・ホールの所有者は、いくつかの英国有爵家名鑑に掲載されている。そのうちの一冊である『バーク版　貴族・准男爵・勲爵士年鑑 *Burke's Peerage, Baronetage, and Knightage*』(Townend, 1826/1963) を参照し、その編集長と私信を交わすことにより、ジョン・イーストは、一八二〇年代のシュレッドフィールド・ホールの所有者には、ウィルヘルミーナとヘレンというふたりの未婚の娘がいたことを知った。このふたりは、所有者と一緒に暮らしていたはずである。ジョン・イーストは、一八〇七年および一八〇八年に生まれたこのふたりの姉妹では、一八二四年に結婚するには若すぎると推測した。そのため、Bはふたりのどちらかと恋愛関係に陥ったが、結婚できる年齢になるまで待つ間、将校任命辞令を購入して、ビルマ戦争に出征することにしたのではないかと考えた。馬でその邸宅に乗りつける場面や、張り出し窓のある変わった部屋で待っている場面は、恋愛関係にあった少女に別れを言うために、その屋敷を訪れた時のことなのであった。

一九六〇年から六二年までの間、私と私信を交わす中で、ジョン・イーストは、その夢は本当の前世の記憶によるものと完全に確信していると述べた。しかしながら、ジョン・イーストは、夢に登場したBと同じ体験を（その生涯の中で）した青年を突き止めることができなかった。

これらの夢の細部が事実であることを証明しようとする、その後の探究

ジョン・イーストに宛てた私信の中で、私は、細かい点についていくつかの質問をした。たとえば、ジョン・イーストは、第三の夢でBが立っていた張り出し窓のある部屋を、その屋敷の二階にあるように記していた。自分が会いに行った少女が、「下の階で」待っているると書いているからである。週

刊グラフ誌に掲載された屋敷の平面図は、一階の部屋のものであって、二階のものではないことを、私はジョン・イーストに書き送った。それに対して、ジョン・イーストは、自分がまちがえており、Bは一階の張り出し窓の部屋で待っていたと言うべきであったと返答してきた。

第二の夢では、Bにはビルマ人の愛人がいたが、帰国できるという知らせを聞いて歓喜した時、その愛人に殺害されている。第二の夢のさらに詳しい報告で、ジョン・イーストは、Bが帰国命令を待っていたことを思い出した。第二の夢を見た直後に書かれた前出のメモでは、その愛人は、その次のダンスを「最後」と述べている。これは、Bの出発をある意味で予告していることを示す。この食い違いと思しきものについて、ジョン・イーストは、将校たちも兵士たちも、まもなく帰国命令が出るものとまちがいなく期待していたので、将兵たちが——また、その愛人たちも——すべてのダンスを「最後のダンス」と考えたとしても不思議はないのではないか、と説明している。

先の週刊グラフ誌に掲載された、シュレッドフィールド・ホールに関する記事の写真と本文を検討することに加えて、私は、第一次ビルマ戦争の時代に、英国陸軍が着用していた軍服に関するジョン・イーストの記述が正確であることを確認した。また、東アジアに軍隊を輸送するのに東インド会社の帆船を使ったことと、その帆船の上級船員の制服（Chatterton, 1914）についてジョン・イーストが調べたことが事実であることも確かめている。私は、J・P・ニールの著書（Neale, 1821）に掲載されたシュレッドフィールド・ホールの版画を検討し、屋敷の南東端にある林が、ニールの著書に出ているものと一九五〇年代の写真とで、ある程度違っている事実を認めた。（私は、この違いを重要なものとは考えていない。）

夢に登場するBに対応する人物を探求する

シュレッドフィールド・ホールは、スタッフォードシャー州にあるので、Bのような男性が馬に乗ってその屋敷に住む少女を訪ねたとすれば、その男性はスタッフォードシャー州内に居住しており、軍隊に入隊したとすれば、スタッフォードシャー連隊に入った可能性が高い、と考えるのが妥当である。幸いにも私は、本例については、故ガイ・ランバートの協力を得ることができた。ランバートは、心霊研究協会の元会長であるとともに、英国陸軍省の元幹部職員である。

ランバートは、英国の各連隊の記録にあたり、軍服に黄色の折り返し襟を持つ連隊を探し出してくれた。その結果、そのような折り返し襟を持つ連隊は（一〇〇個近い連隊のうち）三一個あることがわかった。次に、ランバートは、戦闘叙勲を受けた連隊の中から〝アヴァ〟（ビルマの古代都市）の称号を持つ連隊を探した。それによって、第一次ビルマ戦争に遠征したことがわかるかもしれないからである。ランバートが突き止めたところでは、一〇個の連隊が、戦闘勲章に〝アヴァ〟という称号を含めることを許されていた。しかしながら、その中で、軍服に黄色の折り返し襟を持ち、戦闘勲章に〝アヴァ〟が含まれていたのは、二個連隊だけであった。そのうちのひとつが、スタッフォードシャーの第38連隊だったのである。事実、第一次ビルマ戦争中に英国陸軍の司令官であったアーチボールド・キャンベル卿という少将は、第38連隊に所属していた。

したがって、Bは、第一次ビルマ戦争中に、ビルマに遠征した第38連隊の下級将校だった、と考えるのが妥当であるように思われた。アーチボールド・キャンベル卿の子息であったジョン・キャンベル中尉は、この戦争中に、父親の副官として仕えた。しかしながら、ジョン・キャンベルは、この戦争から生還した後、軍人として成功し、クリミア戦争で戦死しているのである。

一九七〇年に、アラン・ゴールド博士は、『南スタッフォードシャー連隊史 *History of the South Staffordshire Regiment*』(Vale, 1969)という著書の存在を知らせてくれた。その結果、ヴェイル大佐が本例に関心を示すようになり、ヴェイル大佐と私信のやりとりを始めた。私は、その著者であるW・L・ヴェイル大佐から、第一次ビルマ戦争中に第38連隊は、ふたりの将校を失っていることを教えてくれた。また、ひとりが負傷後に死亡し、九名が病死しているという。当然のことながら、「ビルマ人の愛人に殺された」とされる将校は、ひとりも見つからないであろう。Bのように将校が殺害されたとしても、病死として扱われたはずだからである。

Bが、まちがいなく刺傷により死亡したと考えることはできないが、私は、その可能性が高いように思う。そのビルマ女性が短刀を突き刺した部位には、大きな血管が数多く走っているので、そのうちの一本が切断されただけでも——少なくとも一八二六年当時のビルマでは——一、三分以内に死亡したことであろう。Bは、意識を失いつつある時、シュレッドフィールド・ホールの恋人に別れを告げるべく、馬で乗りつけた時の記憶を蘇らせた。これは、死の瀬戸際まで行きながら蘇った者たちの一三パーセントほどに起こる(Stevenson and Cook, 1995)、生涯の回顧の断片と考えることができるかもしれない。こうした生涯の回顧は、死んで行く者にも同じように起こりうるので、ジョン・イーストの事例でそれが起こったとしても、Bが命を取り留めたのか、それともそのまま死亡したのかの判断はできない。

この点で、やはり判断材料にならないのは、ジョン・イーストに母斑がないという事実である。（私との間に交わされた私信で、ジョン・イーストは、Bが刺された部位には母斑がないと明記している。）非業の死を遂げた前世を覚えているという中心人物の中には、死因に関係した母斑を持っている者が多いとはいえ、母斑のない者も同じように多いのである（Stevenson, 1997）。

Bが、その生涯を第二次ビルマ戦争中に送った可能性はないか

第二の夢に関するジョン・イーストの報告では、戦争が終わった後、退屈を持て余していることと、帰国の命令を待つ時間が長いことが強調されている。第一次ビルマ戦争は、一八二六年二月二四日に、ヤンダブー条約の締結をもって終結した。ヴェイル大佐は、スタッフォードシャー（第38）連隊の記録から、この連隊が、一部の部隊を四月まで残して、三月にインドへの移動を開始したことを突き止めた。私には、六週間は、待機の期間としてそれほど長いようには思われないが、恋人のもとへ早く帰りたいと願う男性には、耐え難いほど長く感じられたのかもしれない。

夢の細部の多くは、第二次ビルマ戦争の状況とも同程度に一致している。この時も、スタッフォードシャー（第80）連隊が派遣されている。軍服は、（ハイカラーないしストックタイや黄色の折り返し襟を含めて）ほとんど同じで、やはり東インド会社の帆船で輸送されていたし、将校は依然として指揮権を購入していた。しかしながら、この時は、帰国命令を待つ期間は、第一次ビルマ戦争の終結後よりも格段に長かった。この戦争は、一八五二年四月五日から五三年一月二〇日まで続いたが、第80連隊は、帰国命令が出るまで一〇ヵ月も待たされたのである。

Bが戦争から帰るのを若い未婚女性が待っているという点を考えると、第二次ビルマ戦争は、第一次ビルマ戦争ほどには当てはまらない。この時代（一八五二年）のシュレッドフィールド・ホールの所有者は、当時一五歳の未婚女性だったからである。とはいえ、この年齢なら、Bのような若い男性に恋愛感情を抱くには若すぎる、ということはなかったかもしれない。もしそうなら、第一次と第二次のどちらのビルマ戦争が、Bの夢の関連部分のすべてに適合するのかを判断することはできない。

Bとジョン・イーストの人格の類似性

ジョン・イーストは、（夢を通じてわかる限りの）Bの人格と自分自身の性格との間に、重要な類似点を見つけている。ジョン・イーストの推測によれば、Bは、〝地方の名門〟の一員であったに違いないという。乗馬の技術に長け、軍事的な事柄にある程度の関心を持ち、おそらくは、陸軍の指揮権を購入できるほど裕福だったのであろう。入隊前には、自分の生涯をかけるだけの「やりがいのある」ことは、まだ何もなかった。

ジョン・イーストが私のために書いてくれた短い自伝を見ると、若い頃は、実際には中年になるまで、狐狩りや狩猟を楽しむ地方の大地主として暮らしていたし、そうした生活を好んでいたことがわかる。学究生活を嫌っていたので、弱視によって妨げられることがなかったら、軍人として出世を遂げていたことであろう。

最初のふたつの夢を見た後に、また、おそらくはその夢を見たために、ジョン・イーストの性格に他にもいくつかの要素が表出したことを、ここでつけ加えておかなければならない。ジョン・イーストは、量子力学に深い関心を持つようになり、ハイゼンベルクの著書『現代物理学の思想 *Physics and Philosophy*』〔邦訳、みすず書房〕を読み、わがものとした。W・Y・エヴァンズ＝ウェンツの著作にも目を通した。エヴァンズ＝ウェンツは、その当時のチベット仏教の、最も重要な研究者のひとりであった。ジョン・イーストと私信を交わしていたエヴァンズ＝ウェンツは、ジョン・イーストが死去する前に出版した第二の著書に、序文を寄せたのである（East, 1960b）。

ジョン・イーストによる自分が見た夢の解釈

第一次ビルマ戦争（とジョン・イーストが信ずるもの）とシュレッドフィールド・ホールの変わった間取りに関する事柄が、自分が見た夢に数多く出て来たことから、ジョン・イーストは、その夢が、一九世紀の最初の四半世紀にスタッフォードシャー州で送った前世の記憶に由来するものと確信した。夢の報告のひとつに、ジョン・イーストは、「寝室とそれに隣接する小部屋の設計は、まちがいなく非対称で変わっているので、私は、このような間取りが他の家屋に存在することは、非常に疑わしいと思う」と書いている。鮮明な夢を見た他の人々の場合と同じく、その夢が真に迫っていること、およびそれが本人の記憶から拭い去れないことから、その原因は（Bとしての）自分が体験した出来事にあるとする確信を深めたのである。

解説

ジョン・イーストの結論は、私には理にかなっているように思われる。われわれは、ジョン・イーストが受けた教育や幅広い読書を考えると、夢を見る前に第一次ビルマ戦争についてある程度知っていた可能性を排除することはできない。とはいえ、帆船にいた高級将校や兵士が着用していた軍服についてジョン・イーストが詳しく知っていたことは、疑わしいように思われる。それよりもはるかに疑わしいのは、この時の戦争にスタッフォードシャーの連隊が派遣されていた事実を、本人が通常の方法で知っていた可能性であろう。また、一九五〇年代にシュレッドフィールド・ホールの平面図が雑誌に掲載されるまで、ジョン・イーストがこの邸宅の間取りを見たはずがないことは、かなり確実である。個々の細目を考慮から外すこともできようが、すべてをまとめ合わせた全体を無視することは、容易にはできないであろう。

トラウデ・フォン・フッテン

本例の要約とその調査

トラウデ・フォン・フッテンは、一九〇五年一月七日にドイツのドレスデンで生まれた。父親は、ルーテル教会の牧師であった。トラウデは、大家族の末子であった。(私は、トラウデに兄弟姉妹が何人いたのか聞いていない。)

五歳の時にトラウデは、中世の城に住んでいるように感じられる夢を見た。その夢で、トラウデは、両親が事故死し、後に夫をも失う悲しみを味わった。夫は、十字軍遠征から帰還できなかったのである。八歳の時と一三歳の時にも、これと全く同じ夢を見ている。

一七歳の時、夕食に招待され、初対面の女性と向き合って座った。その女性は、しばらく本人を見つめた後、突然、「前にも、この世で暮らしたことがあるのを知ってますか」と聞いた。驚いたトラウデが答えるより先に、この女性は、あなた（トラウデ）は前世の夢を繰り返し見ていますね、とトラウデに言った。それに続けて、トラウデが見た夢と驚くほど一致するその前世について、詳しく語ったのである。トラウデは、それまで生まれ変わりという考えかたに接したことはなかった。トラウデは、その後、この女性が非常に名声の高い透視能力者であることを知った。

成人後、トラウデは二回結婚し、二回とも夫と死別した。二番目の夫は、第二次世界大戦中のレニングラード包囲の際、ドイツ兵として戦い、戦死している。戦後、トラウデは最初マンハイムで、次いでミュンヘンで暮らした。ドイツに駐留するアメリカ軍の通訳として勤め、一九五二年に遺族年金の受給資格ができた時点で退職した。その間、意味のある夢は見なかったし、幼少期に見た夢が事実かどうかを確かめることができる、という助言を受けたこともなかった。

幼少期のトラウデは、中世に強い関心を持っていた。後に、自分の幼少期は幸福だったことを思い出したが、遊ぶことよりも、ひとりでいることや白昼夢にふけることのほうが好きだった。自宅の敷地内にある胡桃《くるみ》の傾斜した幹に登り、樹上のくぼみに好んで座った。本人の話では、これを「毎日」していたという。そこでは、自分が中世の女性だというイメージが、いつも白昼夢として起こっていたのである。（おそらくトラウデは、このような行動は五歳になるまでしなかったであろう。その後の本人の記憶によれば、五歳になる前に、この「お城の夢」を初めて見たという。）
　トラウデは、一五歳になるまで、中世の城を訪れたことはなかった。一五歳の時、両親は、本人をチューリンゲン州（北ドイツ）の古城巡りに連れて行ったのである。その後、トラウデは、他の城にもしばしば出かけたが、現在はラインラント＝プファルツ州になっている、ドイツ南西部のパラティナーテにあるトリーフェルス城を訪れるまでは、そこを熟知している感じにとらわれることはなかった。

　一九五六年五月六日、トラウデは、友人のクララ・ホルツァーとともにトリーフェルス城を訪れ、それが、自分が繰り返し見た夢に登場するのと同じ城であることを、すぐに認めた。険しい斜面の頂上に立つその城を見ながら、トラウデは、前世の両親はふたりとも、ここで不慮の死を遂げたことをクララに説明した。トラウデがそれを話すや否や、どこからともなく古老が現れた。その老人は、トラウデとクララに向かって、急斜面の危険性を注意し、この城を皇帝から世襲した王子が、妃とともに、この急斜面で転落死したことを話して聞かせた。この話は、トラウデが繰り返し見た夢が事実であることを裏づけるように思われた。

　一九五六年に、ドイツの『ダス・ノイエ・ブラット』紙は、読者から、前世の記憶に関する証言を募集した。[註38] そこでトラウデは、自分が見た夢の報告を送ったところ、同紙は、一九五六年五月二四日付の紙面にそれを掲載した。そこに掲載された報告には、トラウデがトリーフェルス城を訪れたことは書かれていない。トラウデが応募した時点では、まだトリーフェルス城に行っていなかったのと、その掲載が遅れたためである。

その後、他にもドイツの定期刊行物の少なくとも一紙が、トラウデの夢の報告を掲載し、それがハインリッヒ・ヴェント博士[註39]の目に止まった。ヴェントは、その夢に関心を抱き、その中に出てくる中世の王子について見解を述べた。私に連絡をとるようヴェントに示唆されたトラウデは、一九六八年一月二日付の私信に、自分が見た夢の報告を同封して送ってくれた。その後の二年間、私は、その夢の細部および、それに関連しそうな本人の生活状況について、トラウデと私信を交わした。トラウデは、私の質問にすべてていねいに答えてくれた。また、友人のクララ・ホルツァーの証言も送ってくれた。それは、トリーフェルス城が自分の夢に出て来た城と同じであることがわかった、というトラウデの主張を裏書きするものであった。

トラウデは、トリーフェルス城を自分の夢に出て来た城と同一視していたので、私は、プファルツ歴史博物館の副館長であったギュンター・シュタイン博士の協力を求めた。この博物館は、シュパイヤー・アム・ライン にあるが、トリーフェルスは、シュパイヤーの南西三五キロほどのところに位置しており、アンファイラーという小さな町に近い。シュタイン博士は、トリーフェルス城の公式ガイ

註38　ルプレヒト・シュルツ〔四四二―四六八ページ〕も、同紙の募集に応募した。私の知る限り同紙には、ルプレヒト・シュルツの事例とトラウデ・フォン・フッテンの事例が掲載されたのみである。

註39　裁判官を退官したヴェント博士は、超常現象についてかなりの知識を持っていた。私は、マンハイムのヴェント宅を数回訪問したことがある。ヴェントは、生まれ変わり型事例を扱った私の最初の報告をドイツ語に翻訳、出版している。

ドブックの共著者であったため、この城についてそれ以上知っている者は、他にありそうになかった。シュタイン博士も、ヴェント博士と同じように、本例に関心を抱くようになり、本例の事実性が立証できる可能性について、私と私信を交わすことになったのである。

一九七〇年三月四日、私は、ミュンヘンの自宅にトラウデを訪ね、面接した。数日後の三月九日、トラウデとともに私は、シュパイヤーまで出かけ、シュタイン博士と博物館の研究室で対面した。シュタインと私は、トラウデに、トリーフェルス城について、夢に出て来た内容として記憶していることを話してほしいと求めた。私は、トラウデの指示に従って、その略図を描いた。翌日、われわれは全員でトリーフェルス城に行った。数週間後の一九七〇年四月、シュタインは、われわれのトリーフェルス城訪問に関する詳細な報告と、トラウデの夢の細部との（それが十字軍遠征時代とした場合の）一致に関する見解を書き送ってくれた。また、三月一〇日には、クララ・ホルツァーと対面することができた。クララは、トリーフェルスの周辺に住んでいたのである。シュタインは、その後、トリーフェルス城について書かれた資料の目録を私に貸与したうえ、その当該箇所の複写を許可してくれた。

トラウデ・フォン・フッテンは、一九七〇年一二月八日に、オーストリアのバートガシュタインで死亡した。

トラウデ・フォン・フッテンの夢

その夢は三部に分かれている。それは、どうしようもないほどの孤独の場面で始まる。次に、夢を見ている者が、両親の不慮の死を物語ることで、自らの不幸を説明する場面が現れる。夢の第三幕では、自分が、十字軍遠征から戻って来る夫を待つ年配の女性になる。しかし、夫は、帰って来た仲間の中にいなかったため、夢を見ている者は、またひとりになってしまう。

トラウデが、一九六八年一月二日付の第一信に同封して送ってくれた夢の報告を、三部に分けて以下に示す。

私は、自分の体の形を見て、自分が肉体を持っているのを感じます。私は、歩きながら、長いドレスのひだが両脚に垂れ下がる感じを意識しています。私は、長い廊下の床板をきしませながら歩いています。……孤独が私を襲います。わびしい孤独が。

沈む夕陽が放つ最後のかすかな光が、ゴシック様式の窓から差し込んで来ます。私は、開いた窓のそばに行き、外を見ます。山の半分ほどの高さの黒い樅《もみ》の森が、周辺をこんもりと覆っており、気を滅入らせる、ほとんど不吉とも言える情景を作り出しています。私の前には、地平線まで、緑の大地が一面に広がっています。その中に、小さなお城がいくつか点在しています。私は、下のほうをじっと見つめています。そうです、今私がいる下のほうで、私の全世界をそれだけで変えてしまう、恐ろしい出来事が起こったのです。一日のうちに、私は両親をふたりとも事故で失ったのです。

その秋の日は、私の記憶の中に、昨日のことのようにはっきりと刻み込まれました。生きる喜びに満たされた、ほっそりして美しい母の姿が見えました。母は、優雅に自分の白馬に乗って、頬笑みながら私を振り向き、馬に鞭を当てて、ギャロップで駆け下りました。その少し後に、雷雨がやってきます。父は、早々に狩りから戻って来ます。父は、母が出かけたまま戻らないのを知ると、馬の向きを変え、大急ぎで山を下ります。木の跳ね橋の厚板を駆けて行く、父が乗った馬の蹄の音が聞こえてきます。何時間か経ちましたが、両親は帰って来ないので、家来たちに命じて、たいまつで森の中を探させました。真夜中頃になって、急ごしらえの担架に乗せられた両親が、城内に運ばれて来ます。——ふたりとも遺体でした。雨で山道が滑りやすくなっていたため、母の乗った馬が足を滑らせ、急傾斜を何度か回転しながら転げ落ち、母が馬の下敷きになったのでした。藪が崩れていたため、母を捜していた父は、そこで事故が起こったのを知りました。ところが、その後、父も同じ事故に遭ってしまったのでした。

巨大なお城にひとりでいることの悲しみを感じます。私は、ただふたり、自分のそばにいてくれる人たちを見ています。昔からの従者です。私は心配しています。夫に何があったのかわからないので、とても苦しい思いをしています。夫は、十字軍の遠征に出かけましたが、もう長い年月が経ちました。毎日、狭間《さま》胸壁のあるお城の屋上に登って、夫が帰って来る気配があるかどうか見ています。でも、一日一日が過ぎるごとに、私の希望は小さくなってきました。六月のくっきりと晴れあがった日、私は、遠くに土ぼこりが立っているのに気がつきました。それはだんだんと近づいて来ます。その時、太陽の光が鎧に反射するのが見えました。私は、喜びのあまりに、「みんなが帰ってくる！　みんなが帰ってくる！」と叫びました。涙があふれて、やせ細った頬を流れ落ちました。階段を駆け下り、スカーフを摑んで、全速力で山を下る自分の姿が見えました。それから、私は、息を切らして、村人たちの真ん中に立っています。私の両眼は、だんだんと近づいてくる騎馬の列に釘づけになっています。旗を波打たせ、鎧を輝かせ、兜の頬当てを半ば開いて、騎士たちが近づき、歓呼する群衆に迎え入れられました。まもなく、そのうちのひとりが、馬から飛び降り、妻と、それから母親と抱き合いました。「次は、主人に違いないわ」とつぶやいている自分の声が聞こえます。私は、魅入られたようにして、騎士をひとりひとり見ています。突然、そのうちのひとりが列を離れて、馬を私のほうに向けます。私は、両手を広げて待ちます。その時、その人の眼が明るい灰色なのがわかります。私は思います。「いや、この人が主人のわけがない。主人の目は青だもの」私は、黙ったまま、見慣れないその眼を見つめていると、また深刻な気持になります。それから、突然、私は事実を直視します。「主人は、この中にはいない。もう帰って来ることはない。主人は死んだ」まわりの人たちが霧に包まれたように見えます。お日さまの光は消えてしまいました。私は、気を失いかけます。まるで私の生気が、自分の肉体から吸い取られているかのように。そこで夢は終わります。

この夢を見た状況とその特徴

トラウデは、この夢を迫真性があったと語っている。本人にとって、この夢の体験は、ふだんの夢と違って、記憶を蘇らせた感じのするものであった。その後、この夢を繰り返し見た時も、最初の時とあらゆる点で同じであった。この夢を見るきっかけとなる特定の状況があったとは、本人には思えなかった。その夢は、偶発的に起こったのである。その後もトラウデは、この夢をもう一度見たいと願ったが、再び見ることはなかった。

トラウデは、この夢を五歳で最初に見た時、泣きながら目を覚ましたという。母親が来ると、母親に向かって、自分の「本当のお母さん」ではないと言った。この夢を最初に見た時と二回目に見た時、それを母親に話した。しかし、一三歳の時に三回目を見た後には、母親には話さなかった。

ふつうの夢を見た時の記憶と違って、この城が出て来た夢の記憶は、成長につれて薄れるようなことはなかった。

解説　この種の夢の場合、夢を見た者が後に、前世を再体験したと語ることが多いが、トラウデの夢の報告は、そうした夢の報告とは様子が違っている。その後に語られる出来事が誘発した、強い落ち込みの描写で始まるのである。トラウデは、夢の第二部と第三部では、何度か時制を変えている。時として現在形を、また時として過去形を使っているのである。こうした特徴に加えて、その報告には、つじつまの合わない点がひとつある。それは、夢を見ている者の父親が、馬の滑落によって妻が死亡した地点がわかったことである。父親自身も、妻の死後まもなく死亡しているので、妻が転落死した場所を父親がどのようにして知ったかは、誰にもわからない。

あらゆる夢の報告は、イメージを（たいていの場合は、視覚的イメージを）言葉に翻訳しようとするものである。そのため、どうしても圧縮や省略や歪曲が発生する。トラウデの夢には、おそらく、こうした変形が、ほとんどの夢の報告よりも数多く含まれているであろう。

トラウデが後に加えた項目

私信をやりとりする中で、またミュンヘンとシュパイヤーで対面した時に、トラウデは、夢の報告にいくつかの点をつけ加えた。母親は、片鞍をつけた馬に乗り、円錐型の高い帽子をかぶっていたというのである。夢の第二部では、本人の髪は二本のお下げであったが、成人と思しき第三部では、髪は頭頂部にまとめられていた。この時には、自分が、それまでの子どもの体よりも大きな体に入っている感じがしたという。

私が描いた略図のもとになった、トラウデによるトリーフェルス城の間取りの説明には、城の正門の位置や、大広間があった階など、他にもいくつかの項目が含まれていた。

トラウデによる最初のトリーフェルス城訪問にまつわる補強証拠

一九五七年一一月、クララ・ホルツァーは、トラウデがトリーフェルス城を夢に出てきた城と認識し、以前そこに住んでいたと語った経過について、トラウデ自身の報告を裏書きする短い証言を認《したた》めている。次に、クララの証言から引用する。

その「トリーフェルス城に至る」山を登り始める時、トラウデは、自分から進んで私に、「ここは全部知ってるのよ。前に住んでたことがあるんだから」と言いました。頂上のお城の前に着いた時、トラウデは、左にある平らな場所を指して、「ここには、昔、召使い部屋があって、そこは主馬寮、向こうには跳ね橋があったのよ」と言いました。ちょうどその時、管理人の方が出て来て、私たちに近づいて来ました。そして、トラウデの話を聞きつけて、その方は、「あなたはもう何でも知ってますね。私があちこちご案内する必要はありませんね」と言いました。お城の中に入ると、トラウデは、「階段が右にある。昔は左にあったのに」と言いました。管理人によると、それは本当なのだそうです。上の階に着くと、トラウデは、昔はそこにもっと大きな広間があったと言いました。管理人は、それも本当だと言っていました。

クララ・ホルツァーの証言は、トリーフェルス城で王子とその妃のふたりが不慮の事故で死亡した様子を物語ったという古老のことにはふれていない。私が一九七〇年にクララに会った時点では、トラウデと一緒にトリーフェルス城を訪れてから、既に一四年ほどが経過していた。クララは、その頃、重い病気に罹っており、そのため記憶に障害が起こっていたという。古老のことも、古老が語った内容も、全く思い出せなかったのである。

その夢が事実であることを証明できなかったこと

一二世紀から一四世紀までの間、神聖ローマ帝国でトリーフェルスは、重要な城塞であった(Sprater and Stein, 1971)。帝国の要塞として、軍事的に重要だったのである。皇帝の印章がそこに保管されていたことに加えて、断続的に起こった戦争に関係した政治犯の多くも、そこに収監されていた。

その中で最も有名なのは、一一九三年にここに幽閉されていた、イングランド王リチャードI世である。中世ゲルマン帝国の没落にともなって、トリーフェルスもそれまでの重要性を失った。修復や復元が何度か試みられたが、次第に崩れ落ち、結局、一七世紀に見捨てられた。その後、周辺の住民が、この城から建築資材になるものを略奪した。一九世紀に入ると、ドイツ人の間に自国の歴史に対する関心が新たに湧き上がり、トリーフェルスを含め、過去に重要であった拠点が調査されるようになった。当時、自国の領土内にこの城を保有していたバイエルン州政府は、そこを採石場として使わせないようにした。一九三八年、ドイツ政府（ナチス政権）は、この城の修復事業を始めた。その事業は、何度か中断されたものの、一九五四年まで続行された。しかしながら、その修復は、この城を中世と同じような状態に復元するものではなかった。その理由は、一九七〇年一月一三日付のシュタイン博士の私信に書かれている通りである。

その手紙の主［トラウデ］が、一九五四年以降にトリーフェルス城を訪れたのだとすれば、新しく建造された部分のあることが、おそらくはっきりわかったと思います。残念なことですが、この城は、昔の造りと少しも対応しておりません。それどころか、エシュテラー教授という建築家の空想的な下絵をもとにして造られたものなのです。

こうした難点があったにもかかわらず、シュタイン博士は、トラウデの夢を真面目に受け取り、トラウデの城の描写に耳を傾け、われわれとともにこの城を訪れたのである。その結果、トラウデは、ある一点で明らかにまちがっていることが判明した。トラウデは、正門を城の北側にあるとしたが、実際には北東側にあった。北側は、険しい、ほとんど崖のような斜面に面しており、城の出入り口を作るにはきわめて不向きなのである。城の中核部分に通ずる階段は、西側に〝再建〟された。以前、そこにあったはずはないが、どこにあったのかは誰にもわからない。（階段があった位置についてトラウデの発言が正しいと断言した管理人にしても、かつての位置を確実に知っていたはずはない。）しかしながら、いくつかの点で、トラウデの昔の城の描写は正しい可能性がある。シュタイン博士によれば、この城の造りについてトラウデが語った項目のほとんどは正確なのかもしれないが、それを証明することはできないという。シュタインは、一九七〇年四月の報告書に、次のように書いている。

私は、トリーフェルスが［トラウデの］夢に出て来た城と断定することはできない、と言わざるをえない。とはいえ、この解釈を支持する要素は数多いのに対して、それを反証するものは多くない。

トラウデが夢の中で思い出したように見えるトリーフェルス城の描写と、この建造物のかつての形についてわれわれが得ている情報とを比較しても、決定的なことは言えないので、トリーフェルスをトラウデの夢に出て来た城と認めるのが難しいことは、依然として同じである。中世ゲルマン帝国の最盛期にトリーフェルス城が重要な位置を占めていたことは、当時の城主ないし所有者（ならびに幽閉されていた者）の名前を見れば瞭然である。それを見ると、歴代の所有者の中には、その妻が同時に死亡したか否かを別としても、不慮の死を遂げた者はひとりもいないことがわかる。
シュタイン博士は、トラウデの夢とは違って、この城の所有者が非業の死を遂げたという歴史的事実や伝説を聞いたことはないという。シュタインは、自分の知識にとらわれず、この地方の伝説を研究してきた民俗学者ヴィクトール・カールに意見を求めた。カールも、トラウデの夢の第二部に対応する話を聞いたことはなかった。

トラウデの夢は、トリーフェルス城の所有者ではなく、この地方の他の城主や、さらには、ゲルマンの他の地方を支配していた城主に関係しているのかもしれない。十字軍の遠征に出かけるという話からすると、時代はかなり限定される。ゲルマン人がかかわったのは最初の五回の遠征に限られるので、一〇九六年から一二二九年までの間ということになるのである。もうひとつの制約は、トラウデの夢に従えば、この城を娘が受け継いでいることである。全盛期の中世では、城はまず第一に、軍事的な要衝であった。女性では、城主になれなかったのである。シュタインが私に明言したところによれば、一二世紀と一三世紀のドイツでは、こうした相続が行なわれた記録は存在しないという。

ヴェントとシュタインのふたりは、マルクヴァート・フォン・アンファイラーがその候補としてあげられるのではないかと教えてくれた。フォン・アンファイラーは、一二世紀の有名な貴族であり、皇帝ヘンリーVI世の信任厚い同志でもあった。ヘンリーVI世は、フォン・アンファイラーを、アンコーナ（イタリア中部）の総督および、ラヴェンナ（イタリア北東部）の君主に任命した。その名は、トリーフェルス城について述べた資料一覧に見える（Biundo, 1940）。フォン・アンファイラーがトリーフェルス城にいたことはまちがいないし、おそらくはしばしばいたのであろうが、「トリーフェルス城で生まれた」とはどこにも書かれていない。また、フォン・アンファイラーは、第三回十字軍遠征に参加したが、ぶじに帰国しており、その後、シチリア島で死亡しているのである。

シュタインは、夢に登場する女性の夫の候補を、もうひとりあげてくれた。それは、チューリンゲン方伯であったルートヴィッヒⅣ世である。チューリンゲンのワルトブルクにあるその居城は、トラウデが生まれ育ったドレスデンからも、さほど離れていない。トラウデは、一五歳の時に両親に連れられて城巡りをした時、ワルトブルク城も訪れている。ルートヴィッヒⅣ世は、第六回十字軍遠征に参加したが、結局戻って来なかった。遠征の途中、一二二七年九月一一日に、イタリアのオトラントで死亡したのである。妃は、それほど長く待つ必要はなかった。——その死を知らされたのは、二カ月ほど後のことだったからである。また、ルートヴィッヒは、父親からその領土を受け継いだのであって、妻のエリーザベトからではなかった。ちなみに、エリーザベトは、ハンガリーの王女であり、後に列聖され、聖エリーザベトとなった女性である（Ancelet-Hustache, 1963; Lemmer, 1981）。

先述の条件を満たす中世ゲルマンの貴族を特定することができるとは、私には思われない。それは、十字軍遠征に出て帰国しなかった夫を持つ娘が、大きな城を相続する、という条件である。もしそれが可能だとしても、ひとつの点でつじつまが合わないであろう。円錐形の高い帽子は、一五世紀後半の女性がかぶっていたのであって、それより前ではない。しかしながら、このような帽子は、中世初期と時代錯誤的に結びつけられることが多かった。たとえば、『ニューヨーカー』誌（一九七〇年七月一一日号）の風刺漫画には、中世の服装をしてこの帽子をかぶった女性が、重い甲冑をつけて十字軍遠征に赴こうとしている夫に食ってかかる場面が描かれているのである。

解説

本例は未決例であり、いずれ既決例になる事例とは、私には思われない。本例も、中心人物の発言を別個に確認することの重要性という点では、ひとつの教訓になると思う。

それでも、この夢が（あるいは、私やこの夢を真剣に受け取る人々から見た場合のこの夢の報告が、と言うべきかもしれないが）どのような原因で起こったものかを問題にしてもよいであろう。かつて私は、トラウデがこの夢を捏造したのではないかと考えた。しかしながら、そのような行為をしたとすれば、トラウデは女優として成功したかもしれないのに、それを棒に振ってしまったことになろう。トラウデは、私と私信を交わしていた時にも、一緒に過ごした――合わせて二日半ほどの――間にも、非の打ちようのない誠実さ以外のものは、全く示さなかったのである。

もっと可能性が高そうな説明としては、トラウデが最初に「お城の夢」を見た年齢を誤って記憶していた、とするものである。もしトラウデがその夢を初めて見たのが、五歳ではなくもっと後になってから、たとえば八歳を過ぎてからだとすると、城塞の話を数多く交えるなど、その夢の骨格を形作るのに十分なほど、ドイツの歴史を学んでいたかもしれない。この頃には、胡桃の木に登るようになっていたし、他の子どもたちと遊ぶよりも中世の空想をするのを好むようになっていたのである。

トラウデは、われわれと同じく、最近の刺激によって、自分の夢に影響を受けるということがなかった。一九七〇年三月一一日の別れ際に、トラウデが私に話してくれたところによると、その前の晩、マンハイムのホテルで寝ている時、（中世の衣装に身を包んだ）「トリーフェルス城の人たちがそろって」自分のところへ来て、昔の城の正門は、本当は北側にあったと断言したという。この夢は、われわれが前日に見た証拠を否定するものである。北側に面した崖のような斜面からすると、そこに出入り口を作るのは、不可能とは言えないまでも、現実的ではないのである。

本例には、他にも難問がいくつかある。たとえば、折よく登場し、トラウデの夢を事実と断言したという古老の話は、どのように考えるべきなのであろうか。この古老は、トラウデが後で勝手に想像しただけの存在なのかもしれない。クララ・ホルツァーに、この古老の記憶がないことからすれば、そうなのかもしれない。また、この古老は、トラウデがクララに話しているのをたまたま聞きつけ、好意のつもりでその話に相づちを打った、愛想のよい村人なのかもしれない。

トラウデの夢の細かい内容と、本人が一七歳の時に夕食会で出会った——その時点では初対面の——女性が語った事柄とが一致した理由についても、解明する必要がある。トラウデが、この女性の存在を思い込みで作りあげてしまった可能性は排除できないにしても、思い込みと考えてよい根拠があるわけではない。もうひとつの可能性は、トラウデが後で知ったと述べているように、その女性が並はずれたテレパシー能力を持っており、その夢の内容をトラウデの心から〝読み取った〟とする可能性である。

最後に検討しなければならないのは、トラウデの夢には前世の記憶の要素がいくつか含まれているが、それが、無意識の心の動きによって精巧に組み立てられ、何年も後になってから、それを思い出して報告したという可能性である。本例を締めくくる前に、かつてのトラウデのような幼児が、中世のドイツにそれほど心を奪われたのはなぜか、という疑問をとりあげなければならない。結局のところ、子どもが空想を発展させるとしても、その基盤となる時代や場所は他にも数多く存在する。それが空想だとしても、それを精密化するに際しては、本当の前世が、その国や時代の選択に影響を及ぼした可能性もあるのである。

ルイージ・ジオベルティ

本例の中心人物は、強い情動をともなう夢を繰り返し見た。この男性は、それ以外の夢や、自分で前世の記憶と考える覚醒時のイメージも見ている。その夢や覚醒時のイメージは、いずれも事実であることが確認されているわけではないし、そのうちのひとつは、実際にはまちがっていることがわかっている。

本例の要約とその調査

ルイージ・ジオベルティは、一九五八年一〇月一二日にヴェニスで生まれた。ルイージは、アンドレア・ジオベルティと妻のモニカという両親の第三子で、唯一の男児であった。ルイージにはふたりの姉がいる。アンドレア・ジオベルティは、イタリア空軍の士官であったが、一九七七年に六〇歳で死亡している。アンドレアは第二次世界大戦で戦ったという。一家は、公式にはカトリック教徒であったが、モニカ・ジオベルティは、生まれ変わりを信じていた。モニカの母親は、予期せぬ死を予言することで、ある程度の名声を得ていた。一九七〇年代には、一家はフィレンツェで暮らしていた。ルイージの早期小児期については、母親が全腸炎と述べた病気に罹ったこと以外、注目すべき出来事があったとは聞いていない。母親によれば、ルイージは、この病気で死にかかったという。二歳の時には、脊髄性小児麻痺ワクチンを予防接種している。その後まもなく、視力に障害のあることがわかり、三歳の時から眼鏡をかけるようになった。

この頃、ルイージは、父親のように飛行士になりたいと言っていた。飛行機に強い関心を示し、飛行機の絵を描いた。母親によれば、ルイージは、内省的な子どもで、同年の子どもたちよりも物ごとを真剣に考えていたという。学校の教師たちは、本人の行動が同級生と比べておとなっぽく見えたと証言している。ルイージは、早期小児期には、前世の記憶を口にすることはなかった。

一一歳の頃、ルイージは、自分が乗った軍用機が撃墜されるという、悪夢的な夢を見た。その夢は、数カ月のうちに、繰り返し（おそらくは一〇回以上）起こった。他にもいくつか変わった夢を見たし、覚醒時にも、その飛行機が撃ち落とされるまでの出来事を、首尾一貫した形に織りなす一連のイメージも見ている。ルイージは、自分が、一九四三年から四四年にかけて起こったモンテ・カッシーノ攻防戦で、ドイツ軍の対空砲火によって撃墜された英軍パイロットだったと確信した。そして、自分の名前はジョン・グレアムだったと思ったのである。

ルイージの体験は、同じフィレンツェに住んでいた、私の友人ツォーエ・アラチェヴィッチの目に止まった。ツォーエとその夫は、ふたりともイタリア人で、夫のスラブ語名は、ダルマチア〔アドリア海の東側沿岸地方〕の祖先に由来するものである。ツォーエ・アラチェヴィッチは心霊主義者で、ヨーロッパ大陸のほとんどの心霊主義者と同じく、生まれ変わりを信じていた。一九七八年一月一五日付の私信で、ツォーエは私に、本例の要約を送ってくれた。本例は、中心人物が、夢に出て来た操縦士の姓名を明示している点で、重要な事例となる可能性があるように思われた。そこで私は、ルイージに手紙を書き、その夢とそれに関連する体験の詳細な報告を送ってくれるよう依頼した。ルイージは、一九七八年三月一六日付の長文の手紙で、それに返答してくれた。(ルイージは、その返信を英語で書いている。英語については、不完全ではあるが、十分な知識を持っていた。) 私との間で、私信が何度か交わされた。一九七八年も末になって、私はフィレンツェを訪問することができ、一二月三日、ルイージと母親に長時間にわたる面接を行なった。その間、ルイージ自身は(おそらくは内気のため)ほとんど話さなかったが、話す時は英語を使った。母親はイタリア語を話し、それをツォーエ・アラチェヴィッチが(面接の場となったツォーエのアパートで)私のためにフランス語に翻訳してくれた。

ルイージと母親を面接した時、ルイージは一九歳であった。当時、本人は、フィレンツェ近郊にある大学の天体物理学科の学生であった。弱視のため、飛行士になりたいという願望が潰《つい》えてしまったのである。

一九七九年にも私は、主として、ルイージの夢に出て来たイメージの要素と、覚醒状態で体験したイメージの要素とを区別するため、ルイージと何度か手紙のやりとりをした。

ルイージは、その英軍パイロットの姓名を明言しているので、英国国防省の記録にあたれば、それが事実かどうか確認できるのではないか、と考えた私は、国防省に問い合わせの手紙を出した。ところが、担当の職員は、ルイージの発言に対応する人物が存在したことは確認できなかったのである。私は、その否定的結果をルイージに伝えるのは、自分に課せられた義務と考え、それを実行した。その後、私はルイージから好意的な手紙を何通か受け取ったが、一九七九年の後半から私信のやりとりは絶えている。

ルイージの反復夢

次に引用するのは、ルイージが一九七八年三月一六日付の手紙に書いてきた最初の夢の報告である。

> ぼくは、損傷を受けた飛行機を操縦していましたが、その飛行機は、結局、墜落しました。操縦席から脱出する前に、飛行機の燃料タンクが爆発し、引火した燃料がぼくの顔にかかりました。……ぼくは、ぎくりとして目を覚ましました。完全に気が転倒していました。

この夢は、その後の三ヵ月の間に、九回か一〇回繰り返したという。ルイージは、最初の夢を見た時、一一歳であった。その後、一九七八年一〇月か一一月までは、この夢を見ることはなかった。長いブランクの後、なぜ二〇歳頃になってまた同じ夢を見たのかについては、本人から何も聞いていない。

中心となる夢の質的特徴　ルイージにとって、この夢は、現実の体験であったか、さもなければ、ルイージがその後考えたように、追体験であった。一九七九年三月二五日付の私信でルイージは、「ぼくは、そのパイロットの眼で［を通して］その場面を見ていました。外部の観察者としてそのパイロットを観察していたのではありません」と書いている。同じ手紙の中には、次のような記述もある。その飛行機が墜落した後、「ぼくは、熱と、灯油とガソリンのような燃料の臭いを、はっきり感じました。目だけが見えませんでした。感じられるものはすべて感じました。たぶん、これが、この問題で一番不快な点でしょう。……［今］こういうことを思い出すと、不安な気持になります」

根幹となる夢を見た後にルイージが体験した補足的イメージ

一九七八年三月一六日付の私信で、ルイージは、私が「根幹となる夢」と呼んだものについて述べた後、次のように続けている。

それから、このパイロットの生活の映像が〝見える〟ようになります。それは、［まるで］この若い英国人が主役になった映画を観ているようでした。……磁気嵐の時に起こる、無線の混信のようでした。この話［その飛行機の墜落］と完全にかけ離れたことを考えている間も、一連のことが突然、ぼくの頭を通り過ぎて、ぼくは他のこと［が］考えられませんでした。また、ぼくは、先生に読んでいただいたようには、一連の事実が見えたわけではありません。ぼくは、それぞれつながっていない出来事を思い出したので、すべての出来事をつなげてひとつの話にするまでには、大変な思いをしなければなりませんでした。この現象は、一年後には減少してきていました。それはたぶん、ぼくの勉強が、それまでよりも忙しくなったからでしょう。……それでも、先生に読んでいただいたことのほとんどは、ぼくがはっきり目覚めている時に思い出したものだということを、申しあげておかなければなりません。

この手紙に二回出てくる「先生に読んでいただいた」という言葉は、根幹となる夢を見た後に、ルイージが見たイメージについて書かれた部分——点線（「……」）で示した省略部——を指している。ルイージが書いているように、本人は、それぞれの出来事をつなぎ合わせて、以下に示すような経歴にまとめている。ただし、さほど重要ではない点は、私の判断でいくつか省略した。

その男性は、一九二〇年頃にグラスゴーで生まれた、ジョン・グレアムという名前のスコットランド人であった。長ずると、飛行士になり、空軍基地の近くのパブでウエートレスをしていた、アン・アーヴィン（あるいはアーヴィング）という名前のスコットランド女性と結婚した。ふたりは、ロンドンに出て、ヴィクトリア駅の近くに新居を構えた。ふたりの間には、子どもがひとりいた。戦闘機の操縦士として、バトル・オブ・ブリテンに（一九四〇年八月から一〇月まで）出撃した。その飛行機は、胴体にYLZというマークのあるスピットファイアーであった。アンと子どもは、ドイツ軍が投下した爆弾が自宅を直撃したため死亡した。このことで激しい怒りを覚えた本人は、ドイツの戦闘機と空中戦を演じた後、海上（おそらく英仏海峡）で救助活動をしていた（おそらくドイツ軍の）船に対して、故意に機銃掃射を加えた。この不法行為のため、軍法会議にかけられたが、それまでの勇敢な戦闘に免じて、無罪となったか、免責された。その後、ドイツ軍との戦闘のため、イタリアに送られた。一九四三年から四四年にかけてモンテ・カッシーノの周辺で起こった戦闘で、本人は、ドイツ軍の高射砲を破壊するという任務を帯び、スピットファイアー機に乗って出撃した。本人の操縦する戦闘機は、ドイツ軍の対空砲火により撃墜された。墜落する時、本人は、無線で部隊指揮官と交信することができた。

根幹となる夢の場合と同じく、その後に体験したイメージも、強い情動をともなっていた。ルイージは、次のように書いている(一九七八年六月七日付)。「……この出来事を見た時、ぼくは、中立的な観察者ではありませんでした。……危険な行為や特殊な戦闘を見れば、自分の心拍は速くなるし、拳を強く握りしめてしまうし、背中の筋肉がこわばってくるのがわかります」

ルイージは、一九七九年三月二五日付の私信で、最初の(自分が操縦する飛行機が撃墜された)夢が言うまでもなく最も重要ではあるが、それ以外にもいくつかの夢を見たと述べている。その後のイメージのほとんどは、私宛ての私信に書かれているように、覚醒状態で起こったと私は考えている。しかしながら、ふたつのイメージは夢の中に現れたという。本人の話では、ドイツ軍の空爆によって自宅が破壊されて妻子が死亡するというイメージは、夢で見たものだという。ルイージは、また、ドイツの戦闘機との空中戦の夢も何度か見たが、その細部が夢ごとに違うことに気づいたという。

ルイージが接しえた、また実際に参照した通常の情報源

ルイージの父親の職業が、第二次世界大戦中は終始イタリア空軍に所属した飛行士だったので、第二次世界大戦やその中で起こった、たとえばバトル・オブ・ブリテンやロンドン空襲、モンテ・カッ

シーノ周辺の攻防戦などの重大な出来事に関する通常の情報源は、ルイージのまわりに豊富に存在した。ルイージの幼少期に、本人がいるところで、このような戦時中の出来事が話題になったことは一度もない、と考えるのは難しいであろう。一家には、第二次世界大戦を扱った書籍やその記念となるものが、何点かあったに違いない。

こうした情報源が周囲にあったことに加えて、ルイージは、自分の夢や覚醒時のイメージの細部が事実かどうか確認しようとしたことを認めている。私は、ルイージがいつからその確認作業を始めたのかは把握していない。われわれが私信のやりとりを開始する何年か前から、ルイージがこの作業に積極的に取り組んでいたのは確かである。一九七七年にルイージは、スコットランドのグレアム氏族の色が（その情報源は意識の上ではわからないが）わかったと確信し、その絵を、色をつけて描いた。次いで、自分の絵が正確かどうかを、本人の言葉では「百科事典」を使って調べたという。[註40]

一九七八年六月、ルイージは、イタリアの『航空機の歴史 *Storia delle Aviazione*』という雑誌の第六七号を購入した。この雑誌は、主として第二次世界大戦の軍用機を扱ったものである。そこには、英国空軍のスピットファイアー戦闘機に関する詳細な情報が掲載されている。ルイージは、ジョン・グレアムとして、自分がこの戦闘機を操縦中に撃墜されたと確信していたのである。

ルイージは、自分の夢や覚醒時のイメージの報告が通常の知識によって汚染された可能性も——私見によれば、完全にではなく——ある程度ではあるが、自覚していた。一九七八年三月二五日付の私信で、ルイージは、「ぼくは、自分が感じたものと、この夢を解釈しようとして後で考えたことを、分離しようとしたことがありました」と書いている。（これは、根幹となる夢の報告について述べたものである。）

モニカ・ジオベルティによる補強証拠

モニカ・ジオベルティは、ルイージがその夢を見た後、すぐに話してくれたことを覚えていた。モニカの話では、それは、ルイージが一〇歳か一一歳の時だったという。自分が乗った飛行機が墜落したと思われる夢を物語る時、ルイージが強い情動を示したのを記憶していたのである。

モニカは、前世の妻子がふたりとも「ドイツ軍によって」ロンドンで殺された話をルイージから聞いたことも記憶していた。負傷したドイツ人を海中から助け上げようとしていた救助隊に機銃掃射を加えた、というルイージの話も覚えていた。

ルイージは、一一歳の頃、母親と一緒にカッシーノの近くを通った時、「ぼくが死んだところがある」と言ったという。

ルイージの体験の細部を独自に検証する

一九七八年の夏、私は、英国空軍の将校の記録を管理している英国国防省の部署（イングランドの

註40　I・モンクライフらの著書（Moncreiffe and Hicks, 1967）に掲げられているグレアム氏族のタータンの実例を参照すると、ルイージが描き出したタータンの色と、この「百科事典」に掲載されているタータンの色――主として緑と青に、黒と白が入っている――は正しいが、図案は両方ともまちがっている。

グロスター在）に手紙を書き、ジョン・グレアムという人物が実在したことが確認できるかどうか問い合わせた。私は、ルイージの夢と覚醒時のイメージに出てきた事柄を一部、その中に書いた。担当者の記録を調べてくれたが、ジョン・グレアムが存在した証拠は見つからなかった。その調査は、私には十分なものとは思われなかったため、エミリー・ケリー（当時の私の研究助手）がもう一度調査を依頼した。ケリーは、われわれが関心を寄せるジョン・グレアムが、イタリアのモンテ・カッシーノ近郊で撃ち落とされ、遺体は現地に埋葬されたかもしれないこともつけ加えた。その結果、今度は士官以外の階級も対象とされ、もう一度調査が行なわれた。国防省の担当者は、連邦戦没者委員会にも、ジョン・グレアムの実在の有無を照会してくれた。しかしながら、双方の調査とも、ジョン・グレアムの存在を突き止めることはできなかったのである。

解説

名前が明示された前世の人格が存在しえなかったことを証明できない場合は少なくないが、本例では、その証明ができたと思う。第二次世界大戦中の英国空軍には、ジョン・グレアムという名前のパイロットは存在しなかったのである。

したがって、ジョン・グレアムに関するルイージのイメージの大部分が、通常の情報源や空想に由来するという結論は避けられない。しかしながら、おそらく根幹となる夢は、別の情報源に、場合によっては前世に由来するものなのかもしれない。裏づけがないため、こうした原因を推測する以上のことはできない。しかしながら、この可能性を考慮に入れることは理にかなっているように思われる。

もしそれを拒絶するとすれば、なぜ一〇歳の少年が、戦闘中に撃墜された戦闘機のパイロットだったという一連の悪夢的な夢を突然に見たのか、という疑問が残るのである。

事例報告——その他

本例には、変わった特徴がふたつある。ひとつは、以下に引用する私信が、本人がそれが事実かどうかを確認しようとする前に書いた、中心人物の記憶の記録になっていることであり、もうひとつは、前世の人格が死亡する五週間ほど前に中心人物が生まれていること〔変則的生没日〕である。

ルプレヒト・シュルツ

本例の要約とその調査

ルプレヒト・シュルツは、一八八七年一〇月一九日に、ドイツの首都ベルリンで生まれた。父親は、カトリック教徒であったが、母親はプロテスタント教会（福音主義教会）に所属していた。しかしながら、ふたりは、生まれ変わりという考えかたを受け入れていたはずである。ルプレヒトが一〇歳の時、姉のローザが死亡した。数ヵ月後、母親は、明らかに似ていない双生児を生んだ。一方は、死んだ姉に——身体的にも気性的にも——非常によく似ていたため、両親は、この娘にローザという名

前をつけた。[註41]

ルプレヒト・シュルツは、書物によって知識を得ることにはほとんど関心がなかった。そのため、一八歳になった時、学校の卒業とともに、ひとりで実業界に飛び込んだ。二〇歳になった時には、既に二〇人以上の従業員を抱えていた。後にルプレヒト・シュルツが語ったところによれば、最初に洗濯物の貸出業を始めたのは本人なのだという。特に成功したのは、貸しおむつの配達を切望する、幼児を持つ母親たちを対象にした仕事であった。本人の会社は、最終的には従業員が二〇〇人にもなった。本人と妻は、六件の不動産と一件の広壮な別荘を所有していた。自家用車には専属の運転手もいた。ひとことで言えば、ふたりは裕福だったのである。ルプレヒト・シュルツは、自分が所属する地域社会の問題にも積極的に取り組んでいた。商業会議所の評議員や、地元選出のベルリン市議会議員にもなっていたのである。

一九三九年に、第二次世界大戦が始まった。その大戦中、連合国によるベルリン空襲で、ルプレヒト・シュルツの資産の多くは、損害を受けるか破壊された。戦後、ベルリンが西側と東側とに分割されたことで、本人はさらに大きな被害を蒙った。残された資産が略奪されてしまったのである。戦前、ルプレヒト・シュルツはベルリンを熱愛していたが、それからは、ベルリンの孤立を嫌うように

註41　これは、夭折した子ども（あるいは、家族の中で先立った者）が自分の家族として生まれ変わって来ることがあるという、一部のヨーロッパ人の間で昔から見られる信仰の実例である（Bergunder, 1994）。アレッサンドリーナ・サモナの事例（本書第2部〔四六―五四ページ〕）では、この信仰の事実性がある程度裏づけられたと言える。

なった。六八歳の時、ほとんど何も残っていない事業を精算し、フランクフルト（アム・マイン）に転居した。そしてそこで、一九六七年に八〇歳を目前にして死亡するのである。

幼少期のルプレヒト・シュルツは、叱られると、ピストル自殺を図るように見えるしぐさをする癖があった。このことについては、後ほど詳しく説明する。

事業が成功した結果、ふたつの大戦の間に、広く旅行することができ、トルコとイタリアを訪れた。それらの国で探索したいくつかの都市で、確認不能な、漠然とした前世の記憶をともなう既視感を体験したのである。

さらに明確な記憶は、一九四〇年代初頭に、本人が五〇代になるまで出現しなかった。その記憶の要点は次の通りである。本人は船に関係する実業家であったこと、古い金庫から取り出した会計簿を、事務所のある暗いビルで調べている自分の姿を見たこと、破産状態に陥って自殺したこと。この記憶には、真偽の確認が可能な項目が含まれている。ルプレヒト・シュルツは、手元の日記にその一部を書き留めておいた。それと同時に、その証言を秘書のイングリート・ヴォレンザッハに口述しているのである。イングリート・ヴォレンザッハは、それが事実かどうか確認するよう本人に勧め、さらにはそうするよう本人を説得した。ルプレヒト・シュルツは、それが可能かもしれないとは思ったが、戦争とその余波のおかげで、一九五〇年代になるまで、その確認作業に着手できなかった。

一九五二年五月と六月に、休暇の自由時間を使って、ようやく調査を開始した。自分が記憶していると思しき前世は、ドイツ北部の小さな港町で送ったのではないかと考えたルプレヒト・シュルツは、その条件を満たす七市の市役所に問い合わせの手紙を出した。ハンブルク、ブレーメン、キールの三都市は、大きすぎるとして最初から除外している。その結果、可能性がある場所として、リューベック、エムデン、フレンスブルク、ブレーマーハーフェン、ヴィルヘルムスハーフェン、ロストク、ヴィスマルという、比較的小さな七市が残された。そのうち、ヴィルヘルムスハーフェンが目指す港町なのではないかと考えたが、これら七市に加えて、ブレーメン、ハンブルク、キールの三都市にも念のため問い合わせを出した。自分の先祖を探し当てようとしていることを装いながら、自らの記憶に残された主な特徴を書き記し、一八八〇年代に生涯を送った男性に関する情報を求めたのである。ひとつの市を除いて、すべての市が、本人の問い合わせに否定的な回答を寄せた。しかしながら、ヴィルヘルムスハーフェンからは、ルプレヒト・シュルツが探し当てたかった人物らしき、船舶仲立人で材木商をしていた男性の生涯および（一八九〇年の）その自殺について概略が記された返信が届いたのである。

ヴィルヘルムスハーフェンからの第一信で、前世の人格と推定される人物の姓は、〝ゴール Kohl〟であることがわかった。ルプレヒト・シュルツには、〝ゴール〟という名前は少し違っていることがすぐにわかった。ヴィルヘルムスハーフェンから届いた第二信（一九五二年九月一一日付）は、その名前を〝ゴーラー Kohler〟に訂正してきた。市の担当者は、ヘルムート・コーラーの存命中の息子の名前（ルートヴィッヒ・コーラー）および住所を、この書簡に付記していた。

ルートヴィッヒ・コーラーという名前と住所を知らされてまもなく、ルプレヒト・シュルツは一九五二年九月一七日付で、そのルートヴィッヒ・コーラーに宛てて手紙を出した。最初に、見ず知らずの他人が家族の私生活に押し入ることの非礼を詫びた後、自分の記憶を書き記し、ルートヴィッヒ・コーラーに、父親の生涯の出来事と死の状況と一致するかどうかを尋ねたのである。幸いにも、ルートヴィッヒは、ていねいな返信（一九五二年九月二二日付）を寄せ、その中で、ルプレヒト・シュルツの記憶は自分の父親が死亡するまでの出来事と一致することを認めた。このヘルムート・コーラーという男性は、材木商で船舶仲立人であったが、製材所の大型鋸《のこぎり》の操作もしていた。ヘルムートは材木を輸入し、それを自分の製材所で加工したうえで、販売していたのである。一八八七年に、挽材《ひきざい》の投機的購入をしたが、見込みを誤り、多額の損失を出しそうになった。そこで、会計係と共謀して、その記録を変造したが、恐怖に脅えた会計係は、手元の現金を持ち逃げしてしまった。ヘルムート・コーラーは、そこで怖じ気づき、ピストル自殺したのである。

ルプレヒト・シュルツとルートヴィッヒ・コーラーは、一九五二年の秋に何度か手紙をやりとりした。しかしながら、しばらく対面することはなかった。一九五六年一〇月、ルプレヒト・シュルツは、生まれて初めてヴィルヘルムスハーフェンを訪れて対面を果たした。一九五六年初頭、『ブライディ・マーフィーを探し求めて *The Search of Bridey Murphy*』（Bernstein, 1956/1965〔邦訳『第二の記憶』、光文社〕）という著書が（他の国々と同じく）ドイツでも出版され、人々を興奮の渦に巻き込んだ。トラウデ・フォン・フッテンの事例報告で述べておいたように、ドイツの『ダス・ノイエ・ブラット』紙が、前世の記憶らしきものの個人的報告を読者から募集した。その結果、「数百件の応募」があったが、編集者たちは、トラウデ・フォン・フッテンとルプレヒト・シュルツの事例のみを、同紙に掲載する価値があると判断した。そして、フランクフルトにルプレヒト・シュルツを、ヴィルヘルムスハーフェンにルートヴィッヒ・コーラーをインタビューするため、それぞれ特派員を派遣した後、ルプレヒト・シュルツの事例報告だけを掲載することに決めた。
『ダス・ノイエ・ブラット』紙に掲載された記事は、フライブルクにある心理学・心理衛生学境界状態研究所所長のハンス・ベンダー博士の注目を引いた。一九六〇年八月、ベンダーはルプレヒト・シュルツと対面し、面接を行なった。ベンダーはまた、ルプレヒト・シュルツが保存していた、手紙やノート類などのさまざまな資料を借り出し写しをとった。ベンダーは、それを私に回してくれたので、私もその写しをとっている。一九六〇年、カール・ミュラー博士がルプレヒト・シュルツに面接し、関係文書の一部の写しを入手した。ミュラーも、本例について私に知らせてくれたうえ、手元にあるいくつかの文書を写させてくれた。

私は、一九六四年五月二日にフランクフルトに出かけ、ルプレヒト・シュルツおよび妻のエマと長時間にわたる面接をした。その後、私は、本人が亡くなるまで、私信のやりとりを続けた。その後、私は、一九七〇年一二月八日に、ボンに住む娘の近くに転居していたエマ・シュルツと再対面した。また、その娘とも短時間の面接をしている。エマ・シュルツが、自ら保管していた原本の一部を私に見せてくれたおかげで、私の手元の写しと比較することができた。また、エマ・シュルツは、ヴィルヘルムスハーフェンのコーラー家の住所も教えてくれた。

そうこうするうち、ルートヴィッヒ・コーラーが死亡した。他にも関連情報がほしい私は、息子のエルンスト・コーラーに手紙を書いた。エルンストは、好意的な返信を寄せた。その後、何度か私信を交わしてから、私は、エルンストと姉のゲルトルートのふたりに会う手はずを整えた。その対面は、一九七一年一〇月一五日に、エムデンにあるゲルトルートの自宅で実現した。ゲルトルートは一九一〇年に、エルンストは一九一五年に生まれていた。驚くにはあたらないが、ふたりは本例について新たな情報は持っていなかった。ふたりが語った内容の一部は、かつての父親の発言と一致しなかった。その食い違いについては、後ほど検討する。

ヘルムート・コーラーが死亡した日付とルプレヒト・シュルツが生まれた日付は、本例で特に重要な部分である。本例は、われわれが〝変則的生没日〟と呼ぶ一例である。私が知った生没年月日が正確かどうかを確認するため、ヴィルヘルムスハーフェンとベルリンの戸籍登記所に問い合わせた。ルプレヒト・シュルツが誕生した地区は、一九七〇年代には東ベルリンと呼ばれていた。私は、西ベルリン市役所の協力を求めたところ、親切にも、東ベルリン市役所と連絡をとり合い、それを調べてくれた。そして、ルプレヒト・シュルツの出生証明書の写しを私のために取り寄せてくれたのである。

他にも、本例の調査に役立ったことで、ここで述べておく価値のあることがふたつある。ひとつは、ミュラー博士とイングリート・ヴォレンザッハとの間で手紙のやりとりがあったことである。イングリート・ヴォレンザッハは、先述のように、一九四〇年代にルプレヒト・シュルツのもとで、事務員として働いていた女性である。その頃に、ルプレヒト・シュルツが記憶を蘇らせたのである。(ルプレヒト・シュルツの日記は、ベルリン空襲の際に失われていた。)もうひとつは、一九五二年の春に、ルプレヒト・シュルツがいくつかの港町に問い合わせを出し、ヴィルヘルムスハーフェンから最初の返信を受け取ることになるわけであるが、一九五二年八月一日付の文書は、ルートヴィッヒ・コーラーとまだ連絡をとり合っていない段階で書き留めた、本人の記憶の記録だということである。

ルプレヒト・シュルツが記憶を蘇らせた状況

ルプレヒト・シュルツは、一九六〇年八月に、ベンダー博士に次のように（録音テープの中で）語っている。

それ［その記憶］は、戦時中に［第二次世界大戦のこと。ルプレヒト・シュルツは、別のところで、この年を一九四二年から四三年としている］ベルリンが空襲に遭った頃に、たまたま出て来たんです。七〇〇回も空襲警報が鳴りました。いつも空襲があったわけではないんですが、かなりあったのは事実です。私どもは毎晩、［どこかから出火した場合に警報を出す］当番でした。私は日記をつけておりました。禁止されてたんですがね。寝ずの番が順番でまわってきました。土曜日にはいつも自分の仕事をしていたので、私は、土曜日の夜から月曜日の朝まで、いつも寝ずの番をしました。私の仕事場はブライテン通りにありました。旧ベルリン宮殿の向かいです。その建物は、三〇年戦争［一六一八年―四八年］の頃のもので、歴史的建造物の指定を受けていました。長椅子で横になることもできましたが、服を着たままで、警戒を怠らないようにしていなければなりませんでした。（これは、誰にでも課せられる義務というわけではありませんでした。）そういう［寝ずの番をしている］時は、いつも、その週に後まわしになっていた自分の仕事を、何とか片づけようとしたものでした。……先ほども申しましたが、その建物は、伝奇物語にも出てきそうな年代物でした。ですから、金庫も昔のものでした。保安という点から、おおっぴらに置いてあるのではなく、廊下のようになったところにちょっと隠してありました。そこは、薄暗くなっています。それで、私はいつもこの金庫のところへ行き、会計簿を取り出し〔調べ〕ました。それが、すべての始まりだったのです。会計簿を見れば、業務がどういうふうに処理されてきたかがわかる、という考えが浮かびました。それからは、金庫のところへ行って、会計簿を取り出すたびに、「おまえは、前にもこういう状況に置かれていた。では、その〔昔の〕状況とは何なのだ」と思うようになりました。その思いはだんだん強くなって、ある時——夢うつつとか眠いという状態ではありませんでしたが——何かの形のようなものが私の目の前に出て来ました。その時、自分がどういう格好をしているか見ることができたのです。私は、ハイカラーの正装をしていました。特別の日で、ある式典から帰って来たのです。私の事業はおしまいでした。使用人が、金を持ち逃げしてしまったのです。——横領して行方をくらましたのでした。それから私は、座って会計簿を見て、お先真っ暗なことがわかりました。すべてが終わったのです。その後、ひとりで部屋にいて、右のこめかみに拳銃を当てて引き金を引きました。先生方は、こういうイメージを透視と呼んでおられるのでしょうが、私には、これは記憶なのです。

別の（一九六〇年六月八日付）発言の中で、ルプレヒト・シュルツは、一九四二年から四三年にかけて自分が置かれていた状況と、前世の状況とが似ていた点を強調している。次の通りである。

前の時の状況は、私が当時置かれていた状況に似ていました。金庫は同じような場所にありましたし、会計簿も似てました。

一九六四年五月二日、私は、フランクフルトでルプレヒト・シュルツ夫妻に会った時、次のように記録している。

RS〔ルプレヒト・シュルツ〕に初めてその記憶が出るようになった時、漠然としていてはっきりしなかった。しかし、何週間か経つうち、次第にはっきりしてきた。その記憶は、日曜日に本人が事務所で寝ずの番をしていた時以外、出たことはない。記憶が出る時は、完全に覚醒していた。本人は、記憶する状況に沿った感情も体験している。その記憶を、投影された幻としてではなく、内的イメージとして見ていた。

ルプレヒト・シュルツが、その事実性が確認される前に書き記した証言や発言の証拠

先述のように、ルプレヒト・シュルツは、一九五二年春に休暇の空き時間を使って、ドイツ北部の港町に問い合わせの手紙を出した。本人の記憶が最初に書き留められた、われわれの手元にある記録は、名前がわからない先祖について調べていることを装って出した問い合わせの手紙に記されたものである。ヴィルヘルムスハーフェンの市役所に宛てて出された（一九五二年五月三〇日付の）その書簡には、次のように書かれている。

家族史の欠けた部分を埋め合わせたく、私どもの先祖と申しますか、今は亡きある親族につきまして、これまでわかっている以上のことを探り出そうとしております。……その先祖は男性で、一八七〇年か、あるいはもう少し前から一八八五年までの間に亡くなっているようです。ドイツの港町で暮らしていて、回漕業ないし海運業か、それに近いような仕事に関係していました。四〇歳くらいでした。何か祝賀会のようなものから帰宅した後、経済的な窮迫状態のためピストル自殺しました。

ヴィルヘルムスハーフェンから最初に届いた返信には、ルプレヒト・シュルツが突き止めようとしていた人物は、一八九〇年に自殺した、船舶仲買人で挽材商であったコールという名前の男性かもしれないと書かれていた。

ルプレヒト・シュルツは、ヴィルヘルムスハーフェンにもう一度手紙を書き、コールという挽材商について詳しいことを教えてほしいと頼んだ。ルプレヒト・シュルツは、この返信を受け取るより前の一九五二年八月一日に、自分の記憶を記録している。この記録には、既に列挙した項目以上のものはほとんど含まれていないので、ここでは引用しない。とはいえ、そこには、本人がかつての自分と考える男性が、自殺した時に身につけていた正装について、フロックコートを着て白の硬いカラーをつけていたことなどが書かれていた。また、前世は、大きな港町ではなく、小さな港町で送ったと思うとも記されていた。(この記録が書かれた時点では、一九世紀に自殺した、ヴィルヘルムスハーフェンの船舶仲買人がいることを既に知っていた。）
ヴィルヘルムスハーフェンの市当局から届いた次の（一九五二年九月一一日付）返信には、この挽材商のヘルムート・コーラーという姓名と、その存命中の息子ルートヴィッヒの住所が記されていた。ルプレヒト・シュルツは、すぐにルートヴィッヒ・コーラーに宛てて手紙を書いた。一九五二年九月一七日付のその手紙には、次のように書かれている。

ずっと昔から、私にははっきりしたイメージがありました。自分が［前世で］どういうわけか造船や回漕に関係があり、拳銃で自殺したということもわかりました。私は、人生の盛りにいました。［この生涯を送った］場所については、古い小さな、あるいは中規模の港町だったことがわかっていました。その後、もっとはっきりと、その港町は、ヴィルヘルムスハーフェンだと感じられました。また、その［昔の私である］男性は、大昔の家に住んでいたようです。その家には小さな部屋があり、そこに、重要書類や会計簿や、たぶん、いくばくかの現金が入った収納箱というか、金庫か書類棚のようなものが置かれていました。その［昔の私である］人物は、何か重要な集まりから、あるいは非常に重要な催しから帰って来たばかりの感じで、その時代に流行した黒っぽい服を着ていました。そういう出来事——その［昔の私である］人物の自殺——があった時期ですが、一八八五年頃だったのではないかという感じがしております。

一九六〇年、ミュラー博士は、かつてルプレヒト・シュルツのもとで事務員として働いていたイングリート・ヴォレンザッハに問い合わせの手紙を出した。当時、イングリートはまだベルリンに住んでいた。ミュラーは、イングリートから、一九六〇年九月二四日付と九月三〇日付の二通の手紙を受け取った。イングリートの最初の返信には、次のような文面があった。

……お手紙に書かれている出来事について、まだ覚えておりますことを喜んでお話ししたいと存じます。

シュルツさんが、ヴィルヘルムスハーフェンのような小さな港町で起こった出来事を話してらしたことは覚えております。[註42] ハンブルクのように、大きい港町ではなかったのは確かです。休日というお話も記憶しております。その関係で、そういう時に着る服について話しておりましたので。

一九五二年八月一日の記録の中で、シュルツさんは、前世ではひとりで事務所にいたとおっしゃっていますが、それに関連して申しあげておきたいことがございます。シュルツさんはいつも、日曜日や祝日もそうですが――みなさんが帰られた後に――事務所でひとりで仕事をなさっていたのです。

二通目の返信には、次のように書かれていた。

ルプレヒト・シュルツさんの記憶についてのお問い合わせの件ですが、そのことについてもう一度考えてみました。次に、私が覚えていることをいくつか申しあげます。

木材を扱う仕事に関係があるというお話でした。その〔記憶に登場する〕方は、何か特別な祝日に、ひとりで事務所にいて、会計簿を調べ、信頼できない使用人にだまされていたのに気がつきました。その結果、倒産のおそれが大きくなりました。私の記憶が正しければ、机にしまってあった拳銃の話が出てきて、それで自殺をなさったということでした。

ずいぶん昔のそういう細かいことを、どうして覚えていられたのか、という疑問がおありになるかもしれません。それはそうなのですが、シュルツさんの場合、ただ口述して、それを私がタイプするというのではありませんでした。この場合、シュルツさんがこのことについて私と前にお話ししたことがあって、後で、もう一度このことをふたりで話したわけです。

ルプレヒト・シュルツの発言の確認

ルプレヒト・シュルツの〔一九五二年五月三〇日付〕問い合わせに対して、ヴィルヘルムスハーフェンの市当局から届いた最初の返信は、一九五二年七月二四日付になっている。それによれば、ルプレ

註42　カール・ミュラー博士は、イングリート・ヴォレンザッハに出した手紙で、ルプレヒト・シュルツがヴィルヘルムスハーフェン港の名前を口にしていたかどうかを、先に問い合わせていた。

ヒト・シュルツが突き止めようとしていた人物は、「一八九〇年に自殺した、船舶仲買人で材木商であったコールという名前の男性」かもしれないということであった。

ヴィルヘルムスハーフェンからの第二信は、一九五二年九月一一日付であり、ある程度正確で、それまでより明確な情報が記されていた。そこには、ヘルムート・コーラーという姓名が明記され、材木商のこの男性が、自分の製材所で大型鋸の操作も行なっていたことが書かれていた。また、一八八七年の一二月二三日（この日付は誤り〔四六四ページ参照〕）に、五四歳〔実際は五三歳〕で拳銃自殺したことも記されていた。この書簡には、ヘルムート・コーラーという名前と、その息子ルートヴィッヒのヴィルヘルムスハーフェン市内の住所が付記されていた。

この情報をもとに、ルプレヒト・シュルツは、ルートヴィッヒ・コーラーに、一九五二年九月一七日付で問い合わせの手紙を出した。この手紙の関連部分は、先に掲げておいた。ルートヴィッヒ・コーラーは、ルプレヒト・シュルツの照会に対して、九月二一日付ですぐに返信を寄せた。まず、自分たちの私生活の委細を打ち明けるのはつらいことだと前置きした後、その問題がルプレヒト・シュルツにとって重要なことはわかっているので、その要望に応えなければならないと思うと述べている。また、問題の出来事が起こった時には、自分はまだほんの子どもだった、とも記している。（ルートヴィッヒ・コーラーは一八七五年生まれなので、父親が自殺した時には一二歳であった。）ルートヴィッヒ・コーラーの返信は、次のように続く。

私の父ヘルムート・コーラーは、材木の取引や製材所の経営などを含め、ヴィルヘルムスハーフェンで手広く事業をしていました。私どもの住まいは、フリードリッヒ通り二五番地にありましたが、その右隣が事務所の入っていた一階建てのビルでした。このビルは北向きで、小さな窓が並んでいるだけでしたので、中はいつも暗い状態でした。ひとつの部屋の隅に、少々年代物の金庫がありました。これがお手紙でおっしゃられたものです。その中には、お金と何冊かの会計簿、それに銭箱と重要書類が保管されていました。父は、ふだんは黒っぽい服を着ており、外出する時にはいつも、シルクハットをかぶりました。

ダンツィヒやケーニヒスベルクやメーメルから、特にノルウェーやスウェーデン、フィンランド、ロシア、アメリカから、船で材木を輸入しておりました。一八八八年[註43]に、父は、これから輸入関税が上がると思い込み、異常に大量の材木を外国から買いつけました。残念ながら、この思惑買いは失敗でした。材木の価額は下がり、輸入関税よりもはるかに高いものについたからです。そのため父は、支払い困難に陥りました。この危機状況を乗り切るため、父の〝右腕〟で、父が全幅の信頼を寄せていた会計係と、海外取引の記録簿を偽造することで話をつけました。ふたりは、為替相場が下がれば、この窮地を脱することができると思ったのです。しかし、そうは問屋が卸しませんでした。会計係は、自分が逮捕されるのではないかと不安になり、会社の相当額の現金を、アメリカに持ち逃げしてしまったのです。今度は、父が完全にパニックに陥り、懺

註43　ルートヴィッヒ・コーラーは、父親が死亡した年を一年遅く記している。

悔と祈りの日[註44]に自殺しました。会社は、破産宣言せざるをえませんでした。とはいえ、実際にはそれは必要なかったのです。建物や製材所、手持ちの材木は、すべて競売にかけられましたが、それで債権者の方々全員の負債が完済できたからです。

ルプレヒト・シュルツは、一九五二年九月二六日付の手紙で、九月二一日付の返信がおおいに参考になったとして、ルートヴィッヒ・コーラーに謝意を述べた後、ルートヴィッヒの父親は「右のこめかみと心臓のどちら」を撃って自殺したのかを質《ただ》した。それに対して、ルートヴィッヒ・コーラーは、九月三〇日付の返信で、父親が頭を撃ったということしかわからないと答えている。

表2は、ルプレヒト・シュルツが自ら書き留めたか、あるいは事実と確認される前に事務員に話した証拠がある、裏づけの得られた項目をすべてまとめたものである。

ルプレヒト・シュルツがヴィルヘルムスハーフェンのコーラー家を訪問する

一九五六年一〇月、ルプレヒト・シュルツ夫妻は、ヴィルヘルムスハーフェンに出向き、ルートヴィッヒ・コーラーと対面した。ヴィルヘルムスハーフェンは、戦時中の空襲によって、かなりの被害を蒙っていた。ルプレヒト・シュルツは、市庁舎と古いアーケード街に見覚えがあると思った。たくさんの学童と一緒に映っている写真を見て、その中にいる、ヘルムート・コーラーの息子たちを見分けることができるのに気づいたが、ヘルムート・コーラーの娘はわからなかった。ルプレヒト・シュルツが見分けたという事柄について、われわれはその裏づけを得ているわけではない。

ルプレヒト・シュルツは、以前にヴィルヘルムスハーフェンを知らなかったこと

ルートヴィッヒ・コーラーに宛てた一九五二年九月一七日付の私信で、ルプレヒト・シュルツは、次のように述べている。

私は、ヴィルヘルムスハーフェンには、これまで一度も行ったことがありません。ヴィルヘルムスハーフェンと関係のある親戚その他は、今も昔もおりません。行きたい気持があったにもかかわらず、一度も出かけていないのは、ヒトラーの時代にもその後にも、旅行するのが難しかったためと、自分の仕事が重荷になっていたためです。

ルプレヒト・シュルツを、ヴィルヘルムスハーフェンに向かわせた〝関心〟は、その街で生きて死んだという確信にのみ基づいていた。それ以外の点では、ベルリンから北西に三七〇キロほど離れた北海の入り江にあるこの街には、何の関心もなかったのである。

註44　ドイツ語では、この祝日は「懺悔と祈り」を意味するブス・ウント・ベタークと呼ばれる。この祝日は、一一月の中旬以降の水曜日である。一八八七年は、一一月一六日がその日にあたっていた。

表2 ルプレヒト・シュルツが記憶していた項目のまとめ

項目	情報提供者	事実であることの確言	解説
1 本人の仕事は、船に関係があった。	R・シュルツからL・コーラー宛て1952年9月17日付書簡、R・シュルツからヴィルヘルムスハーフェン市役所宛ての52年5月30日付書簡	ヴィルヘルムスハーフェン市役所からの52年7月24日付書簡、L・コーラーからR・シュルツ宛ての52年9月21日付書簡	
2 本人の仕事は、材木に関係があった。	I・ヴォレンザッハからK・ミュラー宛ての60年9月30日付書簡	L・コーラーからR・シュルツ宛ての52年9月21日付書簡	
3 本人は、小さなあるいは中規模の港町に住んでいた。その中では、ヴィルヘルムスハーフェンが一番ありそう。	R・シュルツからL・コーラー宛ての52年9月17日付書簡	L・コーラーからR・シュルツ宛ての52年9月21日付書簡	R・シュルツは、ヴィルヘルムスハーフェンからの52年7月24日付返信で、同市に住み、材木を商う仕事をしていたコール(ママ)という名前の男性が、自殺したことを既に知っていた。 R・シュルツからヴィルヘルムスハーフェン市役所宛ての52年5月30日付書簡では、その規模にはふれていないが、ドイツの港町のことを書いている。
4 本人は昔風の住宅を所有していた。	R・シュルツからL・コーラー宛ての52年9月17日付書簡	解説参照	エルンスト・コーラーは、住宅自体は現代に近い造り(1887年)だが、古い建造物に囲まれていたと私に話した。 住居に隣接した、事務所として使われ、金庫が置かれていた比較的小さな建物は、窓は小さく内部は暗いとL・コーラーが語ったことから、古い建造物であったのはまちがいない。
5 本人は年代物の金庫を所有していた。	52年8月1日付のR・シュルツの記録	L・コーラーからR・シュルツ宛ての52年9月21日付書簡	
6 本人は、書類、会計簿、現金を金庫に保管していた。	R・シュルツからL・コーラー宛ての52年9月17日付書簡	L・コーラーからR・シュルツ宛ての52年9月21日付書簡	
7 金庫は、かなり暗い小部屋に置かれていた。	R・シュルツからL・コーラー宛ての52年9月17日付書簡	L・コーラーからR・シュルツ宛ての52年9月21日付書簡	金庫は、暗い部屋の片隅に置かれていた。

8 本人は金庫のところへ行き、会計簿を取り出して調べ、破産することを知った。	52年8月1日付のR・シュルツの記録	はっきり確認されてはいないが、L・コーラーからR・シュルツ宛ての52年9月21日付書簡からそれが推定できる。	R・シュルツからヴィルヘルムスハーフェン市役所宛ての第一信には、「経済的な窮迫状態」としか述べられていなかった。
9 本人は、信頼できない使用人に裏切られ、破産を余儀なくされた。	K・ミュラー宛てのI・ヴォレンザッハからの60年9月24日付書簡	L・コーラーからR・シュルツ宛ての52年9月21日付書簡	
10 本人は、自分の右こめかみを撃った。	52年8月1日付のR・シュルツの記録	一部正しい。L・コーラーからR・シュルツ宛ての52年9月21日付書簡	L・コーラーは、父親が頭部を撃ったことを知っていたが、どの部位かは知らなかった。
11 本人がピストル自殺を図った当日、何か重要な式典に列席した。	R・シュルツからL・コーラー宛ての52年9月17日付書簡、R・シュルツからヴィルヘルムスハーフェン市役所宛ての52年5月30日付書簡、I・ヴォレンザッハからK・ミュラー宛ての60年9月30日付書簡	L・コーラーからR・シュルツ宛ての52年9月21日付書簡	その日は、「贖罪と祈りの日」だった。
12 自殺を図った時、本人はまだ、出席した公式行事にふさわしい服装をしていた。燕尾服と硬い白いカラーをつけていた。	52年8月1日付のR・シュルツの記録	たぶんそうだが、別個に確認されてはいない。解説参照	私の手元にあるH・コーラーの写真では、本人は硬い白いカラーをつけ、黒の正装をしている。 R・シュルツによれば、ヴィルヘルムスハーフェンで会った時、R・コーラーは、それが事実であることを確証してくれたという。
13 本人は、黒っぽい服装をしていた。	R・シュルツからL・コーラー宛ての52年9月17日付書簡	L・コーラーからR・シュルツ宛ての52年9月21日付書簡	
14 その自殺は1885年頃に起こった。	R・シュルツからL・コーラー宛ての52年9月17日付書簡	H・コーラーは1887年11月23日に死んだ。 本人は、自殺を図ってから1週間ほど生存していた。	ヴィルヘルムスハーフェン市役所宛ての52年5月30日付書簡で、R・シュルツは、死亡年を1870年から1885年までの間としていた。R・シュルツが9月17日にコーラー宛てに書簡を出す以前に、ヴィルヘルムスハーフェン市役所から、死亡年が1887年であることを知らされた。
15 本人は、人生の絶頂期で、おそらく40歳くらいだった。	R・シュルツからL・コーラー宛ての52年9月17日付書簡、52年8月1日付のR・シュルツの記録	解説参照	ヘルムート・コーラーの死亡証明書には、享年が53歳と記されている。

ヘルムート・コーラーに関する他の伝記的情報

私は、面接の中で、また私が目を通すことができた文書から、ルートヴィッヒ・コーラーがルプレヒト・シュルツに宛てて出した、先に引用した書簡に含まれる細目に加えて、ヘルムート・コーラーの生涯について、いくつかの点を知ることができた。

ヘルムート・コーラーは、一八三四年一月七日にヴィルヘルムスハーフェンで生まれた。いとこと結婚し、少なくとも三人（二男一女）の子どもを作っている。その次男にあたるルートヴィッヒ・コーラーは、一八七五年五月九日に、やはりヴィルヘルムスハーフェンで生まれている。

一八八七年当時、ヴィルヘルムスハーフェンには、新聞は『ヴィルヘルムスハーフェン新聞』の一紙しか存在しなかった。一八八七年一一月二四日付の同紙に、ヘルムート・コーラーの死を「突然で意外」とする、短い訃報が載っているが、死因については何も書かれていない。

ルプレヒト・シュルツは、ヴィルヘルムスハーフェンの最初の（私が思うにただ一度の）訪問から帰った後、訪問中に判明したことをまとめて記録している。ルプレヒトは、おそらくルートヴィッヒ・コーラーから、次のようなことを教えられたのであろう。「懺悔と祈りの日に、一家全員で（福音主義）教会に行った。それから、自宅で一緒に昼食をとった。突然、ヘルムート・コーラーが立ち上がって自分の事務所に行き、拳銃で自殺した。これは、午後二時から三時までの間だった」

ヘルムート・コーラーの孫たちによる証言の食い違い

ゲルトルート・コーラー・シュミットとエルンスト・コーラーというヘルムート・コーラーのふたりの孫は、それぞれ一九一〇年と一九一五年に生まれている。ふたりは、ルプレヒト・シュルツと私信をやりとりする中で父親が述べたふたつの事柄について、意見を異にしている。

ひとつは、ヘルムート・コーラーが死亡した建物が、古い建造物に囲まれてはいたが、古風なものではなく、より現代風であったと述べたことである。しかしながら、ヘルムート・コーラーが金庫を置いていた、事務所として使っていた、棟続きの小さいほうの建物は、まちがいなく古いものだったと思う。それは、ルートヴィッヒ・コーラーが、その建物のことを、小さな窓が並んでいて、いつも中が暗かったと述べているからである。

もうひとつは、このふたりが、祖父の記録簿変造を否定したことである。ゲルトルート・コーラー・シュミットは、祖父の自殺は一家にとって不名誉な出来事であったため、その事件を叔母から聞かされたのはゲルトルートが二〇歳頃になってからだという。それでは、祖父の死から四〇年以上も後であることになる。

解説　ルートヴィッヒ・コーラーは、父親が不正行為をしようとしたことが事実ではなかったとしたら、話を捏造する必要はなかった。それゆえ、私は、ルートヴィッヒ・コーラーの妹（ゲルトルートの叔母）が祖父の不正行為という恥ずべき事実をゲルトルートに隠していたのではないかと思う。

生没年の問題

ルプレヒト・シュルツは、一八八七年一〇月一九日にベルリンで生まれた。私は、本人の出生証明書の写しを持っている。

私は、ヘルムート・コーラーの死亡証明書の複写も持っている。ヘルムートは、ヴィルヘルムスハーフェンで一八八七年一一月二三日に死亡している。この死亡年月日が正しいことは、『ヴィルヘルムスハーフェン新聞』の一八八七年一一月二四日号に掲載された死亡欄の複写で確認している。その記事には、その死が、「昨日、突然で意外」な形で起こったことが明記されているのである。

ヘルムート・コーラーは、拳銃で自殺を図ってから一週間ほど生存していたはずである。一八八七年の懺悔と祈りの日は、一一月一六日の水曜日だったからである。

したがって、ルプレヒト・シュルツが生まれてからヘルムート・コーラーが死ぬまでの時間的間隔は、五週間ほどになる。[註45]

ルプレヒト・シュルツの行動に関する情報

解説 ルプレヒト・シュルツは、子どもの頃、自分が落ち込んだり叱られたりした時にはいつでも、人差し指を伸ばして、手で拳銃の形を作ったのを覚えていた。そして、いつもその人差し指をこめかみに当て、「ぼくを撃つぞ」と言うのであった。本人は、このしぐさをあまりに頻繁に繰り返したため、母親は悩み心配した。それを、何らかの不幸が将来起こる前兆と考えた母親は、本人にその習癖を繰り返すのを禁じた。

年少の頃から、ルプレヒト・シュルツは、回転式拳銃《リボルバー》に魅せられた。他の武器に対してよりも、はるかに強い関心を寄せていたのである。にもかかわらず、実際に回転式拳銃を手にすることは自分にとって不快なことを知っていた。

ルプレヒト・シュルツは、若い頃から、船舶やそれによる輸送に対する強い関心も口にしていた。また、船の模型や写真の収集もしていた。この関心は、小さな川がひと筋流れているだけの内陸都市ベルリンの活気に刺激を受けて起こったものではありえない。

ルプレヒト・シュルツは、(一九六四年五月二六日付の私宛ての私信で) 会計という点では極端に注意深く、損失の恐れがあるように見える状況は避けると述べている。親族や友人の間では、〝用心の虫〟として通っていた。本人は、この傾向を、前世で危険を冒して見込み違いをした時に起こった財政難に由来すると考えていた。

ルプレヒト・シュルツの自殺に対する態度

前世での自殺について、ルプレヒト・シュルツは、後悔もしていなかったが、賛成もしていなかっ

註45　生没年月日が前後している事例の中心人物は、他にも、ジャスビール・シン、チャオクン・ラジスタジャルン、スムリティ・カナ・クンダ、スドヒール・ラストギ、マンジュ・バルガヴァがある。

た。しかしながら、状況によっては、自殺も合理的な解決策になると考えており、第二次世界大戦中のドイツのおぞましき状況は、時として自殺の正当な理由になると話していた。それは、耐え難い状況から逃れる手段になりうるというのである。

本例に関係する成人たちの態度

ルプレヒト・シュルツは、コーラー家の事情を世間に晒《さら》すべきではないという、本人と私信を交わし始めた頃にルートヴィッヒ・コーラーが表明した要請を理解し、それに同感した。そのため、ルプレヒト・シュルツが『ダス・ノイエ・ブラット』紙の募集に応えて、同紙に自分の体験を書き送り、取材にも応じた時、ルートヴィッヒ・コーラーは憤慨した。同紙は、ファーストネームを（私が使っているものとは違う）仮名にして、コーラーという名前を用いてその文章を掲載したが、それでもコーラーのいら立ちは治まらなかった。ルプレヒト・シュルツは、自らの体験をきわもの的に扱おうとするマスコミに対しては、自分でも少々不快な思いを味わった。『ダス・ノイエ・ブラット』紙の他にも、少なくとも一紙と一グラフ誌とが、本例の報告を掲載した。

ルプレヒト・シュルツは、自分の体験を利己的な目的で使おうとしたことはない。『ダス・ノイエ・ブラット』紙で本例の報告を読んだり、他の情報源を通じてその存在を知ったという人たちから寄せられた質問に答えていたし、公開講演も一、二回行なった。さらには、ハンス・ベンダー教授やカール・ミュラー博士や私のような真剣な研究者に対する協力もしている。私の知る限り、本人が金銭的な利益を得たことはないし、自分の体験がマスコミで公表されたことにより世間から受けた注目も、ごく一時的なものにすぎなかったのである。

前世を想起するための、ルプレヒト・シュルツの手法

一九五九年六月二四日付のミュラー博士宛ての私信で、ルプレヒト・シュルツは、前世を想起するための一種の手法を概説している。それによれば、想起するには次のような三要素を同時に満たす必要があるという。

イ　人は、地震計のように、並はずれて感受性が鋭くなければならない。しかし、〝神経のかたまり〟のように、簡単に動揺してしまうようであってはならない。

ロ　前世で、〝内的自己〟に不快な影響を残す、何らかの変わった出来事が起こっていなければならない。

ハ　現世で、前世の記憶を解き放つ場所や物品や出来事に、折よく直面しなければならない。

解説

本例は、アジアの比較的有力な事例の多くとは異なり、中心人物の発言を裏づけてくれそうな情報提供者を見つけることができなかった、という弱点を持っている。ルプレヒト・シュルツの発言内容が事実と確認されるまでは、本人が依然として本例の唯一の情報提供者なのである。とはいえ、本人とルートヴィッヒ・コーラーとの間で交わされた、その発言の事実性を裏づけることになった私信の

信頼性を疑うべき理由はない。一九五二年九月一七日付のルプレヒト・シュルツの私信は、最も重要な発言を、それ以上望めないほどの形で記録しているのである。

とはいえ、中心人物が個人名をひとつも口にせず、少々あいまいにひとつの港町の名前をあげただけの場合、それを既決例と呼んでよいものであろうか。[註46] この疑問に答えるに際しては、ルプレヒト・シュルツの発言の多くが、ドイツ北部の港町で働いている、非常に多くの実業家に当てはまりうることを認めなければならない。しかしながら、そうした発言のいくつがそろって当てはまる人物が、ヘルムート・コーラー以外にいるものであろうか。財政難に陥った実業家の中には、財産を失うことに絶望して、拳銃自殺を図る者が他にもいるのはまちがいない。しかし、北部の小さな港町に住み、宗教的な式典が挙行された特別の日に自殺を図る者は、そのうち何人いるであろうか。また、暗い小部屋の隅に置かれた古風な金庫に、書類を保管している者は、そのうち何人いるものであろうか。ヘルムート・コーラーの死にざまが、それ以外の人物の死の状況と一致する可能性を否定することはできないにしても、このような人物が見つかる確率は、きわめて小さいように思われるのである。

これと同じく小さいのは、ルプレヒト・シュルツが、ヘルムート・コーラーの業務上の問題や、あげくに自殺したことを、通常の方法で知ったとする可能性である。ヘルムート・コーラーは、ベルリンから三七〇キロも離れた港町（ヴィルヘルムスハーフェン）に住んでいた。一方のルプレヒト・シュルツは、フランクフルトに転居するまでは、ずっとベルリンで暮らしていたのである。

以上いくつかの理由から、本例は、私が研究した中でも、比較的有力な事例のひとつと考えるものである。

エドワード・ライアル

一九七四年、本例の中心人物であるエドワード・ライアルは、一七世紀のイングランドで送った前世の記憶と考えるものの長文の報告を、書籍の形で発表した（Ryall, 1974）。私は、同書の執筆を本人に勧め、長文の序文を寄稿するとともに、エドワード・ライアルの報告に含まれる項目のいくつかが事実であることを裏づける証拠をまとめた付録も執筆した。

ライアルの著書が出版されている事実を考えると、本例を本書に収録するのは不適切であるように思われるであろう。にもかかわらず、ここに収録する理由はふたつある。ひとつは、私自身が本例の調査を、かなり幅を広げて行なったことに加えて、エドワード・ライアルが前世を送ったという、イングランド南西部に位置するサマセット州の歴史の専門家たちの助言を受けるという恩恵に浴したことである。もうひとつは、専門家の助言により、その後、私自身が本例の評価を修正するに至ったので、読者の方々にそれをお伝えしなければならないことである。

註46　インディカ・グネラトネの事例も、本例と同様に、都市や使用人の名前以外には、固有名詞がほとんど出てこなかった。インディカは、家族の名前はひとつも口にしなかったが、本人が名前をあげた都市で暮らしていた特定の人物の生涯と一致することを私が確信できるほど、詳しい発言をしたのである。

本例の要約とその調査

エドワード・ライアルは、一九〇二年六月二一日に、イングランド南東部のエセックス州シオベリネスで生まれた。両親は、ジョージ・ライアルと妻のアニーであった。アニー・ライアルは、エドワードが三歳の時に死亡している。その後、エドワードが六歳の時に父親が再婚するまで、本人は母方祖母に育てられた。ジョージ・ライアルは肉体労働者であった。エドワード・ライアルは、地元の初等学校および中等学校に通学し、ケンブリッジ中等学校卒業証明書を得た。その後、第二次世界大戦中に陸軍に服務したことを除けば、さまざまな職を、特に事務的な仕事を転々としてきた。本人は、一九二四年に二二歳で結婚している。

エドワード・ライアルは、まだ子どもの頃に、他の時代の他の場所に由来するように思われるイメージ――映像と変わった単語――が心の中にあるのに気づいた。以前にもこの世に生をうけていたことがあるような感じがした。時おり、記憶らしきものを不意に口にすることがあった。たとえば、排水溝の意味で下水路《リーン》という単語を使うなど、エセックスでは通じない単語を時おり口にしたのを覚えている。(この種の溝は、エセックスでは堀《ダイク》と呼ばれる。)祖母は、本人のこうした言葉の使いかたを奇妙に思ったし、エドワード・ライアルが自分を「ばっちゃん《グランマ》」と呼ぶのをいやがった。

にもかかわらず、エドワードは、自らの記憶を、誰にもまとまった形で話そうとはしなかったし、本人にそうするよう求める者もなかった。本人が八歳頃の一九一〇年に起こった次の出来事からわかるように、このことは驚くにはあたらない。父親が、自宅の庭で、本人にハレー彗星を見せた。この時ハレー彗星は、七五年ぶりに大空に明るく輝いていたのである。エドワード・ライアルは、軽率にも父親に向かって、この星は前にも見たことがあるし、「自分の」息子たちにも見せたことがあると言った。それに対して父親は、荒唐無稽な話をしたとして、本人を強く叱りつけ、そのような戯言《ざれごと》を言っていると大変なことになる──きっと精神病院に入院させられる──と諭した。エドワード・ライアルは、こうした訓戒に従いやすい少年であったため、それから長い間、前世の記憶を口にすることはなかった。妻ですら、一九七〇年まで、本人がそうした記憶を持っていることを全く知らなかったのである。ジョージ・ライアルが息子の発言を抑えつけた結果、そういうことがなければ息子よりも年長の人たちから、さらには同年配の人たちからも補強証拠が得られたかもしれないのに、その可能性が消えてしまった。エドワード・ライアルが六八歳の時にその報告を発表するまで、周囲の人たちは何も知らなかったのである。

しかしながら、エドワード・ライアルが自分の記憶を口にするのを父親に禁じられたからといって、それが消えることはなかったし、それ以外の記憶が蘇るのが妨げられることもなかった。エドワードは、そのすべてを、驚くべき記憶力によって保持しており、それを六〇代後半の一九七〇年になるまで、記録することを一切しなかったのである。その後、エドワード・ライアルが語ったところによれば、前世の最初の記憶は幼少期に現れ、一〇代には次第に詳細なものになったという。しかしながら、一九六二年までは、前世を送った場所は不明であった。

この年、エドワード・ライアルは、妻とともに、イングランド南西部のデヴォン州にバス旅行をして、サマセット州各地を通過した。サマセットで、エドワード・ライアルは、前世をこの州で過ごしたことが突然にわかった。[註47] 一九七〇年に、（ロンドンの）『デイリー・エクスプレス』紙が前世記憶の報告を募集しているという記事を読んだ。エドワード・ライアルは、それまでの沈黙を破ることに決め、自分の事例を要約して同紙に送った。『デイリー・エクスプレス』紙は、一九七〇年五月四日付の同紙に、エドワード・ライアルの主張を扱った記事を載せた。その記事に目を留めたイングランドの友人たちが、その切り抜きを私に送ってくれた。記事を読んだ私は、それに好印象を受け、エドワード・ライアルと私信のやりとりを始めた。その後、エセックス州ハドレイの自宅でエドワード・ライアルと何度か対面した。そして、本人が記憶しているように思われる前世について、今なお思い出せる限りのことを書き留めてみるよう勧めた。それから、その体験を本に書くことを提案し、原稿ができた段階で、出版社探しを手伝い、その著書に序文を書いた。それには、『ふたたびの流転 *Second Time Round*』という題名がつけられた。その時までに、私は、同書に登場する人たちが実在したのかどうかの確認と、その中に大量に含まれる項目が正確かどうかの検討を始めていた。私が検証した内容とそれに使った資料とは、同書に付録として掲載された。

エドワード・ライアルの死後にも、私は、本例の調査を継続した。エドワード・ライアルが、ジョン・フレッチャーなる人物の家族や友人だったとして名前をあげている二〇人ほどの人たちが実在した証拠は、教区の記録を調べても見つからないことが、本人の亡くなる直前の時点でわかった。本人は、この点について私と話し合う前に他界した。エドワード・ライアルは、一九七八年二月四日に、自宅で、全く予期せぬ形で死亡したのである。

次に、『ふたたびの流転』で語られている主要な出来事を簡単に要約して示す。

『ふたたびの流転』で語られている主な出来事

エドワード・ライアルは、一六四五年に生まれて一六八五年に死んだ、ジョン・フレッチャーという自作農の生涯を記憶していると語る。ジョン・フレッチャーは、エドワード・ライアルが生まれ育ったエセックス州とは反対側にある、イングランド南西部のサマセット州で生涯を送り、その地で死亡した。（エドマンド・ハレーは、一六八二年に、後に本人にちなんで名づけられた彗星を観察している。）エドワード・ライアルは、ジョン・フレッチャーの存命中に起こった、数多くの出来事を記憶していると述べる。こうした出来事の一部を列挙すると、ジョン・フレッチャーの父親であるマーティン・フレッチャーが、牛の角に突かれて死んだこと、ジョン・フレッチャーがサマセット州の名家の令嬢メラニー・ポーレットと恋愛関係になったこと、ジョン・フレッチャーの親友ジェレミー・ブラッグ

註47　エドワード・ライアルには、そのイメージは、自分の心の中に残るサマセットのイメージだという感じが昔からあったのかもしれない。一九八〇年に息子のレイモンドが私に話してくれたところでは、一七歳の時に、レイモンドは自転車旅行でサマセットを通ったことがあったという。帰宅した時、父親に、〔サマセットの〕ウェストン・ゾイランドに行ったかどうかを聞かれた（レイモンドはウェストン・ゾイランドを通っていた）。エドワード・ライアルは、その質問をした理由を、かつてウェストン・ゾイランドの出身者に会ったことがあるからだと説明した。レイモンドと、レイモンドがその話を父親にしたことを証言してくれた母親のふたりは、その時、エドワード・ライアルは軍務に就いている間に出会った人物のことを言っているのではないかと思ったという。

と、サマセット州北部のメンディプスへ旅行したこと、その中で、ジョン・フレッチャーが地面に開いた穴にはまり込み、鉛鉱山の竪坑に落ちるという事故を起こしたこと、ジョン・フレッチャーが求婚し結婚したこと、アックスマスでスペイン船の船長から駿馬を購入したこと、追放された聖職者ジョゼフ・アレインを、治安官の手から救出したこと、ジョン・フレッチャーとジェレミー・ブラッグとの間に、当時のサマセットでは慣行として容認されていた不義の関係があったこと、ウェストン・ゾイランド付近で野営中のジェイムズⅡ世の軍隊を奇襲すべく夜間に行軍する、モンマス公爵率いる反乱軍の道案内を、ジョン・フレッチャーが務めたこと。（エドワード・ライアルは、ジョン・フレッチャーの自宅と農場を、ウェストン・ゾイランドのはずれにあったと述べている。）しかしながら、以上の、さらにはその他の出来事の叙述は、エドワード・ライアルの著書の一部――おそらくは半分以下――を占めるにすぎない。同書の大半では、一七世紀サマセット州のひとりの農民とその友人たちの日常生活が、微に入り細をうがって描写されているのである。

エドワード・ライアルが述べた三種類の情報

超常的過程が関与している証拠について分析するために、このような記憶と思われるものを、便宜的に三群に分けることができる。第一群に入るのは、一七世紀後半のイングランド史に登場する著名人が関係した出来事である。特に、エドワード・ライアルは、ジェイムズⅡ世と王位を争ったモンマス公爵の反乱について、かなり詳しく想起している。チャールズⅡ世の庶子であるモンマスは、叔父にあたるジェイムズⅡ世がイングランドの王位継承権を持つことに異議を申し立てた。一連の不運や失策の後、モンマスの反乱は勢いを失い、最後は、セッジムアの戦いで鎮圧された。ジョン・フレッチャー自身も、その戦いで戦死したという。こうした出来事に関するエドワード・ライアルの記述は、当時の資料と照合する限りにおいて、主要部分は正確である。常識を逸脱した部分で最も重要なのは、反乱軍を鎮圧するため派遣された王党派の軍隊に、モンマス公爵が夜襲をかけようとした時、ジョン・フレッチャーが、荒野の道案内を、少なくとも部分的に務めたという主張である。当時の資料（およびその後の参考書）のほとんどは、モンマス軍がゴドフリーという人物に手引きされたと明記しているか、そうした示唆を行なっている。しかしながら、ゴドフリーは、その存在が少々はっきりしない人物であるし、モンマス公爵の将校が、予備の先導役を何人か用意していたことも考えられる。しかし、だからといって、エドワード・ライアルの言うジョン・フレッチャーがそのひとりだったことになるわけではない。

この第一群の記憶には、超常現象の研究者が関心を抱く要素は含まれていない。出来事やそれに関係する人物はすべて、その時代のイングランド史に目を通したことのある者にはよく知られているし、それでなくとも、その程度のことなら簡単に調べることができる。あまり教育を受けていないイングランド人ですら、知識の一部になっていると言えそうなことなのである。エドワード・ライアルは、モンマス公爵やその反乱について、学校の教科書に書かれた簡単な記述以上のものを読んだことはないと述べている。しかしながら、エドワード・ライアルは、関心の広い人物であったし、羨望の的になるほどの記憶力を持つ人物でもあった。したがって私は、この著書に含まれる、歴史学者には周知の主な出来事については、エドワード・ライアルが通常の方法で正確な情報を得ていた、と考えるべきであるように思う。

本人の記憶にある第二群の情報は、問題の時代の歴史に――このうえなく詳細な歴史にすら――登場しない人物に起こった出来事にまつわるものである。エドワード・ライアルは、ジョン・フレッチャーの、合わせて二〇名ほどの家族や友人の名前を明記している。その人たちのほとんどは、州外に知られているどころか、教区外にすら知られていなかったであろう。にもかかわらず、エドワード・ライアルの記述によれば、その存在が地元の名簿に記載されていなければならないほど、教区内ではみな有名人だったのである。その名前は、出生、洗礼、婚姻、死亡の各記録に残されているはずであった。イングランドの協力者たちのおかげで、私は、各教区および各州に保管されている、おびただしい数の記録にあたり、エドワード・ライアルが名前をあげたさまざまな人々が実在した痕跡の有無を調べることができた。ところが、その探求は、ジョン・フレッチャーおよびその家族全員と、ジョン・フレッチャーと結婚したとされる、ジェレミー・フラーの娘シシリーを含む一家全員に関する限り、完全な失敗であった。また、ジェレミー・ブラッグとその妻キャサリンが実在した痕跡も、同じく突き止められなかった。エドワード・ライアルが明記している、いくつかの教区の教会主管者の名前や、それらの人々およびアンドリュー・ニューマンという鍛冶屋にまつわる細目の一部については、事実であることが確認された。とはいえ、そうした人たち全員に関する情報の一端は、活字になっているし、熱心な研究者には原則として開示されているのである。

教区や州の記録による最初の調査が失敗に終わったことで、非常に驚いた私は、『ふたたびの流転』に登場する比較的重要な一二名の記録を、もう一度探す手はずを整えた。しかし、この試みも失敗に終わったのである。

ジョン・フレッチャー自身が実在した証拠も、その家庭生活および社会生活にかかわっているとエドワード・ライアルが述べた他の人々が実在した証拠も、見つからなかったのは、なぜなのであろうか。この試みが失敗に終わった理由として考えられる可能性は、いくつか浮かぶ。ひとつは、一七世紀後半のイングランドの記録には、少なからぬ欠陥が存在することである。当時の政治的激動の中で、多数の聖職者が自らの教区から追放されたし、残された聖職者にしても、記録を守ることより、緊急と思われることのほうに注意を向けざるをえない場合も少なくなかった。このように記録の空白期間があったことに加えて、一部の記録は、火事や湿気や紛失などによって失われた。加えて、今なお残されている記録の手書き文字は、最善の場合でも読みにくいし、判読できない箇所も多い。（私は、ウェストン・ゾイランドの教会でいくつか記録を調べた時に、こうした状況を自分の目で確認している。）しかしながら、すべての期待はずれを、記録の欠陥や紛失を持ち出して説明しようとする態度は、必ずしも正しくない。

エドワード・ライアルの記憶に出てくる第三群の情報は、一七世紀後半のサマセット州の日常生活に関係するものである。『ふたたびの流転』には、その時代の食物、衣服、家具調度、風俗習慣、祭礼、硬貨、新聞、薬品など、日常生活のさまざまな側面が、何度となく間接的に言及されている。エドワード・ライアルは、同書でふれたこのような事柄に関する、大量の細目と言ってよいものに加えて、私や他の人々と交わした私信では示したが、同書ではふれようとしなかった、情報の蓄えも持っていた。こうした補足資料は、全体として見れば、『ふたたびの流転』でふれられた数多くの事柄と同じく、ほとんど知られていない事象に関係するものであり、主要部は、やはりきわめて正確である。ふつうの教育を受けた者であれば、そうした事柄の一部については、承知しているか、推測できるかもしれない。しかしながら、それ以外の事柄は、事実の確認にはかなりの労力が——少なくとも私には——必要であった。同書を読んだ人たちは、同書の書評や私と交わした私信の中で、一部の事柄が事実かどうか疑った。そのため、私は、確認したことを調べ直したり、さらにもう一度調べたりすることもあったのである。

エドワード・ライアルの発言で脱落しているものと誤っているもの

『ふたたびの流転』の読者の中には、その文体が、少々わざとらしい〝いにしへの英吉利ことば〟と感じた者もあり、私も、その批判には同意するものである。同書は、歴史小説の形をとっている。しかしながら、エドワード・ライアルの提示のしかたよりも、事実の誤りのほうが重要だと思う。

エドワード・ライアルは、いくつかの単語を時代錯誤的に使っている。たとえば、ラガー（lugger 小さな帆船）という単語は、一八世紀になるまで用いられなかった。また、アルコール度数の高い飲料を指す stiff という単語は、一九世紀になるまで使われることがなかった。砂糖菓子を意味する goodies という単語も、一七世紀では時代錯誤である。これは、その意味では一八世紀になるまで使われなかったのである。姓か地名が同じことを意味する that ilk という表現も、スコットランドでしか通用しない。エドワード・ライアルは、現代イタリア語の祈禱文を、ラテン語であるかのように引用している。本人によれば、ジョン・フレッチャーの兄弟マシューが所有していた農場を、ドーセット州ライム・リージス近郊にあったと書いている。しかし、記録が示すところによれば、その場所にある農場は、ジョン・フレッチャーの時代にはジョーンズという家族の所有だったのである。

エドワード・ライアルは、一隻のスペイン船が、アックスマス（ドーセット州の港町）の船だまりに入っていたと述べている。アックスマスは、ジョン・フレッチャーがブリッジウォーターに運ぶ砂利の採取に行った場所である。しかし、ジョン・フレッチャーの時代には、アックスマスの港は、広がる砂州のために塞がってしまっていた。また、砂利を採取するのであれば、アックスマスよりもブリッジウォーターにはるかに近いところに適所がいくつかある。

ヒントン・セント・ジョージのプーレット家は、サマセット州では有名な一族であるが、その祖先に、メラニーという名前の娘がいたことを示す証拠はない。エドワード・ライアルによれば、この女性は、第二代プーレット男爵の子どもだったという。エドワード・ライアルは、メラニーが何人もの男性と性的関係を持ったことで家名を汚したため、父親が本人をベイシング（ハンプシャー州）の親戚に預け、その名前を一家の系図から抹消してしまったと記している。プーレット家は、ベイシングに分家を持っていたが、その邸宅は、一六四〇年代の内乱の際に、王党派の要塞となり、クロムウェルの軍勢によって完全に破壊されてしまった。エドワード・ライアルは、トマス・ホルト師を、ジョン・フレッチャーの時代にウェストン・ゾイランドの教区司祭だったと正しく述べているが、フレッチャーの存命中は、終始、教区司祭に留まっていたかのような書きかたをしている。現実には、トマス・ホルト師は、一六四〇年代に議会によって追放され、一六六〇年になってようやく、ウェストン・ゾイランドで受禄聖職者に復位したのである。

以上述べた誤りは重大に見えるが、それよりも重視すべきことがある。どの批判者もエドワード・ライアルの記述が正しいことを疑わない部分や、エドワード・ライアルは正しく記述しているのに、批判者のほうがまちがっている部分――その少なからずが、一般に知られていない物品や慣習について書かれている部分――のほうが、誤っている部分よりもはるかに多いという事実である。第二群の実例は、ライアルが、「情人 **leman**」、「シェーカー教徒 **shaker**」〔信仰心の篤さを体の動きで表わした人々〕、「おおいに **vastly**」という単語を使っていることである。[註48] ジョン・フレッチャーの農場はウェストン・ゾイランドの西端にあったというエドワード・ライアルの主張に刺激された、ひとりの批判者が、そこの土地はジョン・フレッチャーの時代には囲われていなかったとして、諄々《じゅんじゅん》と諭すような発言を行なった。それに対して、『サマセット州史 *Victoria History of Somerset*』の編者であるロバート・ダニング博士は、一七世紀には、エドワード・ライアルがジョン・フレッチャーの農場があったと述べた場所に、囲いをした農場がたぶんあったことを、私に（一九八八年九月一九日にターントンで会った時に）話してくれた。

『ふたたびの流転』には、一七世紀後半のサマセット州での性的風習が、豊富に、しばしば詳細に描写されている。一部の批判者は、サマセット州に合意のうえの「妻交換」があったというライアルの記述に異を唱えたが、G・R・クワイフェ（Quaife, 1979）はその風習が実在したことを立証した。

エドワード・ライアルが言及した、その時代のその場所の環境や物品の多様性を示すため、次の点を明記しておきたい。ウェストン・ゾイランド地区にある三基の風車の位置が正確であったこと、プーレット卿が医学博士の学位を取得したこと、ハブレクトが重力時計を作ったこと、チャールズⅠ世の処刑後、一六四九年にポンテフラクト城で王党派の硬貨が発行されたこと、ジョン・フレッチャーの親族とされるフィニアス・フレッチャーが一行詩を作ったこと（少々誤って引用されている）、セッジムアの戦い〔一六八五年〕の前の晩に、北極光（オーロラ）が見えたこと、鍵穴型馬蹄が使われていたこと。これらが、もし公刊されている資料に載っていなかったとすれば、それが事実かどうかを確認することはできなかった。もしエドワード・ライアルがこうした資料からそれらを引き出したとすれば、本人が認めたよりもはるかに幅広い領域の本に目を通していなければならないことになる。これらをここに列挙したのは、そのことを明らかにするためである。エドワード・ライアルが、一七世紀後半のサマセット州に関するその該博な知識を利用する際、自らの頭の中を浚《さら》うのに時間をかける必要はなかった、という点に注目することも重要であろう。（たとえば、マスコミの）インタビュアたちが突きつける数多くの質問に、エドワード・ライアルは、正確かつ迅速に答えたのである。

エドワード・ライアルは、自分の記憶が発現する以前に、一七世紀後半のサマセット州の社会史を調べたことは一度もないと語った。サマセット州から遠く離れたエセックス州で生まれ育ったエドワード・ライアルは、幼少期に年長者や遊び友だちから、サマセット州に関する専門的知識を吸収したことはなかったであろう。なるほどエセックスとサマセットは、両方ともイングランドの州であるため、今でもそうであるが、一七世紀には数多くの共通点を持っていた。また、ふたつの州には、エ

註48　一七世紀の英語の単語や句の出現率を調べる際には、オクスフォード英語辞典（ＯＥＤ）を利用した。

ドワード・ライアルが熟知していたように思われる、重要な相違点もいくつかあったし、今もある。事実、エドワード・ライアルは、サマセット州の農夫（や社会史学者）なら精通していなければならないように、そうした相違点に精通していたのである。それとも、エドワード・ライアルは、それらを本当に熟知していたのであろうか。私は、『ふたたびの流転』に書かれている細かい事柄が正確かどうかについて、サマセット州とドーセット州に居住する、四名の社会史の権威に意見を求めた。その四人とは、モンマス公の反乱の経緯を執筆したピーター・アール（Earle, 1977）、モンマス公の反乱を扱った二著の著者および編者であるW・マクドナルド・ウィッグフィールド（Wigfield, 1980, 1985）、『サマセット州史』（Dunning, 1974）の編者のひとりであり、モンマス公の反乱に関する本の著者であるロバート・ダニング（Dunning, 1984）、ドーセット州ライム・リージスにある博物館の元館長であるジョン・ファウルズである。そのうちのふたりは、『ふたたびの流転』を、重大なまちがいがあるとして非難し、その一方は、同書を捏造であるとした。それに対して、他のふたりは、同書を支持し、そのうちのひとりは、「本書は、モンマス公とその反乱について、私がこれまで目を通した他のどの資料よりもまちがいが少ないと思う」と明言したのである。[註49]

エドワード・ライアルの人格に関する関連情報

ハドレイの自宅でエドワード・ライアルと対面した間、妻のウィニフレッドも自宅にいたが、お茶を出す時以外には目立たない存在であった。エドワード・ライアルの死後、私は、一九八〇年と八一年の二回、同家を訪ねた際にウィニフレッドは、自分が見た夫について、特に一緒にいた晩年の夫について、若干の関連情報を私に提供してくれた。

一九六二年、ふたりでサマセット州を旅行で通った時、エドワード・ライアルは強い情動が湧き上がるのを感じ、本人が後で話したところによれば、それまで抱いていたイメージと一致する場所をようやく突き止めたという。しかし、ロンドンの『デイリー・エクスプレス』紙が、夫の記憶に関する初めての報告を掲載する一九七〇年になるまで、ウィニフレッドは、前世を覚えているという夫の主張については何も知らなかった。ウィニフレッド自身は、生まれ変わりを信じていなかったし、それに対する関心もなかった。夫の書くものには、ほとんど注意を払わなかったのである。

ウィニフレッド・ライアルは、夫のエドワードはほとんど本を持っていなかったと言って、自宅にあるわずかな蔵書を見せてくれた。夫の死後に処分した本は、一冊もないということであった。しかしながら、エドワード・ライアルは、大量の本を読んでおり、ハドレイ図書館から蔵書を頻繁に借り出していた。一度に、一冊から三冊の本を帯出していたのである。借りていた本を、読み終わらないうちにウィニフレッドに返却させることも、時おりあった。とはいえ、『ふたたびの流転』を執筆していた時期（一九七一年―七四年）に、それまでよりも多くの本を借りていたわけではない。また、妻を伴わずに長期の旅行に出かけたこともなかった。（このことから、本人が英国国立図書館やケンブ

註49　このように判断が分かれているが、私は、誰がどの見解を唱えたのかを明確にしなかった。ひとりは会見している時にわかり、もうひとりは私信を交わす中でわかった。なお、私が助言を求めた歴史学者のうち、引用の許可はひとりからしか得られなかった。

リッジ大学図書館をひそかに利用していた可能性は消える。）エドワード・ライアルがハドレイ市立図書館で、中央の図書館との相互貸借サービスを利用した可能性も考えられたので、私は、それについても調べてみた。しかし、本人がこのサービスを利用したかどうかはわからなかった。一九七四年までは、妻を同伴せずにサマセット州に行ったことは一度もない。ふたりでサマセット州に出かけた時も、本人が現地でノートをとる場面を、妻は一度も見ていない。とはいえ、サマセット旅行から帰宅した後に、ノートを少しとっていたことはあったという。

ウィニフレッド・ライアルは、引退後に夫の行動が時おり変化したと述べた。エドワード・ライアルは、家族や家族以外の人々が「自分に反対している」と感じるようになった。実際にはエドワードは、子どもたちの愛情を享受していたので、ウィニフレッドは、夫のこの思いを、いわれがないことと考えた。にもかかわらず、エドワード・ライアルは、よく「不機嫌」になり、二、三時間ほど自宅から出て行った。それから、いつも機嫌よく帰宅したという。

ウィニフレッド・ライアルは、夫の著書に書かれていることが作りごととは思わなかったが、夫の空想に基づく要素が混入していることは否定（も肯定も）できなかった。

私は、一九八一年に、ライアル夫妻の娘アイリス・ドライヴァーとも対面している。アイリスによれば、引退後、父親が家族から離れようとしていたことを、母親が話していたのはまちがいないという。父親は、いつも「座って考えごとをして」おり、父親のことを「二重人格」ではないかと言う者もあった。アイリスは、『ふたたびの流転』を作り話とは考えていなかった。

それまでの面接に加えて、私は、エドワード・ライアルのある友人と、本人の勤務先の最後の上司にある人物に手紙で問い合わせもしている。ふたりとも、エドワード・ライアルが誠実だと言われていたことを証言してくれたが、『ふたたびの流転』に通常の情報源が使われた可能性については全くわからなかった。

解説

『ふたたびの流転』の序文で私は、作話や情報源健忘（潜在記憶）(Stevenson, 1983) を含め、エドワード・ライアルの記憶らしきものについて、さまざまな解釈を検討している。考えつく限りの解釈を検討した末、私は、その時点では生まれ変わりが、エドワード・ライアルの事例の最善の解釈と考えるようになった (Stevenson, 1974c)。しかしながら私は、本例に関する自分の見解を変える権利を残しておいたし、それ以降もそうしてきた。

現在の私には、エドワード・ライアルの記憶らしきものがすべて前世に由来すると考えることはできない。いくつかの細目が、明らかにまちがっているからである。また、歴史的に重要ではない（先ほど述べた情報の第二群に属する）人物が実在したことを裏づける証拠を探し求める作業は、エドワード・ライアルの死後も続けられたが、それは、先述の通り不成功に終わっている。もしこのような人々の誰かひとりでも実在した痕跡が見つかったとすれば、それ以外の人たちの記録が発見できなかったことも、記録簿に欠陥があった結果だとして、合理的に説明することができたであろう。エドワード・ライアルがジョン・フレッチャーの家族や友人として掲げている名前が確認できなかったことを、記録簿の欠陥のためとして説明することも、もしかしたらできるのかもしれない。しかしながら、私としては、漆喰《しっくい》のひび割れを紙で隠すようなまねはしたくないので、他の可能性を検討しなければならない。

ひとつは、エドワード・ライアルが、人名を誤って記憶していたか、空想した名前を代用したという可能性である。エドワード・ライアルが同書に記しているファミリーネームはいずれも、一七世紀サマセット州のジョン・フレッチャーが住んでいたとされる地域ではありふれたものである。エドワード・ライアルは、そうしたファミリーネームは記憶していたものの、ファーストネームを正しく思い出せなかったために、違うファーストネームを書いてしまったということなのかもしれない。この考えかたは、こうした名前の人たちの実在が確認できなかったことの説明になるであろう。エドワード・ライアルは、自分の頭に浮かんだ名前を、まちがっていることに気づかないまま使ってしまったのかもしれないし、不足があるのに気づいたため、適切と思い込んだ架空の名前をそこに入れてしまったのかもしれない。この説明は決して十分なものではないことを、私は承知している。ジョン・フレッチャーが、家族や友人の名前よりも、当時の有名人たちの名前を記憶に留めやすかったことが前提になっているからである。この点はどうであろうか。もし私が死後にも存続したとすれば、たとえばジミー・カーター大統領の名前を覚えていて、妻の名前を忘れる可能性があるものであろうか。また、もし私が妻の名前や自分の名前を忘れるとすれば、「覚えていません」と言うであろうか。それとも、それらしく見える架空の名前を（露ほどの悪気もなく）口にするものであろうか。この種の疑問に対する回答は、誰について聞かれるかによっても、誰から聞かれるかによっても、まちがいなく違ってくるであろう。

それはともかくとして、本例に関する現段階の私の判断を、ここで述べておくことにしたい。一七世紀のサマセット州について書かれた本はほとんど読んだことがないし、その時期の歴史を調べたことは——その記憶が浮かび上がるまでは——一度もない、とエドワード・ライアルが語ったのは、うそではないと、今でも私は思っている。このことから、エドワード・ライアルが一七世紀のサマセットについて、何らかの超常的知識を持っていたと考えざるをえない。それは、当時、そこで暮らしていたことに由来するものなのかもしれない。エドワード・ライアルは、晩年、その記憶らしきものに心を奪われた。それについて長い時間をかけて考え、かなり孤独な状態で熟考していたように思われる。(自らの記憶の事実性に確信を持っていたため、本人は、自分の家族に嫁いで来た若い女性を、シシリー・フレッチャーの生まれ変わりと〝気づく〟ことにもなった。)

『ふたたびの流転』の内容として最終的に浮かび上がったものは、歴史小説——もはや記憶にない通常の情報源に由来する事柄と、超常的なものに由来する正確な事実と、空想によるまちがった思い込みとが渾然一体となったフィクション——になってしまったということなのかもしれない。以前にも指摘したことがあるが、前世と思しきものにまで催眠状態で遡行することによって、稀に得られる結果に対しては、このような解釈を考えてもよいであろう[註50](Stevenson, 1987/2001〔『前世を記憶する子どもたち』〕)。エドワード・ライアルは、催眠状態や瞑想状態にある一部の人たちと同じような状態に入っていたのかもしれない。このような状態では、本当の記憶とそれ以外のイメージとが勝手に混じり合い、区別できないことがあるのである。

本例に内在する超常的要素を、後知《レトロ・コグニション》〔通常の方法では知ることも推定することもできないはずの過去の対象《ターゲット》に対する超感覚的知覚〕という概念で説明することもできるかもしれない。過去は、どこかに存在し続けるものなのであろうか。もしそうなら、時として人間は、それを読み取り、それについて話すことも可能なのであろうか。一部の人たちには、それができるように見える。そのような人々は、過去の出来事――いわばその幻をかいま見たこと――について信頼できる報告をしている（Ellwood, 1971; Spears, 1967）。いくつかの実験的研究でも、人間が過去を読み取る能力を持っていることが明らかになっている（Geley, 1927; Osty, 1923）。しかしながら私は、エドワード・ライアルの事例に――前世の記憶はもちろん、超常的要素の説明に――後知が該当するとは思わない。私の承知する後知とは、たとえば、戦いの場面の短い幻か、さもなければ透視中に発生したものである。もし私のようにエドワード・ライアルを信用するとすれば、八歳未満の時点で記憶らしきものがいくつか出現し、それからは、七二歳の一九七四年に自著を出版するまで、それにさまざまな形の尾ひれをつけてきたということになる。

ピーター・エイヴリー

ある場所や出来事に対して、前にもここに来たことがあるとか、前にも同じことがあったという感じを大多数の者が経験していることが、これまでの調査から明らかになっている。たとえば、アバディーン大学の一八二名の学生のうちの一一五名（六三パーセント）が、この種の体験を報告しているのである[註51](McKellar, 1957)。心理学者や精神科医は、こうした体験の解釈をいくつか提示してきた。このような体験は、一般には既視感《デジャ・ヴュ》と呼ばれる(Hermann, 1960; Neppe, 1983)。同じ既視感という用語で括《くく》られても、その細部は報告によって異なり、ひとつの解釈だけで全ての体験を説明できる可能性はありそうにない。

H・N・スノら(Sno and Linszen, 1990)は、この種の体験を説明すべく、各研究者が提起したさまざまな心理学的、神経学的解釈を要約、紹介している。既視感の中には、前世の記憶とされるものも

註50　催眠による年齢遡行法は、治療的にはある意味で有効なのかもしれないが、患者の症状が軽快しても、それによってその技法が正しいことの証明になるわけではない(Stevenson, 1994)。催眠による年齢遡行の中で呼び起こされた〝前世の人格〟は、ほとんどが空想であり、そこに超常的過程が関与していることを示す証拠にはならない。これまで行なわれて来たいくつかの実験から明らかになっているが、呼び起こされた〝前世の人格〟の特徴は、(明確なものであれ比較的不明確なものであれ)暗示によって容易に左右されてしまうのである(Baker, 1982; Spanos *et al.*, 1991; Spanos, 1996)。また、〝前世の人格〟の内容や細部が、被験者が見聞きできる範囲にある印刷物や口頭の情報源に由来することを突き止めた実験もある(Björkhem, 1961; Harris, 1986; Kampman, 1973, 1976; Kampman and Hirvenoja, 1978; Venn, 1986; Wilson, 1981; Zolik, 1958, 1962)。

註51　パーマー(Palmer, 1979)は、合衆国の大学町に住む学生と一般住民を対象に調査を行ない、この種の体験がかなり高率(七六パーセント)に見られることを明らかにした。V・ネッピ(Neppe, 1983)とスノら(Sno and Linszen, 1990)は、他のいくつかの研究成果を要約、紹介している。それらの研究では、いずれも、この体験の発生率は二五パーセント以上であった。

含まれる。他の点では思慮の深い人たちが、自らの既視感体験を前世の記憶によるものとして説明している。たとえば、チャールズ・ディケンズ（Dickens, 1877）は、イタリアで体験した既視感について、次のように述べている。

日没時、馬たちが休息を得ており、私がひとり散歩している時、小さな情景に出くわした。その場面は、私たちがすべて自覚している、そういう奇妙な心の働きのひとつによって、私が完全に知っているように思われたし、今なおはっきりと心に残っている。そこには、たくさんのことがあったわけではない。血のように赤い光の中に、水面が悲しげに広がっており、夕べの風に波紋を立てていた。岸辺にはわずかな木立があった。（フェラーラの風景の）前景には、小さな橋の欄干に黙ってもたれかかる田舎の少女たちがいて、空を見上げたり、水面を見下ろしたりしていた。遠景には、深い谷があって、すべてのものに夜の影が迫っていた。もし私が、いつか前の世にそこで殺されていたとすれば、それが思い出される時に、その場所がかくも完璧に、血の恐ろしさがかくも際立って感じられることはなかったであろう。その瞬間にもたらされた、この真に迫った追憶は、そうした架空の思い出によってあまりに強められるため、それを忘れ去ることができるとはとうてい思えないほどだ。［三七ページ］

小説家で政治家でもあったジョン・バカンは、複数の既視感体験があったことを自伝で紹介している。バカンは、これを、前世の記憶と解釈している。次の通りである。

前に来たことがあるはずのない、それでいて完璧になじみのある場所に自分がいる。これは、かつて私がとった行動の舞台だったのを、私は知っている。そして、今、そこでまた行動をとろうとしている。［一一二ページ］

このふたりは、いずれも、明確な前世の記憶があることを裏づける証拠を提示しているわけではないし、そのような記憶を持っていたと主張しているわけでもない。それでも、こうした記憶を持っている一部の人たちは、事実であることが確認されたものも含めて、前世で暮らしたとする場所に親近感を示すことがある。建物が変わったことについて説明したり、それらの建物が、自分が記憶しているという前世の時代のままであるかのようにふるまったりするのである。［註52］

事例報告

本例の中心人物であるピーター・エイヴリーは、イングランドのダービー州で、一九二三年五月一五日に生まれた。中等学校を卒業後、リヴァプール大学に入学した。第二次世界大戦中に、商船に

註52　前世の記憶が事実であることが確認され、かつ、前世で暮らしたと確信する場所に親近感を示す、この群の中心人物には、スワルンラタ・ミシュラ、プラカーシュ・ヴァルシュナイ、パルモッド・シャルマ、ラビ・エラワール、チャオクン・ラジスタジャルン、サヴィトリ・デヴィ・パタークがいる。

よる兵員輸送の任務に就いたため、学業の中断を余儀なくされた。戦後になってから、ロンドン大学東洋アフリカ研究大学院で勉学を再開した。一九四九年に大学院を修了したが、そこではアラビア語とペルシャ語を学んでおり、その知識があったため、英イラン石油会社に、アラビア語とペルシャ語の主任教師として採用された。最初の赴任先は、イラン南西部のアバダーンであった。既視感を初めて体験したのは、アバダーンで仕事をしている時であった。一九五一年に、イラン政府は、石油生産事業を国有化した。この時点で、ピーター・エイヴリーはバグダッドに移り、最初はイラク幕僚陸軍大学で、続いてバグダッド人文科学大学で英語を教えた。一九五二年には、一四世紀ペルシャの抒情詩人ハーフィズの詩を(ジョン・ヒース=スタッブスと共同で)翻訳、出版した。一九五五年にイランへ戻り、道路工事を専門とする土木会社に採用された。

一九五八年に、ピーター・エイヴリーは、ケンブリッジ大学ペルシャ学科の講師に任命され、一九九〇年までその職にあった。退任後も、ケンブリッジのキングズ・カレッジの名誉校友《フェロウ》として研究と執筆を続けた。初めてケンブリッジを訪れた時に、この地位を得ていたのである。もとより名声の高いペルシャ語学者として、ピーター・エイヴリーは、ハーフィズや一一、二世紀ペルシャの詩人オマル・ハイヤームをはじめとする昔のペルシャ詩人の翻訳を通じて、一般読者にも非常によく知られている。また、イランの歴史についても、その黎明期から現代に至るまで幅広く執筆している。

一九九二年九月、私は、ケンブリッジの友人宅に滞在していた時、そこでピーター・エイヴリーに初めて対面した。その時、本人は、かなり昔にイランとパキスタンで体験したふたつの既視感を私に話してくれた。その後、私は本人に、その体験を文字で記録してほしいと依頼した。次に引用するのは、一九九三年一月一四日付の私信に同封されていた、ふたつの体験の報告である。その中で、ピーター・エイヴリーは、最初の体験よりも感動的な第二の体験のほうを先に書いている。

1　一九四九年から五〇年にかけての冬に、イスファハーン[註53]で私と気の合った友人は、英イラン石油会社で教育部長をしていたジョン・エヴァンズ氏でした。一九四九年にペルシャ語とアラビア語の学科を卒業した私は、教育部の主任としてイランに赴任しました。半年ほど経った時、ロンドンの事務所から来ていたその［教育］部長と一緒に、アバダーンからイスファハーンに行くことが許可されました。赴任以来、私は、アバダーンや南部の油田地帯から一歩も出たことがなかったので、イランの中央部については直接には知りませんでした。テヘランとイスファハーンに出かけるエヴァンズ氏の案内役として私が選ばれたのは、ペルシャ語を話せることに加えて、

註53　イスファハーン（時にエスファハーン）は、イラン中央部にあり、アバダーンとテヘランの中ほどに位置している。この都市は、ザーヤンデ川の川辺にある。アラブ人、トルコ人、モンゴル人によって次々に征服された後、ペルシャ人の手で奪還され、サファビー朝（一五〇二年―一七三六年）で政治的、文化的重要度が頂点に達した。アッバースI世（一五八七年―一六二九年）は、一五九八年にこの都市をペルシャの首都とした。一七二二年、アフガン人がイスファハーンを征服した時点から、その衰退が始まった。ペルシャの首都は、一八世紀末にテヘランに移された。アッバースI世の治世では、イスファハーンは壮麗な宮殿や庭園や大通りによってみごとに飾り立てられた（Lockhart, 1960）。

石油産業の孤島から抜け出して、私の研究対象だったこの国を、自分の目で多少なりとも見てみたいという思いがあり、私のその心情を上司たちが受け止めてくれたおかげでした。

私たちは、その日の夕方、イスファハーンに到着しました。翌朝の朝食後、私はエヴァンズ氏に、ホテルから王の広場とバザールへ行く道順を話しました。エヴァンズ氏は、私がその道順を、自分でも説明が必要なほど自然かつ正確に知っていることで驚いていました。ふたりで出かけると、あらゆるものが、予測通りの場所に収まっていました。その日の午前中、ホテルに戻る途中で最後に目にしたのは、フセイン王母学院[註54]の庭園にある青い丸屋根のモスクでした。フセイン王は、サファビー朝の君主でしたが、一七二二年のアフガン人侵攻後に処刑されました。午前中に観光した後ですから、疲れていたかもしれませんが、初めてイスファハーンの街を探検してまわるのは、まちがいなく刺激的な経験でした。ほとんどの人たちと同じく、私もその美しさは承知していました。しかし、イスファハーンの場合もそうでしたが、実物を見るまで、そこの案内書を開いたことがほとんどない私は、もちろん見るものすべてに魅せられてしまいました。ところが、学院でだけ虚脱状態が起こったのです。それは、中庭に入った直後でした。

私は、どうにかしてようやくわが家に戻ったという、言いようのない強い感動のため、むせび泣きを抑え切れませんでした。私は、池の欄干《らんかん》に腰かけました。エヴァンズ氏は、気を遣って、向こうの方へ行ってしまいました。後で話してくれましたが、私の涙が止まって一緒に行動できるようになるまでは、それが一番よいと思ったのだそうです。上司の前で私に恥ずかしい思いをさせたその出来事との関連で言えば、私たちの間には何も起こりませんでした。エヴァンズ氏は、非難するそぶりすら見せず、黙ってわかってくれているふうでした。こうして、それまで一度として訪れたことのない、意識の上ではその地理をそれまで全く知らなかった街に、奇妙な親近感を抱いた半日が終わりました。

2　叔母がよく「土地の霊」と呼んでいたのですが、非常に個人的な意味で（それほど個人的ではない形でそれに気づく人も多いのですが）、こういう霊に関する、後にも先にもない体験は、たぶん一九四四年にラホール[註55]で起こった出来事です。ここも、私が初めて訪れる古都でした。当時、私は英国インド海軍の将校で、年は二一歳か、もうすぐ二二歳になる頃でした。……友人の将校が、お父上の邸宅へ泊まりに来るよう誘ってくれました。お父上は、インドの有名な東洋学者で、パンジャブ東洋学研究所の所長でもあった（故）ムハンマド・シャフィー閣下でした。私を誘ってくれたのは、その友人が、既に高まり始めていた、イスラムの文学や歴史に対する私の関心を知っていたからです。お父上は大変に立派な方で、装飾模様のついた、ペルシャのすばらしい写本を見せてくださいました。アフガニスタンのアマヌラー朝が没落した後、カブールの宮廷の御

註54　フセイン王の敬虔な母君は、一七〇六、七年から一七一四、五年までの間に、この学校を創立し、隣接する宿舎を建造した（Lockhart, 1958）。

註55　ラホールは、現在、パキスタンのパンジャブ地方の州都になっている。インドのムガール帝国およびシーク教徒の王国のもとでは、非常に重要な都市であった。この都市は、一八四九年に英国人に征服された。

文庫にあった宝物が、カイバル峠を越えて北インドへ運ばれた時に購入されたという古書もありました。

炎暑があまり強くならない早朝のうちに、タンガ（御者と背中合わせに座る小型二輪馬車）に乗って、シャリマール庭園に行きました。ここは、ムガール帝国の皇帝たちが、毎年、デリーからカシミールに巡幸した際、休憩所として使われた壮麗な庭園です。[註56] この庭園は、ラホールの少しはずれにあります。その後、私は、友人のお父上がこの庭園について書かれた論文を学術雑誌で拝読しましたが、私たちが訪れた朝の時点では、私は何も知りませんでした。ここに行ったのは、友人がそこの歴史を私に話してくれることになっていたからでした。ところが、私たちが馬車から降り、壁に切られた、ぱっとしない戸口から入った時、私は、いつもはここは入り口じゃなかった、と言いました。昔は、反対側の壁にあったのです。友人も同意見でした。中に入ると、友人に、ひとりで歩きまわってもいいかと聞きました。友人は、それに対して、「君はもうここを知ってるみたいだね」と言って、快く認めてくれました。後で友人と落ち合った時、中央のあずまやはこの庭園にはなかったことを話しました。友人も、そうだと言いました。これは、ラホールの向こう端の、ラヴィ河を見下ろす丘にある皇帝の陵墓のあずまやだったのです。シーク教徒の指導者ランジート・シングが、それをここに移築させたのでした。カーゾン卿がインド総督だった時、ここは場違いだと気づいて、元の場所に戻すよう遺跡保存省に命じたのですが、実行されなかったのです。

イスファハーンの時ほど、既視感によって感情が強烈に揺さぶられたことはありませんでしたが、昔そこにいたという感じは――細かいところまで熟知している、いわば古巣に、かつての〝懐かしい〟場所に帰って来たという、同じような感じは――ラホールのシャリマール庭園でも確かにありました。しかし、イスファハーンの学院で起こった感じのほうが、ラホールの時よりもずっと深いところまで入り込んできました。また、ラホールではそれが庭園に限定されていて、その場全体に感じられたわけではありませんでした。

ピーター・エイヴリーが自らの体験を私に書き送ってくれた一九九二年から九三年の段階で、本人がイスファハーンとラホールについて、通常の方法にはよらない知識を持っていたという発言を、別個に裏づけることのできる可能性はなかった。その後、私は、ケンブリッジ滞在中にピーター・エイヴリーと数回対面する機会があった。本人は、イスファハーンとラホールを初めて訪れる以前に、このふたつの都市について、そのような情報が記された案内書その他の資料を読んだことはなかったと繰り返し語った。

ピーター・エイヴリーの発言から、本人は、自らが持っているという並はずれた知識を、前世に由来するものと考えていたことがわかる。しかしながら、この解釈に強く執着していたようにも思われない。それに代わる解釈として、ある種の遺伝的記憶のようなものも考えていたからである。ピー

註56　これらの庭園は、一六三七年に、ムガール帝国の皇帝シャー・ジャハーンの命を受けて造られた。

ター・エイヴリーの直系の祖先は、インド洋で船舶の襲撃を繰り返した、一七世紀の有名な海賊であった。メッカへ巡礼に向かう、ムガール帝国の王女が乗った帆船を略奪したこともあった。ピーター・エイヴリーの父親がかつて語ったところによると、イスラム東洋圏への息子の強い関心は、エイヴリー首領と捕虜の王女との間に生まれた子どもに由来するのかもしれないという。しかし、そのような子どもがいたことを裏づける証拠は存在しない。ピーター・エイヴリーが遺伝的記憶という可能性を口にしたということは、自分の体験を説明する他の考えかたを検討する余裕が、本人にあることを示しているのである。

ヘンリエッテ・ルース

本例の中心人物であるヘンリエッテ・ルースは、前世のイメージ記憶を持っていたわけではない。本例を本書に収録したのは、一連の体験から本人が、前世でロサリオ（あるいは、ロサリート）・ヴァイス〔Weiss〕であったことを示唆しているからである。ロサリオ・ヴァイスとは、スペインの画家フランシスコ・ゴヤ（一七四六年―一八二八年）の愛人で、献身的な支持者でもあったレオカディア・ヴァイスの娘である。

本例の要約とその調査

ヘンリエッテ・ルースは、一九〇三年にオランダの首都アムステルダムで生まれた。両親の名前は私にはわからない。父親は、中流階級に属するダイアモンド商であった。

幼時からヘンリエッテは、絵画と音楽に優れた才能を見せた。二二歳の時に、ヴェイス〔Weisz〕というハンガリーのピアニストと結婚した。三〇歳の頃に離婚したが、旧姓には戻らず、ヴェイスという名前をそのまま使っていた。本人は、この名前に特別の愛着があったように思われる。

図18　1936年にヘンリエッテ・ルースが、暗闇で素早く描いた絵。（ヘンリエッテ・ルース氏のご好意で掲載）

そのうち本人は、音楽家ではなく、画家を一生の職業にしようと決意した。奨学金を受け、そのおかげでパリに留学することが可能になり、一九三四年、三一歳になった頃にパリに行った。それからおそらく二年ほど経った頃のある晩、起き上がって夜のうちに絵を描こうという衝動——

そうせよという、ほとんど命令のようなもの――を感じた。その衝動に従って、暗闇の中で画架《イーゼル》に向かい、しばらく絵を描き、それからベッドに戻った。翌朝、自分が美少女の頭部（図18）を描いていたのを知った。

ヘンリエッテ・ルースは、その肖像画を親友に見せ、夜に描いた時の状況を話した。それを聞いた親友は、自分が信頼を寄せる透視能力者のところへ持って行って見てもらったらどうか、と提案した。ヘンリエッテは、気乗りがしないまま、それに同意した。その透視能力者のセッションで、ヘンリエッテは、他の列席者が持参した、サイコメトリーのための物品[註57]と一緒に、その肖像画をテーブルの上に置いた。透視能力者は、本人の肖像画を取りあげると、「ＧＯＹＡ」という名前がヘンリエッテの前に見えると言った。それから、ゴヤが交信を始めたらしく、ヘンリエッテに感謝していると言った。スペインからの出国を余儀なくされた時、南フランスに自分のための家を用意してくれたからだという。

美術の勉強をしていたにもかかわらず、ヘンリエッテは、ゴヤの私生活についてはほとんど知らなかったため、透視能力者の言った意味がわからなかった。しかしながら、たまたま同じ日に、ある音楽家の自宅に招かれており、その家に行くと、そこにゴヤの伝記があったのである。ヘンリエッテは、その伝記を借り、帰宅すると、すぐに読み始めた。驚いたことに、レオカディア・ヴァイスという名前の女性が（娘とともに）、晩年になってスペインから亡命したゴヤのために、ボルドーに住む家を用意していたことがわかったのである。

ヘンリエッテは、一九五八年になるまで、その体験を公表しなかった。この年、本人の体験を聞いた知人が、すべてを文章化して、それをアメリカ心霊研究協会に送ってみたらどうかと勧めた。ヘンリエッテは、その示唆に従った。同協会の当時の編集長であったローラ・デイルは、その報告を私に送ってくれたのである。（後ほど、その報告から引用して紹介する。）

私は、その体験の細部をめぐって、ヘンリエッテと私信のやりとりを始め、生まれ変わりを思わせる事例を扱った、私の最初の論文（Stevenson, 1960）に、本人の承諾を得て本例の短報を収録した。一九六〇年に私は、当時、本人が住んでいたニューヨーク市でヘンリエッテと初めて対面した。その後も、私がニューヨークに出かけた時には、本人と何度も会っている。手元の記録には、一九六一年から七六年までの間に七回対面したことが記されている。それ以降はほとんど会うことがなかったが、一九九二年五月一日にニューヨーク市で死亡するまで、毎年のようにクリスマス・カードや近況報告を交わし合っていた。

ヘンリエッテの体験があったのは、その記録に私が目を通す二〇年以上前のことである。一九五八年までの段階では、本人の体験にまつわる発言が裏づけられる可能性は全くなかった。しかしながら、本例のふたつの側面を検討する機会はまだ残されていた。ひとつは、ヘンリエッテ・ルースが、同様のトランス様状態の時に、外的な力によって絵を描いたように思われることがあったかどうかと

註57　透視能力者や霊媒の中には、故人の遺品をさわったり持ったりすることで、その故人との接触が容易になると信ずる者が少なくない。E・オスティ（Osty, 1923）は、フランスの霊媒たちがそうした方法（サイコメトリー）を使った実例を詳しく紹介している。

いう問題であり、もうひとつは、ボルドーでゴヤと同居していたふたりの女性（レオカディア・ヴァイスと、娘のロサリート・ヴァイス）のどちらが、透視能力者の言ったように、ヘンリエッテ・ルースの前世の人格であった可能性が高いか、という問題である。

これらの問題を検討する前に、パリで異例の体験をするまで、ヘンリエッテ・ルースがどのような半生を送ってきたかについて、もう少し詳しく紹介しておきたい。しかる後に、本人が一九五八年に書き留めた体験報告を引用することにしよう。

ヘンリエッテ・ルースの半生記

ヘンリエッテ・ルースは、絵画の教育を受ける前から、絵については並々ならぬ手腕を見せていた。五歳の時には、父親のみごとな似顔絵をクレヨンで描いたという。一二歳の時には、二羽の鳥の油絵を描きあげている。（私は、この絵を本人のアトリエで見たが、事情を知らなければ、もっと年長の、少なくともはるかに経験を積んだ画家の作品と判断したであろう。）一六歳で、細密画に関心を持つようになり、こうした作品に没頭することで目を悪くする心配をしなかったとすれば、その後も、その制作を続けていたことであろう。一八歳の時には、母親の肖像画を描いている。

子どもの頃のヘンリエッテ・ルースは、おとなしく、自宅で絵を描いたり本を読んだりするのを好んだ。母親は、外に出て他の子どもたちと仲よく遊ぶよう強く言ったが、本人はそれに抵抗した。ヘンリエッテは、美術の勉強をしたがったが、両親は、画家を、アムステルダムの良家の娘には不似合いの仕事と考え、許そうとしなかった。

先述のように、ヘンリエッテ・ルースは、二二歳で、フランツ・ヴェイス[註58]〔Weisz〕というハンガリーのピアニストと結婚した。後年、ヘンリエッテは、相手の人柄よりも名前のほうに引かれていたと思うようになった。しかしながら、結婚したおかげで、両親の支配から逃れることができ、二四歳の時には、（オランダ）王立美術院で絵画の教育を受けるようになった。三〇歳の頃、ヴェイスと離婚して、まもなくフランスに移住した。そして、すぐにフランスに愛着を感ずるようになる。学校ではフランス語がなかなか覚えられなかったのに、ひとたびフランスに行くと、フランス語を速やかに身につけ、数カ月のうちに流暢に話せるようになった。フランスでは、絵で生計を立てながら、最初はパリで、その後はイタリアのリヴィエラで、合わせて二〇年ほど暮らした。本人は、独創的な優れた画家であったが、模写にも強い関心を持っており、一時は、模写専門の職員としてルーヴル美術館に務めていた。

一九五四年頃、ヘンリエッテは、合衆国に移住し、そこを終《つい》の棲家とするのである。

パリで画家をしていた頃の、ヘンリエッテ・ルースの変わった体験

既に述べたことの繰り返しになる部分もあるが、次に、ヘンリエッテ・ルースが自らの体験につい

註58　Weisz は、Weiss という、ドイツ語〔ヴァイス〕やフランス語〔ウェイス〕に見られる名前のハンガリー語綴りである。ゴヤの伝記やゴヤに関する記事のほとんどは、Weiss という綴りが使われているが、一部には Weis という綴りも見られる。

て認《したた》めた証言を紹介するのが一番よいように思う。それは、一九五八年一月一〇日に書かれたものである。

アムステルダムの王立美術院で勉強していた時、三年連続で女王賞（ウィルヘルミナ女王からの個人的ごほうび）を受けました。それを利用してパリに行って働くことにしました。収入はわずかでしたので、小さなホテルの部屋を借りました。私には、フランス人の女友だちがいました。私は、この友人をとても好きでした。ただひとつ困ったのは、友人がオカルトを信じていることでした。その友人のことを、ヒステリックで、有頂天になっていると思っていたのです。私は、そういうことは全然信じていませんでした。私は、何年かの間、○○・ヴェイスという、ハンガリーの一流ピアニストと結婚していました。この結婚は失敗に終わりました。離婚したのです。自分が望むように相手を愛していなかったのは、私のほうでした……が、奇妙なことに、何年かは、ヴェイス夫人と呼ばれたかったのです。母は、「どうしてその苗字を後生大事にしているの。離婚したら、すぐ旧姓に戻るものなのに」と、よく申しました（オランダでは、それがふつうです）。それに対して、いつも私は、「わからないけど、変な感じなの。説明できないけど、どういうわけかこの名前が私にぴったりなのよ。この名前と一体になれる感じで、自分のルースという名前よりも私なの。自分のことをルースと呼ぶたびに、他の人のことを言ってる感じがしてしまうの」というふうに、いつも同じような答えかたをしておりました。それで、私は、○○・ヴェイス＝ルース夫人ということにしたのです。

以上の前置きはどうしても必要で、次のことを説明するのに、このうえなく重要なことなのです。

すべては戦前に起こったことです。[註59] ある晩、パリのホテルの部屋にいる時、肖像画を描くその日の仕事が終わった後、ひどい頭痛や動悸や息切れがして——具合が悪くて——みじめな気分になりました。——それで、夜の九時に床に就き、ぐっすり眠って病気を治そうと思いました。すると突然、「怠けているんじゃない。起き上がって仕事をしなさい」という声が聞こえました(実際には耳で聞いたのではなく——額のどこか、眉間のあたりで聞こえたのだと思います)。最初は、その言葉に注意しないで、まわりを見回しただけで、また眠ろうとしました。……そのうちに、また同じ言葉が聞こえたのです。何だろうと思い始めましたが、ベッドに入ったままで、必死に眠ろうとしました。——ところが、三度目が——今度は、非常に独特で力強い声で、「怠けているんじゃない。起き上がって仕事をしなさい」という言葉が聞こえたのです。それで、私は、どうしても眠れないこともあって、起き上がり、「私、おかしくなったのかしら。いったい何……私が夜中に仕事するってことなの」と自問しました。ところが、にもかかわらず、自分の画架を引っぱり出したのです。そして、天井の(パリのどの安宿にもある典型的な)小さな電球の下まで

註59　これは、第二次世界大戦のことである。ヘンリエッテ・ルースは、その後、この体験を(おそらく)一九三六年にあったとしている。

それを押して行きたかったのですが、私の中の力が、それを部屋の一番暗い隅の、電球から遠いほうへ押して行ってしまったのです。そのため、私には何も見えませんでした。

私のパレットは、まだ絵の具がいっぱい載ったまま、テーブルの上に置かれていました。小さなカンバスもそこにありました。それを使って――自分が何をしているのかほとんどわからない状態で、絵を描き始めたのでした。熱に浮かされたように急いで四十五分ほど描いていると、急に、右腕がすごく重くなりました。それで絵筆を置かざるをえなくなったのです。頭痛もなく、不快感も全部消えて、気分がよくなったのがわかったので、床に戻り、すぐに寝つきました。ぐっすりと眠って、翌朝六時に目を覚ました時、突然に思い出しました。……あれは夢だったのだろうか……それとも、私は本当に何かを描いたのか。……ベッドから飛び起きると、ありました。若い女性の美しい小さな肖像画です。……その眼は、遠くにある非現実的な何か見えないものを見ています。私は身震いしました。あれは何だったのか。この現象は、どのように説明すればよいのか。

私は、例の友人のところへ行ってみることにしました。友人の自宅は、一街区しか離れていません。朝の九時が待ち遠しくてしかたありませんでした。何があったかを話すと、もちろん友人は、その絵を持ってすぐに来るように言いました。その絵を見た友人は、泣き出しそうになって、「ああ、ヘンリエッテ、すごい、これは驚きよ。すばらしい。ねえ、どうしようか。心霊研究の集まりに持って行こうよ。毎週木曜の午後に、すごい能力を持った透視能力者が来るの。その小さなカンバスを持って行こうね」と言いました。それに対して、私は、「とんでもない。そんなまやかしなんて、ごめんこうむるわ。私はそんなこと、全然信じないわよ」と言いました。でも、友人があんまり言うものですから、とうとう私は折れて、まあいいわ、おふざけで行ってみようじゃないの、と思いました。

それで、私たちは出かけました。人でいっぱいの部屋でした。言うまでもないことですが、そこにいる人たちは、誰も私のことを知りませんでした。人でいっぱいの部屋でした。その真ん中に、とても質素で貧しそうに見える年配の女の人が椅子に座っていました。その近くには、持参した物について何かを知りたい人たちが、それを載せておくテーブルがありました。そこで、私が描いた肖像画を、既に置かれた少なくとも一〇個以上の品物と一緒に載せ、後のほうに隠れて座りました。新しい人たちがまだ入ってきます。私は友人と話していました。そこは、静かというにはほど遠い状態でした。……しかし、その老女は、既に私の絵を持っていました。……そして、「トランス状態」になりました。顔を上げて——両眼を閉じ——顔がとても青ざめて——唇がぶるぶる震え——ゆっくりと——最初はすごくゆっくりと——始めました。——

次は、その人が言ったことです。「とっても大きい金文字が見えます。——名前が一字ずつ出て来ています。G—O—Y—A……今、その男の人が私に話しています。こう言っています。その方は有名なスペインの画家でした。自分の国から、敵どもから逃れなければなりませんでした。フランス南部の大きな都市にある自宅に、その人を——最後の日まで受け入れてくれたのはあなたでした。その方は、そのことを今でもとても感謝しているので、あなたを導きたいと思っているのです。——ところが、その方は満足しているわけではありません。あなたの抵抗が強すぎる、型にはまった教育にとらわれすぎているのです。[註60]——あなたは、力を抜いて、その方の導きにまかせることをしません。その方がひどく導きにくいようにしているのです。——そのために、自分がしていることが見えないように、暗い中で絵を描かせたのです。その方は言っています。『あなたは、単純な方法ですばらしい効果をあげている。あなたの色彩は温かい、などなど』」

それで、この女の人は、このようにして少なくとも一五分は話したはずです。——最初、私は、この人を当惑しながら見つめていました。——しかし、友人と一緒にそこを出た時には——かなり冷静になっていました。もちろん、友人は、ものすごく興奮していました。自分の勝利を確信した友人は、「さあ、何か言ってご覧なさいよ」と言いました。でも、私の答えは、「わからない。何もかも、とっても変なんだもの。テレパシーを信じてるのはまちがいないわ。——だから、そういうふうにして説明できると思う。私は、自分が画家だということを知ってる。——私は、その絵を暗闇で描いたことも知っている。——私は、自分が型にはまった教育を受けたことを知っている。——私は、自分が単純な方法を使っているのを知っている。——あなたも知ってた。——だから、あの人は、私たちの考えを読んだに違いないわ。ただ、ひとつだけ謎があるの。……あの話にゴヤが出てきたことよ。私は、ゴヤの私生活のことは何も知らないのに」(あいにく、当時、私はゴヤについて書かれたものを読んだことがありませんでした。その点は、実業家だったその友人も同じでした。)それで、その日の午後が終わりました。私は、まだ不信感でいっぱいでした。

ところが、同じ日の晩に、有名なフランス人音楽家の自宅に初めて招かれたのです。部屋に入るとすぐに、本棚に目が行きました。最初に目に入ったのは、何の本だったでしょう。それは、『ゴヤの生涯 *La Vie de Goya*』という本だったのです。私は、そこの奥さまに、その日の午後に起こった出来事をお話ししたうえで、どうしてもこの本を読みたいと申しあげました。奥さまがその本を貸してくださったので、それを持って帰宅して、すぐに中ほどを開きました。すると、そこで見つけた内容に、自分の目を思わず疑うほどの衝撃を受けました。

私が見た――のは

私自身の名前、ヴェイス **Weisz** でした。

ヴェイス――同じような綴り――ファーストネームはレオカディア。[註61] レオカディア・ヴェイス

註60 学校での絵画教育に柔軟性がないことに対して、このように反対の姿勢を表明することは、ゴヤの特徴であった。A・H・ハル（Hull, 1987）は次のように述べている。「ゴヤは、自由を束縛する伝統的な学校教育から若い画家たちを解き放ち、神のあらゆる顕現から神性を見つけ出させようとした。画家の自由へのこうした呼びかけは、一七九二年一〇月一四日に、［サン・フェルナンド王立］美術院に提出した報告書に書かれている［Goya, 1981, pp. 310-12］。また、ゴヤにとっては、自分の語るあらゆる言葉が重要な意味を持っていたのである」［七七ページ］。

註61 私と初対面した時、ヘンリエッテは、自分が借りて読んだ本の（フランス語の）題名を覚えていた。それは、『ゴヤの生涯 *La Vie de Goya*』であった。その時には、著者の名前は思い出せなかった。しかしながら、一九六六年にヘンリエッテは、その本はエウヘニオ・ドールスによる伝記（d'Ors, 1928）のフランス語訳にまちがいないと確信した。なお、フランス語の訳書では、レオカディアとロサリオの苗字は、〔ヘンリエッテの報告のように **Weiss** ではなく〕ウェイス **Weiss** になっている。

〔ヴァイス〕は、死ぬまでゴヤのお世話を自宅でしていた、ボルドー（あの女性〔透視能力者〕が言っていたフランス南部の大都市）に住むゴヤの友人でした。

ようやく、私がその名前を名乗り続けたかった説明がつきました。かつて私は、その名前だったからでした。そのことで、私は確信しました。まるで誰かが、あなたはまだ信じたくなかったんだね——じゃあ、これが証拠だよ、と言っているようでした。

〝ヴェイス（Weisz）〟という名前に対する愛着をヘンリエッテ・ルースが捨てたこと

一九三六年（頃）にパリで珍しい体験をしたほぼその直後に、ヘンリエッテ・ルースは、〝ヴェイス〟という名前に対する強い愛着が消えてしまうのを感じた。その後、ヘンリエッテ・ルースは、この名前をあっさり捨て去り、自分の描いた絵に、離婚した時点からパリでその体験をする三年間を含めて、結婚して以来使い続けてきた〝ヴェイス＝ルース〟ではなく、単に〝ルース〟とだけ署名するようになったのである。

ヘンリエッテ・ルースがその後、異常に素早く絵を描いたこと

素早く（しかも、その時には暗闇の中で）絵を描いたパリでの経験の後、ヘンリエッテは、並はずれて素早く、容易かつ巧みに描いた同様の経験が、他にも四回あった。

こうした体験の中で最も注目に値するのは、ヘンリエッテがニースで、肖像画家としてかなり不安

定な生活を送っていた一九五三年に起こった出来事である。この頃、本人は、裕福な年配の男性の肖像画を依頼された。ところが、その男性は、自分の肖像画を描いてほしくなかったのに、娘の懇願に折れて、しぶしぶそれに同意していたという事情があった。ヘンリエッテが、リヴィエラの広壮な邸宅に赴くと、気乗りのしない当人ばかりか、子どもたちやペットを含めた家族全員までもが、ヘンリエッテが絵を描く予定の部屋に集合していたのである。全員に取り囲まれた本人は、その雰囲気がうっとうしくなってきた。加えて、それまで一所懸命に仕事をしてきていたので、疲れて、かなり消耗していた。ヘンリエッテは、こういう状況では肖像画を描くのは不可能ではないかと思った。画架を立て、絵の具を出して準備したが、絶望的な気持と疲労とで、ぐったりしてしまった。この時、ヘンリエッテは、心の中でゴヤに強く助けを求めた。まもなく、自分には描けるという気持になり、短時間のうちに、そのモデルに驚くほどよく似た肖像画を描きあげてしまったのである。その家族は、本人がわずか数分のうちに描き出した作品を見て喜んだし、モデルの態度も変わってきて、その後は完全に協力的になった。この肖像画は、本人の作品の中で最もできばえのよいもののひとつになった。とはいえ、これは、暗闇で描かれたものではない。

ヘンリエッテは、もうひとつ、自分が自動的に、まるで一種の半トランス状態で描いたように思われる体験を（やはりフランスで）している。この体験について、一九六〇年に私と話した時には、既に本人は、その体験があった状況について細かいことまで覚えていなかった。本人が覚えていたのは、一九五三年にニースで起こった出来事に少々似通った状況で肖像画を描いた時、やはりある種の異様な圧力を受けたことである。その結果生まれたのは、かなりやつれた感じの、小さな少女の肖像画であった。

この種の現象の三回目は、一九六〇年に（当時、合衆国で暮らしていた）ヘンリエッテが、写真をもとに肖像画を描いてほしいという依頼を受けた時に起こったものである。なかなか描き始められないと思っていると、突然に描き始め、きわめて速やかに描き終えたのである。この時の体験を、ヘンリエッテは面接の中で、さらには一九六一年一月三〇日付の私信の中で話してくれた。次に、その私信から引用する。

> 私は、この肖像画を過去に何度も描きたかったのです。でも、さあ描こうと思うと、何かに止められてしまい、いつも、一本も線を引かないうちに絵筆を置いていたのです。この時は、描くことは考えもしませんでした。――いきなり（秒単位で）、画架の前に立って、一日半でその肖像画を描き終えてしまったのです。まわりのものが何もかも見えなくなっていました。全世界が変わっていたかもしれません。食べることすら忘れていました。電話が何度か鳴りましたが、今は話せないと言って切りました。〝少女の顔〟を描いた時に感じたのと同じ、猛烈な衝動がありました。「ヘンリエッテがここで言っているのは、一九三六年にパリで描いた肖像画のことである。」それから、もうひとつ不思議なのは、自分にそんなことができたという感じです。どういうふうにすればそんなことができたのか、いつも不思議に思っています。

この手紙の末尾でヘンリエッテは、この肖像画のできばえがよかったことについて述べている。この絵については、ヘンリエッテ自身も他の人たちも、本人の作品中最も優れた作品のひとつと考えていたのである。同じ私信の中で、ヘンリエッテは、この時には意識の上でゴヤに助けを求めようとしたのかという私の質問にも、次のように答えている。「この時には、ゴヤに力を貸してほしいとは頼みませんでした。ニースの時のように、どうしようもない状況ではなかったからです」

この種の体験の四回目は、一九六五年にあった出来事である。ヘンリエッテは、やはり肖像画の依頼を受けていた。この時は、成功すれば他の依頼も入ってくる可能性があったので、かなり重要な状況と言えた。しかしながら、一九五三年にニースで陥った状況とは違って、絶望的な圧迫感はなかった。次に、一九六六年一月二八日付の私信から、本人自身によるその体験の記述を引用する。

> 実際のところは、写真をもとにして描く場合の、いつものやりかたとはかなり違って、描きたいという強い衝動を感じながら、すぐに描き始めました。たいていは、カンバスに向かう前に、一週間ほど写真を手元に置いて、可能な限りその人の雰囲気を感じ取り、毎日それに集中します。この時には、本当にわかった感じになりました。その方〔本人が肖像画を描くことになっている相手の女性〕の骨格はどうなのか、いつもどういう服を着ているのかということもわかりました。実際、義理の息子さんが私に、その方は黒は絶対に着ず、いつも青を着ていると話してくれましたが、私にはもうそのことがわかっていたのです、青だということが。いつも私は、家族の方たちの反応がわからないので、肖像画を見せるのが不安でした。……結局のところ、ご家族のほうが、本人を身近に見ていてよく知っているからです。でも、この時には、不安が全然ありま

せんでした。どこから見てもそっくりだということが、わかっていたからです。それから、いとも簡単に、いとも素早く、何の努力もせずに、その方の雰囲気がわかったという事実。どれも、首を傾げることばかりです。……その衝動はふつうではありませんでした。写真をもとにして肖像画を描いても、いつもこれほど興奮することはありません。

ヘンリエッテ・ルースは、この肖像画を二日間で、つまりきわめて迅速に描き終えたのである。以上四回の体験と、一九三六年のパリでの最初の体験は、ヘンリエッテの画業人生の中で例外的なものであった。この五回の体験は、三〇年ほどの間に散発的に起こっている。ヘンリエッテは、ふだん絵を描いている時に、ゴヤの影響を受けたと主張したことはない。この五回の場合にも、やはりゴヤの影響について独断的な主張をしたわけではない。本人が主張しているのは、単に、この五回の体験にはまちがいなく共通した特徴があり、いつも絵を描いている時とは明らかに違っていたということにすぎないのである。この五回の時にはいつも、疲れていたために、あるいは別の理由から、絵を描くことに気乗りがしなかった。ところがその後、かなり突然に、速度や技術という点でも、たやすさや確実性という点でも、いわば、ふだん感じているよりもはるかに優れた「自分に気づく」のである。いずれの場合にも、ヘンリエッテは、何らかの〝霊の存在《プレゼンス》〟——つまり、別の人格の一群の特徴——を感じたことは一度もなかった。ただ、最初の（パリでの）時だけは、ずっと暗闇の中で描いていた。

解説　ゴヤは、しばしば非常に素早く絵を描いたという（Hull, 1987）。ヘンリエッテが、肉体のないゴヤの力添えを得ていたのかもしれないと考えた場面で、異常に素早く絵を描いたこととの関連で考えると、ゴヤが迅速に絵を描いたという事実は注目に値する。

一九三六年以前にヘンリエッテ・ルースがゴヤについて知っていたこと

ヘンリエッテは、画家としてのゴヤについては少し知っていたが、ゴヤの私生活について、ましてやボルドーでの生活について何も知らなかったのは、ほぼまちがいない。アムステルダムの王立美術院で勉強をしていた時にも、美術史の講座は受講していなかったのである。

最も可能性が高そうな前世の人格を検討する

ヘンリエッテが本を見て知った通り、ゴヤは、ボルドーでレオカディア・ヴァイスと一緒に暮らしていた。もし本例が、生まれ変わりと一過性の憑依によって、最も適切に説明できるとすれば、レオカディア・ヴァイスがヘンリエッテの前世の人格ということになるのかもしれない。しかし、ヘンリエッテは、本当にレオカディアだったのであろうか。ヘンリエッテ自身は、一九六六年に私と初めて対面した時、まずこの点に疑念を表明した。その時には既にヘンリエッテは、ドールス著『ゴヤの生涯』を入手していた。これは、一九三六年にパリで読んだ伝記である。ヘンリエッテは、レオカディア・ヴァイスについて書かれた部分にもう一度目を通してみた。そこには、レオカディアが絵を描いたとは書かれていなかったが、娘のロサリオ（愛称ロサリート）は描いていたのである。ヘンリエッテは、自分の前世の人格はレオカディアではなく、もしかするとロサリートなのかもしれないと語った。

　この示唆がきっかけとなって私は、絵画の技術以外にロサリートが、ヘンリエッテと共通する特徴を持っていたかどうかを知るため、レオカディアとロサリートの生涯にまつわる情報を検討することにした。そして、ゴヤの他の伝記や、フランスでの晩年について書かれた数本の記事を調べた。こうして得た情報をもとに、本人の関心事や好き嫌いなど、生活上の関連事項について（一九六八年の面接時に）、ヘンリエッテに質問した。どのような回答を私が期待しているのかが本人にわからないようにするため、質問の言いまわしを工夫した。したがって、どのような答えが返ってくるかは、私にもわからなかった。ヘンリエッテ・ルースは、ドールスの伝記を読んでいたため、既にゴヤ（および、ヴァイス母子）の生涯について、いくつかの事実を承知していた。とはいえ、他の著者による伝記を読んだことはなかったという。

　次に、レオカディア・ヴァイスと娘のロサリートの経歴を手短に紹介する。[註62] しかる後に、このふたりとヘンリエッテの生涯に見られた一致点をまとめて表示することにしたい。

レオカディア・ヴァイス　一八一四年、ブルボン家の王フェルナンドⅦ世が、スペインの王位に復位した後、ゴヤは、マドリードの居心地がますます悪くなるのを感じた。ジョセフ・ボナパルトが王位を簒奪していた間、ゴヤがフランス政権と懇《ねんご》ろにしていたことは大目に見られ、もう一度、宮廷画家の地位が与えられた。にもかかわらず、フェルナンド王の専制的体制は、ゴヤを抑えつけるようになっていった。一八一九年、ゴヤはマドリードを抜け出し、市外に転居した。そこで購入した邸宅に、ゴヤの親戚（おそらくゴヤのまたいとこ）にあたるレオカディアが、半ば愛人、半ば家政婦としてやって来た。旧姓で言うとレオカディア・ソリーリャは、一七九〇年生まれなので、ゴヤよりも四〇歳以上も若かった。レオカディアは、イシドロ・ヴァイスという名前のドイツ人と結婚し、ギジェルモとマリア・デル・ロサリオというふたりの子どもが生まれた。娘のマリア・デル・ロサリオは、ロサリートの愛称で呼ばれていた。ロサリオは、一八一四年に生まれている。その時から一八一九年までの間に、イシドロ・ヴァイスはレオカディアから離れ去ったが、レオカディアは、前夫の苗字をそのまま使い続けた。

ゴヤとレオカディアは、マドリードの近くに一八二四年まで住んでいた。その時点で、ゴヤは、フランス軍のせいで起こった自由主義運動を、少し前から弾圧するようになっていたスペイン政府から、あまりに疎《うと》んじられていると感じたため、この国を離れる決意を固めた。そこで、健康を理由に

註62　レオカディアとロサリオ・ヴァイスの二次的資料としては、J・バティクル（Baticle, 1986）、ハル（Hull, 1987）、P・ラフォン（Lafond, 1907）、サンチェス・カントン（Sánchez Cantón, 1951）、H・ストークス（Stokes, 1914）の著書や論文を利用した。J・フォーケら（Fauqué and Etcheverria, 1982）は、ボルドーでのゴヤの生活に関する情報をまとめた貴重な著書を出版している。私が調べた一次資料には、ゴヤ自身の書簡（Goya, 1981）、自由詩人レアンドロ・フェルナンデス・デ・モラティン（ボルドーへの亡命者）の書簡（Moratín, 1929）、レオカディア・ヴァイスの書簡（Bordona, 1924）がある。先に引用したドールスの著書（d'Ors, 1928）は、必ずしも正確ではなく、ほとんど物語風に書かれており、参考文献が全く掲げられていない。

フランスに渡航する許可を申請し、認められた。そして、ボルドーに移ったが、そこで、再びレオカディアがゴヤのために家を用意してくれたのである。ロサリオも一緒であった。一八二四年以降、ゴヤは、二回だけ短期の帰国をしたが、一八二八年に死去するまで、事実上、追放の身となってフランスで（ほとんどはボルドーで）暮らしたのである。

レオカディアは、自由主義陣営の政治に強い関心を持っていたし、ゴヤに政治的関心を持たせようと少々努力したようにも見える。（ゴヤは、どの党派の政治家も、自分の関心や賞賛に値しないという点では同列と見ていた。）レオカディアは激しやすい女性で、同時代の人たちは、レオカディアがゴヤと激しい口論を繰り返していた（その後はいつも仲なおりした）ことを記録している。また、家から出て、街中を歩き回るのが好きな、社交的な人物でもあった。特に、サーカスや祭りを好み、年をとって耳が不自由になったゴヤを、ボルドーのそうした催しに、多少なりとも無理に引っぱり出そうすることもしばしばであった。レオカディアは、絵は描かなかったし、美術にもほとんど無関心であったが、一個の人間としてゴヤに献身的な愛情を注いだことについては、誰ひとり否定する者はいない。

ボルドーでも、ゴヤは、油絵と素描を続けていた。また、フェルナンドⅦ世は、ゴヤに宮廷画家としての俸禄を賦与し続けてくれたし、最後まで賦与することを保証してくれた。かくして、ゴヤが存命している限り、本人もレオカディア母子も、快適な生活が約束されたのである。

一八二八年の春、一七四六年三月三〇日生まれのゴヤは、満八二歳の誕生日を迎えた。四月二日、脳卒中を起こしたゴヤは、寝たきりになった。自分の死後、レオカディア母子のために何もしてやれないことを悟ったらしく、ふたりのために遺言を書きたいと、はっきりしない言葉や身ぶりで伝えた。

その場にいた義娘は、既に遺書はあるとしてゴヤを説得した。(これは事実であった。ゴヤは、一八一一年に息子のハヴィエルに十分な資産を与えるという遺書を作成していた。しかし、レオカディアのことはひと言も書かれていなかった。その時点では、まだゴヤの生活に関与していなかったからである。)そのため、ゴヤは新たな遺書を認《したた》めることなく、一八二八年四月一六日に死亡した。その時点で、レオカディア母子は極貧状態に陥った。レオカディアは、友人たちに、最終的にはフランスの内務大臣に助けを求めた。レオカディアは、ロサリオとともにマドリードに戻り、そこでロサリオは画家としてある程度の成功を収めた。

レオカディア・ヴァイスは、一八五六年に死亡した。享年は、七〇歳前後であった。

ロサリオ・ヴァイス　ロサリオ・ヴァイスは、一八一四年に、おそらくマドリードで生まれている。父親は、本人がまだ幼い頃、妻子を見捨てて家を出てしまっていた。母親とゴヤが同居を始めた時、ロサリオはわずか五歳であった。その時からゴヤが死亡するまで、本人は、最初はスペイン、次はボルドーで、ほとんど継続的にゴヤと同居した。

同時代の人たちは、ロサリオに対するゴヤの温かい愛情と、ロサリオのゴヤへの愛着を、口を揃えて証言している。伝記作家のひとりは、レオカディア・ヴァイスが魅力的な明るい子どもを使って、ゴヤの心を「特別な形でつかんで」いたのではないかと示唆している(d'Ors, 1928)。ゴヤは、時おり、ロサリオのことを自分の〝娘〟と言ったが、それは、ふたりの間に愛情があったためであり、ゴヤが父親だったという意味にとるべきではない。

三人がボルドーに着いた時、ロサリオは一〇歳であった。既に、美術に早熟な才能を見せ、画家になることを望んだ。ゴヤは、できる限りのことをして、ロサリオの願望を叶えようと努めた。かなりの時間を費やし、自分でロサリオを教えたが、ゴヤはもはや教師として有能ではなかった。そのため、ボルドーの他の画家のもとで勉強させる手はずを整えた。画家たちに向かっては、ロサリオの才能について熱心に手紙で訴えたり話したりした。ある手紙には、「この驚くべき子は、細密画を描きたがっています。私もそうさせてやりたいと思っています。この年齢でこの子のようなことをするのは、たぶん最高に珍しいことでしょう」(Lafond, 1907, p. 124)と書いている。ゴヤはロサリオをパリに出して勉強させたいという願いを持っていたが、その計画は実現しなかった。[註63]

先述のようにゴヤは、ロサリオ(とレオカディア)のために、遺書を書き換えようという気持があったが、結局、そうするには至らなかった。ロサリオは、母親とともにマドリードに戻った後、プラド美術館で、誠実な絵画の模写技術者として働くようになった。また、石版画《リトグラフ》作家にもなった。一八四〇年には、女王イサベルⅡ世の絵画教授にも任命された。イサベルⅡ世は、フェルナンドⅦ世の息女で、まだ一〇歳の子どもであった。その後まもなく、ロサリオは、宮廷に向かう途中で暴動に巻き込まれた。それに強い恐怖を感じたことから高熱を出し、一八四〇年七月三一日に死亡するのである。[註64] 享年は二六歳であった(Lafond, 1907)。

明らかに幼いロサリオのために、ゴヤが描いた動物の絵が数多く残されていることから判断してよければ、ロサリオは、動物が非常に好きであった。しかしながら、レオカディア・ヴァイスも、サーカスが好きだったことからすると、やはり動物好きだったようである。ロサリオは、優しい子どもで、母親の激しさや感情的爆発を受け継ぐことはなかったように思われる。その明るく陽気な性質が、流浪の身であったゴヤに大きな喜びを与えたのである。

ロサリオは、画家としての力量に加えて、音楽にも関心を持ち、幼時からピアノを習っていた。ゴヤの死後、生活費に困ったレオカディアがピアノを売り払わざるをえなくなった時、ロサリオの失望は大きかった（Bordona, 1924）。

ヘンリエッテ・ルースの生涯と人格の関連特徴　ヘンリエッテが画家として早熟な才能を持っていたこと、細密画に関心があったこと、模写技術者としても優れていたことは、既に述べた通りである。ここでは、レオカディアおよびロサリオの人格特徴と比較できるように、ヘンリエッテの人格特徴を述べることにしたい。

ヘンリエッテは、絵と同じくらい、音楽の才能にも恵まれていた。ピアノの演奏に秀でていたし、自ら望めば、プロのピアニストになっていたかもしれない。

ヘンリエッテは、生涯を通じて動物が好きだったと私に話してくれた。しかし、政治には全く関心

註63　ゴヤのふたつの伝記は、ロサリオが、ゴヤの晩年の作品（一八二七年に描かれた「ボルドーのミルク売り娘」）のモデルではないかと推定している（Baticle, 1986; d'Ors, 1928）。ロサリオは、一八二七年には一三歳であった。

註64　J・D・ボルドナ（Bordona, 1924）は、ロサリオが一八四三年に死んだと述べている。これは、ラフォンの言うよりも三年遅い。ハル（Hull, 1987）とストークス（Stokes, 1914）は、ラフォンの一八四〇年説を採用している。

がなかったという。静かな生活を好み、社会の出来事や外部の活動には、ほとんど関心がなかった。可能な時にはいつでも、地下鉄やコンサート会場、劇場、サーカス、その他公共の場所をはじめ、群衆が集まるありとあらゆる場所を避けた。音楽が好きではあったが、たとえ千ドルもらったとしても、ニューヨークの大きなリューイソン・スタジアムで開催されるようなコンサートに行く気はないと語った。一度、オペラを観に行って、混雑のため不快になり、第一幕が終わった時点で席を立ったことがあったという。映画に行く時には、出入り口の位置を確かめてから切符を買っていた。とはいえ、恐怖症という用語では、ヘンリエッテが群衆を嫌う傾向を説明する言葉としては強すぎるように思われる。

子どもの頃や青春時代には、控え目で、むしろ臆病なほどだったという。その後、自己主張的、攻撃的衝動を、それまでよりもたやすく表出できるようになった。

子どもの頃には(成人になって以降も)、スペインに対して特別の関心もなかったし、引かれることもなかったという。スペイン語を勉強しようとしたことは、一度もなかった。同様に、若い頃フランスに特別の関心を抱いたこともなかった。とはいえ、おとなになってからフランスで暮らした時には、フランスにかなりの愛着を抱くようになった。

絵画では、一七、八世紀の巨匠たちの画風を見習う傾向があった。印象派の画風に関心を持つことはなかったし、同様に、一部の肖像画家たちの〝写真的〟精確さも敬遠した。自分がモデルを実際より見栄えよく描くのを嫌うことに誇りを感じており、モデルが描いてほしいと望む特徴ではなく、自分の目に見えた通りの特徴を描こうとしていたのである。(この点では、ヘンリエッテはゴヤに似ている。

表3　レオカディア・ヴァイス、ロサリオ・ヴァイス、ヘンリエッテ・ルースの体験と性格特徴のまとめ

体験ないし性格特徴	レオカディア・ヴァイス	ロサリオ・ヴァイス	ヘンリエッテ・ルース
早熟な絵の技量*	画家ではない	はい	はい
模写の関心と力量	画家ではない	はい	はい
細密画を描く関心*	画家ではない	はい	はい
動物好き	はい	はい	はい
ピアノ演奏	情報なし	はい	はい
癇癪持ち*	はい	いいえ	いいえ
群衆を恐がる	いいえ	不明だが、暴動に巻き込まれて恐怖に駆られ、その後に死亡している	はい
政治への関心*	はい	情報なし	いいえ
サーカスや祭りや競馬などが好き*	はい	情報なし	いいえ。ただし、サーカスの動物の演技を除く
社会的活動や屋外の活動が好き	はい	情報なし	いいえ

（*印の質問項目は、ドールスの『ゴヤの生涯』に出ているのと同じものなので、ヘンリエッテ・ルースは、質問に答える前に、これらの項目を知っていた。）

ゴヤも、率直な肖像画を描いたことで讃えられているからである。）しかしながら、モデルに好ましい特徴を見つけた時には、喜んでそれを描写した。

表3に、入手できた情報から突き止めた、三人の人格のさまざまな体験と性格特徴を列挙しておいた。ドールス著『ゴヤの生涯』で述べられている項目には、*印を付しておいた。この著書は、性格特徴や体験を私が尋ねるより前に、ヘンリエッテが既に読んでいたものである。したがって、ロサリオとレオカディアの生涯についていくつかの点を既に知っていたため、私の質問に対する回答に影響が及んでいた可能性がある。

解説　レオカディアとヘンリエッテを比べた時よりも、ロサリオとヘンリエッテを比べた時のほうが一致度は高い。ヘンリエッテがドールスの著書を先に読んでいたことで、回答に影響が及んだ可能性があるため、ここで得られた結果は、無意味なものになるとは思えないまでも、根拠が薄いものになるかもしれない。とはいえ、自分がレオカディアの生まれ変わりか、それともロサリオの生まれ変わりかという問題について、ヘンリエッテは、少なくとも意識の上では、無関心だったと思われる。

少々似通った古い事例

本例の大きな弱点は、裏づけがとれない、ヘンリエッテ・ルースの記憶に、本例が全面的に依拠していることである。しかしながら、私がヘンリエッテを知っていた三〇年の間、その体験の説明が揺らいでいないという事実は、その弱点を（完全に消し去りはしないまでも）少々低減してくれる。

生まれ変わりという考えかたを、本例の最適の説明として受け入れるなら、本例は、技能が——この場合は絵画の技能が——前の生涯から次の生涯へと持ち越された証拠を持つ、ごく少数の事例のひとつになる。ロサリオ・ヴァイスとヘンリエッテのふたりは、まだ幼い頃に、共通してこの技能を示したのである。

画家が肉体のない人格の力を得て、絵を描くと主張した事例を、私は、他に二例しか知らない。フレデリック・L・トムソンの事例とオーギュスタン・ルサージュの事例である。

フレデリック・L・トムソンの事例は、J・H・ヒスロップによって厳密に調査された。ヒスロップは、それを、網羅的な報告（Hyslop, 1909）として発表したうえ、その要約（Hyslop, 1919）も出している。この中心人物は、絵画にはほとんど関心も才能もなかったうえに、その教育も受けたことがないアメリカの彫刻家である。にもかかわらず、一九〇五年に、絵を描きたいという強い衝動を、不意に感じるようになった。フレデリック・L・トムソンには、その衝動が、ある程度名前の知られた画家ロバート・スウェイン・ギフォード〔一八四〇年―一九〇五年〕から発せられているように思われた。トムソンは、ギフォードについてはほとんど知らなかったし、絵を描きたいという衝動が始まる六カ月ほど前に死去していることも知らなかったのである。

〝ギフォード衝動〟を受けたトムソンは、自他ともに驚くほど優れた技量により絵を描き始めた。そして、頭に描いただけで、田園風景を素描と油彩とで描いたのである。また、その衝動に従って、トムソンはニューイングランド地方の僻地にまで出かけ、そこでさまざまな風景を描いた。後にトムソンは、ギフォードがそうした風景を描くのを好んでいたことを知った。トムソンが描いたこうした風景画は、ギフォードの残した絵画と酷似していたが、トムソンは、それらの絵について通常の方法であらかじめ知ったことも、それらを知っていた可能性も否定した。長期にわたる検討の末、結論としてヒスロップは、超常的通信がトムソンにどこからか届いたことを裏づける証拠がわずかながら存在すること、死後のギフォードから通信が届いたとする解釈は、他のいずれの解釈と比べても、同じくらい妥当であることを述べたのである。

ヒスロップの大量の記録を調べることをせずに、この事例について的確な判断を下すことはできない。ここでは、トムソンの体験の一部の形態にご注目いただくことにしたい。要するにトムソンは、明確なイメージをともなう幻聴を体験したのであるが、最初は、単純な印象や衝動だけであった。自伝的文章の中で、トムソンは次のように述べている。

……スケッチしている間中、自分がギフォード氏自身だという感じが続いたのを覚えている。そして、出かける前に、ギフォード氏がスケッチに行きたがっていることがいつもわかった。とはいえ、その頃にはまだ、ギフォード氏がその年の初めに亡くなっていたことは知らなかった。

〔Hyslop, 1909, p. 32〕

絵を描きたいという衝動に関するトムソンの説明は、テレパシー的印象体験の事例〔Stevenson, 1970a〔邦訳、『虫の知らせの科学』叢文社〕で一部の中心人物が報告するものとよく似ている。そのような人たちは、ある人物や場所に向かいたいという衝動のようなものがあって、何か悲惨な出来事がそこで起こっているのを感じたと語るのである。トムソンの体験は、たとえ本人の言うように、その衝動が始まった時点ではギフォードが死亡している事実を知らなかったとしても、それが死後の人格から来ているとした点で、これらの事例とは違っている。絵を描きたいというトムソンの衝動は数年間続いたのに対して、生者から発せられるテレパシー的印象の事例では、行動を起こしたいという衝動は、はるかに短い時間しか続かないのである。

オーギュスタン・ルサージュ〔一八七六年―一九五四年〕は、フランスの鉱夫であったが、三五歳の時〔一九一一年〕に突如として、絵を描き始めた。絵画に対する関心はそれまで全くなく、その勉強をしたこともなかった〔Bondon, 1947; Dubuffet, 1965; Osty, 1928〕。ルサージュは、油彩で、いつもは非常に大きなカンバスに描いた。最初は、かなり変わった模様をかなり細かく描き込んだだけで、それとわかる人物も物品もなかった。その後は、絵の中に人物や動物や物品を描くようになったが、同時にそれらは、古代エジプト風の、あるいは他の東洋風の画風や主題を暗示するものになってきた。ルサージュの絵は、東洋のモチーフを示唆していたが、実際には、東洋であれ西洋であれ、特定の様式を表現したものではなかった。後年の作品には、エジプトの象形文字風のシンボルが描かれたものもあった。そのほとんどは、個々のシンボルとしては正確に再現されたものの、意味のある順番には並べられなかった。したがって、ルサージュの心に残る記憶の痕跡から、意味がわかったうえで再現されたわけではないのは明らかである。ルサージュの作品は、一九二〇年から四〇年までの間に、フランスの美術評論家からある程度好意的に受け止められたが、未熟な、あるいは原始的な芸術の見本としか見なされえないのである。この事例をここで紹介したのは、ルサージュが、絵描き霊媒を自称し、故人に影響を受けて絵を描いたと考えていたためである。しかしながら、ルサージュの事例には、フレデリック・L・トムソンやヘンリエッテ・ルースの事例とは違って、超常的過程の関与をうかがわせる要素は見られない。

解説

他の事例報告では、それぞれの中心人物が、その生涯を記憶している故人の状況、特にその死の様態にふさわしいある種の感情をしばしば示すことにご注目いただいた。この種の感情で最も一般的なのは、(前世での死に関与したと本人が考える人物に対する) 復讐心や、死因に関係する道具や場所に対する恐怖症に内在するような恐怖心である（Stevenson, 1990）。本例――ヘンリエッテ・ルースの事例――には、おそらく前世に由来する恐怖症が存在していた証拠がある。

おそらくもっと重要なのは、恐怖心とは異なる、感謝の念という感情が持続する証拠を、本例が提出していることであろう。ヘンリエッテ・ルースがロサリオ・ヴァイスの生まれ変わりであることを裏づける証拠を本例が提示していると解釈してよければ、（おそらくは死後にも存続していた）ゴヤの感謝の念が、一〇〇年以上にわたって続いたことを裏づける証拠も明らかにしていることになる。（ゴヤが死亡したのは一八二八年であり、パリでヘンリエッテの体験があったのは一九三六年〔頃〕である。）これまで見てきたように、生前のゴヤは、レオカディアとロサリオ・ヴァイス母子に感謝していたし、死を目前にした時、遺書を書き直して、ふたりに何らかの備えをしておきたいと考えたようであるが、説得されて思い留まった。したがってゴヤは、感謝の念と、恩義に報いたい気持とを抱きながら死んでいったということなのであろう。

第4部　全般的考察

本書を読まれた方であれば、生まれ変わりを思わせる事例がヨーロッパでも発生することを否定しないであろう。こうした事例の発生率がわかったらよいと思うが、実際にはわからない。伝統的な宗教信仰から、前世などありえないと考えるため、親が抑え込んでしまう事例も一部にあるのではないかと思われる。その場合、前世について話す子どもは、うそをついているか、さもなければ途方もない空想を言っているに違いないと、親たちは考える。あるいは、前世の出来事のイメージ記憶を位置づけ、理解するための基盤を親たちが与えてくれないため、子ども自身が、その記憶を抑え込む場合もある。ジュゼッペ・コスタ〔二六―四三ページ〕やゲオルク・ナイトハルト〔六四―八七ページ〕の事例は、こうしたイメージ記憶を持つ幼児が途方に暮れてしまった実例である。その他に、関係者たちが、信頼の置ける研究者の連絡先はもちろん、その存在すら知らないため、研究の道が閉ざされている事例もある。本書に収録した三二例のうち、私が中心人物やその親から知らされたのはわずか七例にすぎなかった。

この三種類の原因――親による抑え込み、中心人物自身による抑え込み、関心を持ってくれそうな研究者を知らないこと――は、事例の報告数に関係してくる。とはいえ、その三要因は、実際の事例の発生率を教えてくれるわけではない。われわれ研究者がその存在を知るに至る事例がわずかしかないのは、報告されない事例が多いためではないと思う。第1部で引用しておいたように、一九九〇年代に行なわれた調査によれば、ヨーロッパのいくつかの国では、回答者の二五パーセント以上が生まれ変わりを信じていたという。これらの親たちなら、前世について話そうとする子どもに熱心に耳を傾けることであろう。残る七五パーセントの親たちについては、インドでも子どもの発言を抑えつけようとする親がいるが、どう見ても、前世の記憶を話したいという子どもの願望を抑えるほどの効果はない、という事実（Stevenson and Chadha, 1990）を見ればよいであろう。

したがって、私は、ヨーロッパの事例の実際の発生率は低く、インドおよび他の一部の国の発生率よりも、おそらくかなり低いのではないかと推断している。その推測が正しいとしても、ヨーロッパと、たとえばインドの発生率の差を説明することができるわけではない。かつて出版した拙著（Stevenson, 1987/2001〔『前世を記憶する子どもたち』〕）で、私は、このふたつの地域の文化差がきわめて大きく、まだほとんどわかっていないことに起因するのではないかと推測した。

この難問はさておき、次に、ヨーロッパの事例と他の国々の事例の特徴の共通点および相違点を考えてみることにしよう。二〇年ほど前に、私は、共同研究者たちとともに、六カ国――ビルマ（現在の名称はミャンマー）、インド、レバノン、スリランカ、タイ、合衆国――から集めた八五六例の主特徴を検討した。（この中には、ヨーロッパの事例は含まれていない。）その結果、六カ国すべての事例で、

表4　ヨーロッパの事例と他の4ヵ国（インド、レバノン、合衆国、カナダ）の事例の4特徴の比較

	他の4ヵ国 N = 668	ヨーロッパ N = 22
最初に話した平均年齢（月齢）	36.4 (n = 571)	35.9 (n = 21)
自分から話すのを止めた平均年齢（月齢）	85.6 (n = 222) *	97.1 (n = 15)
中心人物による死の様態の発言の有無（パーセント）	76.2 (n = 581)	84.6 (n = 13)
前世で非業の死（パーセント）	68.8 (n = 545)	73.7 (n = 19)

（註）nで表示された数値は、各特徴の確実なデータを含む事例数を示している。
＊105名の中心人物は、最後の面接時にも前世の話をしていた。

四種類の特徴が見つかった。それは、（1）中心人物が前世について話し始める年齢が低いこと（通常は、二歳から四歳まで）、（2）前世について自発的に話すのをまもなく止めること（通常は、五歳から七歳まで）、（3）前世で非業の死を遂げた例が高率に見られること、（4）子どもが、死の様態について語る場合が多いことである（Cook *et al.*, 1983）。こうした特徴は、相異なる文化圏の事例でも高率に見られるため、時おり私は、これを〝普遍的特徴〟と呼んできた。

これ以外の特徴の出現率は、文化圏によって大きく異なっている。文化圏によって出現率が異なる特徴の実例としては、前世と現世の性別が違うと見られる事例や、中心人物と前世の人格が同じ家族に属する事例があげられる。とはいえ、わずか数ヵ国の事例を検討したにすぎないので、〝普遍的特徴〟という言葉は誇張にすぎた。その前に、他の文化圏の事例も検討する必要があったのである。たとえ少数であっても、ヨーロッパの事例をここに持ってくれば、こうした比較をすることが可能になる。

表4は、ヨーロッパの子どもたちの二二事例から得られ

たデータを、インド、レバノン、合衆国（部族民以外の事例）、カナダの総計六六八例のデータと比較したものである。各項目でデータが欠けているが、妥当な比較が可能な程度の数は残っている。[註1]

表4の数値を見比べれば、他の文化圏の事例でふつうに見つかる四特徴が、ヨーロッパの事例にもはっきりと見られることに、まちがいなく同意していただけるであろう。

これらヨーロッパの事例にも、他の文化圏の事例でしばしば観察されるいくつかの特徴が散見される。五名の子どもは、前世とされる時代に起こった出来事に対応する恐怖症を持っていた。六名は、自らの発言に同じく対応する遊びを示した。四名は、前世では今と逆の性別だったと述べた。その四名のうち、ふたりは男でふたりは女であった。五例では夢が、一例では声による通信が、中心人物の誕生を予言したように思われる。六例では、中心人物が習ったことのない何らかの技能や、思いもよらない知識を示したことを、情報提供者が証言している。三人の中心人物は、自ら語った生涯に由来するらしき先天性の異常を持っていた。要するに、ヨーロッパの事例は、共同研究者たちとともに私がこうした事例を研究してきた、他の文化圏の事例と同じ一般型をとっているように見えるのである。

次に、何らかの超常的過程がヨーロッパの事例に関与していた証拠は、どの程度見られるかについて検討しなければならない。子どもたちの発言だけをもとに判断すると、失望せざるをえない。二二例のうち七例が未決例で、残る一五例にしても、三例（グラディス・ディーコン〔二〇八―二一七ページ〕、ヴォルフガンク・ノイラート〔二二〇―二二二ページ〕、ヘルムート・クラウス〔二二三―二二八ページ〕）を除けば、すべてが同一家族例なのである。同一家族例では、中心人物が当該の故人に関する情報を通常の方法で得たのではないことが、十分には確信できない。このことは、ヴォルフガンク・ノイラートの事例についても言えるかもしれない。この事例では、双方の家族が近所同士だったのである。私は、他の点では印象的なグラディス・ディーコンの事例を、独自に検証しているわけではない。この事例を除くと、ヘルムート・クラウスの事例が、双方の家族の間につながりのなかった、独自に確認された〔早期小児期に始まった事例の中では〕唯一の既決例ということになる。そこに、ルプレヒト・シュルツ〔四四二—四六八ページ〕の事例を加えることができるであろう。この事例では、早期小児期にわずかながら超常的過程の端緒があったのである。

以上述べた証拠面の弱点以外にも、成人の情報提供者たちが、子どもが口にしたことを誤って記憶ないし解釈していた可能性のあることを念頭に置く必要がある。死んだ子どもの両親は、こうしたまちがいを特に犯しやすい。故人に自分たちのもとへ帰ってきてほしいと願う気持が影響した可能性のある事例は、七例あった。しかしながら、こうした事例とは対照的に、子どもの発言が両親を驚かせ、困惑させた事例も、同じく七例あったのである。このような事例では、両親がそうした発言を奨励したとは、ましてやそれをそそのかしたとは、私にはとうてい思われない。

事実であることが確認され、子どもが、当該の故人について通常の情報伝達によって知ったはずのない発言しか、超常的過程が関与したと解釈できないとすれば、ヨーロッパの事例には失望せざるを

註1　これらの国が選ばれたのは、われわれの手元にあるこれらの国のデータすべてがコード化され、比較できるようになっているためである。

えないであろう。しかしながら、何もそのような制約に縛られる必要はない。事例の評価に際しては、家族の中では異質であるが、子どもが前世について話す内容とは一致する行動も、その対象に含めなければならないからである。恐怖症や偏愛、習ったことがないのに発揮される技能や知識を含めるとすれば、二二一名の子どものうち一六名が、この種の変わった行動を示しているのがわかる。こうした調査を続けてきた結果、私は、これらの子どもたちの大多数が示す変わった行動も、子どもの発言や（もしあれば）母斑や先天性欠損と同程度に、超常的過程が関与していたかどうかの判断材料に加えるべきだと考えるようになった。たとえば、カール・エドン〔一四五—一五六ページ〕、デヴィッド・ルウェリン〔一七〇—一八一ページ〕、ゲデオン・ハイハー〔二四二—二六四ページ〕、タル・ヤルヴィ〔二九八—三〇九ページ〕、テウヴォ・コイヴィスト〔三三〇—三四二ページ〕など、一部のヨーロッパの事例では、子どもたちの変わった行動のほうが、その発言よりもはるかに際立っているように思われる。それは、家族の期待や価値観とは、時として完全に異質である。こうした行動は、遺伝や家族の影響という要因で説明することはできないように思う。

とはいえ、ヨーロッパの事例は、全体として、そこに超常的過程が関与していることを裏づける証拠は、アジアで、特にインドやスリランカで見つかる、より有力な事例と比べると、はるかに薄弱である。J・B・タッカー（Tucker, 2000）は、超常的過程が関与していたかどうかの判断に役立つ、各例の諸特徴によって得点を加減する「事例有力度尺度（SOCS）」を考案した。タッカーは、六カ国で発生した七九九例（その四分の三はインド、トルコ、合衆国の事例）を検討の対象とした。その結果、得点は、低いほうでマイナス3点、高いほうでプラス49点であった。また、全体の平均得点は10.4

点、中央値は8点であった。この尺度を使うと、ヨーロッパの事例群（子どもたちの二二例とルプレヒト・シュルツの事例）では、全体の平均得点はわずかに6.4点、中央値は5点であった。得点が10点以上（他の国で発生した事例の平均得点）に達するのは、ヨーロッパの二三例中五例にすぎなかった。ヨーロッパの事例としてはきわめて例外的なルプレヒト・シュルツの事例は、23点であった。

本書を締めくくる前に、反復する鮮明な夢の事例について述べておきたい。夢は、睡眠中に不随意の視覚的イメージを生起させるが、言語的な成分はほとんどない。夢に出てきた場面を言葉で説明しようとしても、それを完全に正確に表現することは、まずできない。そのため、反復夢を見た者がその夢を語る時、その度ごとに異なったとしても、驚くにはあたらないのである。

また、夢を語る人たちが、それについて「鮮明」とか「現実的」などという表現をしても、そうした形容詞はあまり重視すべきではない。かつて私は、予知的と考えられる一二五例の夢を略式で分析したことがあった（Stevenson, 1970b）。その結果、そのうちの四五パーセントで、夢を見た者が、その夢を描写する際に、「鮮明」とか「現実的」という言葉を使っていることがわかったのである。したがって、こうした言葉は、超常的過程が関与していることの指標になるとしても、そのことを約束するものではない。超常的過程が関与していることの確証は、その夢を見た者が通常の方法では知りえなかった事実がその夢に含まれていた場合に初めて得られるのである。夢が鮮明であったり現実的であったりしても、ほとんどの事例では、この条件を満たしていない。

本書に収録した七例の夢のうち、二例――トラウデ・フォン・フッテン〔四一四―四三一ページ〕とルイージ・ジオベルティ〔四三一―四四一ページ〕の事例――は、詳細に検討した段階で、ほとんど無価値であることが明らかになった。また、他のふたり――トマス・エヴァンズ〔三五一―三六〇ページ〕とウィリアム・ヘンズ〔三六一―三六八ページ〕――の夢は、事実かどうかが確認できなかった。しかしながら、他の三例の夢については、その中に何らかの超常的過程が関与していたと、私は確信している。その三例とは、ジェニー・マクラウド〔三四三―三五一ページ〕、ウィニフレッド・ワイリー〔三六九―三九一ページ〕、ジョン・イースト〔三九一―四一四ページ〕の事例である。この三名は、夢の中で自らの前世を思い出したのかもしれない。アジアの事例の少なくとも一三例の中心人物は、事実であることが確認された覚醒時の前世の記憶とともに、その記憶の一部を含む夢や悪夢も経験していた。[註2] それゆえ、前世に関する覚醒時の記憶は持っていないものの、それを夢の中で体験する人たちが一部に存在するという可能性を考えることができるのである。

私は、「超常的過程」という言葉を繰り返し使ってきたが、生まれ変わりを思わせる事例の裏づけとなる超常的過程として、どのようなものを私が考えているかについて、ここで述べておかなければならない。生まれ変わりに代わるひとつの考えかたは、生者が入手可能な情報を透視的に知覚することである。この考えが成立するためには、こうした子どもたちが、超常的知覚能力を持っているという条件が必要になる。ところが、この子どもたちは、前世を思わせる発言や変わった行動を別にすると、いかなる状況でも、その種の能力を発揮することはない。また、透視という考えかたでは、年齢が上がると、ほぼ全員でその記憶らしきものが失われてしまうことも説明できないし、子どもたちが、それぞれの行動の中で別人を演ずることも説明できないのである。

もうひとつ考えられる超常的解釈は、肉体のない世界から生者に影響を及ぼす力を持つ死者が、中心人物に〝憑依〟したとするものである。私は、憑依の実例と解釈するのが最も適切な事例が、時として発生することを確信している。図18〔四九九ページ〕に掲げたヘンリエッテ・ルースの絵画については、憑依という解釈が妥当であるように思う。ジャスビール・シンとスミトラ・シンの事例〔S・パスリチャ『生まれ変わりの研究』（邦訳、日本教文社）に収録〕も、憑依で説明できるであろう。しかしながら、こうした事例は、前世を記憶しているように思われる幼児の事例とは、いくつかの点で明確に異なっている。憑依という概念では、前世を記憶していると主張する子どもたちにほぼ一様に見られる、年齢が上がるとその記憶が消えてしまうという現象が説明できないのである。また、前世での傷痕やあざと一致する先天性の異常も、やはり説明できない。（本書には、そうした事例はほとんど収録されていない。）

前世を記憶しているように思われるヨーロッパの子どもたちの事例は、生まれ変わりを裏づける最有力の証拠にならないのは明らかである。にもかかわらず私は、一部の事例では、生まれ変わりが、唯一のものではないにしても、最も有力な解釈だと考えるのである。

註2　これらの中心人物の一部のリストを別著（Stevenson, 1997, pp. 1385-87）に掲げておいた。

付録——本書でふれられた事例報告の一覧

本書でふれられた事例は、以下の一覧表に、中心人物のファーストネームか洗礼名の五十音順に並べてある。本文中で、特にビルマ〔ミャンマー〕人の氏名に時おり付した敬称は、事例の中心人物を明確にする目的で括弧内に付記した場合を除き、本表では外してある。

拙著を示すのに、以下の略語が用いられている。

『生物学』──→『生まれ変わりと生物学 *Reincarnation and Biology: A Contribution to the Etiology of Birthmarks and Birth Defects*』（Two volumes. Westport, CT: Praeger, 1997）

『刻印』──→『生まれ変わりの刻印 *Where Reincarnation and Biology Intersect*』〔邦訳、春秋社〕

『二〇例』──→『生まれ変わりを思わせる二〇例 *Twenty Cases Suggestive of Reincarnation*』（2nd ed. Charlottesville: University Press of Virginia, 1974）

『事例集（数字）』──→『生まれ変わり型の事例集 *Cases of the Reincarnation Type*』（Volumes 1-4. Charlottesville: University Press of Virginia, 1975-83）

『前世』――→『前世を記憶する子どもたち *Children Who Remember Previous Lives*』〔邦訳、日本教文社〕
（この中には、一部の事例に関する情報が掲載されているが、詳細な事例報告ではない。）

事例報告が掲載されているページについては、各著書の索引をご覧いただきたい。

アシャ・ラニ　詳細な報告は未発表
イザート・シュハイイーヴ　詳細な報告は未発表
イスマイル・アルティンキリヒ〔トルコ〕　『事例集3』
インディカおよびカクシャッパ・イシュワラ〔スリランカ〕　『生物学』、『刻印』
インディカ・グネラトネ〔スリランカ〕　『事例集2』
ウィリアム・ジョージ・ジュニア〔合衆国、トリンギット〕　『二〇例』
エルカン・キリヒ〔トルコ〕　『事例集3』
グナナティレカ・バデウィタナ〔スリランカ〕　『二〇例』
クムクム・ヴェルマ〔インド〕　『事例集1』
サヴィトリ・デヴィ・パタ一ク〔インド〕　『生物学』、『刻印』
サレム・アンダリ〔レバノン〕　『事例集3』

サンジヴ・シャルマ〔インド〕　『生物学』
ジャスビール・シン〔インド〕　『二〇例』
シャムリニー・プレマ〔スリランカ〕　『事例集2』
スザンネ・ガーネム　詳細な報告は未発表
スジト・ラクマル・ジャヤラトネ〔スリランカ〕　『事例集2』
スドヒール・ラストギ　詳細な報告は未発表
スニタ・カンデルワル〔インド〕　『生物学』、『刻印』
スミトラ・シン〔インド〕　Stevenson, Pasricha, and McClean-Rice, 1989
スムリティ・カナ・クンダ　詳細な報告は未発表
スレイマン・アンダリ〔レバノン〕　『事例集3』
スワルンラタ・ミシュラ〔インド〕　『二〇例』
セミ・ツツシュムシュ〔トルコ〕　『生物学』、『刻印』
セミル・ファリシ〔トルコ〕　『生物学』、『刻印』
ゾウ・ウィン・アウン（マウン）〔ミャンマー〕　『生物学』、『刻印』
タン・タン・アエ（マ）　詳細な報告は未発表
チャオクン・ラジスタジャルン→
　ラジスタジャルン（チャオクン師）
チャナイ・チューマライウォン〔タイ〕　『生物学』、『刻印』

ティアン・サン・クラ〔タイ〕　『生物学』、『刻印』
ティン・イー（マ）〔ミャンマー〕　『生物学』
ティン・ティン・ミント（マ）〔ミャンマー〕　『事例集4』
ティント・アウン（ウ）〔ミャンマー〕　『生物学』
ドゥルシナ・カラセク〔ブラジル〕　『生物学』、『刻印』
ドラベス・クロスビー〔合衆国、トリンギット〕　『生物学』
ドロン・チャムパ・ミトラ〔インド〕　『事例集1』
ナヴァルキショーレ・ヤダヴ〔インド〕　『生物学』
ナシル・トコセズ〔トルコ〕　『事例集3』
ニランカル・バトナガル〔インド〕　『生物学』、『刻印』
ノーマン・デスパーズ〔合衆国、トリンギット〕　『二〇例』
バジラン・バハドゥール（B・B）・サクセナ〔インド〕　『生物学』、『刻印』
パール（マ）〔ミャンマー〕　『生物学』
パルモッド・シャルマ〔インド〕　『二〇例』
ビル・サハイ〔インド〕　『生物学』、『刻印』

フタイ・ウイン（マウン）〔ミャンマー〕　『生物学』、『刻印』
フトエ・イン（マ）〔ミャンマー〕　『生物学』
フトエ・ウイン（マ）〔ミャンマー〕　『生物学』、『刻印』
プラカーシュ・ヴァルシュナイ〔インド〕　『二〇例』
フリイェ・ブガイ〔トルコ〕　『生物学』
ヘンリー・デマートⅢ世
〔合衆国、トリンギット〕　『生物学』、『刻印』
ボンクチ・プロムシン〔タイ〕　『事例集4』
マリカ・アロモウガム〔インド〕　『二〇例』
マルタ・ロレンツ〔ブラジル〕　『二〇例』
マンジュ・バルガヴァ　詳細な報告は未発表
ミント・ミント・ゾウ（マ）〔ミャンマー〕　『生物学』、『刻印』
ミント・テイン（マ）〔ミャンマー〕　『生物学』、『刻印』
ムヒッティン・イルマズ〔トルコ〕　『生物学』、『刻印』
メアリ・マグルーダー〔合衆国〕　『前世』
モウンゼル・ハイダル〔レバノン〕　『事例集3』
ラヴィ・シャンカール・グプタ〔インド〕　『二〇例』
ラジスタジャルン（チャオクン師）〔タイ〕　『事例集4』

ラジャニ・スクラ〔インド〕	『生物学』
ラニ・サクセナ〔インド〕	『前世』（詳細な報告は未発表）
ラビ・エラワール〔レバノン〕	『事例集３』
ラムーおよびラジュー・シャルマ〔インド〕	『事例集１』
ラリタ・アベヤワルデナ〔スリランカ〕	『事例集２』
レク・パル・ジャタヴ〔インド〕	『生物学』、『刻印』

訳者後記

『アメリカ精神医学雑誌 *American Journal of Psychiatry*』という一流医学誌の二〇〇五年四月号（第一六二巻四号）に、著名な精神科医による、本書（二〇〇三年）の原著の書評が掲載されています。イアン・スティーヴンソン（以下、著者）の著書では、この種のことはさほど珍しくありません。また、著者の生まれ変わりに関する研究論文自体も、いくつかの一流医学雑誌に掲載されています。中でも、由緒ある『神経精神病学雑誌 *Journal of Ner-vous and Mental Disease*』は、超常現象の研究にかなり好意的で、一九七七年には、ほとんどのページを著者の生まれ変わり研究にあてた特集号（一六五巻三号）を発行しています。その雑誌の編集長は、その号の巻頭言で次のように述べています。これまでにも引用したことのある文章ですが重要なのでもう一度引用します。

一流雑誌の多くは、ＥＳＰをはじめとする超常現象の研究を、現代の科学観に合わないという理由で自動的に退けてきた。〔中略〕このような特集を組んだ理由は、執筆者が、科学的にも個人的にも信頼に足る人物であること、正当な研究法をとっていること、合理的な思考をしていること、といった点にある。以上の条件が満たされるなら、人間の行動に関する知識の増進をめざす雑誌が、このようなテーマの論文を自動的に不採用にすべきではないし、そうしてはならない義務があると思う（Brody, 1977, p. 151）。

わが国では、超常現象の研究論文や研究書の書評が主流の医学雑誌に掲載されるようなことは、残念ながらありえないでしょう。個人的には関心を持つ専門家もいるのに、公的なレベルでは〝うさんくさい〟として却下されてしまうのです。こうした両国の差は、簡単に埋まるものではありません。西洋で発達した科学という人間の営み（自分を喜ばせるための個人的創造活動）が、昔から技術（多くの場合、他人を喜ばせるための集団的な仕事）で身を立ててきた、西洋とは根本的に体質が違う日本という国に受け入れられるのは、至難の業《わざ》なのかもしれません。もちろん、欧米でも、超常現象研究に対する風あたりは、日本ほどではないにせよ、かなり強くあります。その中で、この巻頭言は、科学雑誌はかくあるべし、という見本のような姿勢を打ち出しています。

超常現象の研究法には、一九世紀末から続けられてきた偶発例の調査研究法と、超心理学の〝創始者〟J・B・ラインが一九三〇年代に始めた、統計を使った実験室的な研究法とがあります。それまでにも実験的な研究はありましたが、ラインの方法は、当時の実験心理学の方法を模し、主として科学者の説得を目指したものでした。ところが、その歴史は既に七〇年以上になるにもかかわらず、今なお、その目的が達成されたとはとうてい言えない状況にあります。それに対して、当初からライン流の研究法に批判的だった著者は、伝統的な方法を使った研究に専念してきました。この方面の四五年に及ぶ著者の研究は、超常現象（要するに、心の持つ力が起こす現象）全般に及んでいます（一例をあげれば、一九八一年には清田益章《ますあき》の金属変形と念写の実験をしています）が、その中で最も力を入れたのが、前世を記憶しているように見える子どもたちの調査研究でした。

本稿では、著者の講演（Stevenson, 1989）やインタビュー記事（Wallis, 1999）、著者の現地（レバノンとインド）調査に同行取材した『ワシントン・ポスト』紙の編集者の著書（シュローダー、二〇〇二年）[註1]などをもとに、この方面の研究に着手するまでの著者の足跡をたどり、この研究の意味を考えてみることにしましょう。

スティーヴンソンと生まれ変わり研究

一九一八年にカナダに生まれた著者は、今年で八七歳になるわけですが、二〇〇二年にヴァージニア大学精神科人格研究室の責任者を退いた後も、今なお同研究室の研究教授を務め、精力的に研究を続けています。

少年時代から歴史に深い関心を寄せていた著者は、まず、スコットランドの大学で歴史学を学びました。しかし、歴史学では「仕事とするにはちょっともの足りない感じ」がしたため、その後、より人のためになる医学の道を志しました。とはいえ、歴史に対する関心は、現在に至るまで、衰えることなく続いています。著者の歴史に関する深い造詣が、本書の随所ににじみ出ていることは、一読しておわかりいただけるでしょう。また、著者には読書癖と言うべきものもあり、文学や人文科学全般を今でも読み続けているそうです。

カナダの医科大学を卒業後、二年間のインターンの途中で、健康上の理由からアメリカ南部に移住した著者は、二八歳の時、ルイジアナ州の大学で生化学の研究を始めました。その中で、ノーベル賞を受賞したドイツの生化学者の学説を覆すデータが動物実験で得られます。ところが、そのデータを聞き知ったドイツの別の生化学者に、その研究をドイツで発表することはできないだろうと言われたのです。これは、科学の建前を無視して、権威が事実を拒絶することを示す好例です。この時、著者の心に、「独創的な研究をし、その結果を人に伝える際に直面するあらゆる障害」に対して、強い関心が生まれたのでした。単に反発するかあきらめる平凡な研究者とは違って、より根源的な問題に立ち向かおうとする著者の姿勢は、やはり非凡なものと言えるでしょう。心が体に及ぼす影響に強い関心を寄せていた著者は、もっと人間全体に迫れる研究をしたいと考えていました。

註1　この著書は、著者の調査研究がどのような背景や状況で行なわれているのかを知るためには絶好の資料ですので、関心のある方ばかりでなく、著者の研究に批判的な方も、この本をぜひお読みください。著者の研究に対して、安易な批判ができにくくなると思います。私事になりますが、訳者は、スティーヴンソンに紹介された著者のシュローダーから依頼されたため、この原著の邦訳出版社を探していたのですが、残念ながら別の出版社が翻訳権を獲得してしまい、別の訳者の手で出版されることになってしまいました。この邦訳書は、たとえば、「アメリカ心霊研究協会」と訳すべきところ、「アメリカンソサエティー精神研究所」などという、事情を知っている者からすると意味不明な訳語が少なくありません。訳がこなれているだけに非常に残念です。

そのため、翌一九四七年に心臓病の心身医学的研究を始めます。心身医学のまさに黎明期です。しかもそこは、ハロルド・G・ウォルフという、後に世界にその名を馳《は》せることになる、心身医学の中心的指導者の研究室でした。初期の心身医学研究の文献を見ると、著者の論文が、一部はウォルフと共著で、たくさん掲載されているのがわかります。著者は、新進気鋭の心身医学研究者として、高く評価されるようになったのです。

研究を続けるうち著者は、怒りや恐怖を抱いた時と同じく、格別の喜びがあった時にも、同様の心身症が起こることに気づくようになりました。一般の心身医学研究者は、そのようなことに気づいても、「うれしいこともストレスになる」として片づけてしまい、その種の現象自体に着目することがないのですが、著者は違っていました。ここでも著者の読書癖が功を奏します。古今の資料から、そうした実例をたくさん探し出したのです。それによると、たとえば本書にも登場する病床のゴヤは、フランスに亡命していた息子からすぐに見舞いに行くという手紙を受け取った直後に死亡しているそうですし、やはり病床にあったベートーヴェンも、財政難を解消してくれるはずの一〇〇ポンドが、ロンドンから舞い込んだ直後に死亡しているそうです。

そうした観察事実をまとめた論文を発表しようとした著者は、生化学研究の時と同種の抵抗に再び直面します。著者の指導者のウォルフは、厳密な研究法をとる一方で、心身症状の目的論的解釈（症状には何らかの目的があるという考えかた）に固執していました。おそらくそのためもあってウォルフは、著者の論文をかなり冷ややかな目で迎えたのでした。著者がその論文を発表することができたのは、ウォルフのもとを離れた後でした。

アメリカでは一九五〇年代に、心身医学が独立した分野になるという期待が裏切られたため、心身医学の研究者たちは、内科と精神科という既存の分野に散らばって行きました。著者は、「心理状態が体の状態に及ぼす影響の研究を深めるうえで、精神医学のほうが内科よりも機会に恵まれているように思われた」ことから、精神科を選びました。そして、その勉強のため、精神分析の研究所に入り、ふたつの研究所に合わせて七年ほど在籍したのです。〝折衷的〟な姿勢をとる著者は、そこでもかなりの違和感を抱きます。この分野では、フロイトと一部の弟子がまさに神格化されていて、他の研究者の著作を読む者はなく、それが議論の対象になることもなかったからです。精神分析の考えでは、芸術であれ宗教であれ、すべては幼少期の願望や葛藤の現われにすぎません。しかし、その科学的根拠はなさそうでした。科学であれば、患者の発言が個々に確認できなければなりませんが、精神分析はそうではありません。著者の目から見ると、「フロイトの最大の誤りは、幼少期に受けたという性的誘惑についての患者の主張が事実かどうかを、確かめようとしなかったこと」にありました。

そしてまとめた論文は、人間の人格は幼少期や小児期のほうが、後年より影響を受けやすいか、という疑問に関するものでした。これによって著者は、幼時の体験がその後を左右するという精神分析の屋台骨に疑義を唱えたのでした。それと同時に、この方向が、後の生まれ変わり研究のためのひとつの礎石になったのです。この論文が出た時、ロンドンの精神医学研究所の教授から、「丸腰で街を歩き回ってもだいじょうぶか」と聞かれたそうです。それほど当時のアメリカの精神科は、幼時の体験を絶対視する精神分析に染まりきっていたのです。

著者は、一九五七年にヴァージニア大学精神科の主任教授に就任します。三九歳のことでした。まもなく、例によって読書癖を活用し、それまで関心のあった生まれ変わりの実例を、世界中のさまざまな資料から四四例も探し出し、そのうちの七例を要約して紹介しました。その第一例が、平田篤胤《あつたね》が採取し、小泉八雲が英語で紹介した「勝五郎」の事例でした。その論文を見た人から、資金の援助を受け、一九六一年にインドへの調査旅行に出かけたのが、生まれ変わり研究の出発点になりました。その後は、いくつかの障害にぶつかり、各方面から強い批判にさらされ続けたものの、研究が順調に進展して現在に至ったわけです。このように振り返ってみると、反骨精神のきわめて旺盛な著者の生涯には、むだというものがほとんどないことがわかります。

生まれ変わりという考えかたが持つ意味

言うまでもありませんが、人間の本質についての考えかたは、時代とともに変遷します。一六世紀にわが国に渡来したキリシタン（カトリック）たちは、現在とは逆に、魂の存在を否定する〝合理主義者〟の織田信長に向かって、真剣に魂の存在を説いていたのです。しかし、「もし現在でもなお、異端者が火あぶりの刑に処せられるとすれば、一六世紀に魂の存在を否定した者を火あぶりにしたキリスト教神学者の、科学における後継者たちは、魂の存在を肯定する者を火あぶりにする」(Stevenson, 1989) ことでしょう。［註2］

多くの科学者は、科学の建前とは裏腹に、現行の科学知識を永遠に変わらない絶対的なものと考えているようです。このように「方法と結果を混同している」科学者たちの態度を見聞きするにつけ、著者はいつも愕然とするそうです。科学とは方法のことであって、その結果として生み出される科学知識とは区別しなければなりません。科学という方法は、将来的にも同じように利用されるでしょうが、科学知識は、絶えず塗り替えられる宿命にあるのです。現行の科学知識を絶対視する人たちは、真の科学者とは似て非なるものなのです。

生まれ変わりを思わせる事例の研究は、超常現象の研究者の間でも最も抵抗が強いものです。それは、この方面の研究が、他の超常現象の研究よりもインパクトが強いことの現われでもあります。本書には、現在の医学や心理学の知識では説明できないさまざまな現象が、具体的な証言として描き出されています。それには、前世の人格の体にあった傷と対応する母斑や先天性欠損を別にしても、たとえば次のような現象があります。

- 喃語《なんご》や幼児語の段階を経ずに、いきなりおとな的な話しかたをする（マルヤ＝リイサ・カアルティネン〔二八八―二九八ページ〕などの事例）
- 今まで使ったことのない言葉や単語を使う（グレアム・ルグロ〔一八一―一八八ページ〕やナデージュ・ジュグー〔一九五―二一〇ページ〕の事例）
- 教えられずに文字が読める（ディッタ・ラウルスドッティル〔二七七―二八八ページ〕の事例）
- 生後に身につけたはずのない技術を発揮する（ゲデオン・ハイハー〔二四二―二六四ページ〕などの事例）

これらは、生まれ変わりという考えかたを裏づける有力な証拠になるわけですが、それを別にしても、これらの観察や主張が正しければ、言語や技能の習得に関するこれまでの考えかたを修正する必要が出てきます。[註3] だからこそ、このような観察や主張に直面した時、科学者は、ひたすらそれを無視したり、超常現象の研究に無知のまま、現行の科学知識を持ち出してそれを否定するのではなく、それを自分の手で確認しようと努める必要があるのです。そこにこそ、科学の存在理由があります。ところが、私の知る限り、超常現象の研究に対する批判者たちは、ごく稀な例外を除いて、真の意味での科学者としての対応を避け続けてきました（笠原、一九八七年）。このようなふしぎな現象が見られることも、この方面の研究が重要であることの傍証になります。

前著『前世を記憶する子どもたち』とともに、本書は、人間の心の本質に関心を持つ人たちに、このうえなく重要な証拠を提出しています。果たして、人間の心は、死後にも存続するのかどうか、また、生まれ変わることがあるのかどうか、という問題を真剣に考える方には、必読書となるべき本でしょう。著者は、一九七七年に精神医学誌に掲載された論文の中で、次のように述べています。「この証拠は、現段階ではまだ不完全なので、説

註2　この機会にふれておきますが、カトリックの作家であった遠藤周作は、スティーヴンソンの生まれ変わり研究にきわめて強い関心を寄せ、いくつかの作品を執筆しています（『わが恋《おも》う人は』〔一九八七年、講談社文庫〕、『万華鏡』〔一九九三年、朝日新聞社〕、『深い河』〔一九九三年、講談社〕）。そのおかげで訳者は、遠藤氏のご紹介により、五〇名ほどのキリスト教芸術家の集まりで、生まれ変わりの話をする機会を与えられたことがありました。宗教的な反発もなく、真剣に耳を傾けてくださいました。その一方では、遠藤氏の本が九州で〝禁書〟になっていたという話も聞いています。

註3　小児自閉症を持つ子どもの場合にも、少なくともこの一部については、同様の観察事実が知られています。また、そうした子どもたちの中には、ほとんど練習もせずにさまざまな技術を身につけてしまう例もあるようです。この種の事例を専門家が真剣に研究しようとしないのは、非常にふしぎなことに思えます。

得力が乏しいことは確かである。〔人間の〕死後生存を信じたくなければ、死後生存の証拠を否定する以外道はない。それは、人間の死後生存の裏づけとなりそうな証拠が相当数蓄積されているからであり、こうした証拠の存在を知った者は、誰しもが、その証拠をもとに自らの立場を明確にする必要があるからである」（スティーヴンソン、一九八四年、五二ページ）。これらの証拠を否定したいのであれば、その証拠を自分の手で探し出す必要があることになります。しかし、もしこうした研究のあら探し的批判をしたいのであれば、なぜ自分はそのような願望を持っているのかを明らかにするために、自らの心を深く探らなければならないことになるでしょう。

【参考文献】

笠原敏雄編（一九八七年）『サイの戦場――超心理学論争全史』平凡社

T・シュローダー（二〇〇二年）『前世を覚えている子どもたち』大野百合子訳、ヴォイス

I・スティーヴンソン（一九八四年）「人間の死後生存の証拠に関する研究」笠原編『死後の生存の科学』〔叢文社〕所収

Brody, E.B. 1977. Research in reincarnation and editorial responsibility. *Journal of nervous and mental disease* 165: 151.

Stevenson, I. 1989. Some of my journeys in medicine: The Flora Levy Lecture in the Humanities. http://www.healthsystem.virginia.edu/internet/personalitystudies/some-of-my-journeys-in-medicine.pdf

Wallis, D. 1999. Conversations/Dr. Ian Stevenson; You may be reading this in some future past life. *New York Times* September 26, 1999.

◎訳者紹介――**笠原敏雄**（かさはら・としお）＝一九四七年生まれ。早稲田大学心理学科を卒業後、北海道や東京の病院で心因性疾患の心理療法を続け、九六年、東京都品川区に〈心の研究室〉開設、現在に至る。著書に、『幸福否定の構造』（春秋社）、『希求の詩人・中原中也』（麗澤大学出版会）その他が、訳書に『前世を記憶する子どもたち』、『生まれ変わりの研究』（以上、日本教文社）その他がある。

連絡先　〒一四一―〇〇三一　品川区西五反田二―一〇―八―五一四　心の研究室

電子メール　kasahara@02.246.ne.jp　ホームページ　http://www.02.246.ne.jp/~kasahara/

索　引

本索引は、原著索引とは独立に、事項と人名とをまとめて作成したものである。見出しは、必ずしも本文通りではなく、わかりやすく変えたものもある。人名は姓名順に並べてあるが，事例の名前は，原著にならって名姓順〔事例〕とした。なお、ビルマ（ミャンマー）の人名に付されている「ウ」「マウン」「マ」といった敬称は索引では省略している。また、（　）は、中の語が含まれる場合と含まれない場合とがあることを、［　］は、その前の語が括弧内の語と入れ替わる場合があることを、それぞれ示している。数字の後の *n* は、その語が傍註にあることを、*c* は図のキャプション中にあることを、*t* は表中にあることを、それぞれ示している。〔訳者〕

【ら行】

【わ行】

参考文献

〔以下の文献中、邦訳があるものはかぎ括弧内に示しておいた。同じ著者の類書に邦訳がある場合にも、参考までに記しておいた。訳者〕

Almeder, R. 1992. *Death and personal survival: The evidence for life after death*. Lanham, MD: Rowman and Littlefield.〔類書：アルメダー、R．『死後の生命』笠原敏雄訳、ティビーエス・ブリタニカ、1992 年〕

______. 1997. A critique of arguments offered against reincarnation. *Journal of Scientific Exploration* 11: 499-526.

Ancelet-Hustache, J. 1963. *God tried by fire: St. Elizabeth of Hungary*. Translated by P. J. Oligny and V. O'Donnell. Chicago: Franciscan Herald Press.

Archbold, R. 1994. *Hindenburg: An illustrated history*. New York: Warner/Madison Press.

Arnold, E. 1911. *The light of Asia*. London: Kegan Paul, Trench, Trübner & Co. Ltd. (First published in 1879.)〔アーノルド、E．『亜細亜の光』島村苳三訳、岩波文庫、1940 年〕

Baker, R. A. 1982. The effect of suggestion on past-lives regression. *American Journal of Clinical Hypnosis* 25: 71-76.

Barker, D. R., and Pasricha, S. 1979. Reincarnation cases in Fatehabad: A systematic survey in North India. *Journal of Asian and African Studies* 14: 231-40.

Baticle, J. 1986. *Goya d'or et de sang*. Paris: Gallimard.

Battista, F. 1911. Un caso di reincarnazione? *Ultra* 5: 585-86.

Bergunder, M. 1994. *Wiedergeburt der Ahnen: Eine religionsethnographische und religionsphänomenologische Untersuchung zur Reinkarnationsvorstellung*. Münster: Lit Verlag.

Bernstein, M. 1965. *The search for Bridey Murphy*. New York: Doubleday. (First published in 1956.)〔バーンスティン、M．『第二の記憶』万沢遼訳、光文社、1959 年〕

Bible. Authorized King James Version. New York: Thomas Nelson. (First published in 1611.)

Bigg, C. 1913. *The Christian Platonists of Alexandria*. Oxford: Clarendon Press.

Biundo, G. 1940. *Regesten der Reichsfeste Trifels*. Kaiserslauten: Saarpfälzisches Institut für Landes-und Volkforschung.

Björkhem, J. 1961. Hypnosis and personality change. In *Knut Lundmark and man's march into space: A memorial volume*, edited by M. Johnson. Gothenbur: Värld och Vetande.

Bochinger, C. 1996. Reinkarnationsidee and "New Age." In *Die Idee der Reinkarnation in Ost und West*, edited by P. Schmidt-Leukel, pp. 115-30. Munich: Eugen Diedericks Verlag.

Bondon, G. 1947. *Augustin Lesage, le peintre mineur: Sa vie et sa mission*. Ans: Imprimerie Masset.（私家版のパンフレット）

Bordona, J. D. 1924. Los ultimos momentos de Goya. *Revista de la Biblioteca, Archivo y Museo* 1: 397-400.

Bozzano, E. 1940. *Indagini sulle manifestazioni supernormali*. Serie VI. Città della Pieve: Tipografia Dante.（次の表題で復刻された。"Reminiscenze di una vita anteriore" in *Luce e Ombra* 94: 314-27, 1994.)

Brazzini, P. 1952. *Dopo la Morte si Rinasce?* Milan: Fratelli Bocca Editori.

Broad, C. D. 1962. *Lectures on psychical research*. London: Routledge & Kegan Paul.

Browning, R. 1971. *Justinian and Theodora*. London: Weidenfeld and Nicolson.

Buchan, J. 1940. *Memory hold-the-door*. London: Hodder and Stoughton.

Burkert, W. 1972. *Lore and science in ancient Pythagoreanism*. Cambridge, MA: Harvard University Press.

Burton, R. F. 1987. *The book of the sword*. New York: Dover Publications. (First published in 1884.)

Butterworth, G. W. 1973. Introduction. In *On first principles by Origen*. Gloucester, MA: Peter Smith.

Caesar, Julius. 1917. *The Gallic war*. Translated by H. J. Edwards. London: William Heinemann.〔カエサル、J．『ガリア戦記』近山金次訳、岩波文庫、1964 年〕

Carbonelli, G. 1912. *Gli Ultimi Giorni del Conte Rosso e i Processi per la sua Morte*. Pavia: Pinerolo.

Catéchisme -De l'église Catholique. 1992. Paris: Mame-Librairie Editrice Vaticane. (English language edition. *Catechism of the Catholic Church*. 2d ed. Washington, DC: United States Catholic Conference, 1997.)

Chalfont, Lord. ed. 1979. *Waterloo: Battle of three armies*. London: Sidgwick and Jackson.

Chatterton, E. K. 1914. *The old East Indiamen*. London: T. Werner Lauri.

Cognasso, F. 1926. *Il Conte Verde*. Turin: G. B. Paravia.

_____. 1931. *Il Conte Rosso*. Turin: G. B. Paravia.

Cook, E., Pasricha, S., Samararatne, G., Maung, W., and Stevenson, I. 1983. A review and analysis of "unsolved" cases of the reincarnation type: II. Comparisons of features of solved and unsolved cases. *Journal of the American Society for Psychical Research* 77: 115-35.

Cook, E. W., Greyson, B., and Stevenson, I. 1998. Do any near-death experiences provide evidence for the survival of human personality after death? Relevant

features and illustrative case reports. *Journal of Scientific Exploration* 12: 377-406.

Corson, E. F. 1934. Naevus flammeus nuchae; Its occurrence and abnormalities. *American Journal of the Medical Sciences* 187: 121-24.

Costa, G. 1923. *Di là dalla vita*. Turin: S. Lattes.

Cox, E. L. 1967. *The Green Count of Savoy: Amadeus VI and Transalpine Savoy in the fourteenth century*. Princeton: Princeton University Press.

Crehan, J. 1978. *Reincarnation*. London: Catholic Truth Society.

Daniélou, J. 1955. *Origen*. Translated by Walter Mitchell. New York: Sheed and Ward.

Davidson, H. R. E. 1964. *Gods and myths of Northern Europe*. Harmondsworth, Middlesex: Penguin.〔デイヴィッドソン、H．R．E．『北欧神話』米原まり子、一井知子訳、青土社、1992 年〕

Davie, G. 1990. Believing without belonging: Is this the future of religion in Britain? *Social Compass* 37: 455-69.

Delanne, G. 1924. *Documents pour servir à l'étude de la réincarnation*. Paris: Éditions de la B. P. S.

Delarrey, M. 1955. Une réincarnation annoncée et vérifiée. *Revue métapsychique* 1(2): 41-44.

Dickens, C. 1877. *Pictures from Italy, Sketches by Boz, and American Notes*. New York: Harper and Brothers.〔ディケンズ、C．『ボズのスケッチ：短編小説篇　上、下』藤岡啓介訳、岩波書店、2004 年〕

Diogenes Laertius. 1925. *Lives of eminent philosophers*. Vol. 2. Translated by R. D. Hicks. Cambridge, MA: Harvard University Press. (First published in c. 250.)〔ディオゲネス『ギリシア哲学者列伝』加来彰俊訳、岩波文庫、1994 年〕

Dodds, E. R. 1951. *The Greeks and the irrational*. Berkeley: University of California Press.〔ドッズ、E．R．『ギリシア人と非理性』岩田靖夫、水野一訳、みすず書房、1972 年〕

Donat, A. 1963. *The Holocaust kingdom*. Washington, DC: Holocaust Library.

_____. ed. 1979. *The death camp Treblinka: A documentary*. New York: Holocaust Library.

d'Ors, E. 1928. *La vie de Goya*. Translated by Marcel Carayon. Paris: Gallimard.

Doveton, F. B. 1852. *Reminiscences of the Burmese War in 1824-5-6*. London: Allen.

Dubuffet, J. ed. 1965. *Publications de la Compagnie de l'art brut. Fascicule 3. Le Mineur Lesage*. Paris: Compagnie de 1'Art Brut.

Ducasse, C. J. 1961. *A critical examination of the belief in a life after death*. Springfield, IL: Charles C. Thomas.

Dunne, J. W. 1927. *An experiment with time*. London: Faber and Faber.

Dunning, R. W. ed. 1974. *A history of the County of Somerset*. Vol 3. Published for the

Institute of Historical Research. Oxford: Oxford University Press.

_____. 1984. *The Monmouth rebellion: A complete guide to the rebellion and bloody Assizes*. Wimborne: Dovecote Press.

Earle, P. 1977. *Monmouth's rebels: The road to Sedgemoor 1685*. London: Weidenfeld and Nicolson.

East, J. N. 1960a. *Eternal quest*. London: The Psychic Press.

_____. 1960b. *Man the immortal*. London: The Psychic Press.

Eliade, M. 1982. *A history of religious ideas. Volume 2. From Gautama Buddha to the triumph of Christianity*. Translated by W. R. Trask. Chicago: University of Chicago Press.〔エリアーデ、M.『世界宗教史２』島田裕巳、柴田史子訳、筑摩書房、1991 年〕

Ellwood, G. F. 1971. *Psychic visits to the past*. New York: New American Library.

Evans-Wentz, W. Y. 1911. *The fairy-faith in Celtic countries*. New York: Oxford University Press.

Fauqué, J., and Etcheverria, R. V. 1982. *Goya y Burdons*. Zaragoza: Ediciones Oroel.

Flournoy, T. 1899. *Des Indes à la planète Mars. Étude sur un cas de somnambulisme avec glossolalie*. Paris: Lib. Fischbacher, 4th ed. (C. T. K. チャリの序文と最終章を含む新アメリカ版あり。New Hyde Park, NY: University Books, Inc.,1963.)

Forbes, R. 1975. *The Lyon in Mourning or a collection of speeches letters journals etc. relative to the affairs of Prince Charles Edward Stuart*. 3 vols. Edited by Henry Paton. Edinburgh: Scottish Academic Press. (First published in 1895.)

Frankl, V. E. 1947. *Ein Psycholog erlebt das Konzentrationslager.* 2nd ed. Vienna: Verlag für Jugend und Volk.〔フランクル、V.『夜と霧』霜山徳爾訳、みすず書房、1956 年〕

Fraser, J. 1905. *Chronicles of the Frasers (The Wardlaw manuscript)*. Edinburgh: Scottish History Society.

Freeman, J. 1996. *Job: The story of a Holocaust survivor*. Westport, CT: Praeger.

Gallup Opinion Index. 1969. *Special report on religion*. Princeton, NJ: American Institute of Public Opinion.

Geley, G. 1927. *Clairvoyance and materialisation*. Translated by S. de Barth. New York: George H. Doran Company.

George, M. I. 1996. Aquinas on reincarnation. *The Thomist* 60: 33-52.

Gilbert, M. 1986. *The Holocaust: A history of the Jews of Europe during the Second World War*. New York: Holt, Reinhart, and Winston.

Gill, A.1988. *The journey back from Hell: An oral history. Conversations with concentration camp survivors*. New York: William Morrow.

Goya, F. de. 1981. *Diplomatorio*. Edited by A. C. Lopez. Zaragoza: Librería General.

Grant, J. 1939. *Winged pharaoh*. London: Methuen.

Hackl, N. 1950. *Die Geschichte der Burgruine Weissenstein bei Regen*. Regen: Verlag Waldvereinsektion Regen.

Haich, E. 1960. *Einweihung*. Thielle: Verlag Eduard Fankhauser. (English edition: *Initiation*. London: George Allen and Unwin, 1965.)

Häikiö, W. 1992. *A brief history of modern Finland*. Lahti: University of Helsinki.

Hamilton-Williams, D. 1993. *Waterloo: New perspectives*. London: Arms and Armour Press.

Harding, S., Phillips, D., and Fogarty, M. 1986. *Contrasting values in Western Europe*. London: Macmillan.

Harris, M. 1986. *Investigating the unexplained*. Buffalo, NY: Prometheus Books.

Hawkes, J. 1981. *A quest of love*. New York: George Braziller.

Head, J., and Cranston, S. L. eds. 1977. *Reincarnation: The Phoenix fire mystery*. New York: Crown Publishers.

Hermann, T. 1960. Das déjà vu Erlebnis. *Psyche* 9: 60-76.

Heywood, R. 1960. Review of *Eternal quest* by J. N. East. *Journal of the Society for Psychical Research* 40: 370-71.

Hodgman, J. E., Freeman, R. I., and Levan, N. E. 1971. Neonatal dermatology. *Medical Clinics of North America* 18: 725-33.

Hodgson, F. C. 1910. *Venice in the thirteenth and fourteenth centuries*. London: George Allen.

Hornsby-Smith, M. P., and Lee, R. M. 1979. *Roman Catholic opinion: A study of Roman Catholics in England and Wales in the 1970s*. Guildford: University of Surrey.

Howarth, D. 1968. *Waterloo: Day of battle*. New York: Atheneum.

Hull, A. H. 1987. *Goya: Man among kings*. New York: Hamilton Press.

Huxley, T. H. 1905. *Evolution and ethics and other essays*. New York: D. Appleton. 〔ハックスリ、T.『進化と倫理』上野景福訳、育生社、1948年〕

Hyslop, J. H. 1909. A case of veridical hallucinations. *Proceedings of the American Society for Psychical Research* 3: 1-469.

_____. 1919. *Contact with the other world*. New York: The Century Co. 〔ハイスロップ、J.H.『開かれた霊界の扉』今村光一編・訳、叢文社、1982年〕

Iamblichus. 1965. *Life of Pythagoras*. Translated by Thomas Taylor. London: John M. Watkins. (First published in c. 310.) 〔イアンブリコス『ピュタゴラス伝』佐藤義尚訳、国文社、2000年〕

Inge, W. R. 1941. *The philosophy of Plotinus*. 3d ed. 2 vols. London: Longmans, Green and Co.

Inglehart, R., Basañez, M., and Moreno, A. 1998. *Human values and beliefs: A cross-cultural sourcebook*. Ann Arbor: University of Michigan Press.

Johnson, P. 1976. *A history of Christianity.* Harmondsworth, Middlesex: Penguin.〔ジョンソン、P.『キリスト教の二〇〇〇年』別宮貞徳訳、共同通信社、1999 年〕
Kampman, R. 1973. Hypnotically induced multiple personality: An experimental study. *Acta Universitatis Ouluensis*, series D, Medica no. 6. Psychiatrica no. 3, pp. 7-116.
_____. 1975. The dynamic relation of the secondary personality induced by hypnosis to the present personality. *Psychiatria Fennica* (1975): 169-72.
_____. 1976. Hypnotically induced multiple personality: An experimental study. *International Journal of Clinical and Experimental Hypnosis* 24: 215-27.
_____, and Hirvenoja, R. 1978. Dynamic relation of the secondary personality induced by hypnosis to the present personality. In *Hypnosis at its bicentennial*, edited by F. H. Frankel and H. S. Zamansky. New York: Plenum Press.
Kaspar, W. 1990. Réincarnation et christianisme. *La documentation catholique*. Number 2005, May 6, 1990, 453-55.
Keltie, J. S., ed. 1875. *A history of the Scottish highlands, highland clans and highland regiments*. Edinburgh: A. Fullerton.
Ker, W. P. 1904. *The dark ages*. New York: Charles Scribner's Sons.
Kraus, O., and Kulka, E. 1966. *The death factory: Document on Auschwitz*. Oxford: Pergamon Press.
Krüger, M. 1996. *Ichgeburt: Origenes and die Entstehung der christlichen Idee der Wiederverkörperung in der Denkbewegung von Pythagoras bis Lessing*. Hildesheim: Georg Olms Verlag.
Lafond, P. 1907. Les dernières années de Goya en France. *Gazette des beaux arts* 1: 114-31 and 241-57.
Lambert, Y. 1994. La religion: Un paysage en profonde évolution. In *Les valeurs des français*, edited by H. Riffault. Paris: Presses Universitaires de France.
Lancelin, C. c. 1922. *La vie posthume*. Paris: Henri Durville.
Lawrence, J. 1960. *A history of capital punishment*. New York: The Citadel Press.
Laurie, W. F. B. 1880. *Our Burmese wars and relations with Burma, being an abstract of military and political operations, 1824-25-26 and 1852-53*. London: W. H. Allen.
Leasor, J. 1957. *The millionth chance: The story of the R 101*. New York: Reynal and Company.
Lemmer, M., trans. and ed. 1981. *Das Leben der heiligen Elisabeth*. Vienna: Verlag Styria.
Lengyel, O. 1947. *Five chimneys: The story of Auschwitz*. Chicago: Ziff-Davis.
Le Roy Ladurie, E. 1975. *Montaillou, village occitan de 1294 à 1324*. Paris: Éditions Gallimard. (American edition: *Montaillou: The promised land of error*. Translated

by Barbara Bray. New York: George Braziller, 1978.)
Lockhart, L. 1958. *The fall of the Safavi dynasty and the Afghan occupation of Persia*. Cambridge: Cambridge University Press.
______. 1960. *Persian cities*. London: Luzac and Company.
Lund, D. H. 1985. *Death and consciousness*. Jefferson, NC: McFarland and Company.
Lundin, C. L. 1957. *Finland in the Second World War*. Bloomington: Indiana University Press.
Macbride, M. ed. 1911. *With Napoleon at Waterloo*. London: G. Bell and Sons.
Macdonald, A. 1934. *The old Lords of Lovat and Beaufort*. Inverness: The Northern Counties Newspaper and Printing and Publishing Company.
MacGregor, G. 1978. *Reincarnation in Christianity*. Wheaton, IL: The Theosophical Publishing House.
McKellar, P. 1957. *Imagination and thinking*. New York: Basic Books.
Mackenzie, A. 1896. *A history of the Frasers of Lovat*. Inverness: A. and W. Mackenzie.
Mackie, R. L. 1962. *A short history of Scotland*. Edinburgh: Oliver and Boyd. (First published in 1930.)
McTaggart, J. M. E. 1906. *Some dogmas of religion*. London: Edward Arnold.
Madaule, J, 1961. *Le drame albigeois et le destin français*. Paris: Bernard Grasset.
Mass-Observation. 1947. *Puzzled people: A study in popular attitudes to religion, ethics, progress and politics in a London Borough*. London: Victor Gollancz.
Mead, G. R. S. ed. 1921. *Pistis Sophia: A gnostic miscellany*. 2d ed. London: John M. Watkins.
Mesquita, D. M. B. de. 1941. *Giangaleazzo Visconti*. Cambridge: Cambridge University Press.
Moncreiffe, I., and Hicks, D. 1967. *The highland clans*. London: Barrie and Rockliff.
Monumenta Boica. 1765. Munich: Edidit Academia Scientiarum Maximilianea. (1956年6月28日付、G．ナイトハルト宛て書簡より、G．オズワルドによる引用)
Mooney, M. M. 1972. *The Hindenburg*. New York: Dodd, Mead.〔ムーニィ、M．『悲劇の飛行船』筒井正明訳、平凡社、1973年〕
Moratín, L. F. de. 1929. *Epistolario de Leandro Fernandez de Moratín*. Madrid: Compania Ibero-Americano de Publicaciones.
Murphy, F.-X., and Sherwood, P. 1973. *Histoire des Conciles Oecuméniques: Constantinople II and Constantinople III*. Paris: Éditions de 1'Orante.
Neale, J. P. 1821. *Views of the seats of noblemen and gentlemen in England, Wales, Scotland and Ireland*. London: Sherwood, Neely and Jones. Vol. iv.
Neidhart, G. 1957. *Werden Wir Wiedergeboren?* Munich: Gesellschaft für religiöse und geistige Erneurung.

Neppe, V. 1983. *The psychology of déjà vu: Have I been here before?* Johannesburg: Witwatersrand University Press.

Norwich, J. J. 1982. *A history of Venice*. New York: Alfred A. Knopf.

Nyiszli, M. 1993. *Auschwitz: A doctor's eyewitness account*. Translated by T. Kremer and R. Seaver. New York: Arcade Publishing. (First published in 1960.)

Origen. 1973. *On first principles*. Translated by G. W. Butterworth. Gloucester, MA: Peter Smith. 〔オリゲネス『諸原理について』小高毅訳、創文社、1978 年〕

Orne, M. T. 1951. The mechanisms of hypnotic age regression: An experimental study. *Journal of Abnormal and Social Psychology* 46: 213-25.

Osty, E. 1923. *La connaissance supra-normale: Étude expérimentale*. Paris: Félix Alcan. (English edition: *Supernormal faculties in man*. Translated by S. de Brath. London: Methuen and Company, 1923.)

_____. 1928. Augustin Lesage. Peintre sans avoir appris. *Revue métapsychique*, Jan-fév, 1-35.

Oswald, G. 1952. *Die Geschichte der Stadt Regen*. Regen: Verlag Wilhelm Dirmaier.

Paget, J., and Saunders, D. 1992. *Hougoumont: The key to victory at Waterloo*. London: Leo Cooper.

Palmer, J. 1979. A community mail survey of psychic experiences. *Journal of the American Society for Psychical Research* 73: 221-51.

Paterson, R. W. K. 1995. *Philosophy and the belief in a life after death*. London: Macmillan.

Philostratus. 1912. *The life of Apollonius of Tyana*. Translated by F. D. Conybeare. London: William Heinemann.

Plato. 1935. *The Republic*. Translated by A. D. Lindsay. London: J. M. Dent. 〔プラトン『国家』、藤沢令夫訳、岩波文庫、1979 年〕

_____. 1936. *Five Dialogues*. Translated by P. B. Shelley, F. Sydenham, H. Cary, and J. Wright. London: J. M. Dent. 〔プラトン『プラトン対話篇』久保勉、阿部次郎訳、岩波書店、1921 年〕

Plotinus. 1909. *Select works of Plotinus*. Translated by T. Taylor. London: George Bell and Sons. 〔プロティノス『プロティノス全集』水地宗明、田之頭安彦他訳、中央公論社、1986-88 年〕

Prat, F. 1907. *Origène: Le théologien et l'exégète*. Paris: Librairie Bloud.

Prebble, J. 1961. *Culloden*. London: Secker and Warburg.

Prince, W. F. 1931. Human experiences: Being a report on the results of a questionnaire and a discussion of them. *Bulletin of the Boston Society for Psychic Research* 14, 1-331.

Quaife, G. R. 1979. *Wanton wenches and wayward wives: Peasants and illicit sex in early seventeenth century Somerset*. London: Croom Helm.

Rautkallio, H. 1987. *Finland and the Holocaust: The rescue of Finland's Jews*. New York: The Holocaust Library.
Rivas, T. 1991. Alfred Peacock? Reincarnation fantasies about the *Titanic. Journal of the Society for Psychical Research* 58: 10-15.
Rochas, A. de. 1924. *Les vies successives*. Paris: Chacornac Frères. (First published in 1911.)
Ruhe, B. 1982. *Boomerang*. Washington, D.C.: Minner Press.
Runciman, S. 1965. *The fall of Constantinople 1453*. Cambridge: Cambridge University Press.
_____. 1969. *The medieval Manichee: A study of the Christian dualist heresy*. Cambridge: Cambridge University Press.
Ryall, E. W. 1974. *Second time round*. Jersey: Neville Spearman. (American edition published in 1974 under the title of *Born Twice*. New York: Harper and Row.)
Samonà, C. 1911. Un caso di rincarnazione? *Filosofia della scienza* 3: 1-3.
_____. 1913a. Un caso di rincarnazione? *Filosofia della scienza* 5: 30-33.
_____. 1913b. Ancora della critica del Dottor Fugairon. *Filosofia della scienza* 4: 230-33.
_____.1914. Una breva risposta al professor Morselli del Dottor Carmelo Samonà. *Filosofia della scienza* 6: 163-64.
Sánchez Cantón, F. J. 1951. *Vida y obras de Goya*. Madrid: Editorial Peninsular.
Savoia, M. J. di. 1956. *Amedeo VI e Amedeo VII di Savoia*. Milan: Arnoldo Monadori Editore.
Scheffczyk, L. 1985. *Der Reinkarnationsgedanke in der altchristlichen Literatur*. Munich: Verlag der Bayerischen Akademie der Wissenschaften.
Schönborn, C. 1990. La réponse chrétienne au défi de la réincarnation. *La documentation cathologue*. Number 2005, May 6, 1990, 456-58.
Schopenhauer, A. 1891. *Parerga und Paralipomena*. In *Arthur Schopenhauers sämmtliche Werke*. Vol. 2. Leipzig: F. U. Brockhaus. (First published in 1851.)〔ショーペンハウアー、Ａ．『哲学小品集　１－５』（ショーペンハウアー全集　１０－１４）有田潤他訳、白水社、2004 年〕
Secrest, M. 1986. *Salvador Dali*. New York: E. P. Dutton.
Segal, N. 1999. *Entwined lives: Twins and what they tell us about human behavior*. New York: Dutton.
Seton, B. G., and Arnot, J. G. 1928. *The prisoners of the 'Forty-five*.' Edinburgh: Scottish History Society.（Ｉ．Ｃ．テイラーの 1967 年 12 月 5 日付私信に引用）
Singer, D. W. 1950. *Giordano Bruno: His life and thought*. New York: Henry Schuman.
Smith, M. J. 1995. *Dachau: The harrowing of Hell*. Albany, NY: State University of

New York Press.
Sno, H. N., and Linszen, D. H. 1990. The déjà vu experience: Remembrance of things past? *American Journal of Psychiatry* 147: 1587-95.
Spanos, N. 1996. *Multiple identities and false memories: A sociocognitive perspective*. Washington: American Psychological Association.
Spanos, N. P., Menary, E., Gabora, N. J., DuBreuil, S. C., and Dewhirst, B. 1991. Secondary identity enactments during hypnotic past-life regression: A sociocognitive perspective. *Journal of Personality and Social Psychology* 61: 308-20.
Spears, E. 1967. *The picnic basket*. London: Secker and Warburg.
Sprater, F., and Stein, G. 1971. *Der Trifels*. Speyer am Rhein: Verlag des historischen Museums der Pfalz.
Stanley, M. P. 1989. *Christianisme et réincarnation: Vers la réconcilation*. Saint-Martin-le-Vinoux: L'or du Temps.
_____. 1998. *Réincarnation: La nouvelle affaire Galilée?* Paris: Éditions Lanore.
Stevens, J. E. ed. 1986. *Coke's first 100 years*. Shepherdsville, KY: Keller International Publishing Corporation.
Stevenson, I. 1960. The evidence for survival from claimed memories of former incarnations. *Journal of the American Society for Psychical Research* 54: 51-71 and 95-117.
_____. 1970a. *Telepathic impressions: A review and report of thirty five new cases*. Charlottesville: University Press of Virginia.(次の専門誌としても公刊された。Volume 29 of the *Proceedings of the American Society for Psychical Research*.)〔スティーヴンソン、I．『虫の知らせの科学』笠原敏雄訳、叢文社、1981 年〕
_____. 1970b. Precognition of disasters. *Journal of the American Society for Psychical Research* 64: 187-210.
_____. 1974a. Some questions related to cases of the reincarnation type. *Journal of the American Society for Psychical Research* 68: 395-416.
_____. 1974b. *Xenoglossy: A review and report of a case*. Charlottesville: University Press of Virginia. (次の専門誌としても公刊された。Volume 31 of the *Proceedings of the American Society for Psychical Research*.)
_____. 1974c. Introduction to *Second Time Round* by E. W. Ryall. Jersey: Neville Spearman.
_____. 1983. Cryptomnesia and parapsychology. *Journal of the Society for Psychical Research* 52: 1-30.
_____. 1984. *Unlearned language: New studies in xenoglossy*. Charlottesville: University Press of Virginia.〔スティーヴンソン、I．『前世の言葉を話す人々』笠原敏雄訳、春秋社、1995 年〕

_____. 1990. Phobias in children who claim to remember previous lives. *Journal of Scientific Exploration* 4: 243-54.

_____. 1992. A new look at maternal impressions: An analysis of 50 published cases and reports of two recent examples. *Journal of Scientific Exploration* 6: 353-73.

_____. 1994. A case of the psychotherapist's fallacy: Hypnotic regression to "previous lives." *American Journal of Clinical Hypnosis* 36: 188-93.

_____. 1997. *Reincarnation and biology: A contribution to the etiology of birthmarks and birth defects*. 2 vols. Westport, CT: Praeger.〔類書：スティーヴンソン、Ｉ．『生まれ変わりの刻印』笠原敏雄訳、春秋社、1998 年〕

_____. 2001. *Children who remember previous lives: A question of reincarnation*. rev. ed. Jefferson, NC: McFarland & Company, Inc. (First published in 1987; Charlottesville: University Press of Virginia.)〔スティーヴンソン、Ｉ．『前世を記憶する子どもたち』笠原敏雄訳、日本教文社、1990 年〕

_____., and Chadha, N. K. 1990. Can children be stopped from speaking about previous lives? Some further analyses of features in cases of the reincarnation type. *Journal of the Society for Psychical Research* 56: 82-90.

_____., and Cook, E. W. 1995. Involuntary memories during severe physical illness or injury. *Journal of Nervous and Mental Disease* 183: 452-58.

_____., and Keil, J. 2000. The stability of assessments of paranormal connections in reincarnation-type cases. *Journal of Scientific Exploration* 14: 365-82.

_____., Pasricha, S., and McClean-Rice, N. 1989. A case of the possession type in India with evidence of paranormal knowledge. *Journal of Scientific Exploration* 3: 81-101.

Stokes, H. 1914. *Francisco Goya*. New York: G. P. Putnam's Sons.

Story, F. 1975. *Rebirth as doctrine and experience*. Kandy, Sri Lanka: Buddhist Publication Society. (First published in 1959.)

Taylor, I. C. 1965. *Culloden: A guidebook to the battlefield with the story of the battle, the event leading to it and the aftermath*. Edinburgh: The National Trust for Scotland.

Tertullian. *Apologetical Works*. 1950. Translated by E. A. Quain. New York: Fathers of the Church.〔テルトゥリアヌス『護教論（アポロゲティクス）』（キリスト教教父著作集　第１４巻　テルトゥリアヌス　２）鈴木一郎訳、教文館、1987 年〕

Thomas Aquinas (Saint). 1984. *Questions on the soul*. Translated by J. R. Robb. Milwaukee, WI: Marquette University Press. (First published in c. 1269.)

Thomas, J. 1991. *The boomerangs of a pharaoh*. Paris.（私家版）

Toland, J. 1972. *The great dirigibles: Their triumphs and disasters*. New York: Dover Publications.

Townend, P. 1963. *Burke's peerage, baronetage, and knightage*. 103rd ed. London:

Burke's Peerage Limited. (First published in 1826.)
Trant, T. A. 1827. *Two years in Ava from May 1824 to May 1826*. London: John Murray.
Tucker, J. B. 2000. A scale to measure the strength of children's claims of previous lives: Methodology and initial findings. *Journal of Scientific Exploration* 14: 571-81.
United States Government Printing Office. 1945. *Handbook on German military forces*. War Department Technical Manual TM-E 30-451, March 15, 1945.
Vaccarone, L. 1893. *I Challant e loro Questioni per la Successione ai Feudi dal XII al XIX Secolo*. Turin: F. Casanova Editore.
Vale, W. L. 1969. *History of the South Staffordshire Regiment*. Aldershot: Gale and Polden.
Venn, J. 1986. Hypnosis and the reincarnation hypothesis: A critical review and intensive case study. *Journal of the American Society for Psychical Research* 80: 409-25.
Von Müller, F. 1924. *Das Land der Abtei im alten Fürstentum Passau*. Landshut: Sonderabdruck aus den Verhandlungen des historischen Vereins für Niederbayern.
Wallis, R. T. 1972. *Neoplatonism*. London: Duckworth.
Walter, T., and Waterhouse, H. 1999. A very private belief: Reincarnation in contemporary England. *Sociology of Religion* 60: 187-97.
Waterhouse, H. 1999. Reincarnation belief in Britain: New age orientation or mainstream option? *Journal of Contemporary Religion* 14: 97-109.
Watters, P. 1978. *Coca-Cola: An illustrated history*. Garden City, NY: Doubleday and Company.
Wells, G. L., and Murray, D. M. 1984. Eyewitness confidence. In *Eyewitness testimony*, edited by G. L. Wells and E. F. Loftus. Cambridge: Cambridge University Press.〔類書：ロフタス、E．F．他『目撃者の証言』西本武彦訳、誠信書房、1987 年〕
Wigfield, W. M. 1980. *The Monmouth rebellion: A social history*. Bradford-on-Avon: Moonraker Press.
_____. (Compiler). 1985. *The Monmouth rebels 1685*. Gloucester: Alan Sutton.
Wilson, I. 1981. *Mind out of time?* London: Victor Gollancz.
Young, P., and Adair, J. 1964. *Hastings to Culloden*. London: G. Bell and Sons.
Zolik, E. S. 1958. An experimental investigation of the psychodynamic implications of the hypnotic "previous existence" fantasy. *Journal of Clinical Psychology* 14: 179-83. (1958 年のアメリカ心理学会年次大会でも発表された)
_____. 1962. "Reincarnation" phenomena in hypnotic states. *International Journal of Parapsychology* 4(3): 66-78.

前世《ぜんせ》を記憶《きおく》する子《こ》どもたち2
——ヨーロッパの事例《じれい》から

初版発行——平成一七年一一月二五日

著者——イアン・スティーヴンソン
訳者——笠原敏雄（かさはら・としお）

発行者——岸 重人
発行所——株式会社日本教文社
東京都港区赤坂九—六—四四 〒一〇七—八六七四
電話 〇三（三四〇一）九一一一（代表）
〇三（三四〇一）九一一四（編集）
FAX 〇三（三四〇一）九一一八（編集）
〇三（三四〇一）九一三九（営業）
振替＝〇〇一四〇—四—五五五一九
印刷・製本——凸版印刷
装幀——HOLON
●日本教文社のホームページ http://www.kyobunsha.co.jp/

EUROPEAN CASES OF THE REINCARNATION TYPE
by Ian Stevenson, M.D.

ISBN4-531-08149-8 Printed in Japan